Heimatfront Hannover
Kriegsalltag 1914 - 1918

Postkarte, um 1914/15

Heimatfront Hannover
Kriegsalltag 1914–1918

© 2014 Landeshauptstadt Hannover
Der Oberbürgermeister

Historisches Museum Hannover
Pferdestr. 6, 30159 Hannover
E-Mail: historisches.museum@hannover-stadt.de
www.historisches-museum-hannover.de

Schriften des Historischen Museums Hannover ; 44

Bibliografische Informationen der Deutschen Bibliothek:
Die Deutsche Bibliothek verzeichnet diese Publikation in der Deutschen Nationalbibliografie;
detaillierte bibliografische Daten sind im Internet über http://dnb.ddb.de abrufbar.

ISBN 978-3-910073-45-6

Gestaltung: Kirsten Tepper
Repros: Reinhard Gottschalk
Druck: Gutenberg Beuys; Feindruckerei

Dank

Für vielfältige Unterstützung bei der Erarbeitung von Katalog und Ausstellung, auch in Form von Schenkungen und Leihgaben, bedanken wir uns bei:

Archiv der deutschen Frauenbewegung, Kassel
Archiv der Henriettenstiftung, Hannover
Joachim Behre, Hannover
Bistumsarchiv Hildesheim
Bundesarchiv, Abt. Filmarchiv, Berlin
Continental AG, Archiv
Familie Cording, Hannover
Dr. Irene Crusius, Göttingen
Deutsches Literaturarchiv, Marbach
Franziska Dösinger, Hannover
Torsten Eckhof, Hannover
Evangelische Markuskirchengemeinde, Hannover
Evangelisches Diakoniewerk Friederikenstift, Hannover
Hans-Jürgen Freund, Hannover
Gottfried Wilhelm Leibniz Bibliothek – Niedersächsische Landesbibliothek, Hannover
Hanomag IG e.V., Hildesheim
Andreas Hesse, Hannover
Heinrich Kirchhoff, Hannover
Anneliese Lange, Ronnenberg

Dr. Johannes Laufer, Hildesheim
Wolfgang Leonhardt, Hannover
Niedersächsisches Hauptstaatsarchiv Hannover
Niedersächsisches Institut für Sportgeschichte e.V., Hannover
Pelikan GmbH, Hannover
Wolfgang Rost, Hannover
Klaus-Peter Schmidt-Vogt, Hannover
Prof. Dr. Gerhard Schneider, Wedemark
Roland Schubert, Isernhagen
Hanna Sewig, Hannover
Edel Sheridan-Quantz
Gisela Sonnemann, Hannover
Stadtarchiv Hannover
Städtische Friedhöfe Hannover
Michael Strecker, Wennigsen
Üstra Hannoversche Verkehrsbetriebe AG
Verlagsgesellschaft Madsack, Archiv
Christian-Alexander Wäldner, Ronnenberg
Familie Werner, Hannover
Erika Wiegmann, Hannover

Inhaltsverzeichnis

Impressum	4
Danksagung	5
Inhaltsverzeichnis	6
Thomas Schwark	
Den Weltkrieg erinnern im Museum (Vorwort)	8
Andreas Fahl	
Der Erste Weltkrieg – ein Überblick	10
Kathleen Biercamp	
„ein Bild großstädtischen Lebens"	16
Gesicht und Alltag einer Stadt vor dem Ersten Weltkrieg	
Richard Birkefeld	
Das Augusterlebnis in Hannover – Kriegsbegeisterung oder Ablehnung?	54
Andreas Fahl	
„Hannover ist für den Soldaten, ein Paradies, ein Paradies" - die Garnisonsstadt	74
Andreas Fahl	
Der Flugplatz Vahrenwalder Heide und die Flieger-Ersatzabteilung 5	86
Andreas Fahl	
Heilen und Pflegen unter Kriegsbedingungen	94
Andreas Fahl	
Verwaltung im Kriegseinsatz: Kontrolle, Fürsorge und Propaganda	110
Andreas Fahl	
Eine besondere Beziehung: Hindenburg und Hannover	134
Bernd Wedemeyer-Kolwe	
Hannovers Turn- und Sportvereine im Ersten Weltkrieg	146

Inhaltsverzeichnis

Karin Ehrich
Hannovers Frauen im Ersten Weltkrieg — 160

Freya Akkerman
Kriegsbrot, Kochkiste, Kohlrübenwinter – Leben mit dem Mangel — 192

Andreas Fahl
Opferbereitschaft als patriotische Pflicht – Spendensammlungen und Wohltätigkeit — 210

Andreas Fahl
Freizeit und kulturelles Leben während des Weltkrieges — 222

Uta Ziegan
„Ein Rückgang der hohen Gewinne ist fast nirgendwo zu verzeichnen gewesen" — 232
Profiteure und Verlierer an Hannovers Heimatfront

Andreas Fahl
Das Schicksal der Kriegsgefangenen — 266

Werner Heine
Novemberrevolution in Hannover – Verlauf und Auswirkungen — 282

Peter Schulze
Kriegsgräber, Ehrenfriedhöfe, Denkmäler: Weltkriegserinnerung zwischen — 292
Trauer und deutschnationaler Mobilisierung

Andreas Fahl
Hermann Löns: ein missbrauchter Toter — 314

Andreas Fahl
Auf dem Weg in den nächsten Weltkrieg — 322

Literatur- und Quellenhinweise — 330

Vorwort

*"Ich bin nicht sicher, mit welchen Waffen
der dritte Weltkrieg ausgetragen wird,
aber im vierten Weltkrieg
werden sie mit Stöcken
und Steinen kämpfen."*
Albert Einstein (1879-1955)

Den Weltkrieg erinnern im Museum – eine Vorbemerkung

Lange richtete sich auf den Ersten Weltkrieg deutlich weniger Aufmerksamkeit als auf den Zweiten. „14/18" war in vieler Hinsicht „weiter weg", und völlig zu Recht haben sich seit den 1950-er Jahren unterschiedliche Forschungsdisziplinen auf den Krieg zwischen 1939 und 1945 fokussiert, seinen Verlauf, seine Ursachen und Akteure sowie nicht zuletzt die militärischen und zivilen Opfer in den Blick genommen. Denn ungleich sicht- und spürbarer waren die Auswirkungen des Zweiten Weltkriegs, unfassbar das Ausmaß von Leid und Verbrechen, dringend auch die Aufgabe, historisches Bewusstsein im Sinne von Schuld, Verantwortung und nachhaltiger Friedenssicherung zu wecken.

Und doch widmete sich die Zeitgeschichtsforschung stets auch der Bewertung des Ersten Weltkriegs. War schon in der Weimarer Republik die Frage nach der „Kriegsschuld" intensiv diskutiert worden, geriet sie in den 1960-er Jahren erneut in den Fokus heftiger Kontroversen. So argumentierte der Hamburger Historiker Fritz Fischer (1908-1999) in seinen grundlegenden Untersuchungen[1] für das Interesse und die alleinige Schuld des wilhelminischen Kaiserreiches am 1914 entfesselten Weltkrieg. So sehr diese Position von Anfang an umstritten war – zuletzt durch die vorzügliche Arbeit des britischen Historikers Christopher Clark[2] in Frage gestellt – so richtungsweisend wirkte sich der Impuls dieser Schulddebatte auf die selbstkritische Orientierung der deutschen Geschichtswissenschaft in den späten 1960-er Jahren aus.[3]

Mit der seit den 1990-er Jahren zunehmenden Aufgeschlossenheit gegenüber kulturgeschichtlichen Perspektiven rückten mentalitäts- und alltagsgeschichtliche Aspekte, verstärkt aber auch „negative Erfahrungen individuellen und kollektiven Leids"[4], in den Horizont historischer Betrachtungen. Und so ist es keineswegs verwunderlich, dass 100 Jahre nach dem Beginn des Ersten Weltkriegs nicht allein die alte „Kriegsschuldfrage" neu aufgeworfen, sondern der Blick auch und gerade auf gesellschaftliche Alltagssituationen und die Lage der von den Kriegsereignissen elementar betroffenen Menschen gerichtet wird.[5]

Das Historische Museum Hannover beteiligt sich mit seiner Ausstellung „Heimatfront Hannover. Kriegsalltag 1914-1918" bewusst an eben dieser Form historischer Erinnerungskultur. Es geht mithin nicht ausschließlich um die Vermittlung von Wissen um die Lebens- und Arbeitssituation in Hannover und Linden unter den Bedingungen des Weltkrieges, sondern auch um die Dimension menschlicher Erfahrungen, Erinnerungen, Gefühle und um die Frage einer „hannoverschen" Identität.[6] Denn erst hieraus ergeben sich so recht die Verbindungen von uns Gegenwärtigen zu den Akteuren der hannoverschen Stadtgeschichte – gewiss die beste Grundlage für ein lebendiges Geschichtsinteresse.

Als Projektleiter und Kurator der Ausstellung verfügt Dr. Andreas Fahl über gleich mehrere Zugänge zum Ausstellungsthema: Militär- und stadtgeschichtlich ausgewiesen, qua wissenschaftlicher Ausrichtung dezidiert kulturgeschichtlich orientiert und mit den umfangreichen Beständen des Hauses vertraut wie niemand sonst, hat er das Konzept für die Weltkriegsausstellung erarbeitet und ihr eine prägnante Struktur gegeben. Aus der Vielzahl der stadt- und gesellschaftsgeschichtlich bedeutsamen Einzelthemen, die in diesem Band vertiefend dargelegt und in der Ausstellung veranschaulicht werden, sei nur die Verbindungslinie zum Zweiten Weltkrieg genannt, die – ganz im Sinne kulturgeschichtlicher Betrachtungsweise – auf überraschend deutliche Kontinuitäten verweist.

Andreas Fahl hat um sich ein Team spezialisierter Fachleute geschart und mit den in diesem Buch zu Wort kommenden AutorInnen beste Expertise zu Spezialaspekten gewinnen können. Das zielgruppenorientierte Vermittlungskonzept und die umfangreiche Vortragsreihe zum Thema wurden von Dr. Jan-Willem Huntebrinker erarbeitet.

Allen an dem Ausstellungsprojekt, der Publikation und der Vermittlungsarbeit Beteiligten, nicht zuletzt dem zuverlässigen Gestaltungs- und Aufbauteam des Historischen Museums, gebührt einmal mehr aufrichtiger Dank. Er verbindet sich mit der Hoffnung, dass unser Haus zur kritischen Auseinandersetzung mit den Ursachen und Auswirkungen des Ersten Weltkrieges beiträgt und zugleich mit den Mitteln und Möglichkeiten des Geschichtsmuseums an die in vielfältiger Weise betroffenen Menschen in Hannover und Linden erinnert.

Hannover, im Mai 2014

Thomas Schwark
Museumsdirektor

1 Fritz Fischer: Griff nach der Weltmacht. Die Kriegszielpolitik des kaiserlichen Deutschland 1914/18, Königstein/Ts. 1961; ders.: Krieg der Illusionen. Die deutsche Politik von 1911 bis 1914, Königstein/Ts. 1969.
2 Christopher Clark: Die Schlafwandler. Wie Europa in den Ersten Weltkrieg zog, München 2014.
3 So der britische Kaiser-Wilhelm-II.-Biograf John C. G. Röhl: Deutschlands „erhebliche Verantwortung" für 1914, in: Die Welt 21. 10. 2011; vgl. Karen Andresen: Das Ende einer Lebenslüge, in: Der Spiegel 14, 2004, S. 134, siehe auch Imanuel Geiss: Nationalsozialismus als Problem deutscher Geschichtswissenschaft nach 1945, in: Jürgen Elvert, Susanne Krauss (Hrsg.): Historische Debatten und Kontroversen im 19. und 20. Jahrhundert, Jubiläumstagung der Ranke-Gesellschaft, Essen 2001, Stuttgart 2003 (= Historische Mitteilungen, Beiheft 46), S. 110-123, hier S. 116.
4 Aleida Assmann: Ist die Zeit aus den Fugen? Aufstieg und Fall des Zeitregimes der Moderne, München 2013, S. 297.
5 Die Vielzahl der Editionen von Feldpostbriefen ist hierfür ein Ausweis; für Hannover siehe Irene Crusius: Der Alltag des Krieges. Der Erste Weltkrieg (1914-1918) in Briefzeugnissen der Familie Crusius aus Hannover-Linden, Hannover 2014 (Schriften des Historischen Museums Hannover 43).
6 Assmann, wie Anm. 4, S. 295.

Gasangriff. Der hannoversche Maler Carl Buchheister (1890-1964) verarbeitete seine Kriegserlebnisse in seinem Frühwerk. Dieses bringt das Gefühl der Hilflosigkeit und das Entsetzen zum Ausdruck, das zahllose Frontsoldaten im verheerenden Artilleriefeuer verspürten, besonders wenn Giftgas verschossen wurde. (VM 030706)

Andreas Fahl

Der Erste Weltkrieg
– ein Überblick

Am Ende des 19. Jahrhunderts wurde die Weltpolitik bestimmt durch die Interessen und Gegensätze der fünf Staaten Großbritannien, Frankreich, Russland, Österreich-Ungarn und Deutschland, zu denen als außereuropäische Mächte um 1900 noch die USA und Japan hinzutraten. Die europäischen Großmächte und ihre kleineren Verbündeten standen zu diesem Zeitpunkt in einem vielfältigen Spannungsgeflecht. Es ging um wirtschaftliche Konkurrenz und Expansion, zu der auch die Aufteilung der letzten „freien" außereuropäischen Gebiete als Kolonien gehörte. Nationale, teils chauvinistische Bestrebungen, die sich wechselseitig in der Unterdrückung von Minderheiten bzw. deren Streben nach Unabhängigkeit äußerten, der Wunsch nach Grenzveränderungen, rasanter technischer Fortschritt und soziale Konflikte kennzeichneten diese Epoche, das Zeitalter des Imperialismus.[1]

Die Außenpolitik des Deutschen Reiches war unter Reichskanzler Otto von Bismarck auf ein europäisches Kräftegleichgewicht angelegt gewesen. Insbesondere sollte Frankreich, mit dem seit dem Krieg 1870/71 und der deutschen Annexion Elsass-Lothringens eine tiefe Gegnerschaft bestand, isoliert bleiben. Mit Bismarcks Ablösung unter dem jungen Kaiser Wilhelm II. (1890) erfolgte der Wechsel zur Weltmachtpolitik. In Überschätzung der eigenen Position gingen die Verantwortlichen an der Spitze des Deutschen Reiches davon aus, dass es keine Bündnisse gegen Deutschland geben könne und gaben den mit Russland bestehenden „Rückversicherungsvertrag" auf. Schließlich waren die anderen Mächte untereinander in verschiedenen Fragen zerstritten und konkurrierten um Einfluss und Besitzungen in Asien und Afrika. An den daraus resultierenden Krisen und Kriegen (z.B. Burenkrieg 1899-1901, Marokko-Krisen 1905/1911) war auch das Deutsche Reich verschiedentlich beteiligt

SMS „Hannover", Linienschiff der Deutschland-Klasse, Stapellauf 1905, beteiligt an der Skagerrak-Schlacht 1916, war ein Ergebnis der seit 1898 betriebenen Aufrüstung zur See. Für den späteren Kriegsverlauf war die deutsche Hochseeflotte nicht entscheidend, ihre Entstehung wurde aber zu einer der wesentlichen Ursachen des Ersten Weltkrieges. Postkarte, nach 1905 (VM 41977,1).

– und sei es nur durch provokante Äußerungen Kaiser Wilhelm II.

Statt eines Kräftegleichgewichts zwischen den Staaten bildeten sich zwei Machtblöcke heraus. Auf der einen Seite standen das Deutsche Reich und Österreich-Ungarn sowie das mit ihnen verbündete Italien (das territoriale Forderungen an Österreich-Ungarn hatte und daher als unzuverlässig galt). Aber die österreichisch-ungarische Doppelmonarchie litt unter inneren Spannungen zwischen Deutschösterreichern und Ungarn. Außerdem gab es Unabhängigkeitsbestrebungen auch der anderen im Reich lebenden nationalen Minderheiten. Besonders problematisch war das Verhältnis zu den südslawischen Bevölkerungsgruppen, denn das benachbarte Serbien strebte mit russischer Rückendeckung eine Vereinigung aller Slawen in einem Großserbien an, egal ob diese in selbständigen oder unter österreichischer Herrschaft stehenden Gebieten lebten.

Die Gegenpartei bildeten zunächst Frankreich und Russland, die sich 1892 zu einem Verteidigungsbündnis zusammengeschlossen hatten. Großbritannien und Frankreich fanden 1904 zu einer „Entente cordiale" genannten Verbindung, in der sie ihre Interessenkonflikte in den Kolonien ausräumten. 1907 schlossen Großbritannien und das russische Kaiserreich eine entsprechende Vereinbarung ab. Obwohl es sich nicht um Militärbündnisse handelte, zeichnete sich damit deutlich die zukünftige Konstellation der Mächte ab.

Diese Entwicklung war durch das ungestüme Streben Deutschlands nach Weltgeltung gefördert worden. Zugleich war Deutschlands Außenpolitik unberechenbar, insbesondere Kaiser Wilhelm II. trat planlos abwechselnd aggressiv und dann wieder vermittelnd auf. Die von ihm geförderte expansive Flottenpolitik verhinderte den Ausgleich mit Großbritannien und führte seit 1898 zu einem Wettrüsten zur See. Ab 1905 verschärfte sich auch die Aufrüstung der verschiedenen Landstreitkräfte und erreichte 1912/13 eine bisher ungekannte Höhe.

Politische Konflikte, etwa um die österreichische Annexion von Bosnien-Herzegowina 1908, konnten mehrfach nur knapp unterhalb der Kriegsschwelle ausgeräumt werden. Von besonderer Brisanz waren die Balkankriege 1912/13. Bulgarien, Serbien und Griechenland bildeten (unter russischem Patronat) den Balkanbund. Sie nutzten im Sommer 1912 ihre Chance, die unter türkischer Hoheit stehenden Gebiete von Albanien, Mazedonien und Thrazien zu erobern. Österreich-Ungarn wiederum sah sich durch eine Vergrößerung Serbiens bedroht. Nur durch diplomatisches Eingreifen Deutschlands und Großbritanniens wurde verhindert, dass der Balkankrieg zum europäischen Konflikt wurde. Diese Situation wiederholte sich, als ein Jahr später Serbien, Montenegro und Griechenland Krieg gegen Bulgarien führten, da man sich über die Aufteilung Mazedoniens nicht einigen konnte.

Im Juni 1914 fand der letzte Besuch Kaiser Wilhelms II. in Hannover statt. Er eröffnete die Landwirtschaftsausstellung und inspizierte das Königsulanen-Regiment (1. Hannoversches) Nr. 13. Das Foto zeigt Wilhelm II. auf der Vahrenwalder Heide in der Uniform der Königsulanen, links General von Emmich, kommandierender General des X. Armeekorps, rechts Regimentskommandeur Major von Loeßl. Foto, 1914 (VM 63430).

Die Durchsetzung eigener Interessen mit militärischen Mitteln galt als gefährliche, aber legitime Option politischen Handelns. Mehr und mehr verbreitete sich in Europa die Ansicht, gefördert durch manche Politiker, Industrielle und Interessengruppen (in Deutschland z.B. den Alldeutschen Verband), dass ein großer Krieg letztlich unvermeidlich sein würde. Es herrschte ein allseitiges Misstrauen zwischen den Staaten. Deutschland sah sich eingekreist von Russland und Frankreich, wofür man Großbritannien die Schuld gab. In diesen Ländern wiederum hatte die starke Militarisierung der deutschen Gesellschaft, das deutsche Streben nach Weltgeltung und Kolonien sowie die mehrfache Ablehnung von Vereinbarungen zur Rüstungsbegrenzung das Vertrauen in friedliche Absichten der deutschen Politik untergraben. Die militärischen Kreise in beiden Machtblöcken kamen in Anbetracht der laufenden Aufrüstung zu ganz ähnlichen Einschätzungen. Sowohl die Russen wie auch die Deutschen glaubten, noch bis etwa 1916 eine Chance zu haben, ihre Gegner zu besiegen. Mahnende Stimmen, die auf Ausgleich und Friedenserhaltung drängten und auf die schon bestehenden Verflechtungen verwiesen (1909 fanden zwei Drittel des Welthandels zwischen den euro-

"Ein Handstreich gegen Lüttich". Der Bilderbogen thematisiert die Flucht des belgischen Stadtkommandanten. Dem Betrachter wird die Eroberung Lüttichs durch deutsche Truppen, u.a. des hannoverschen X. Armeekorps, als leichte Sache dargestellt. (VM 34381)

päischen Staaten statt) verloren an Einfluss.

In diese aufgeladene Situation platzte das Attentat serbischer Nationalisten auf den österreichischen Thronfolger Erzherzog Franz Ferdinand und seine Frau in Sarajewo am 28. Juni 1914. Während das Deutsche Reich in den vorangegangenen Konflikten keine Bereitschaft gezeigt hatte, wegen Serbien in einen Krieg mit dessen Schutzmacht Russland einzutreten, hatte sich die Situation jetzt geändert. Man fürchtete ein Zerbrechen Österreich-Ungarns an den immer stärker aufbegehrenden nationalen Minderheiten und sah sich in der Pflicht zur Bündnistreue, nachdem man bisher Österreich-Ungarn vom Krieg zurückgehalten hatte. Auch spielte der Gedanke der vermeintlich letzten Chance eines siegreichen Krieges gegen die Entente eine Rolle. Vor diesem Hintergrund bestärkte die deutsche Führung („Blankoscheck" durch Kaiser Wilhelm II.) in den folgenden Wochen die Kräfte in Österreich, die Strafaktionen gegen Serbien auch um den Preis eines allgemeinen Krieges durchführen wollten.

Mit dem österreichischen Ultimatum an Serbien am 23. Juli begann der unaufhaltsame Weg in den Krieg. Die (wie beabsichtigt und vorauszusehen) als unzureichend empfundene Beantwortung des Ultimatums führte am 28. Juli zur Kriegserklärung Österreich-Ungarns an Serbien. Dies wiederum veranlasste die russische Regierung als Schutzmacht Serbiens zur Mobilmachung (30. Juli). Die Gegenreaktion war die Generalmobilmachung Österreich-Ungarns. Die russische Mobilmachung wurde aber auch von Deutschland als Bedrohung angesehen und mit Kriegserklärung und Generalmobilmachung (1. August) beantwortet. Gleichzeitig mobilisierte Frankreich seine Truppen, um Russland zu unterstützen. Die deutsche Kriegserklärung an Frankreich (3. August) führte zur Mobilmachung in Großbritannien. In den nächsten Tagen hagelte es dann gegenseitige Kriegserklärungen und Europa befand sich größtenteils im Kriegszustand.

Innenpolitisch war die Tatsache bedeutsam, dass Russland mit der Mobilmachung begonnen hatte und somit von der Reichsregierung als Aggressor dargestellt werden konnte. Nach der Verfassung entschied zwar alleine der Kaiser über Krieg und Frieden, aber über das Budget- und Kreditrecht musste auch der Reichstag eingebunden werden. Die SPD, die stärkste Fraktion im Reichstag, hatte der Aufrüstung immer ablehnend gegenübergestanden und internationale Friedensanstrengungen gefordert. Einen Verteidigungskrieg gegen das zaristische Russland, dessen reaktionäres Regime alle Bestrebungen nach gesellschaftlichen Reformen mit Gewalt unterdrückte, konnte die Partei jedoch nicht ablehnen. So stimmte die sozialdemokratische Reichstagsfraktion nach langen Diskussionen den Kriegskrediten zu und akzeptierte den von Kaiser Wilhelm II. ausgerufenen „Burgfrieden" zwischen den Parteien. Damit erwies sich die Furcht der kaiserlichen Militärs vor Streiks und Unruhen im Kriegsfall als unbegründet. Übrigens handelten die sozialistischen Schwesterparteien der SPD in den Staaten der Entente in gleicher Weise und stützten ihre Regierungen.

Die erste Kriegsphase (August – Dezember 1914)

Grundlage der deutschen militärischen Planungen war die Erkenntnis, dass die Mittelmächte (das Deutsche Reich und Österreich-Ungarn) der Koalition aus Frankreich, Russland und Großbritannien an Menschen und Material unterlegen waren. Daher hatte General von Schlieffen den Plan entwickelt, in einem kurzen, überraschenden Krieg zunächst Frankreich zu schlagen, um dann die Masse der Truppen gegen Russland einzusetzen. So sollte ein Zweifrontenkrieg vermieden werden.

Die vierwöchige Phase zwischen dem Attentat von Sarajewo und dem Kriegsbeginn machte allerdings jeden Überraschungseffekt zunichte. Zudem erforderte der Schlieffen-Plan, dass zur Umgehung der französischen Armee das neutrale Belgien durchquert werden musste. Am 2. August stellte man Belgien das Ultimatum, den Einmarsch deutscher Truppen zu gestatten. Erwartungsgemäß weigerte sich

Was von einem Menschen bleibt: Foto des 18jährigen Kriegsfreiwilligen Walter Strauß, Leinenbeutel für die Rücksendung von Wertgegenständen, Brustbeutel mit der letzten Postkarte der Mutter, Band der Erkennungsmarke. Er starb bei einem Angriff des Reserve-Infanterieregiments 208 am 22. Oktober 1914 am Yserkanal in Flandern. Das Regiment hatte so hohe Verluste, dass der Tod des jungen Mannes erst nach Tagen registriert wurde. (VM 44564)

die belgische Regierung. Obwohl die auf Angriff gedrillte deutsche Armee beim Einmarsch in Belgien schnelle Erfolge erzielte, war der belgische Widerstand heftiger und dauerhafter als erwartet. Letztlich schwächten der Bruch der belgischen Neutralität und die dabei verübten Übergriffe gegen die Zivilbevölkerung die internationale Position des Reiches und verstärkten die Kriegsbereitschaft in Großbritannien.

Französisch-englischen Truppen gelang es, den Vormarsch der deutschen Armee an der Marne zu stoppen (4. September). Ein zweiter, geradezu verzweifelter Anlauf gegen die alliierten Linien in Flandern endete im November nach hohen Verlusten erfolglos. Bis zu diesem Zeitpunkt hatte die deutsche Armee allein im Westen fast 200.000 Mann durch Tod oder Gefangenennahme sowie 900.000 Mann als Verwundete/Erkrankte verloren.[2] Die französischen Truppen und das aus Berufssoldaten bestehende britische Expeditionskorps hatten sich als kampfkräftiger erwiesen als gedacht. Die deutsche Armee hatte viele Gefechte und Schlachten gewonnen und den Krieg von deutschem Boden fern gehalten, aber der entscheidende Schlag gegen die französisch-englischen Truppen war nicht geglückt. Für weitere Anläufe reichte die Kraft nicht mehr und die Front erstarrte im Stellungskrieg.

Im Osten verlief die Mobilmachung Russlands viel schneller als erwartet. Die österreichisch-ungarische Armee erlitt bei ihren Vorstößen gegen Serbien und Russland schwere Niederlagen. Demgegenüber gelang es Deutschland, Ende August/Anfang September nach Ostpreußen eingedrungene russische Truppen bei Tannenberg und an den Masurischen Seen zu schlagen. In diesen Siegen gründete sich der Ruhm Hindenburgs und Ludendorffs. Trotz enormer Verluste war die russische Armee aber längst nicht besiegt. Der unter dem Strich negative Kriegsverlauf führte Mitte September zur Ablösung des bisherigen Generalstabschefs Moltke.

Die Siegeszuversicht nahm bisweilen skurrile Züge an. Gründer des „Englischen Invasionsvereins" war der Direktor der hannoverschen Hebammenlehranstalt. Er ging fest davon aus, dass eine Besetzung Großbritanniens, das in Deutschland als Hauptfeind und Kriegsverursacher galt, in greifbarer Nähe war. Postkarte, 1914 (VM 60000)

Am 18. November unterrichtete der neue deutsche Generalstabschef und Kriegsminister von Falkenhayn den

Reichskanzler von Bethmann-Hollweg, dass aufgrund der hohen Verluste ein Sieg über die Westmächte nicht mehr erreichbar sei. Da ein Abnutzungskrieg für Deutschland nicht zu gewinnen war, schlug er einen Separatfrieden mit dem angeschlagenen Russland vor. Der Reichskanzler lehnte diesen Vorstoß ab, nachdem ihm der Oberbefehlshaber Ost, General von Hindenburg, die militärische Lage optimistischer dargestellt hatte.[3]

Zu Beginn des Jahres 1915 war die Hoffnung der Bevölkerung auf einen raschen Sieg zwar enttäuscht, aber angesichts der vielen Erfolgsmeldungen von den Fronten war man nicht beunruhigt. Militärische Propaganda und Pressezensur, nicht zuletzt die freiwillige Beschränkung der Zeitungen, deren oberstes Ziel nicht kritische Berichterstattung, sondern Hochhalten der Moral bei Soldaten und Zivilbevölkerung war, bestärkten die allgemeine Siegeszuversicht. So blieb verborgen, dass nicht nur der Schlieffen-Plan gescheitert war, sondern es der deutschen Führung auch an einem Alternativplan mangelte.

Kriegsverlauf 1915–1918

Seit Ende 1914 lagen sich deutsche und französisch-britische Truppen in Schützengräben gegenüber, die zu immer komplexeren Verteidigungssystemen ausgebaut wurden. Maschinengewehre, Minenwerfer und Artillerie waren die Hauptwaffen in einem industrialisierten Krieg, der Menschen und Material verschlang. Unter riesigem Aufwand versuchten die Truppen immer wieder, die gegnerischen Verteidigungsstellungen zu durchbrechen. Der Kampf wogte hin und her, ohne dass eine Seite den entscheidenden Durchbruch erzielen konnte. Die Heftigkeit dieser sinnlosen Kämpfe steigerte sich durch den Einsatz von Giftgas. Sinnbild für den Versuch des „Ausblutens" wurde die Schlacht um die Festung Verdun (21. Februar – 2. November 1916), in der über 500.000 Franzosen und Deutsche getötet oder verwundet wurden. Die grauenhaften Verluste dort wurden aber noch übertroffen von den Kämpfen an der Somme (1. Juli – 25. November 1916). Dort verloren das britische Expeditionskorps rund 420.000, die französische Armee über 200.000 und das deutsche Heer knapp 500.000 Mann durch Tod oder Verwundung.

Im Osten hatte Falkenhayn sich 1915 gezwungen gesehen, die schwer angeschlagene österreichische Armee zu unterstützen. Daraus wurde überraschend ein erfolgreiches Zurückdrängen der russischen Armee bis September 1915. Außerdem gelang es im Südosten, Serbien zu schlagen und eine Landverbindung zum Bündnispartner Türkei herzustellen. Demgegenüber stand der Kriegseintritt Italiens auf der Seite der Entente. Für 1916 plante Falkenhayn, die Ostfront defensiv zu behaupten. Trotz schwerer Verluste war die russische Armee ungeschlagen. England sollte durch uneingeschränkten U-Boot-Krieg und das Ausblutungskonzept verhandlungsreif gemacht werden.

Einzelne Erfolge wie in der Seeschlacht am Skagerrak[4] oder der österreichischen Armee in Norditalien (Mai 1916) verleiteten die 2. Oberste Heeresleitung zu unrealistischen Einschätzungen. Falkenhayn versprach, bis zum Ende des Winters 1916/17 einen siegreichen Frieden zu erkämpfen.

Propaganda und Realität: Feldpostkarte, Bahlsen, 1915 (VM 50038). Soldat des Infantrieregiments 414 in vorderster Stellung, Höhe 60 am Yserkanal, Flandern. Foto, Frühjahr 1917 (aus VM 57644,1).

Wenig später brach die österreichisch-ungarische Armee unter einem Vorstoß russischer Truppen fast zusammen und musste durch deutsche Divisionen gerettet werden. Als Rumänien auf der Seite der Entente in den Krieg eintrat, verlor Falkenhayn seinen Posten als Generalstabschef. Er wich der 3. Obersten Heeresleitung mit Hindenburg als Generalstabschef und Ludendorff als Erstem Generalquartiermeister (29. August 1916). Die 3. Oberste Heeresleitung bestimmte fortan nicht nur die militärischen Abläufe, sondern fungierte als Nebenregierung, die Züge einer Militärdiktatur annahm. Kaiser Wilhelm II., der den nervlichen Belastungen des Krieges von Beginn an nicht gewachsen gewesen war, wurde endgültig eine Randfigur.

In Deutschland machte sich bald bemerkbar, dass das Land nicht auf einen längerfristigen

Krieg vorbreitet war. Der notwendige Import von Rohstoffen und Lebensmitteln wurde durch die englische Seeblockade an den Eingängen zur Nordsee mehr und mehr erschwert. Die Einberufung von Millionen Männern führte in der Industrie, in den Bergwerken und in der Landwirtschaft zu einem fühlbaren Arbeitskräftemangel. Auch die Einbeziehung von Jugendlichen, Frauen und Kriegsinvaliden konnte den Mangel an Facharbeitern nicht ausgleichen. Infolgedessen sank die Produktion von Nahrungsmitteln und aller Güter für den zivilen Bedarf. Gleichzeitig verschlang die Kriegführung enorme Mengen an Lebensmitteln und Rohstoffen. Daher mussten ab 1915 Maßnahmen zur Rationierung ergriffen werden.

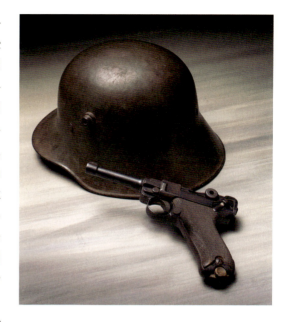

Stahlhelm Modell 1916, entwickelt unter Beteiligung des Professors Friedrich Schwerd von der TH Hannover, da die „Pickelhaube" keinen Schutz gegen Granatsplitter bot. Pistole 08, im Grabenkrieg gerne verwendet bei Stoßtruppunternehmen, in Ernst Jüngers Worten „die getreue Pistole 08". (VM 39021, VM 57453)

Um den Arbeitskräftemangel abzufangen, wurde im Dezember 1916 das „Hilfsdienstgesetz" verabschiedet, durch das alle männlichen Deutschen zwischen 17 und 60 Jahren zu Tätigkeiten in der Rüstungsindustrie, der Landwirtschaft, der Krankenpflege und sonstigen kriegswichtigen Arbeiten herangezogen werden konnten. Als Gegenleistung für ihre Zustimmung im Reichstag erreichten die Sozialdemokraten wichtige Mitbestimmungsrechte für die Gewerkschaften, die, je nach politischem Standpunkt, als wegweisend für die Nachkriegszeit begrüßt oder gefürchtet wurden.

Zuvor war von der Obersten Heeresleitung das sogenannte „Hindenburg-Programm" aufgelegt worden, dass eine gigantische Steigerung der Produktion von Rüstungsgütern vorsah. Zunächst ging die Rüstungsproduktion allerdings zurück, was auch darauf zurückzuführen war, dass das Hindenburg-Programm keine Rücksicht auf die zur Verfügung stehenden Transportkapazitäten und die Höhe der Kohleförderung nahm, sondern durch neue Fabrikbauten sogar wichtige Ressourcen verschlang. Im Winter 1916/17 jedenfalls ging die Industrieproduktion zurück, während die Bevölkerung gleichzeitig an extremem Mangel an Nahrungsmitteln und Brennstoff litt. Bis Kriegsende starben nach heutigen Schätzungen über 800.000 Menschen in Deutschland an Unterernährung.[5]

Militärisch gesehen ging das Jahr 1916 mit einem Erfolg zu Ende. Der gerade als Stabschef abgelöste General Falkenhayn schlug als Führer einer Armee die Rumänen und besetzte Bukarest. Vor dem Hintergrund dieses Sieges machte Reichskanzler Bethmann-Hollweg der Entente erstmals ein - allerdings sehr vages - Friedensangebot. Wenige Tage später verlangte der amerikanische

Präsident Wilson, der zwischen den Konfliktparteien vermitteln wollte, eine genaue Angabe der Kriegsziele beider Seiten.

Das deutsche Friedensangebot aber blieb wenig aussagekräftig, weil Bethmann-Hollweg sowohl neutrale Vermittlung wie jede Festlegung seiner Ziele vermeiden wollte. Eine Diskussion über die Kriegsziele hätte den Burgfrieden gefährdet. Denn in Deutschland herrschten, obwohl bis Ende 1916 jede öffentliche Diskussion darüber verboten war, völlig unterschiedliche Auffassungen über die Kriegsziele. Auf der einen Seite standen die Sozialdemokraten, die für einen Verständigungsfrieden ohne Annexionen eintraten. Die Gegenposition wurde von Alldeutschen und Konservativen vertreten, die (in unterschiedlichen Varianten) die Annexion von Teilen Belgiens und Frankreichs sowie der baltischen Provinzen forderten. Außerdem verlangten sie die Aufteilung der Kolonien und volle Entschädigung der deutschen Kriegskosten, um nur einige wesentliche Punkte zu nennen. Bethmann-Hollweg selbst vertrat gemäßigtere Forderungen, die er nur auf diplomatischen Kanälen dem US-Präsidenten mitteilte.

Von Seiten der Entente wurden die Kriegsziele Anfang Januar benannt. Man forderte nicht nur die Räumung der besetzten Gebiete und die Wiederherstellung Belgiens, Serbiens und Montenegros. Es wurde auch die Abtretung Elsass-Lothringens an Frankreich verlangt sowie das Ende der Herrschaft Österreich-Ungarns über Tschechen, Slowaken und andere nationale Minderheiten. Ebenso wurde der Rückzug der Türkei aus Europa erwartet.

Angesichts der völlig unterschiedlichen Vorstellungen war ein Kompromiss nicht denkbar. Beide Seiten glaubten an ihren Sieg und wollten nicht auf den Zustand vor Ausbruch des Krieges zurückkehren. Deutschlands öffentliche Zurückhaltung auf die Wilson-Note schadete seinem Ansehen in den USA sehr. Als die deutsche Führung Ende Januar dann noch den unbeschränkten U-Boot-Krieg eröffnete, war der Weg frei für den Kriegseintritt der USA im April 1917. Es dauerte allerdings noch längere Zeit, bis sich das amerikanische Potential auf den Kriegsverlauf auswirkte. Insgesamt verlief der Krieg für die Entente 1917 nicht zufriedenstellend. Nach weiteren erfolglosen, aber verlustreichen Versuchen, die deutschen Linien zu durchbrechen, kam es in der französischen Armee zu Meutereien. Nur knapp konnte ein Zusammenbruch der italienischen Armee durch französisch-britische Hilfe verhindert werden. Dagegen erzielten die britischen Truppen Erfolge in Persien und Palästina.

An der Ostfront entwickelten sich im Jahr 1917 besondere Schwierigkeiten für die Entente. In Russland hatte die Versorgung der Bevölkerung seit Kriegsbeginn nicht funktioniert, obwohl das Land Nahrungsmittelüberschüsse produzierte. Im Februar 1917 schlugen Hungerdemonstrationen in politische Aktionen um und das zaristische Regime wurde weggefegt. Die neue Regierung aus gemäßigten Sozialisten und Liberalen war in der Kriegsfrage zerstritten, blieb aber zunächst dem Bündnis mit der Entente treu, obwohl die Bevölkerung kriegsmüde war. Um die russischen Kriegsgegner zu stärken, ermöglichte die deutsche Regierung einer Gruppe von radikalen Sozialisten (Bolschewiki) um ihren Führer Lenin, aus dem Exil in der Schweiz nach Russland zurückzukehren. In der Oktoberrevolution rissen die Bolschewisten schließlich die Macht an sich und bekundeten schnell ihren Willen zu Friedensverhandlungen. Am 15. Dezember 1917 vereinbarten Russland und das Deutsche Reich einen Waffenstillstand.

Während die deutsche Regierung also in Russland die Revolution förderte, fürchtete sie sich gleichzeitig vor Unruhen im eigenen Land.

Verbrüderung deutscher und russischer Soldaten vor Beginn der Waffenstillstandsverhandlungen zwischen den Mittelmächten und Russland am 3. Dezember 1917. Fotopostkarte eines hannoverschen Soldaten an die Liebesgabenabteilung von König & Ebhardt (aus VM 58655)

In Deutschland hatte schon die russische Februarrevolution zur Gründung der USPD geführt, die vehement ein Ende des Krieges und Reformen verlangte. Kaiser Wilhelm II. versprach daraufhin in seiner Osterbotschaft eine Änderung des preußischen Dreiklassenwahlrechts, allerdings in unbefriedigender Form und erst für die Zeit nach dem Krieg. Der Druck im Inneren stieg weiter an und äußerte sich in politisch motivierten Streiks (etwa in Berlin und Leipzig) und Hungerkrawallen wie in Hannover. Während manche Kreise kaum von Versorgungsengpässen betroffen waren oder sogar vom Krieg profitierten, verelendeten große Teile der Bevölkerung.

Anders als von der Admiralität versprochen, wurde Großbritannien durch den unbeschränkten U-Boot-Krieg nicht innerhalb von fünf Monaten zur Friedensbereitschaft gezwungen. Im Reichstag bildete sich eine neue Koalition aus Sozialdemokraten, Zentrum und Fortschrittspartei, die im Juli 1917 eine Friedensresolution verabschiedete. Im Zuge des Ringens um diese Resolution musste Reichskanzler Bethmann-Hollweg auf Betreiben Hindenburgs und Ludendorffs zurücktreten, die einen Kanzler wollten, der sich der Obersten Heeresleitung unterordnete. Als Reaktion auf die Friedensresolution des Reichstages kam es zur Gründung der „Vaterlandspartei", einer Sammelbewegung der politischen Rechten. Die Vaterlandspartei trat, mit Förderung durch die Oberste Heeresleitung, unerbittlich und mit großem propagandistischem Aufwand für einen Siegfrieden mit Annexionen ein.

Noch stärker als Deutschland war Österreich-Ungarn von Versorgungsproblemen betroffen. Der andauernde, verlustreiche Krieg förderte überdies die Tendenzen der nationalen Minderheiten, sich aus dem Habsburgerreich zu lösen. Österreich-Ungarn betrieb daher bereits im Frühjahr 1917 geheime Verhandlungen, um einen Friedensschluss zu erreichen. Diese Friedensbemühungen scheiterten daran, dass die Entente Italien weitgehende Zusagen für Gebietsgewinne auf Kosten Österreich-Ungarns gemacht hatte. Auch wenn die deutsche Führung zunächst nicht in vollem Umfang über diese Geheimverhandlungen unterrichtet war, wusste man doch um die prekäre Lage des Bündnispartners.

Die deutsche Politik, die weitgehend von der Obersten Heeresleitung bestimmt wurde, erwies sich weiterhin als unfähig, aus der sich verschlechternden Lage die Konsequenzen zu ziehen und sich bietende Chancen für einen Frieden zu ergreifen. Der vom amerikanischen Präsidenten Wilson am 8. Januar 1918 vorgelegte Vierzehn-Punkte-Plan zur Herbeiführung eines allgemeinen Friedens wurde vom Deutschen Reich und Österreich-Ungarn abgelehnt. Parallel wurden die Friedensverhandlungen mit Russland mit dem Ziel geführt, weitreichende territoriale Forderungen durchzusetzen. Die russische Regierung, die über einen Frieden ohne Annexionen verhandeln wollte, wurde schließlich zur Vertragsunterzeichnung gezwungen. Damit wurde die Aussage von Kaiser Wilhelm II. vom August 1914, Deutschland wolle sich nur verteidigen, als Lüge entlarvt. Der Friede von Brest-Litowsk (3. März 1918) zwang Deutschland, weiterhin rund eine Million Soldaten in besetzten Gebieten im Osten zu halten und bestärkte gleichzeitig den Kampfwillen der verbliebenen Kriegsgegner.

Vormarsch zur großen Offensive durch das verwüstete Gebiet der Somme-Schlacht, Infanterieregiment 414, März 1918 (aus VM 57644,2)

An der Westfront begann sich jetzt die wachsende Präsenz amerikanischer Truppen auszuwirken (Frühjahr 1918: 300.000 Mann, Oktober: 1,8 Millionen). Ludendorff, der eigentliche militärische Kopf in der Obersten Heeresleitung, setzte daher alles auf eine Karte. In einer letzten, gewaltigen Frühjahrsoffensive (21. März – 6. April 1918) sollten die Alliierten bezwungen werden. Nach anfänglichen Erfolgen blieb das erschöpfte deutsche Heer, das keine Reserven mehr hatte, aber stecken. Es folgte ab Juli der Gegenschlag und am 8. August konnten britische Truppen mit Einsatz von 450 Tanks einen tiefen Einbruch in die deutschen Linien erzielen. Am „schwarzen Tag" des deutschen Heeres, wie Ludendorff ihn nannte, zeigte sich, dass die Kräfte auch nicht mehr zur Verteidigung reichten. Fortan musste die Frontlinie unter dem Druck der Alliierten immer weiter zurückgenommen werden.

Reichstagssitzung vom 5. Oktober 1918, Reichskanzler Prinz Max von Baden unterbreitet sein Friedensangebot an den amerikanischen Präsidenten Wilson, Rasterdruck nach Foto, aus Continental Kriegs-Echo 91/1918

Der Zusammenbruch der Mittelmächte vollzog sich nun in wenigen Wochen. Im September brach Bulgarien unter dem Ansturm der Entente-Truppen zusammen. Gleichzeitig durchstieß die britische Armee die türkische Front in Palästina und eroberte Syrien, am 30. Oktober schloss die Türkei einen Waffenstillstand. Auch Österreich-Ungarn erlebte den militärischen und staatlichen Zusammenbruch und musste am 3. November die Waffen niederstrecken.

In Deutschland war die Entwicklung nicht weniger dramatisch. Nach den Ereignissen im August erkannte man auch in der Obersten Heeresleitung die Ausweglosigkeit der Situation und drängte auf Friedensverhandlungen. Am 29. September forderten Hindenburg und Ludendorff in völliger Panik vor einem Zusammenbruch des Heeres von der Regierung ein sofortiges Waffenstillstandsangebot. Erstmals erhielten die zivilen Politiker realistische Informationen zur militärischen Lage. Am folgenden Tag trat Reichskanzler Graf Hertling zurück. Am 3. Oktober wurde Prinz Max von Baden zum Reichskanzler ernannt, der erstmals eine parlamentarische Regierung bildete. Er ersuchte die Alliierten um einen Waffenstillstand auf der Basis des Vierzehn-Punkte-Plans.

Aus den Antworten der Alliierten ließ sich erkennen, dass man nicht mehr zu Verhandlungen mit Deutschland bereit war, die nur dem deutschen Heer eine Atempause verschafft hätten. Die Waffenstillstandsbedingungen zielten auf eine endgültige Beendigung der Kämpfe und eine Aus-

Extrablatt des Hannoverschen Anzeigers, 9. November 1918 (VM 39951)

wechslung der deutschen Führung, letztlich auch auf die Abdankung des Kaisers. Hindenburg und Ludendorff verweigerten das Eingeständnis der Niederlage, sie drängten deshalb auf eine Fortsetzung der Kämpfe. Da insbesondere Ludendorff nunmehr völlig unglaubwürdig geworden war, wurde er am 26. Oktober entlassen. Die Gerüchte über Pläne für einen letzten, aussichtslosen Kampf nur um der Ehre der Offiziere willen, verbreiteten sich besonders in der Marine und führten am 3. November zum Kieler Matrosenaufstand, der sich zur Revolution ausweitete. Unter dem Druck der Ereignisse wurde Kaiser Wilhelm II. am 9. November zur Abdankung gezwungen und von dem sozialdemokratischen Reichstagsabgeordneten Philipp Scheidemann die Republik ausgerufen.

Hindenburg verblieb an der Spitze der Obersten Heeresleitung, sorgte aber mit seinen Offizieren dafür, dass die Verantwortung für die Waffenstillstandsverhandlungen nun an die zivile Regierung überging. Zuvor hatte Ludendorff bereits damit begonnen, die Schuld an der militärischen Katastrophe der deutschen Politik und dem Versagen der „Heimatfront" anzulasten. Die Leitung der deutschen Verhandlungsdelegation erhielt der gerade zum Staatssekretär ernannte Matthias Erzberger, Mitglied der katholischen Zentrumspartei. Er konnte nur geringe Änderungen an den Waffenstillstandsbedingungen durchsetzen und musste, mit Einwilligung Hindenburgs, am 11. November 1918 den Waffenstillstand unterzeichnen. Damit war die Grundlage gelegt für die „Dolchstoßlegende", nach der das deutsche Heer im Felde unbesiegt geblieben war und nur aufgrund politischen Verrats hatte kapitulieren müssen.

Was nach dem Ersten Weltkrieg blieb, waren politische Umwälzungen in großen Teilen Europas, verwüstete Landstriche und vernichtete Sachwerte in bisher ungekanntem Ausmaß und - knapp 9 Millionen gefallene Soldaten und fast 6 Millionen tote Zivilisten in den kriegführenden Ländern, deren Hinterbliebene unter den seelischen und materiellen Folgen des Verlustes litten. Nicht zu vergessen: „Der Weltkrieg hinterließ ein Heer der Versehrten, der Blinden, der Amputierten, der an Körper und Seele Zerschmetterten und Entstellten, wie sie die Straßenbilder aller Kriegsparteien nur allzu bald beherrschten."[6]

Die geschlagene Truppe kehrt zurück. Das Infanterieregiment 443 überschreitet die belgisch-deutsche Grenze. Foto, Ende November 1918 (aus VM 59463)

1   Im Rahmen dieses Kataloges kann nur eine sehr verkürzte Darstellung der politischen Entwicklung gegeben werden, die letztlich zum 1. Weltkrieg führte. Gleiches gilt für die spätere Schilderung des Kriegsverlaufes. Der Text folgt hier den bekannten Standardwerken: Gebhardt, Handbuch der deutschen Geschichte, Bd. 18, München 1980 (Taschenbuchausgabe) und der Enzyklopädie Erster Weltkrieg. Die seit Jahrzehnten kontrovers geführte Diskussion um die Kriegsschuldfrage hat sich in einer breiten wissenschaftlichen Literatur niedergeschlagen, die in den genannten Handbüchern aufgeführt ist. Hier soll nur auf das jüngst erschienene Werk von Christopher Clarke, The Sleepwalkers. How Europe went to war in 1914, London 2012 hingewiesen werden, das erneut zur Beschäftigung mit der Kriegsschuldfrage geführt hat.
2   Hirschfeld, Gerhard/Krumeich, Gerd/Renz, Irina (Hg.): Enzyklopädie Erster Weltkrieg, Paderborn 2003, S. 251
3   Enzyklopädie, wie Anmerkungen 2, S. 253
4   In der Skagerrakschlacht (31.05. -01.06.1916) erlitt die britische Grand Flett größere Verluste als die deutsche Hochseeflotte. Allerdings hatte dieser Erfolg keine Auswirkungen auf den weiteren Kriegsverlauf, sondern bestätigte letztlich, dass die Hochseeflotte nicht in der Lage war, die britische Flotte zu bezwingen oder die Seeblockade aufzubrechen.
5   Enzyklopädie, wie Anmerkungen 2, S. 566
6   Enzyklopädie, wie Anmerkungen 2, S. 584

Die Straßenkreuzung am Cafe Kröpcke in der Innenstadt entwickelte sich zum Verkehrsknotenpunkt, an dem Fußgänger, Radfahrer, Kutschen, Automobile und Straßenbahnen zusammentrafen. Postkarte, 1908 (VM 45629,4)

Kathleen Biercamp

„ein Bild großstädtischen Lebens"
Hannover vor dem Ersten Weltkrieg

Fortschritt und Tradition

„Stelle dich, freundlicher Leser, einmal gegen Mittag an eine belebte Straßenkreuzung der Großstadt, und du wirst in einer Viertelstunde etwas wie das Vorgefühl des hellen Wahnsinns spüren. Da poltert, kollert, knarrt, läutet, pfeift, schreit, tollt es oft durcheinander, daß man den Lärm als körperlichen Schmerz empfindet."[1]

Ungeachtet solch kritischer Stimmen warb 1910 der Verein zur Förderung des Fremdenverkehrs in Hannover mit den Vorzügen einer Großstadt. Stadtdirektor Heinrich Tramm hatte seit seinem Amtsantritt 1891 die gut gefüllte Stadtkasse genutzt, um der Residenzstadt nicht nur zu ihrem einstigen Glanz zu verhelfen. Er wollte ein neues Berlin errichten, das im Wettstreit der deutschen Metropolen Maßstäbe setzte.[2] Bereits ab 1870 hatte sich die preußische Provinzhauptstadt tiefgreifend verändert. Das Stadtzentrum verschmolz mit den benachbarten Ortschaften, die ihren dörflichen Charakter zunehmend verloren. An den Ausfallstraßen siedelten sich große Industrieunternehmen an, darunter die Hannoversche Maschinenbau-Aktiengesellschaft (Hanomag) und die Continental-Caoutchouc- und Gutta-Percha Compagnie, die sich zu den wichtigsten Wirtschaftsfaktoren der Stadt entwickelten. Der Zustrom an Arbeitskräften und zahlreiche Eingemeindungen hatten die Grenzen der Stadt gesprengt. In der „Ära Tramm" verdoppelte sich der städtische Grundbesitz, auf dem neue Stadtviertel und Infrastrukturen entstanden. Insbesondere repräsentative Kulturbauten und attraktive Wohnquartiere lagen dem Stadtdirektor am Herzen und sollten Hannover zu einer „der schönsten, angenehmsten und gesundesten Städte"[3] machen.

Lärm, Schmutz und vor allem die Arbeiterschaft der Fabriken ließen sich nur

Blick auf die Mechanische Weberei in Linden zwischen Ihme und Blumenauer Straße. In der Textilfabrik wurde an 1.300 Webstühlen auch der bekannte Lindener Samt produziert. Fotografie, 1888 (VM 18707)

schwer in dieses Konzept integrieren. Einen Zusammenschluss mit der angrenzenden Industriestadt Linden lehnte der Magistrat mehrfach ab. Von den 86.000 Lindenern waren 1914 mehr als 60 % im Produktionsgewerbe beschäftigt. Viele von ihnen arbeiteten inzwischen in Hannover, das mit seiner Industrielandschaft die Nachbarin jenseits der Ihme längst überholt hatte. Das Wachstum der Stadt konfrontierte die Behörden nicht nur mit einem erhöhten Verwaltungsaufwand, sondern auch mit steigendem Handlungsdruck auf sozialem Gebiet. Bei den Reichstagswahlen im 8. Wahlkreis der Provinz Hannover (Stadt und Landkreis Hannover, Linden) hatten sich die Sozialdemokraten längst zur stimmenstärksten Partei entwickelt. Doch die Stadtpolitik wurde von einem erlesenen Kreis aus bürgerlichen Honoratioren bestimmt, die dem konservativen Programm der Nationalliberalen folgten. Weniger als 3,5 % der 316.300 Einwohner besaßen das kostenpflichtige Bürgerrecht und waren befugt, das Bürgervorsteherkollegium zu wählen. Die Teilhabe an der Besetzung kommunalpolitischer Gremien war somit eine Frage des Geldes. Die Bürgervorsteher bildeten mit dem Magistrat, der obersten Verwaltungsinstanz, die Städtischen Kollegien. Deren Vorsitzender Tramm nutzte seine Position als Stadtdirektor, um das Gesicht der Stadt entscheidend zu prägen.

In der Königlichen Haupt- und Residenzstadt herrschte eine rege Bautätigkeit, die vor allem das Bedürfnis nach Repräsentation erfüllte. Der Magistrat untersagte Baumaßnahmen an Eisenbahnlinien, Wasserläufen und öffentlichen Plätzen, die „einer künstlerischen Gestaltung nicht genügen".[4] Als „künstlerisch" galt der Rückgriff auf etablierte Stilrichtungen. Zentralbehörden wie die Oberpostdirektion in der Zeppelinstraße oder das Neue Justizgebäude am Volgersweg präsentierten sich in neobarocker Monumentalität. Das im Juni 1913 eingeweihte Neue Rathaus geriet als „Potpourri der Stilarten" und „geheimräterisch-senile Stümperei"[5] jedoch bereits während seines Baus in die Kritik. Die Neorenaissance, die den mächtigen, von Giebeln, Rundbogenfenstern und Gesim-

Arbeit im Akkord: In der Bahlsen Cakes-Fabrik ging 1905 die erste vollautomatische Fließförderanlage in Betrieb. Fotografie, um 1913

sen gegliederten Kuppelbau prägte, galt inzwischen als unzeitgemäß. Ein weiteres Monument hannoverschen Selbstbewusstseins lobte 1914 die Fachwelt aufgrund seiner würdevollen Schlichtheit. Der Entwurf der Stuttgarter Architekten Friedrich Eugen Scholer und Paul Bonatz für die Stadthalle transformierte das Vorbild des römischen Pantheons in einen funktionalen Mehrzweckbau. Er entsprach auch im Inneren modernsten Anforderungen: 160.000 qm wurden beheizt, beleuchtet und belüftet.[6] Im gleichen Jahr vollendete der Mitbegründer des deutschen Werkbundes Peter Behrens mit dem repräsentativen Verwaltungssitz der Continental Gummi-Werke an der Vahrenwalder Straße einen seiner ersten formal reduzierten Industriebauten. Hinter den Fabrikfassaden verbarg sich eine Arbeitswelt, deren zunehmende Technisierung die Akkordarbeit weiter rationalisierte.

Für die privaten Haushalte bot das Leben in der Stadt keine technischen Superlative, aber erhöhten Komfort. 1913 waren 89 % der Wohnungen an die Kanalisation angeschlossen. Die 1907 eingemeindeten Kirchröder mussten sich allerdings fünf Jahre in Geduld üben, bis sie über Wasserleitungen verfügten. Die Zahl der Stromkunden erhöhte sich durch die offensive Werbung des städtischen Elektrizitätswerkes bis 1914 kontinuierlich.

Unter Strom: Plätten und Haartrocken-Apparate zählten zu den ersten elektrischen Haushaltsgeräten, die sich jedoch erst in den 1920er Jahren durchzusetzen begannen. Bügeleisen mit Steckerkabel, 1908 (VM 41222)

Heimatfront Hannover

Trotz diverser Tarifvergünstigungen war die Elektrizität mit 40 Pfennigen pro Kilowattstunde eine beträchtliche Ausgabe. Dennoch floss mehr als die Hälfte des erzeugten „Lichtstroms" in private Haushalte.[7] Obwohl Alltagshelfer wie die Kochkiste „Heinzelmann" oder die von Continental produzierten Wasch- und Wringmaschinen weiterhin auf Handantrieb und Muskelkraft angewiesen waren, funktionierten einige Geräte bereits elektrisch. An der Podbielskistraße vertrieb ein Kaufmann die Staubpumpe „Hanseat", deren Anschaffung für mehrere hundert Mark hochmoderner Luxus war.[8]

Die Elektrizifierung des Stadtraumes erleichterte auch die Überwindung räumlicher Distanzen. Entfernungen gäbe es in modernen Großstädten überhaupt nicht mehr,[9] argumentierte Tramm für den dezentralen Standort der neuen Stadthalle auf der Kleinen Bult am Rand der Eilenriede. Der öffentliche Personenverkehr setzte bereits seit 1897 komplett auf motorisierte Pferdestärken. Die Wagen der Straßenbahn Hannover AG befuhren 21 Linien.[10] Fortschrittskritiker warnten vor den „elektrischen Strahlen bei Kurzschluss von Straßenbahnen" und empfahlen dunkle Schutzbrillen.[11]

Auch die Pferdedroschken wurden vom Fortschritt überholt. 1913 verkehrten in Hannover mehr als 100 Kraftdroschken, deren Besitzer sich im Vorjahr zu einem Verein zusammengeschlossen hatten. Auf den Straßen kontrollierten Polizeibeamte mit Stoppuhren, ob die zugelassene Höchstgeschwindigkeit von 20 km/h eingehalten wurde.[12] Trotz solcher Maßnahmen forderte die neue Mobilität ihre Opfer: 1912 ereigneten sich 278 Automobilunfälle mit 138 Verletzten und 53 Toten.[13]

Ungebremst in eine neue Zeit: Der Continental-Pneumatik-Reifen wurde seit 1892 im Werk an der Vahrenwalder Straße produziert – und machte die Schrotflinte überflüssig. Werbeplakat, um 1915 (VM 35373)

Doch der Blick der Passanten richtete sich von der Straße immer häufiger in den Himmel. Am Morgen des 7. Juli 1912 bejubelte das hannoversche Publikum die neueste Errungenschaft der deutschen Luftfahrt. Das Luftschiff „Viktoria Luise" landete auf der Pferderennbahn der Großen Bult. Die Ankunft wurde mit einem Zeppelintag gefeiert. Einen Monat später legte die „Hansa" auf der Vahrenwalder Heide einen Zwischenstopp ein. Die Begeisterung für die Aeroplane schlug sich auch

Das Luftschiff „Hansa" – hier über dem Turm der Marktkirche – landete am 18. August 1912 auf der Vahrenwalder Heide. Fotografie: Ernst Bösenberg, 1913 (VM 24196)

abseits der Landeplätze nieder. Das Kaufhaus Jacobson warb für den Wettermantel „Zeppelin" und Musikkapellen spielten den Graf Zeppelin-Marsch. Wenig später pries der in Hannover geborene Dichter Karl Henckell in seiner „Hymne an Zeppelin" das Luftschiff als Siegverkünder. Die Eroberung der Lüfte durch die Technik löste Fortschrittseuphorie und nationalen Patriotismus gleichermaßen aus.

Die Beschwörung nationaler Größe fand vor allem in der öffentlichen Festkultur ihre Bühne. Hauptakteur war Kaiser Wilhelm II., der während seiner Regentschaft Hannover mit mehr als 30 Besuchen beehrte. Diese „Kaisertage" gehörten zu den offiziellen Höhepunkten des Jahres, bei denen sich Staat und Monarchie vor einer Kulisse aus Flaggen, Fähnchen, Ehrenkränzen und Eichengirlanden inszenierten. Der Namensgeber der Wilhelminischen Epoche zeigte großes Interesse an technischen und wirtschaftlichen Neuerungen, blieb gegenüber der kulturellen Avantgarde jedoch verschlossen. In seiner Person verkörperten sich die Widersprüche der Zeit, denn „niemals zuvor hat so vollkommen ein sinnbildlicher Mensch sich in der Epoche, eine Epoche sich im Menschen gespiegelt".[14] Auch ohne die Anwesenheit des Kaisers hatten in der Garnisonsstadt Hannover Militärparaden und Zapfenstreiche ihren festen Platz. Die Uniform war im zivilen Alltagsleben stets präsent. Selbst in der Freizeit gab das Militär den Ton an: Militärkapellen

„Der Kaiser ist ein lieber Mann, er wohnt in Berlin": Als Papierpuppe mit austauschbarer Garderobe war das Staatsoberhaupt Wilhelm II. bereits bei den Kleinsten populär. Ankleidefigur, um 1900 (VM 42207)

Heimatfront Hannover

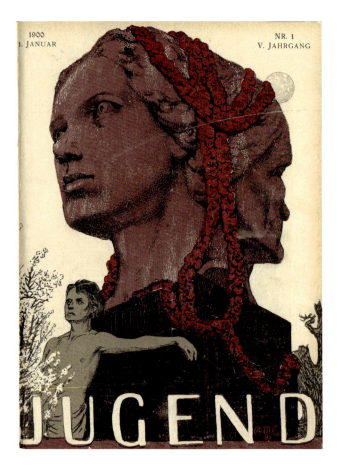

Vorwärtsdrängend und rückwärtsgewandt: Die „Jugend" zeigte auf dem Titel ihrer ersten Ausgabe des Jahres 1900 die zwei Gesichter einer Epoche. (Gottfried Wilhelm Leibniz Bibliothek)

spielten Konzerte auf dem Theater- und Georgsplatz und in Caféhäusern und anderen Vergnügungsstätten.

Der Durchbruch zur industriell-urbanen Massengesellschaft hatte im ausgehenden 19. Jahrhundert das soziale Gefüge ins Wanken gebracht. Ein einflussreiches Besitzbürgertum lief den kulturaristokratischen Eliten den Rang ab. Ihnen standen eine kleinbürgerliche Mittelschicht aus Angestellten und unteren Beamten und das sich formierende Proletariat gegenüber. Viele Angehörige der bildungsbürgerlichen Schichten zogen sich aus der Politik zurück. Die schichtenübergreifende Suche nach Identität wurde durch Zukunftsoptimismus und Traditionspflege gleichermaßen kompensiert. Jährliche Gedenkfeiern wie der Kaisergeburtstag und der Jahrestag der Schlacht bei Sedan sowie Jubiläen wie die Jahrhundertfeier der Völkerschlacht 1813 sollten die zersplitternde Gesellschaft – vor allem angesichts der latent empfundenen außenpolitischen Bedrohung – einen. Doch die patriotische Begeisterung aus den Anfangsjahren des deutschen Nationalstaates hatte sich zum obligatorischen Zeremoniell gewandelt.

Das Standbild zu Ehren der Kings German Legion entwickelte sich im Vorkriegsjahr zum ehrgeizigen Projekt einer Erinnerungskultur, die auf Monumentalität setzte. Die Kings German Legion, eine seit 1803 hauptsächlich aus Soldaten der aufgelösten kurhannoverschen Armee bestehende Sondereinheit der britischen Streitkräfte, hatte bis 1815 gegen Napoleon gekämpft und somit zur Befreiung des Kurfürstentums Hannover von der französischen Fremdherrschaft beigetragen. Karl Friedrich Schrader, Generaldirektor der Landschaftlichen Brandkasse, initiierte einen Denkmalsausschuss, um an die „Heldenbrüder" zu erinnern.[15] Vertreter der Landschaften riefen in der Tagespresse zu Spenden auf und ließen Sammelstellen auf dem Land einrichten. Der hannoversche Magistrat bewilligte 10.000 Mark und unterstützte die Gründung eines prominent besetzten Ortsausschusses. Zu dessen Mitgliedern zählten die Unternehmer Fritz Beindorff und Siegmund

Seligmann. Sie hatten ihre prominenten Namen bereits für andere Denkmalinitiativen zur Verfügung gestellt.¹⁶ Da sich die Spendenbereitschaft auf welfentreue Adelskreise beschränkte, war man auf die Zuschüsse der Provinz, ihrer Kommunen und Landschaften angewiesen. Heinrich Tramm, der dem Ausschuss beisaß, übernahm Anfang des Jahres 1914 die Ausschreibung eines Wettbewerbs. Der in Dresden lebende, aber aus Braunschweig stammende Künstler Heinrich Wedemeyer überzeugte das Preisgericht mit seinem Entwurf „Befreiung".¹⁷ Er führte in intensivem Austausch mit Stadtbaurat Paul Wolf bis 1916 mehrere Überarbeitungen aus. Das über 15 Meter hohe Denkmal sollte auf dem umgestalteten Königsworther Platz vor der ehemaligen Königs-Ulanen-Kaserne den Beginn der Herrenhäuser Allee markieren. Die Einweihung war am 100. Jahrestag der Schlacht bei Waterloo geplant. Der Entwurf wurde jedoch erst im Mai 1916 Wilhelm II. vorgelegt. Trotz der kaiserlichen Zustimmung sollte sich die Befürchtung Wedemeyers „Und wenn es nicht jetzt geschieht, ich glaube später nie"¹⁸ bewahrheiten. Nach dem Krieg ließ man das Vorhaben ruhen. Schrader versuchte bis 1936 vergeblich, das „hannoversche Denkmal par excellence" zu verwirklichen.

Der Entwurf „Befreiung" für das Denkmal der Kings German Legion: „Das in trotziger Erregung sich aufbäumende Niedersachsen-Pferd setzt über einen gallischen Krieger hinweg, denselben im gigantischen Kampfe zu Boden drückend." Fotografie, nach 1916 (Stadtarchiv Hannover)

Die welfentreuen Deutsch-Hannoveraner (DHP) stellten neben den Nationalliberalen und den Sozialdemokraten die drittstärkste Partei der Provinz. Sie verstanden sich als Interessenvertreter des Herzogs Ernst August (1845-1923), der seit der preußischen Annexion 1866 im Exil lebte. Ihre oppositionelle Haltung gegenüber der preußischen Regierung verband sie mit den Sozialdemokraten, die bei Stichwahlen für den Reichstag mit ihrer Stimme auch DHP-Kandidaten unterstützten.¹⁹ Im Februar 1913 sahen die Welfenanhänger ihre Stunde gekommen. Seit der offiziellen Verkündung der Verlobung des Prinzen Ernst August (1887-1953) mit der preußischen Prinzessin Viktoria Luise agitierten sie für die Wiederherstellung des Königreiches Hannover und gegen den Verzicht des Herzogs auf dessen Ansprüche auf den hannoverschen Thron. Der Konflikt tat den Hochzeitsfeierlichkeiten in Berlin am 24. Mai keinen Abbruch. Die hannoversche Presse rief zur Beflaggung der

Häuser mit preußischen, braunschweigischen und hannoverschen Flaggen auf. Bei einem Festakt am Abend war der lorbeergeschmückte Saal des Arbeitervereins dem Andrang des heimischen und angereisten Publikums kaum gewachsen.[20] Am folgenden Sonntag zeigten die Kinos erste Bilder von dem Einzug der Ehrengäste in Berlin und der Trauung.[21] Die Versöhnung von Hohenzollern und Welfen bot den europäischen Monarchen die Bühne für einen letzten gemeinsamen Auftritt vor Kriegsausbruch.

Konsum und Mangel

„Eine Fülle von Waren bietet sich dem Auge dar, ein leuchtendes Farbengewirr, überströmt von hellem, aber wohltuendem Lichte, ein buntes Durcheinander von Käufern wogt hin und her."[22]

Am Abend des 15. Oktober 1909 setzte sich auf dem Waterlooplatz ein Fackelzug in Bewegung. Die Kapelle des Infanterieregiments 73 begleitete den mit einer Erdkugel bekrönten Festwagen Richtung Schiffgraben in die Finkenstraße 5.[23] Dem Hausherren der Villa wurde am folgenden Tag für seine Verdienste der Rote Adlerorden überreicht. Geehrt wurde kein hoher Staatsbeamter oder Militär, sondern der Besitzer eines Kaufhauses. Der Kaufmann Carl Sältzer feierte das 50-jährige Geschäftsjubiläum des von seinem Vater gegründeten Unternehmens. Das Kauf- und Versandhaus für Manufaktur- und Modewaren in der Seilwinderstraße hatte 1903 einen modernen Neubau erhalten, dessen Fassade aus Glas und Stahl die Grenze zwischen Verkaufs- und Stadtraum auflöste.[24] Die sich drehende und leuchtende Weltkugel auf dem Giebel verwies demonstrativ auf Sältzers Vorbild: das drei Jahre zuvor eröffnete Berliner Warenhaus Tietz.

In der unmittelbaren Nachbarschaft musste sich Sältzer gegen zahlreiche Konkurrenten durchsetzen. Gegenüber wuchs das Kaufhaus für Damenmoden des Unternehmers Max Molling vier Stockwerke in die Höhe. Die Stahl-Beton-Konstruktion im Jugendstil galt als Sehenswürdigkeit. Im 1911 errichteten Kaufhaus zum Stern an der Ecke Oster-/Große Packhofstraße fand „der Jüngling, der Mann, der Sportsmann, der Jäger und der Tourist" alles, was er brauchte. Auch Louis Sternheim und Max Emanuel, die bereits 1902 mit ihrer 3.000 qm großen Verkaufsfläche neue Maßstäbe gesetzt hatten, bauten ihr Kaufhaus um. Und mit dem „größten Warenhaus der Provinz Hannover" von Eduard Bormass wartete der nächste Superlativ nur wenige Häuserecken weiter. Wie bei fast allen hannoverschen Kaufhäusern handelte es sich um eine Textil- und Manufakturwarenhandlung, die ihr Sortiment um Haushaltsartikel und Luxuspräsente erweitert hatte. Das Preußische Warenhaussteuergesetz vom 18. Juli 1900 bat jeden zur Kasse, der in offenen Verkaufsstellen Artikel aus mehr als einer von vier definierten Warengruppen anbot und im Jahr über 400.000 Mark umsetzte.

In den Vorkriegsjahren entstand das Warenhaus als „ins Rießenhafte, Moderne, Vielseitigste, Glänzende gesteigerte Gemischtwarenhandlung"[25]. Zu den Annehmlichkeiten im Kaufhaus Sältzer zählten elektrische Fahrstühle, ein Erfrischungsraum mit Ticketverkauf für Theater und Straßenbahn, außerdem ein Schreibzimmer mit kostenfreiem Fernsprechapparat. An den Palast des Warenhauses Wertheim in Berlin, wo sich die Kunden abseits der 65 Verkaufsabteilungen in ein Palmenhaus mit Wasserspielen zurückziehen konnten – und dessen Mischung aus eklektizistischem Prunk und moderner Technik ein Sinnbild des späten Wilhelminischen Kaiserreiches war – reichte Sältzer nicht heran. Doch sein umfangreiches Sortiment günstig produzierter Massenartikel unter einem Dach sparte Zeit und Geld. Der angegliederte Versandhandel lieferte die vor Ort ausgesuchte oder per Katalog bestellte Ware ins Haus. Gleichzeitig entwickelte sich die Werbung zu einem eigenen Wirtschaftszweig. 1913 waren in Hannover 28 Anbieter für Zugabeartikel, Plakate, Inserate oder elektrische Lichtreklameschilder verzeichnet.[26]

„Überall die Parole: Kauft! Kauft! Kauft! Alles ist käuflich, aber was die Stadtmenschen kaufen, ist verunreinigt und verfälscht […]."[27] Dieser kulturpessimistischen Konsumkritik bediente sich auch der Rabattsparverein Hannover. Die Vereinigung mittelständischer Geschäftsinhaber gewährte 5 % Rabatt in Marken für bar zahlende Käufer.[28] Sie warnte vor den Kaufhäusern, die zum Kauf minder-

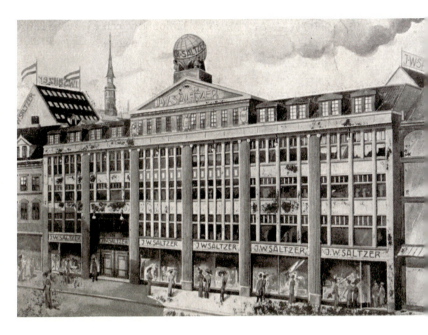

„Muster eines modernen Kauf- und Versandhauses": das Geschäftsgebäude J. W. Sältzer mit seiner 1912 neu gestalteten Fassade. Illustration aus dem „Buch der alten Firmen der Stadt Hannover im Jahre 1927".

Die Große Packhofstraße verband die südwestlich an den Bahnhof grenzende Ernst-August-Stadt mit der Altstadt und wurde als wichtigste Einkaufsstraße zum Ziel von Kauffreudigen und Flaneuren. Postkarte, um 1905 (VM 55483)

Überragende Waren „made in Hannover" machten den Denkmälern der Stadt Konkurrenz: Werbeanzeige der Malzkaffeeproduzenten Garvens & Söhne aus einer Beilage der „Illustrierten Zeitung" vom 20. April 1911. (VM 35316)

wertiger Produkte verführten. Dieser Vorwurf war jedoch weniger moralisch begründet, sondern wirtschaftlich motiviert. Die Händler fürchteten die Konkurrenz der Warentempel. Als Alternative zur kapitalistischen Warenwirtschaft hatte sich 1888 der genossenschaftlich organisierte Hannoversche Konsumverein gegründet. Bezeichnenderweise hatte nicht die Arbeiterschaft, sondern der an der Technischen Hochschule lehrende Prof. Dr. Julius Post die Initiative ergriffen, um den Verkauf günstiger Lebensmittel zu organisieren. Die Arbeiter reagierten darauf äußerst verhalten. Erst als der Verein mit den Gewerkschaften kooperierte und von mittelständischen Kaufleuten als sozialdemokratisch denunziert wurde, stieg ihr Interesse.

Der Konsumverein hatte bereits 1908 den vollständigen Sonntagsladenschluss eingeführt. Der Forderung der Handelsgehilfen und Angestellten nach einem arbeitsfreien Sonntag schlossen sich auch selbständige Gewerbetreibende an. Der „Ausschuss der Ladeninhaber zur völligen Sonntagsruhe in Hannover und Linden" rief im Sommer 1914 in Flugblättern dazu auf, nur in den entsprechend gekennzeichneten Geschäften zu kaufen. Er drängte auf ein gesetzlich bindendes Ortsstatut. Im Juli hielten 60 Textilhandlungen sonntags wegen angeblich geringer Nachfrage ihre Türen geschlossen.[29] Die Friseure rund um die Georgstraße klagten über ausbleibende Kunden, und die Cafés in der Innenstadt blieben am Nachmittag leer.[30] Wenige Wochen später rüsteten sich die Händler für die Kriegszeit und inserierten Kleider für Helferinnen und Lazarett-Betten. Trauerkleidung wurde innerhalb von 12 Stunden maßgefertigt.[31]

Stadtdirektor Tramm wollte Hannover zum Investitionsstandort für Handel und Industrie aufbauen. Seine Politik trug Früchte – in deren Genuss jedoch nicht jeder kam. Vom steten Anstieg der Reallöhne spürte ein ungelernter Arbeiter oder Gehilfe wenig. Er verdiente im Maschinenbaugewerbe täglich 3,52 Mark, Arbeiterinnen nur 2 Mark.[32] Steigende Lebenshaltungskosten und

Der Konsumverein eröffnete im April 1912 seine 16. Verkaufsstelle am Goetheplatz. Fotografie aus der Festschrift „25 Jahre Hannoverscher Konsumverein 1888-1913" (VM 59440)

wachsende Arbeitslosigkeit verschärften die Lage. Zwischen 1900 und 1913 verteuerten sich die Lebensmittel um 30 %.[33] So sparten auch bürgerliche Haushalte oft am Essen und griffen auf Ersatzprodukte wie Zichorienkaffee und Margarine zurück. Nachdem beobachtet wurde, wie Kinder in Papierkörben nach Brotrinden suchten, forderte ein Lindener Bürgervorsteher ein Milchfrühstück an den Schulen.[34] Im Spätsommer 1912 kündigte sich eine weitere Fleischteuerung an. Der hannoversche Magistrat beantragte einen Kredit von 50.000 Mark, importierte Schweine und Rinder aus Schweden und den Niederlanden und gab das Schlachtgut zum Selbstkostenpreis ab. Da viele Innungsfleischer den Verkauf verweigerten, boten städtische Mitarbeiter in der Markthalle das Fleisch an.[35] Mit 80 Pfennigen pro Pfund Schweinefleisch war es kaum günstiger als handelsübliche Ware. Laut offizieller Statistik – die den steigenden Verzehr von Pferde- und Hundefleisch unbeachtet ließ – verbrauchten die Hannoveraner so wenig Fleisch wie seit fünf Jahren nicht. Doch selbst aus dem Mangel ließ sich ein Geschäft machen. Die Kakao-Compagnie Reichardt, die eine Filiale in der Großen Packhofstraße betrieb, propagierte den Kakao als Fleischersatz und nahrhaftes Frühstücksgetränk.

Ein geringer Verdienst bedeutete meist auch die Entbehrung von Raum, Luft und Licht. Trotz beengter Wohnverhältnisse wurde oft ein Zimmer an ledige Schlafgänger untervermietet. Sechsköpfige Arbeiterfamilien waren mit einer Stube und zwei Schlafräumen zufrieden, wenn die Jahresmiete 180 Mark nicht überstieg.[36] Dagegen umfasste die Wohnung eines höheren Beamten der Königlichen Eisenbahndirektion – „die ihrer dienstlichen und gesellschaftlichen Stellung entsprechende Lebensführung berücksichtigend"[37] – neben sieben Wohnräumen und Küche auch Baderaum und Mädchenzimmer. Die ab 1890 errichteten Arbeiterhäuser nutzten mit vier Geschossen, Mansarden und Hinterhäusern die Grundstücke intensiv aus. Die hoch umbauten Straßen prägten

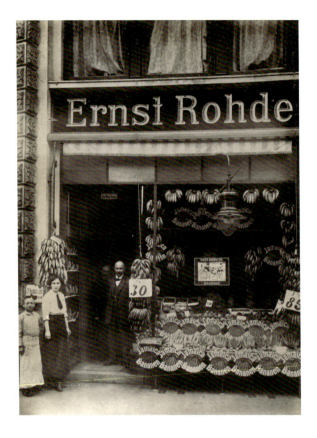

"wohlschmeckend, nahrhaft, leicht verdaulich und billig": Delikatessenhandlungen – wie hier in der Georgstraße – verkauften die auch als Fleischersatz beworbenen Bananen. Werbepostkarte, 1913 (VM 64926)

zuerst das Lindener Stadtbild. Doch auch in der benachbarten Residenzstadt gab es in Hainholz, Nord- und Oststadt bald die „langen, lieblosen Häuserreihen, die drei- und vierstöckigen, mit geborgtem Zierrat ‚geschmückten' Fassaden unserer neuen Großstadtstraßen".[38]

In Hannover war „gerade auf dem Gebiete der Förderung des Kleinwohnungsbaues noch herzlich wenig geschehen".[39] Die Stadt zählte im innerdeutschen Vergleich zu den Schlusslichtern. Kleine und preisgünstige Wohnungen nach dem Prinzip „viele Mieteinheiten auf wenig Raum" errichteten in erster Linie private Kapitalanleger. Die Planungen des Magistrats für Wohnblöcke an der Tiefenriede, der Bultstraße sowie der Südstädter Mendelssohn- und Siemensstraße erwiesen sich bald als unzureichend.[40] Der genossenschaftlich organisierte Bau- und Sparverein hatte zu diesem Zeitpunkt bereits 1.063 Wohnungen in 114 Häusern vermietet. Insbesondere seine zwischen 1912 und 1915 errichteten Wohnhöfe Schlosswender Garten und Spannhagengarten waren wegweisend. Die Anlagen verbanden Wohnraum mit begrünter Umgebung und griffen wesentliche Impulse des Reformwohnungsbaus auf. Die 3-Zimmer-Wohnungen für Angestellte und untere Beamte verfügten über beheizbare Räume, Wohnküche mit Badenische und Klosett.

Den Vorschlag der Bürgervorsteher, einen städtischen Hypothekenfond zu gründen, lehnte Tramm ab. Er sah private Initiativen und Baugenossenschaften in der Pflicht, die Wohnungsfrage zu lösen. Seine Haltung führte in den Sitzungen der Städtischen Kollegien zu regen Diskussionen. Tramm fürchtete sich vor einer „treibhausartigen Vermehrung der Stadt, die […] nur eine Fülle von Arbeitern und Ausgaben mit sich bringe".[41] Er lockerte lediglich die baupolizeilichen Vorschriften. Der Hausbau war nun auch an schmalen und unasphaltierten Straßen ohne Kanalisation möglich.[42] Bürgerliche Wohnreformer verwarfen „die mehrere Stockwerke hohen und mit Hintergebäuden auf engen Höfen verbundenen Mietskasernen unserer großen Städte, die oft hunderte von Menschen beherbergen […]."[43] Sie wollten nicht nur die hygienischen Bedingungen verbessern, sondern die Konfliktbereitschaft der

Die Backsteinfassaden der Arbeiterhäuser in der Elisenstraße in Linden-Nord sollten durch Ziergiebel aus Sandstein einen bürgerlichen Charakter erhalten. Postkarte, 1906 (VM 55459)

Arbeiter und deren Interesse an der Gewerkschaftsbewegung eindämmen. Dieses Ziel verfolgten auch die Fabrikanten mit ihren Werkssiedlungen. 1913 plante die Hanomag ihre riesige Arbeiterkolonie im südlichen Linden durch dreistöckige Wohnblöcke mit mehr Raum und Komfort zu ersetzen.[44]

Mit der Arbeitslosigkeit wuchs auch die Zahl der Obdachlosen. Im Jahr 1909 nahm die Herberge des Deutsch-Evangelischen Frauenbundes 586 Personen auf, drei Jahre später hatte sich die Anzahl verdoppelt.[45] Die Kapazitäten des städtischen Asyls für Frauen und Kinder in Kleefeld und des Armenhauses in der Calenberger Neustadt waren begrenzt. Einige Wohnungslose sammelten sich in den Wartesälen des Hauptbahnhofes oder quartierten sich in Kellern, leeren Möbelwagen oder auf Böden ein. Der Nordstädter Bürgerverein forderte den Bau eines Nachtasyls und einer Wärmehalle. Er rechnete mit einer weiteren Verschärfung der Lage.[46] Auf diese sozialen Herausforderungen reagierten in erster Linie die bürgerlichen und diakonischen Wohltätigkeitsvereine.

Ein Großteil der Obdachlosen war im Königlichen Polizei-Gefängnis im Polizeipräsidium an der Hardenbergstraße untergebracht. Die täglichen Kosten für Brot, Kaffee und Bettwäsche trug der Staat. Der Regierungspräsident wandte sich seit 1904 regelmäßig wegen unhaltbarer Zustände an den Magistrat und machte auf die Notwendigkeit eines neuen städtischen Asyls aufmerksam.[47] Im Winter 1910 waren sämtliche Zellen, der Sammelraum und sogar die Spülzellen und der Flur belegt. 1912 wurden insgesamt 15.000 Nachtquartiere gestellt. Der Magistrat finanzierte anteilige Verpflegungskosten und die Sonderschichten des Gefängnispersonals. Einigen Bürgervorstehern ging diese Unterstützung nicht weit genug. Sie meinten, „daß eine Stadt wie Hannover, […] die für die Repräsentation und für die Förderung der Kunst so erhebliche Summen aufwendet, auch in der Lage ist, in den Beutel zu greifen, wenn es gilt, soziale Übelstände aus dem Wege zu räumen."[48] Auch nach Kriegsende hielt der Magistrat ein zusätzliches Asyl „nach wie vor für unzweckmäßig", da dadurch Obdachlose angelockt würden.[49]

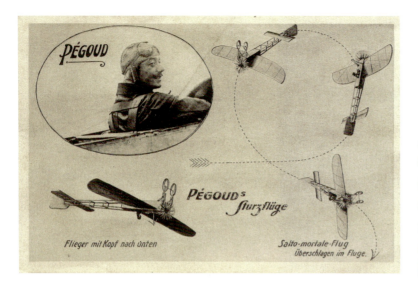

„Pégoud kommt!": Sonderzüge aus Braunschweig, Uelzen, Verden und Minden brachten die Schaulustigen zu den Vorführungen des französischen Flugkünstlers nach Hannover. Postkarte, 1913 (VM 60075)

Masse und Exklusivität

„Das ewige Einerlei des Berufes, das maschinengleiche Arbeiten tötet jede freie Entfaltung unserer Kräfte. Darin liegt es begründet, daß sich jeder, der unter diesem Zwange leidet, eben auf andere Weise zu entschädigen sucht. Genießen, genießen! So heißt die Parole. Aber dazu braucht man Geld. Daher die maßlose Jagd nach dem Gelde […]."[50]

Menschenmengen strömten am Mittag des 1. und 2. November 1913 über den Bischofsholer Damm auf die Große Bult. Schon seit Tagen schaltete die Tagespresse ganzseitige Werbeanzeigen für die Sturz- und Saltomortale-Flüge des Franzosen Adolphe Pégoud. Die Veranstalter prophezeiten einen größeren Massenandrang als bei den Luftschifflandungen wenige Monate zuvor. Der Logenplatz kostete fünf Mark, ein Stehplatz 50 Pfennige. Während der „Courier" behauptete „Der Hannoveraner ist immer dabei, wenn es etwas Besonderes zu sehen gibt; und auch das Geld spielt bei ihm keine Rolle, wenn er sich seine Zeit auf angenehme Weise unterhalten kann"[51], beklagte der sozialdemokratische „Volkswille", dass das Eintrittsgeld die meisten Proletarier von dem Ereignis ausschloss. Zudem würde durch die weiträumige Absperrung des Veranstaltungsgeländes kostenfreies Zuschauen verhindert.[52] Gegen 15 Uhr hatte sich das Gelände zwischen Göttinger Bahndamm und Eilenriede mit rund 30.000 Zuschauern gefüllt. Der „Courier" berichtete ausführlich über das Geschehen auf der Haupttribüne, auf der sich Vertreter des Militärs, des Magistrats und der Königlichen Behörden sammelten. Besonders gelobt wurde der „vornehme Damenflor" der weiblichen Begleiterinnen, die sich modisch nicht hinter Berlin zu verstecken bräuchten.[53] Das „aviatische Fest" schien eher gesellschaftliches als sportliches Schauspiel zu sein. Die Berichterstatter des „Volkswillen" konzentrierten sich stattdessen auf die halbstündige Vorführung mit sechsfachem Salto und anschließendem Sturzflug des Eindeckers. Nicht nur Pégoud profitierte mit einem üppigen Honorar von dem Spektakel. Der Auftritt des Kunstfliegers füllte auch die Kassen der Gastronomen in der

Innenstadt, wo sich vor Pégouds Quartier im Hotel Bristol Trauben von Schaulustigen drängten.

Der Sport entwickelte sich in den Vorkriegsjahren zum Publikumsmagnet. Turniere wurden vom Programmpunkt städtischer Feste zu eigenen Großveranstaltungen. Bezüglich der Ausrichtung von Sportwettkämpfen belegte Hannover unter den deutschen Großstädten den ersten Platz.[54] Der Große Straßenpreis der Radrennfahrer im Frühjahr 1913 oder die erste Hannoversche Hockeywoche im darauffolgenden Jahr fanden begeisterte Zuschauer. Die Internationalen Ringkampfkonkurrenzen lockten Hunderte in das Metropol-Theater in die Nordstadt. Dort gab es 1912 mit der Kinematografie eine weitere Attraktion.[55] Auch der Gastronom Carl Spieker baute seinen Eispalast in der Goethestraße zu den Kammer-Lichtspielen mit 1.200 Plätzen um. Als schließlich die erst 1911 eröffnete Schauburg an einen Berliner Kino-Unternehmer übergehen sollte, rief ihr Direktor Franz Rolan zum Protest gegen die Degradierung des Theaters zum „Kintopp" auf.[56] Inzwischen gab es in der Stadt 14 Filmtheater. Ihr Besuch galt als unreglementiertes Vergnügen, dass jedem von vormittags bis abends für wenige Pfennige offenstand – und vor allem Kinder anlockte.[57] Den örtlichen Polizeibehörden lag ein Register über jugendgefährdende Kinematografenbilder vor.[58] So waren auch die „Versuchungen der Großstadt", ein 40-minütiger Kassenschlager des Jahres 1911, für Minderjährige verboten. Drei Jahre später waren die ersten Kriegsgefangenen auf der Leinwand zu sehen.[59]

Neuheiten wie das Kino oder die um 1900 eingerichteten Automatenrestaurants erregten das Interesse aller Bevölkerungsschichten. Im Central-Automat an der Großen Packhofstraße oder dem Steintor-Automat beförderte der hungrige Besucher nach dem Münzeinwurf mittels einer Kurbel die Speisen aus verglasten Fächern. Auch in der Georgs-Passage bot sich diese preiswerte Alternative zum Restaurant-Besuch. Hinter der gediegenen Einrichtung aus Mahagoni und Marmorimitat im modernen Jugendstil verbarg sich eine technische Anlage, die kleine Mahlzeiten jederzeit und sofort verfügbar machte. „Für den, der so, von unsichtbaren Kräften bedient, gespeist und getrun-

„Berührung mit der automatischen Welt": Automatenrestaurant am Steintor, Postkarte, 1909 (VM 57499)

Der weitläufige Kaffeegarten des Tiergartenrestaurants in Kirchrode war ein beliebtes Ausflugsziel für das überwiegend bürgerliche Publikum. Postkarte, 1910

ken hatte, standen andere Apparate bereit, die bunte Bilder zeigten oder in Hörmuscheln kurze Musikstücke ertönen ließen."[60]

Vor allem die neue Mittelschicht aus aufstiegsorientierten Angestellten und unteren Beamten drang in bourgeoises Terrain ein. Die industrielle Massenproduktion machte Luxusartikel erschwinglich und das Warenhaus zu einer scheinbar demokratischen Institution. Die Kleider von der Stange unterschieden sich auf den ersten Blick kaum von den maßgeschneiderten Gesellschaftsroben gutbetuchter Damen. Auch die Vergnügungsindustrie hatte das kleinbürgerliche Bedürfnis nach stilvoller Lebensart erkannt. Viele Unterhaltungsstätten bedienten mit Tanz, Operette und Kleinkunst ein breites Publikum. Heinrich Battermann rüstete sein exklusives Bellevue zum Crystall-Palast mit mehreren Festsälen und einem Bier- und Kaffeegarten für insgesamt 5.000 Gäste um. Und zumindest hinsichtlich des Nachtlebens schien Hannover den oft angestrebten Vergleich mit anderen Großstädten nicht scheuen zu müssen, denn „In Berlin und Hamburg, in Hannover und Cöln beginnt das rechte Treiben erst um elf Uhr."[61] Die Stadt bot ausreichend Abwechslung – die jedoch Geld und Zeit kostete. Ein Metallarbeiter verbrachte 56,5 Wochenstunden in der Fabrik und fand höchstens am Sonntag bei einem Ausflug an den Stadtrand Erholung.

Alle Schichten der Bevölkerung zog es ins Freie. Mit dem Fahrrad waren die Eilenriede und der Tiergarten schnell erreicht, die Straßenbahn brachte die Städter „aufs Land" nach Gehrden und Barsinghausen. Besonders im heißen Sommer 1914 waren an den Sonntagen die Waldwirtschaften am Lister, Döhrener und Ahlemer Turm überfüllt. Die Ausflügler hinterließen bei ihren „regelrechte[n] Raubzüge[n] [...] bei der Mutter Natur" eine Spur aus Müll und abgerissen Pflanzen.[62] Während die beliebten Konzerte im Zoo oder im Herrenhäuser Palmengarten ein gut situiertes Publikum lockten,

„Der Streik", Studie in Öl auf Leinwand von August Weber-Brauns, 1913 (VM 27724)

sollten die sozialdemokratischen Mai-Feiern im Fösse- und Vahrenwalder Park Proletarier „in Massen" mobilisieren. Es herrschte eine zwanglose Volksfestatmosphäre mit Turnvorführungen, Konzert, Kegeln und Feuerwerk.[63] Die Arbeiter nutzen gesellige Unterhaltung, Stammtisch und Vereine – etablierte Formen bürgerlichen Gemeinschaftslebens – um sich in die Gesellschaft zu integrieren und sich gleichzeitig als eigene Klasse zu formieren.

Knapp die Hälfte der Erwerbstätigen war als Arbeiter in Industrie und Gewerbe tätig. 1913 beschäftigte Continental über 7.000 Arbeiter. Viele von ihnen waren im Verband der Fabrik-, Land- und Hilfsarbeiter und Arbeiterinnen Deutschlands organisiert, der seinen Sitz in Hannover hatte. Die Zusammenschlüsse der Arbeiter in Gewerkschaften fürchtete die Regierung wegen ihrer systembedrohenden Sprengkraft. Der Wülfeler Biergarten und zahlreiche Vereine wie der Radfahrerclub „Sturmvogel" in Groß-Buchholz standen als sozialdemokratische Versammlungsorte unter regelmäßiger Beobachtung.[64] Das 1912 in der Nikolaistraße errichtete Gewerkschaftshaus zeugte von der zunehmenden Professionalisierung der Bewegung. Das Gebäude beherbergte neben rund 80 besoldeten Gewerkschaftsfunktionären auch das Arbeitersekretariat. Diese 1898 gegründete Beratungsstelle war die dritte ihrer Art im Deutschen Kaiserreich. Am Vorabend des Ersten Weltkrieges gehörten dem Gewerkschaftskartell Hannover-Linden über 39.000 Mitglieder an.

Die Sozialdemokraten bildeten nach den Reichstagswahlen im Januar 1912 die stärkste Fraktion des Parlamentes. Aufgrund ihrer eingeschränkten parlamentarischen Rechte mussten sie dennoch weiter um verbesserte Lebens- und Arbeitsbedingungen kämpfen. Im Oktober 1910 und Juni 1911 forderten die Schmiede und Former der Hanomag angesichts steigender Miet- und Lebensmittelpreise höhere Löhne. Im folgenden Jahr streikten die Metallarbeiter 13 Wochen unter dem Motto „Der Zehnstundentag muss durchbrochen werden!". Die Unternehmen reagierten mit harten Sanktionen. Unterstützt von der Agitation der bürgerlichen Presse wurden Streikbrecher angeheuert und Arbeiter ausgesperrt. Sanftere Maßnahmen gegen den Arbeitskampf stellten die fabrikeigenen Werkvereine dar. Fast die Hälfte der Hanomag-Belegschaft ließ sich auf das Weise an das Unternehmen binden. Viele der Beschäftigten waren nicht nur auf ihren Verdienst, sondern auch auf die Werkswohnung und Sozialeinrichtungen ihres Arbeitgebers angewiesen. Auch wenn der SPD-Wahlverein für den Wahlkreis Hannover und Linden in Streikfragen eine gemäßigte Position bezog,[65] brachten die Streiks Unruhe in die Stadt. Schaulustige und „jugendliche Randalmacher"[66] zogen auf die Straßen, Schaufensterscheiben und Laternen gingen zu Bruch und Unbeteiligte wurden verletzt oder verhaftet.[67]

Auch die nationalen Gedenktage und Kaiserempfänge brachten die Menschen auf die Straße. Bei diesen patriotischen Feiern folgten sie jedoch einer disziplinierten Choreografie. In Fest- und Fackelzügen reihten sich Kriegsveteranen, Jugend-, Sport- Schützen- und Arbeitervereine aneinander. Die übrige Menge übernahm die Rolle der Statisten, so wie bei der zweistündigen Auffahrt der Ehrengäste anlässlich des Kaiserbesuches zur Einweihung des Neuen Rathauses. Auch ein weiterer städtischer Großbau blieb am Tag seiner Eröffnung vielen verschlossen. In die Stadthalle waren am 10. Juni 1914 ausschließlich Ehrengäste und städtische Honoratioren zum Musikfest unter der Leitung des Komponisten Max Reger geladen. Der Magistrat bat das Publikum ausdrücklich um Gesellschaftstoilette. Da die Damen ihre Hüte vor dem 3.500 Zuhörer fassenden Kuppelsaal ablegen mussten, garantierte die Direktion, „daß diesen wertvollen Kunstwerken in den Garderoben jede erdenkliche Schonung zuteil wird".[68] Der „Volkswille" kritisierte die neue Stadthalle als exklusive Gesellschaftsstätte, die die „klassengesellschaftliche[n] und politische[n] Tendenzen der Kommu-

„Kulturstätte allerersten Ranges": Die Stadthalle an der nahegelegenen Zugstrecke zwischen Berlin und Hamburg sollte Hannovers Größe und Wohlstand zur Schau stellen. Fotografie: Edmund Lill, 1914/15 (VM 18403,8)

nalpolitik"⁶⁹ widerspiegele. Die Stadthalle, umrahmt von einer großzügigen Gartenanlage mit Wasserspielen und Musikpavillons, galt als weiteres Wahrzeichen der Stadt. Die kupferne Kuppel verlor bereits wenig später ihren Glanz. Die Deckung wurde während des Krieges zu Führungsringen für Granaten verarbeitet.

Ihre privaten Rückzugsorte hatten sich die Spitzen aus Politik, Kultur und Wirtschaft abseits des Stadtzentrums geschaffen. Sie residierten in Villen und Großwohnungen in den

Refugium des gehobenen Bürgertums: Villen im Landhausstil in der Fichtestraße in Kleefeld, Postkarte, 1908 (VM 57350)

Randgebieten der Eilenriede oder am Tiergarten. Dem Ausbau solch eleganter Wohnquartiere galt das besondere Interesse des Magistrats. Die Grundstücke des „Millionenviertels" rund um die Kleefelder Schopenhauerstraße sollten die Stadtkasse füllen und vornehme Klientel anziehen. Dagegen bemühten sich die Arbeiter in den Wohnblöcken der Nord- und Oststadt, ihren Wohnungen einen kleinbürgerlichen Anstrich zu geben. Wer über zwei Zimmer mit Küche verfügte, sparte einen Raum als gute Stube für Besuch, Sonn- und Feiertage auf. Durch den mit Teppich, Anrichte und Sofa ausgestatteten Raum grenzte man sich von den Ärmsten ab.⁷⁰ Erstrebenswert galt „edler Geschmack und Anmut, die auch in der einfachsten Wohnung zu finden sei".⁷¹

Körperbefreiung und Körperbeherrschung

„Der Zwang unserer gesteigerten Kulturverhältnisse lastet schwer auf uns. Unsere Reizbarkeit ist vergrößert, wir sind nervös geworden. [...] Unsere Kultur ist und bleibt verdammenswert, sie macht uns nicht glücklich, sondern unglücklich. Darum weg mit der Kultur und zurück zur Natur! [...] Wir sind Kinder der Sonne, der Spenderin alles Lebens und aller Kraft. Auf zum Kampf gegen alle Unnatur und Unvernunft für eine neue Kultur der Schönheit und Lebensfreude."⁷²

Im Sommer 1906 hatte sich in Hannover ein Verein zur Errichtung eines Luftbades gegründet. Er pachtete im Habichtshorst nördlich des Steuerndiebes ein Gelände von der Stadt. Diese überließ das Areal zwar nicht wie erhofft kostenfrei, sorgte aber für die Zuwegung und bezuschusste das Luftbad bis 1914 jährlich mit mindestens 500 Mark.⁷³ Eugen Carl Felix Herrmann, dessen Fabrik

Momentaufnahme im Luftbad Hannover, Fotografie: Katharina Eleonore Behrend, 1909 (Stiftung Niederländisches Fotoarchiv)

für Gelee-Extract, Konfitüren und Dessertpulver sich in unmittelbarer Nähe befand, finanzierte ein Gebäude mit Umkleide- und Waschräumen. Von April bis September wurde auf den Rasenflächen Faustball gespielt, an Reck und Barren geturnt oder Gymnastik getrieben. Viele der 700 Mitglieder des Luftbad-Vereins besaßen ein Jahresabonnement, für Gelegenheitsbesucher waren Tageskarten erhältlich. Auch wenn der Verein das nackte Lichtluftgeschöpf propagierte – unverhüllte Körper gab es auf dem über 4.000 qm großen Gelände nicht zu sehen. § 5 der Badeordnung gestattete den Aufenthalt nur in Badekleidung. „Wie er im lichten Urgewand / hervorging aus des Schöpfers Hand / gilt hier der Mensch dem Menschen gleich". Der Spruch am Giebel des Badehauses mochte auf die Überwindung von sozialen Unterschieden, nicht aber von Geschlechtergrenzen abzielen. Damen- und Herrenabteilung trennte ein 2,50 Meter hoher Zaun mit Stacheldraht, der Kontakt war nur über ein Sprachrohr in den Umkleideräumen möglich.[74]

„Großstadtleben ist Entartung und Untergang".[75] Diese Meinung vertrat auch der jüdische Arzt und Geburtshelfer Dr. med. Benno Kantorowicz, der den Vorstand des Luftbad-Vereins leitete. Seine physikalisch-diätetische Heilanstalt in der Bödekerstraße war auf Wasserkuren, Massagen und Diäten spezialisiert. Als einer der Aktivisten der hannoverschen Lebensreformbewegung publizierte er in den „Reformblättern" und war Schriftführer im Alkoholgegner-Verein. Kantorowicz gehörte zur bildungsbürgerlichen Keimzelle der Lebensreform. Die Kritik an Industrialisierung, Verstädterung und „Sittenverfall" und die Furcht vor dem nicht absehbaren Ende dieser Entwicklungen bündelte sich ab 1880 in zahlreichen Alternativbewegungen. Sie boten einen verbindlichen Lebensentwurf und versprachen körperliche und geistige Wiedergeburt.[76] In Naturheilanstalten, Luftbädern und vegetarischen Restaurants betrieb man die „umfassende Hygiene der Seele und des Leibes" zur „Vervollkommnung geistig-sittlicher Art", um eine andere – „bessere" – Moderne zu schaffen.[77] So war der Ruf „Zurück zur Natur" weit mehr als eine Flucht in vorindustrielle Verhältnisse. Während die frühen Pioniere als radikale Aussteiger provoziert hatten, bekannten sich zunehmend einflussreiche und finanzkräftige Honoratioren zu deren Ideen. So tummelten sich auch in Hannover stadtbe-

Begegnung des Städters mit der Natur: Das freilaufende Wild im Tiergarten war eine – für jeden unentgeltlich zugängliche – Attraktion. Postkarte, 1907 (VM 64977)

kannte Persönlichkeiten wie der Verleger und Buchhändler Alfred von Seefeld[78], der ehemalige Stadtkämmerer Friedrich Conrad und der Musikdirektor Prof. Hugo Mund auf dem Experimentierfeld alternativer Lebensgestaltung. Das institutionalisierte Gemeinschaftsleben der Reformanhänger entsprach der bürgerlichen Vereinskultur. Neben den jährlichen Stiftungsfesten wurden Sommerfeste, Sonntagsausflüge, Teekränzchen und Vorträge veranstaltet.

Obwohl bei diesen Anlässen der seidene Kragenschoner nicht fehlen durfte,[79] agitierten die Reformer gegen „die Vergiftung durch den Kleiderzwang, den Modeteufel".[80] Sie machten insbesondere das Korsett für zahlreiche Frauenleiden verantwortlich. Gefordert wurde eine zweckmäßige und bequeme Kleidung, die ästhetischen Ansprüchen genügte. Else Oppler, Henry van de Velde und Olga Schirlitz aus dem Umkreis des Deutschen Werkbundes hatten bereits zu Beginn des Jahrhunderts ihre Entwürfe beigesteuert. Die Reformkleidung wurde zu einem Gemeinschaftsprojekt von Hygienikern, Künstlern und Medizinern – und zu einem Aktionsfeld der Frauen.[81] Hannover hatte sich am Vorabend des Ersten Weltkrieges zu einem Zentrum der bürgerlichen Frauenbewegung entwickelt. Die Frauen hatten sich in Berufsverbänden und Sozialvereinen zusammengeschlossen, um Bildung und Erwerbstätigkeit einzufordern. Die Stadt verfügte über zahlreiche mittlere und höhere Mädchenschulen, eine Lehrerinnen-Bildungsanstalt sowie eine abiturvorbereitende Studienanstalt. Seit sich 1910 eine hannoversche Ortsgruppe des Deutschen Verbandes für das Frauenstimmrecht gegründet hatte, wurden auch politische Forderungen lauter.[82]

So ging es dem 1900 in Hannover gegründeten Verein zur Verbesserung der Frauenkleidung nicht nur um gesundheitliche Aspekte, sondern um die Emanzipation von einem durch die Mode geformten Körper- und Frauenbild. Der Verein gehörte dem Deutschen Verband für Frauenkleidung und Frauenkultur an und verbreitete alltagstaugliche Schnitte mit fußfreien Röcken.[83] Die hannoversche Künstlerin Aenne Koken veröffentlichte ab 1912 ihre Entwürfe in der Verbandszeitschrift. Eine weitere Protagonistin war die Fotografin Katharina Eleonore Behrend. Neben ihrem sozialen Engagement in der Säuglingspflege beteiligte sich die naturbegeisterte Luftbadbesucherin rege an

„Die schlimmste Geisel der Menschheit": 1913 gab es in Hannover 19 Korsetthandlungen. Für viele Frauen war es ein nach wie vor unerlässliches Kleidungsstück. Illustration aus dem Haupt-Katalog des Kaufhauses Sältzer 1905/06 (VM 50673)

dem Diskurs über die Kleiderfrage und nahm mit ihrer Kamera Aktstudien im Freien auf.[84]

Bald wurde die korsettlose Kleidung nicht mehr als „Schlafrock oder Umstandskleid mitleidig belächelt".[85] Reformkleider, Schürzen und Beinkleider gelangten in das Sortiment der Kaufhäuser. Wegen ihres malerischen Faltenwurfs wurden besonders die Reformkleider aus Lindener Samt gelobt. Doch statt der fischbeinverstärkten Taillen waren es nun die in Mode kommenden schmalen „Humpelröcke", die die Bewegungsfreiheit einschränkten und sich dem Vormarsch der Frauen in den Weg stellten. Eng drapierte, knöchellange und geschlitzte Röcke sowie locker fallende Blusen und Tuniken ersetzten die Schleppenkleider aus Seidentaft. Nach der Mobilmachung erteilte man diesen Trends aus Paris eine Absage: „In diesem August kommen keine französischen Modelle über die Vogesen, und dafür werden wir hoffentlich in den deutschen Großstädten französische Kriegsgefangene zu bewachen haben."[86]

Der neue Mensch – geformt durch Licht, Luft, Gymnastik und die richtige Ernährung – stand für eine neue Sittlichkeit und ließ die Lebensreformer auf die moralische und gesundheitliche Genesung der Gesellschaft hoffen. Dabei wurde die Nacktheit von jeglichen sexuellen Hintergedanken abgekoppelt und über die Prüderie der hochgeschlossenen Gesellschaft gespottet. Auch die in Hannover erscheinenden „Reformblätter" veröffentlichten nackte Tatsachen. Damit brach ihr Redakteur und Herausgeber Max König[87] jedoch keinesfalls ein Tabu. Die Aktfotografie erlebte in jenen Jahren einen Boom, jährlich wurden mehrere hundert Millionen Postkartendrucke verkauft. Die zunächst gegen die Bilderflut ankämpfende staatliche Zensur entschied, ob es sich um unbedenkliche Idealkörper oder zu konfiszierende Sittenwidrigkeiten handelte. Die Grenze zwischen künstlerischem Anspruch, wissenschaftlichem Interesse, volkserziehendem Vorbild und erotischer Unterhaltung war fließend.

Die Aktivitäten der Lebensreformer wurden strafrechtlich verfolgt, wenn sie ihre Freizügigkeit öffentlich zur Schau stellten. So galten auch Lichtbildvorträge von naturheilkundigen Frauen, unter ihnen die Hannoveranerin Lina Scheele, als Sittlichkeitsverstoß. Wohl auch deshalb, weil sie ih-

Zur hygienischen Lebensweise gehörten Licht und Luft, vegetarische Ernährung, Gymnastik – und die richtige Körperhaltung. Illustration aus den Reformblättern, Heft 12, 1907 (Gottfried Wilhelm Leibniz Bibliothek)

ren Zuhörerinnen Ratschläge zur Empfängnisverhütung gaben. Den moralischen Zeigefinger erhoben die Hygieniker dagegen bei den aufkommenden und zunächst polizeilich verfolgten Schiebe- und Wackeltänzen. Für sie kam die Verbindung von Tanz und Erotik in öffentlichen Lokalen der Prostitution gleich.[88] Mit dem Tango, dem Onestep oder dem afroamerikanischen Cakewalk erlebte die breite Masse ein neues Körper- und Bewegungsgefühl. Die Wendung vom „ach so unhygienisch-schmutzigen Tanzsaal" bezog sich auf den Körperkontakt der eng umschlungenen Partner.[89] Die alternativ empfohlenen ländlichen Nationaltänze hatten der klassenübergreifenden Tangobegeisterung jedoch wenig entgegenzusetzen.

1900 waren etwa 2.000 Hannoveraner in Naturheilvereinen organisiert. Ein Jahr zuvor hatte Max König den Reform-Verein für naturgemäße Gesundheits- und Krankenpflege gegründet. Dessen Monatsschrift „Reformblätter" klärte über die Vorbeugung und Behandlung von Krankheiten durch eine hygienische Lebensweise auf. Der Leser erfuhr, dass gefärbte Seidenstrümpfe krank machen und Trunksüchtige mit Äpfeln zu heilen sind. Der Kreis von 8.000 Abonnenten reichte bis Nizza und Buenos Aires. Dem Verein war weniger Erfolg beschieden. Bereits im dritten Vereinsjahr war fast die Hälfte der anfangs 620 Mitglieder wieder ausgetreten.[90] Die Lebensreformbewegung hatte inzwischen auch die unteren Gesellschaftsschichten erreicht. Den Vorstand des Reform-Vereins bildeten ein Tischler, ein Schmied, ein Uhrmacher, zwei Schneider und ein Arbeiter.

Neben zahlreichen Vereinen und Naturheilkundigen waren in Hannover vegetarische Speisehäuser[91] und

Der nackte Körper als Werbeträger: Die populären Grafiken des Künstlers Hugo Höppener, genannt Fidus, wurden zu Ikonen der Lebensreformbewegung. Illustration aus der Pelikan Preisliste 20A der Günther-Wagner-Werke, 1904 (VM 47287)

Viele Turn- und Sportvereine waren ab 1911 im Jungdeutschland-Bund organisiert und somit Teil einer disziplinierenden Wehrerziehung. Freiübungen vor der Tribüne Kaiser Wilhelms II. im Rahmen der Landwirtschaftlichen Ausstellung in Hannover, Fotografie, Juni 1914 (VM 19691)

Reformwirtschaften ohne Alkoholausschank die Anlaufpunkte für Reformbewegte. Der Zusatz „Reform" wurde zum Verkaufsargument und lukrativen Geschäft. Die Kommerzialisierung alternativer Lebensweisen erweiterte den Schönheitsmarkt, der Schlankheitspillen, Brustformer und Gesichtsmassageapparate anpries. Leistungsbezogene Selbstkontrolle und normierte Attraktivität entwickelten sich zu Maßstäben individuellen Erfolgs.[92] Der Optimierung des Körpers verschrieb sich insbesondere die Körperkulturbewegung. Im Spannungsfeld zwischen Lebensreform, reaktionärem Turnen und modernem Sport fand sie neue Wege, um sich als ideologiefremde Freizeitbeschäftigung zu verankern.[93]

Ein unpolitisches Selbstverständnis besaßen auch die Lebensreformer. Nicht ein revolutionärer Umbruch, sondern der „gereinigte" neue Mensch werde die soziale Frage lösen. Der Proletarier solle sich lieber zu Lebzeiten ein gemütliches Heim schaffen, statt auf den Zukunftsstaat zu hoffen.[94] Viele Reformer stellten ihre aufklärende Tätigkeit in den Dienst einer Volkshygiene, wie sie bürgerliche Sozialinitiativen wie der Hauptverein für Volkswohlfahrt in Hannover verfolgten. Dabei gerieten sie zunehmend in völkisches Fahrwasser und argumentierten mit einer „Entartung der Rassen".[95] Die Kräftigung des Körpers diente in letzter Konsequenz einer starken Nation, denn „Was ist unserem Volke, daß im Kampf um den Weltmarkt steht, mit einer brillenbewaffneten, verkrüppelten Jugend gedient."[96] Während des Krieges leistete auch der Luftbad-Verein seinen Beitrag fürs Vaterland. Besucherinnen strickten im Rahmen der Kriegsfürsorge Soldatenstrümpfe. Der Vorstand plante außerdem einen Spiel- und Sportplatz für die Kriegsheimkehrer, „wo sie in Ruhe die Bewegung in frischer Luft fortsetzen können, wie es ihnen im Feldzuge zur Gewohnheit geworden ist".[97]

1 Lärm, in: Reformblätter, Jg. 11, Nr. 6 (Juni 1908), S. 130.
2 Zur Konkurrenz der Städte auf stadtplanerischem Gebiet vgl. Kuczynski, Jürgen: Geschichte des Alltags des Deutschen Volkes, Studien 4: 1871-1918, Köln 1981, S. 208 f. sowie Kommunale Selbstverwaltung im Zeitalter der Industrialisierung, Schriftenreihe des Vereins für Kommunalwissenschaften e. V. Berlin, Bd. 33, Stuttgart/Berlin/Köln/Mainz 1971, S. 88.
3 Führer durch Hannover und seine Umgebung, hrsg. v. Verein zur Förderung des Fremdenverkehrs in Hannover, 1910, S. 1.
4 Ortsstatut zum Schutze der Königlichen Haupt- und Residenzstadt Hannover gegen Verunstaltung vom 29. Juni 1912, § 5 u. § 7, VM 46231.
5 Volkswille, Nr. 1 vom 1. Januar 1910, 2. Beilage, o. S.
6 Festbuch zur Einweihung der Stadthalle in Hannover, hrsg. v. d. Direktion, Hannover 1914, S. 43.
7 Statistisches Jahrbuch der Stadt Hannover, 1. Ausgabe 1914, S. 105 f.
8 Anzeige im Hannoverschen Courier, Nr. 30521 vom 17. Mai 1913, Morgen-Ausgabe, S. 8.
9 siehe Anm. 6, S. 16.
10 Lüder, Detlev: Von der Sänfte bis zur Stadtbahn. Die Geschichte des öffentlichen Personennahverkehrs in Hannover, hrsg. v. d. ÜSTRA, Hannover 1989, S. 44.
11 Reformblätter, Jg. 10, Nr. 1 (Januar 1907), S. 23.
12 Hannoverscher Anzeiger, Nr. 170 vom 23. Juli 1914, S. 3.
13 Hannoverscher Courier, Nr. 30517 vom 15. Mai 1913, Abend-Ausgabe, S. 10.
14 Rathenau, Walther: Der Kaiser. Eine Betrachtung, Berlin 1919, zit. n. vom Bruch, Rüdiger: Bürgerlichkeit, Staat und Kultur im Deutschen Kaiserreich, hrsg. v. Hans-Christoph Lies, Stuttgart 2005, S. 25.
15 StadtAH, HR 13, Nr. 672, Veröffentlichung des Vortrages „Zum Gedächtnis der Königlichen Deutschen Legion", gehalten im Historischen Verein für Niedersachsen zu Hannover am 21. Februar 1914 von Bernhard Schwertfeger, hrsg. v. Ausschuss zur Errichtung eines Denkmals zu Ehren der KGL zur Förderung des Denkmalzweckes, S. 28.
16 StadtAH, HR 13, Nr. 673, Schreiben von Karl Friedrich Schrader an Senator Gustav Fink vom 30. Oktober 1913.
17 Nachdem der Ausschuss es abgelehnt hatte, eine Ehrentafel für die Kämpfer der Schlacht bei Langensalza zu integrieren, spekulierten die Befürworter eines Langensalza-Denkmals auf einen der KGL-Entwürfe. Siehe Hannoverscher Anzeiger, Nr. 161 vom 12. Juli 1914, S. 3.
18 StadtAH, HR 13, Nr. 674, Schreiben von Heinrich Wedemeyer an Karl Friedrich Schrader vom 12. Januar 1915.
19 Mlynek, Klaus / Röhrbein, Waldemar R. (Hrsg.): Geschichte der Stadt Hannover, Bd. 2: Vom Beginn des 19. Jahrhunderts bis in die Gegenwart, Hannover 1994, S. 343.
20 Festbüchlein zur Erinnerung an die Vermählung Sr. Königlichen Hoheit des Prinzen Ernst August von Hannover Herzogs zu Braunschweig und Lüneburg mit Ihrer Königlichen Hoheit der Prinzessin Victoria Luise von Preußen. Für das treue hannoversche Volk zusammengestellt durch G. F. Konrich, Hannover 1913, S. 84 ff.
21 Anzeigen der Vereinigten Theater und der Kammerlichtspiele im Hannoverschen Courier, Nr. 30535 vom 25. Mai 1913, Morgen-Ausgabe, S. 28.
22 Festschrift zum 50-jährigen Bestehen der Firma J. W. Sältzer, verf. v. Hermann Löns, Hannover 1909, S. 15.
23 Die neoklassizistische Villa wurde von Heinrich Köhler (1830-1903) erbaut und erhielt 1912 den Status eines Baudenkmals. 1925 erwarb die Industrie- und Handelskammer das Grundstück an der heutigen Berliner Allee.
24 Beauftragt wurde der in Hannover ansässige Architekt Wilhelm Mackensen. Er plante zeitgleich den Georgspalast als ersten Stahlskelettbau der Stadt.
25 Göhre, Paul: Das Warenhaus, Frankfurt a. M. 1907, zit. n. Frei, Helmut: Tempel der Kauflust. Eine Geschichte der Warenhauskultur, Leipzig 1997, S. 11.
26 Adressbuch der Königlichen Haupt- und Residenzstadt 1913, S. 69.
27 Conrad, Michael Georg: Ketzerblut. Sozialpolitische Stimmungen und kritische Abschlüsse, 1893/94, zit. n. Glaser, Hermann: Die Kultur der Wilhelminischen Zeit. Topographie einer Epoche, Frankfurt a. M. 1984, S. 108.
28 Hannoversches Haushaltsbuch, hrsg. v. Rabatt-Sparverein Hannover e. V., 1910, VM 37654.
29 Hannoverscher Anzeiger, Nr. 157 vom 8. Juli 1914, 3. Beilage, o. S.
30 Hannoverscher Anzeiger, Nr. 168 vom 21. Juli 1914, S. 3. Auf der Suche nach einem Kompromiss erwog man sogar die Verlegung der Gottesdienstzeiten.
31 Hannoverscher Anzeiger, Nr. 200 vom 27. August 1914, S. 7; Nr. 187 vom 12. August 1914, S. 4; Nr. 193 vom 19. August 1914, S. 4.
32 siehe Anm. 7, S. 70.
33 Lebensmittelkosten pro Kilo: 1 kg Kartoffeln 10 Pf. / Weizen 20 Pf. / Butter 3 M. / Schnittbohnen 50 Pf.;

	Marktbericht aus den Haupt-Marktorten der Provinz Hannover, in: Hannoversche Land- und Forstwirtschaftliche Zeitung, Nr. 9 vom 1. März 1912, S. 207, VM 47661; siehe Anm. 7, S. 91.
34	Neuer Hannoverscher Volkskalender für die Landbevölkerung der Provinz Hannover 1912, hrsg. v. August Brey, Hannover, S. 20.
35	NLA-HStAH, Hann. 122a, Nr. 6107, Schreiben des Regierungs-Präsidiums an das Oberpräsidium vom 28. November 1912.
36	StadtAH, HR 13, Nr. 533, „Ermittlungen betreffend Städtischer Arbeiterwohnungen" der Städtischen Kanalisation und Wasserwerke, 1904.
37	NLA-HStAH, Hann. 133 Acc. 13/74, Nr. 20, Schreiben des Ministeriums der öffentlichen Arbeiten an die Kgl. Eisenbahndirektion vom 4. Mai 1908.
38	Hannoverscher Courier, Nr. 30755 vom 1. Oktober 1913, Morgen-Ausgabe, S. 17.
39	Hannoverscher Courier, Nr. 29230 vom 21. April 1911, Morgen-Ausgabe, 2. Blatt, S. 5. Zwischen April bis Dezember 1910 entstanden 519 Kleinwohnungen, der jährliche Bedarf lag bei 1.000. Siehe Hannoversches Tageblatt, Nr. 108 vom 20. April 1911, 1. Beilage, o. S.
40	StadtAH, HR 13, Nr. 534.
41	StadtAH, HR 13, Nr. 495, Hannoversches Tageblatt, Nr. 302 vom 1. November 1911, 7. Beilage, o. S.
42	StadtAH, HR 13, Nr. 533, Schreiben des Magistrats an das Stadtbauamt vom 26. Januar 1912.
43	Kippenberg, Hermann August: Deutsches Lesebuch für Lyzeen und Höhere Mädchenschulen, Ausgabe B, 4. Teil, 33. unveränderte Aufl., Hannover 1912, S. 283.
44	Hannoverscher Courier, Nr. 30827 vom 12. November 1913, Abend-Ausgabe, S. 5.
45	Hannoverscher Courier, Nr. 30826 vom 11. November 1913, Morgen-Ausgabe, S. 5.
46	StadtAH, HR 30, Nr. 134, Schreiben des Nordstädter Bürgervereins an den Magistrat vom14. Oktober 1911 sowie Schreiben der Kgl. Eisenbahndirektion Hannover an den Magistrat vom 26. September 1914.
47	StadtAH, HR 30, Nr. 134, Schreiben des Regierungspräsidiums an den Magistrat vom 15. Juli 1904.
48	StadtAH, HR 30, Nr. 134, Protokoll der Sitzung der Städtischen Kollegien vom 12. März 1914.
49	StadtAH, HR 30, Nr. 134, Protokoll der Sitzung des Magistrats vom 23. November 1920.
50	Mitteilungen aus dem Luftbad-Verein e. V., Jg. 2, Nr. 1/1 (April 1908), S. 6.
51	Hannoverscher Courier, Nr. 30811 vom 2. November 1913, Morgen-Ausgabe, S. 25.
52	Volkswille, Nr. 256 vom 31. Oktober 1913, S. 3 sowie Nr. 258 vom 2. November 1913, S. 3.
53	Hannoverscher Courier, Nr. 30811 vom 2. November 1913, Morgen-Ausgabe, S. 25.
54	Mlynek, Klaus / Röhrbein, Waldemar R.: Stadtlexikon Hannover. Von den Anfängen bis in die Gegenwart, Hannover 2009, S. 578.
55	Die bewegten Bilder wurden sowohl in hochrangigen Gesellschaftsstätten und Varietes als auch in kleinbürgerlichen Lokalen gezeigt. Siehe Kronauer, Iris: Vergnügen, Politik und Propaganda. Kinematografie im Berlin der Jahrhundertwende (1896-1905), unveröff. Diss., URL: www.iriscope.de (Stand: 01.12.2013).
56	Anzeige im Hannoverschen Courier, Nr. 30545 vom 31. Mai 1913, Morgen-Ausgabe, S. 8.
57	Einige Volksschüler aus Osterode schilderten in einem Aufsatz über den schönsten Tag ihren Kinobesuch. Siehe NLA-HStAH, Dep. 118, Nr. 2070, Bericht des Geheimen Regierungs-und Schulrates Dr. Sachse vom 21. März 1912.
58	NLA-HStAH, Dep. 118, Nr. 2070, Schreiben des Preußischen Innenministeriums an das Polizeipräsidium der Provinz Hannover vom 3. Mai 1912.
59	Anzeige des Central-Theaters im Hannoverschen Anzeiger, Nr. 193 vom 19. August 1914, S. 7.
60	Jünger, Ernst: Afrikanische Spiele, Hamburg 1936, zit. n. Rischbieter, Henning: Hannoversches Lesebuch. Was in Hannover und über Hannover geschrieben, gedruckt und gelesen wurde, Bd. 2, Velber 1978, S. 196.
61	Hellpach, Willy: Nervosität und Kultur, Berlin 1902; zit. n. Glaser, siehe Anm. 27, S. 127.
62	Reformblätter, 10. Jg, Nr. 10 (Oktober 1907), S. 273.
63	Volkswille, Nr. 98 vom 28. April 1913, S. 11.
64	NLA-HStAH, Hann. 174, Hannover I, Nr. 131, Schreiben von Wilhelm Heitmann, Oberwachtmeister der 10. Gendarmerie-Brigade an das Landratsamt Hannover vom 23. September 1902.
65	Müller, Andreas: Die groß-hannoversche Sozialdemokratie vom Vorabend des 1. Weltkrieges bis zur Novemberrevolution, Hannoversche Geschichtsblätter, N.F. 33., Heft 4, Hannover 1979, S. 147-186.
66	NLA-HStAH, Hann. 122a, Nr. 2758, Bericht des Regierungsrates Fritz Schlosser vom 8. Juni 1900 über den Streik der Straßenbahnfahrer.
67	StadtAH, HR 21, Nr. 61, Schadensmeldungen und Beschwerden an den Magistrat der Stadt Hannover.
68	Hannoverscher Anzeiger, Nr. 134 vom 11. Juni 1914, S. 3.

69 Volkswille, Nr. 136 vom 14. Juni 1913, 1. Beilage, S. 6.
70 von Saldern, Adelheid: Häuserleben. Zur Geschichte städtischen Arbeiterwohnens vom Kaiserreich bis heute, Bonn 1995, S. 85.; Rosenbaum, Heidi: … die gute Stube, das war so'n Heiligtum, in: Auffarth, Sid / von Saldern, Adelheid (Hrsg.): Altes und Neues Wohnen. Linden und Hannover im frühen 20. Jahrhundert, Seelze-Velber 1992, S. 51 f.
71 siehe Anm. 43, S. 286.
72 Mitteilungen des Luftbad-Vereins Hannover e. V., Jg. 2, Nr. 1/1 (April 1908), S. 6 f.
73 StadtAH, HR 15, Nr. 657.
74 Auch die Wülfeler Badeanstalt war ein beliebter Treffpunkt der Luftbadfreunde und wurde von der Stadtverwaltung vergrößert. Siehe StadtAH, HR 10, Nr. 120, Protokoll der Sitzung der Städtischen Kollegien vom 26. Januar 1911.
75 Rückkehr zur ländlichen Natur, in: Reformblätter, 3. Jg., Nr. 9 (September 1900), S. 160.
76 Vgl. Kerbs, Diethart / Reulecke, Jürgen (Hrsg.): Handbuch der Deutschen Reformbewegungen 1880-1933, Wuppertal 1998, S. 74.
77 Gedanken über Hygiene in ihrer Gesamtheit, 1. Teil, in: Reformblätter, 7. Jg., Nr. 5 (Mai 1904), S. 99.
78 1882 hatte Alfred von Seefeld die Vegetarische Gesellschaft mitbegründet. Das von ihm verfasste „Einfachste Kochbuch, nebst Einführung in die naturgemäße Lebensweise" verkaufte er in seiner Buchhandlung am Kröpcke für 10 Pfennige.
79 Reformblätter, 2. Jg., Nr. 5 (Mai 1899), Vereins-Nachrichten, o. S.
80 Nehmet Luftbäder, in: Mitteilungen des Luftbad-Vereins Hannover e. V., Jg. 2, Nr. 2/1 (Mai 1908), S. 5.
81 Ober, Patricia: Der Frauen neue Kleider. Das Reformkleid und die Konstruktion des modernen Frauenkörpers, Berlin 2005, S. 29 ff.
82 Vgl. Ehrich, Karin: Hannovers Frauen und das Neue Rathaus, in: Cornelia Regin (Hrsg.): Pracht und Macht. Festschrift zum 100. Jahrestag der Einweihung des Neuen Rathauses Hannover, Hannover 2013, S. 381-408.
83 Der Verein war auf der Verbandstagung im Rahmen der Deutschen Werkbund-Ausstellung im Juni 1914 in Köln vertreten. Hannoverscher Anzeiger, Nr. 152 vom 2. Juli 1914, Sonderbeilage „Frauensorgen" Nr. 14, o. S.
84 Katharina Eleonore Behrend. Fotos – Fotografien 1904-1928, Ausst.-Kat., hrsg. v. d. Stiftung Niederländisches Fotoarchiv, Rotterdam 1992., S. 13 ff.; siehe auch Beilage des Historischen Museums Hannover, darin: Jung, Martina / Scheitenberger, Martina: Muscheln & Abenteuer. Katharina Behrend – Aufbruch mit der Kamera, S. 6-13.
85 NLA-HStAH, Hann. 180 Hildesheim, Nr. 01269, Unser Weg. Blätter für Gesundheit in Haus und Familie, hrsg. von der Preußischen Landeszentrale für Säuglingsschutz e. V., Jg. 1, Nr. 5 (1910), S. 77.
86 Hannoverscher Anzeiger, Nr. 183 vom 7. August 1914, S. 10.
87 Der Redakteur Max König führte den Reformblätter-Verlag in Hannover-Wülfel bis 1910.
88 Vom Tanz, in: Reformblätter, Jg. 12, Nr. 1 (Januar 1909), S. 14 f.
89 Zadek, Ignaz (Hrsg.): Arbeiter-Gesundheits-Bibliothek, Bd. 1, Berlin 1911, S. 191 ff.
90 Reformblätter, 2. Jg., Nr. 2, Vereins-Programm, o. S.
91 Das Lokal „Zukunft" war lange Zeit neben der „Freya", dem Versammlungsort der Vegetarischen Gesellschaft, das zweite vegetarische Restaurant der Stadt. 1913 ist außerdem das vegetarische Speisehaus Schellwald-Appenrodt in der Braunschweiger Straße verzeichnet.
92 Vgl. Wedemeyer-Kolwe, Bernd: „Der neue Mensch". Körperkultur im Kaiserreich und in der Weimarer Republik, Würzburg 2004, S. 281.
93 Ebd., S. 242 f., S. 289.
94 Reformblätter, 11. Jg. Nr. 9 (September 1908), S. 216.
95 Der 1897 in Hannover gegründete Kneipp-Verein schloss politische Erörterungen in seiner Satzung aus.
96 Schafft frohe Jugend, in: Mitteilungen aus dem Luftbad-Verein Hannover e. V., Jg. 2, Nr. 6/1 (September 1908), S. 11.
97 Hannoverscher Anzeiger, Nr. 208 vom 5. September 1914, S. 2 f.; StadtAH, HR 15, Nr. 657, Schreiben an den Magistrat vom 4. April 1916.

Im Frühsommer 1914 war die Stimmung in Hannover noch so friedlich wie auf dem Gemälde vom Ausflugslokal „Bella Vista". Ölgemälde von August Voigt-Fölger, nach 1905 (VM 64223)

Das Augusterlebnis in Hannover: Kriegsbegeisterung oder Ablehnung?

Richard Birkefeld

Die Rufer in der Wüste

Wenn man die hannoverschen Tageszeitungen, hauptsächlich den „Volkswillen", den „Hannoverschen Kurier" und den „Hannoverschen Anzeiger", vom Frühjahr 1914 bis in den Herbst 1918 studiert, fällt zunächst im Unterschied zur heutigen Berichterstattung auf, dass der Leser ziemlich unverhofft mit den Ereignissen des Weltgeschehens konfrontiert wird. Nur wer in den Leitartikeln zwischen den Zeilen zu lesen oder die scheinbar unbedeutenden kleineren Kolumnen auf den folgenden Seiten zu deuten versteht, kann sich aus den politischen und wirtschaftlichen Zusammenhängen einen Reim machen bzw. einen Überblick verschaffen, wie es zu diesem oder jenem berichtenswerten Ereignis habe kommen können.

Anders als z.B. im 2. Golfkrieg von 1990/91, in dem der heutige politisch interessierte Mensch, durch einen alle Medien betreffenden Showdown nahezu stündlich über die Kriegsvorbereitungen sowie den Kriegsbeginn informiert und das Für und Wider des Krieges unter allen Aspekten öffentlich diskutiert wurde, sah sich der Leser von 1914 mit einem Weltgeschehen konfrontiert, das wie vom Himmel gefallen schien. Der damalige Zeitgenosse war einzig und allein von der Tagespresse abhängig, um sich informieren zu können, wenn man von den vielen Vorträgen absieht, die die Gewerkschaften, Parteien oder Interessengruppen in den unterschiedlichsten Sälen, Räumen oder Hallen hannoverscher Veranstalter zur Meinungsbildung organisiert haben.

Gleichzeitig aber waren die einzelnen und unzähligen Verbände, Korps, Bünde, Vereine und Vereinigungen schon teilweise seit dem 19. Jahrhundert hervorragend in lokalen Gruppierungen organisiert, deren Mitglieder sich untereinander kannten

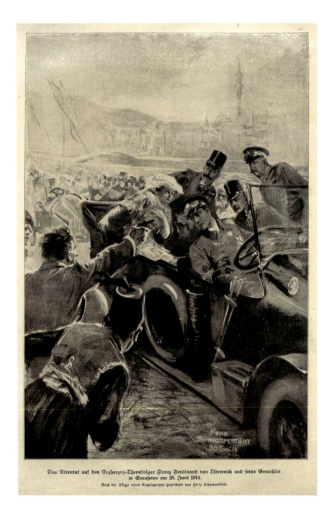

Das Attentat auf den österreichischen Thronfolger Erzherzog Franz Ferdinand und seine Frau in Sarajewo. Zeichnung nach einem Augenzeugenbericht von Felix Schwormstädt (aus: Illustrierte Geschichte des Weltkrieges 1914/15).

und sich durchaus zu mobilisieren wussten, sollten politische Inhalte, Intentionen oder Demonstrationen öffentlich zur Schau gestellt werden. So kann man schon von einer Art Vernetzung sprechen, die es den unterschiedlichen Gruppierungen ermöglichte, durch ihre Publikationsorgane und ihre Organisationsstrukturen recht schnell und reichsweit auf bestimmte politische Ereignisse geschlossen und mit fast identischen Aktionsformen zu reagieren.

Insofern ist es von großem Interesse, wenn man sich am Vorabend des 1. Weltkriegs ein Stimmungsbild über die hannoversche Bevölkerung verschaffen will, die lokale Berichterstattung der Tageszeitungen besonders in dem Zeitraum anzuschauen, der von der Julikrise über das so genannte „Augusterlebnis" bis in die ersten Kriegswochen hineinreicht. So erschließt man sich außerhalb der nicht gerade ergiebigen Aktenlage über Denk- und Verhaltensweisen der damaligen Zeitgenossen Quellen, die Zugänge zu einer mentalitätsgeschichtlichen Betrachtung ermöglichen.

Natürlich sind die Reportagen nach der jeweiligen politischen Couleur der Tageszeitungen eingefärbt, dennoch vermitteln sie in ihren oft einseitigen Artikeln im direkten Vergleich mit inhaltlich ähnlichen Kolumnen mehrerer anderer Zeitungen eine Wahrheit, die sich häufig gegen manipulative Vermittlungsversuche widersetzt. Die schichtenspezifische Rezeption der Berichterstattung färbte wahrscheinlich genauso auf die Reaktionen des jeweiligen Lesers zum drohenden Kriegsbeginn ab wie es dessen Rollenverständnis, auch Klassenbewusstsein, wenn man so will, oder die eigene gesellschaftliche Verortung im damaligen Kaiserreich zuließ.

So berichtete beispielsweise der „Volkswille", der stets die kapitalistische Produktionsweise und den immense Rüstungskosten verschlingenden Militarismus geißelte, im April 1914 über eine

Wehrhaftmachung der Jugend, hier in einem Ferienlager der Knabenabteilung des Christlichen Vereins junger Männer aus Hannover. Foto, 1912 (aus VM 34885)

Kriegsmarine-Ausstellung und beklagte die Kritiklosigkeit dortiger Vorträge über das internationale Wettrüsten zur See und den latenten Propagandacharakter derartiger Ausstellungen. „Unsere nur zu begründete Vermutung, daß die Kriegsmarine-Ausstellung den Zweck hat, in der Bevölkerung Propaganda für weitere Vermehrung der Mordinstrumente zu schaffen, ist bestätigt."[1] Schließlich zieht der „Volkswille" ein Fazit und warnt vor der folgenschweren Entwicklung eines hemmungslosen Wettrüstens, das nur in eine wirtschaftliche Krise oder in eine kriegerische Katastrophe führen kann. „Solche Ausstellungen aber […] sind ein drastischer und sehr lehrreicher Anschauungsunterricht, den man durchmachen muß, um noch mehr befähigt und gefestigt zu werden, den Kampf gegen eine Gesellschafts- und Wirtschaftsordnung zu führen, die solcher auf dem Massenmord berechneten Instrumente nicht entraten zu können glaubt, eine Ordnung, die die Völker, vom Kapitalismus getrieben und aufgepeitscht, bis an die Zähne bewaffnet, unter der Schwere der Rüstung zusammenbrechen oder sich wie Raubtiere gegenseitig zerfleischen lässt."[2]

Immer wieder beklagt die Zeitung in den Wochen vor der Julikrise den „militaristischen Rüstungswahnsinn"[3] oder die „Rüstungshetze"[4] der bürgerlichen, dem „Byzantinismus"[5] verfallenen Zeitungen (die immer wieder auf die Möglichkeit eines Zweifrontenkrieges verweisen, der die ständig steigenden Rüstungskosten rechtfertige[6]) oder gar die „Erziehung zum Hurrapatriotismus"[7] durch völkische Kreise der deutschen Lehrerschaft, die im Schulunterricht ein stärkeres National- und Geschichtsbewusstsein vermittelt sehen wollen, und keine verweichten „Lehrerseelen", die meinen, den nächsten Krieg mit „Limonade und Glacéhandschuhen"[8] führen zu können.

Noch einen Tag vor dem Attentat in Sarajewo leitartikelt der Volkswille am Sonnabend, den 27. Juni 1914, unter der Überschrift „Kreditverhältnisse und Kriegsgefahr"[9] über die unüberschaubaren und ins Unermessliche steigenden Kriegskosten: „Wird Deutschland in einen europäischen Krieg verwickelt, dann kann man sicher sein, dass hier, wie übrigens auch in jedem europäischen Staate, der wirtschaftliche Zusammenbruch auf der ganzen Linie erfolgen wird. Ob in diesem Falle die Großbanken 263 oder 522 Millionen Mark an Zahlungsmitteln bereit halten, ist durchaus gleichgültig. Ein europäischer Krieg wäre, wie die Dinge heute liegen, eine soziale Katastrophe, bei der die ganze kapitalistische Wirtschaft außer Rand und Band kommt."[10]

Die Julikrise

Einen Tag später werden der österreichische Thronfolger und seine Frau in Sarajewo erschossen. Dieses Ereignis löst die Julikrise aus, die schließlich zum Ausbruch des Krieges führen wird. Aber noch hat die hannoversche Leserschaft vier Wochen Zeit, um sich sowohl über die weiteren Ereignisse von ihren Zeitungen informieren zu lassen als sich auch gegenüber der virulenten Kriegsgefahr zu positionieren. Mit „Säbelrasseln" oder durch „Besonnenheit"[11].

Während „Anzeiger" und „Kurier" viele Facetten des hannoverschen Lebens ausleuchten, um mit Patriotismus und Pathos ihre Leser von der Notwendigkeit und vom Nutzen der nationalen Wehrhaftigkeit zu überzeugen und beispielsweise das Hohelied auf „Hannovers Jugendwehr"[12] singen und behaupten, dass die Einrichtung von Jugendwehren „ein nicht zu unterschätzendes Hilfsmittel zur Wehrhaftmachung unseres Volkes ist" und ihre „dauernde Zunahme" zeigte, „welche Wertschätzung sie sich in weiten Kreisen unserer Bevölkerung erfreuen"[13] würden, so versucht der „Volkswille" noch relativierend auf seine Leser einzuwirken. Er hob die internationalistischen Aspekte und den staatenübergreifenden Solidaritätsgedanken der Sozialdemokratie hervor und durchleuchtete z.B. die deutsch-slawischen Interessen ohne rassistische Verleumdungen[14]. „Wenn auf deutscher Seite der Haß gegen das Slawentum in allen Tonarten gepredigt und auf slawischer Seite das Deutschtum als Todfeind hingestellt wird, so verdichtet sich das in dem unentwickelten Hirn irgendeines Tollopfers zur Idee des Mordes, der in seiner Unsinnigkeit eben nur von den Theorien der politischen Brunnenvergifter übertroffen wird"[15]. Denn schließlich gälte es zu verhindern, dass die „nationalistischen Instinkte" aufgepeitscht und den „kapitalistischen Interessen" dienstbar gemacht würden. „Das ist die Aufgabe des deutschen wie der slawischen klassenbewußten Proletarier"[16].

Doch durch das unerfüllbare österreichisch-ungarische Ultimatum an Serbien vom Donnerstag, 23. Juli bis zum Samstag, 25. Juli, 18 Uhr, leitete die k.u.k. Monarchie den Krieg gewissermaßen auch mit einem Showdown ein, der den Kriegsgegnern wie den –befürwortern im Deutschen Reich für ein paar Tage Gelegenheit gab, sich entweder durch Friedensbekundungen gegen das große

Völkerschlachten zu stemmen oder aber die wie auch immer gearteten Waffen zu wetzen. Diese Auseinandersetzung spiegelt sich in den hannoverschen Tageszeitungen wider.

So beschreibt der „Anzeiger" unter der Überschrift „Patriotische Kundgebungen in Hannover" in einem zweiseitigen Artikel das Wochenende nach dem Ultimatumsablauf.[17] Zunächst wird der Vergleich zum 15. Juli 1870 gezogen, die aufgeregten Menschenmengen und die spontanen patriotischen Kundgebungen kurz vor dem deutsch-französischen Krieg erwähnt, die sich an verschiedenen Orten der Stadt abgespielt haben sollen nebst einer abendlichen Illumination der Stadt. Auch am letzten Wochenende vor dem Kriegsbeginn 1914 warteten die Menschen, so der „Anzeiger" weiter, auf den Ablauf des Ultimatums, hatten sich vor den Redaktionen der Tageszeitungen versammelt und fieberten den Extrablättern entgegen. Zunächst wäre das Gerücht kursiert, Serbien hätte eingelenkt, was beruhigend auf die Masse gewirkt hätte. Als aber etwas später die Extrablätter den Abbruch der diplomatischen Beziehungen zwischen Österreich und Serbien verkündeten, „bemächtigte sich, wie vor 44 Jahren, eine starke Aufregung der dichten Menschenmassen, die in der Intervention Russlands den Anfang eines Weltkriegs sahen."[18] Und dann wäre laut „Anzeiger" Folgendes passiert: Nach wenigen Augenblicken „feierlichen Ernstes", wäre sie losgebrochen, die „ungezügelte Begeisterung": „Zu tausenden scharten sich die Menschen zusammen und marschierten durch die Straßen des Zentrums der Stadt, unter Absingen patriotischer Lieder. Größtenteils waren es wohl Männer, die auch noch zur Fahne gerufen werden können, aber auch jüngere und durch das Alter gereifte Leute, Frauen und Mädchen, waren darunter. Nichts pöbelhaftes war zu bemerken, keine Radaulust, kein Johlen und Pfeifen, wie sonst bei ähnlichen Gelegenheiten. Nein, ernst und feierlich, der Bedeutung der Stunde sich wohl bewusst, zog die Schar dahin [...]. Und rings aus den Cafés erscholl es ‚Heil dir den Siegerkranz', ‚Gott erhalte Franz den Kaiser', ‚Deutschland, Deutschland über alles' und ‚Die Wacht

Eins der zahllosen Extrablätter (Ausschnitt)

Generalkommando des X. Armeekorps in der Adolfstraße. Postkarte, um 1905 (VM 48833)

am Rhein'. In einem Lokal wurde die deutsche Reichsfahne umhergetragen, während das Publikum stehend in die Volkshymne einstimmte. Bis in die entlegensten Winkel der Stadt pflanzte sich die Kunde fort, überall die gleiche Begeisterung hervorrufend."[19]

Im Verlauf des weiteren Textes versteigt sich der „Anzeiger" zu der Annahme, dass der bevorstehende Krieg die Sympathien „breitester Volksschichten"[20] besäße, obwohl die Vorstellung, in die „Affäre'" hineingezogen zu werden, „hier und da" auch „bange Sorgen" hervorrufe. Aber schließlich gäbe es nur eine Meinung unter der Menschenmasse, nämlich die, dass sich Österreich die „serbische Unverschämtheit" zu recht nicht hatte gefallen lassen. Am Ende hätte sich eine mehrere Hundert zählende Menschenmenge nachts um 23.45 Uhr auf den Weg zum Generalkommando in der Adolfstraße gemacht, um dort dem „Kommandierenden General des 10. Armeekorps, Exzellenz von Emmich, eine Ovation darzubringen", Deutschland, Deutschland über alles zu singen, bis einer der Teilnehmer eine spontane Rede hielt, in der die Herrscher Deutschlands und Österreichs gefeiert wurden, und die mit Bismarcks Worten endete „Wir Deutschen fürchten Gott allein und sonst nichts auf dieser Welt". Emmich, wahrscheinlich aus dem Schlaf gerissen, trat auf den Balkon und soll sich in kurzen Worten für die „Patriotische Kundgebung und die Vaterlandsliebe" bedankt haben. Dann sei die Menge, nach Aussagen des „Anzeigers", auf 4.000 bis 5.000 Teilnehmer angewachsen, Lieder singend zum Hoftheater und zum Kriegerdenkmal (am Neuen Haus, R.B.) gezogen, wo man erneut den spontanen Ansprachen von sich dazu berufen fühlenden Mitbürgern lauschte. „Fast lautlos hörten die Tausende den begeisterten Worten zu, nach deren Schluß sie in stürmische Hochrufe ausbrachen, um dann Luthers Lied ‚Ein feste Burg ist unser Gott!' zu singen. Erhebend ertönte der Gesang zum Himmel empor, machtvoll drängen die Tonwellen über die Straßen der Stadt,

Volkswille Nr. 173 vom 28. Juli 1914

neue Patrioten herbeilockend und die Schläfer aus den Betten weckend. Eine solche Kundgebung haben wir in Hannover wohl noch nicht erlebt."[21]

In den Cafés und Restaurants soll ein derartiger Andrang geherrscht haben, dass zeitweise die Türen verschlossen werden mussten, während sich die Musikkapellen beim ständigen Spiel patriotischer Weisen verausgabten. Ein weiterer Versuch eines Trupps, morgens um drei Uhr Emmich ein erneutes Ständchen zu bringen, blieb allerdings erfolglos, da man den Anführern bedeutete, dass „Seine Exzellenz bereits der Ruhe pflege"[22]. Dieses bunte Treiben hielt, so der „Anzeiger", bis in die frühen Morgenstunden an, und wer am Sonntagmorgen die Bahnhof-, Packhof- und Georgstraße passierte, wurde mit den herumfliegenden Extrablättern konfrontiert. „Diese Straßen waren wie beschneit; man kann sich einen Begriff von der Menge vielleicht machen, wenn man erfährt, dass die Anzahl der vom ‚Hannoverschen Anzeiger' am Sonnabendabend herausgegebenen Extrablätter rund 100.000 beträgt."[23] Am Sonntag hätte sich ein ähnliches Schauspiel zugetragen und unzählige Menschen auf weitere Informationen durch die Extrablätter gewartet und sich förmlich darum gerissen.

Der „Volkswille" beurteilte die Wochenendereignisse natürlich völlig anders. Die Zeitung verfolgte die Linie der Sozialdemokraten und setzte wie auch deren Führung in Berlin ihren Fokus auf Friedensdemonstrationen und -versammlungen, in Hannover allein am Mittwoch, dem 29. Juli, an neun verschiedenen Orten zur selben Zeit um 20.30 Uhr: Im Saalbau, Hildesheimer Straße; im Konzerthaus, Am Hohen Ufer; im Vahrenwalder Park, Vahrenwalder Straße; in Bartels' Ruh, Podbielskistraße; bei Voltmer (Kleefeld) und in Linden im Lindenhof, Deisterstaße; bei Schrader, Nieschlagstraße; in Limmer im Mühlenpark und in Ricklingen am Ricklinger Turm.[24] Die Tagesordnung lautete: Krieg – Besonnenheit – Kaltes Blut![25]

„Krieg!" Ein hannoverscher Zeitungsleser blickt in eine düstere Zukunft. Foto, 2.8.1914 (VM 61529)

Der Volkswille annoncierte diese Veranstaltungen und beklagte gleichzeitig den oben beschriebenen „Patriotismus und den Extrablattbetrieb", die „patriotische Hetze", die „unverantwortliche bürgerliche Preßtreiberei" und die sogenannten "patriotischen Straßendemonstrationen"[26], für die die reißerisch aufgemachte nationalliberale einheimische Presse verantwortlich zeichnete. „Tat man am Sonntag einen Blick in den Betrieb der Extrablattfabrikation, so musste man fast zu der Entscheidung kommen, dass über Krieg und Frieden die Firmen Madsack u. Ko., Jänecke und Hartmann entscheiden. Unter diesen entstand ein Wettbewerb darüber, wer am stärksten die Bevölkerung, die ihre politische Kost vom „Anzeiger", „Courier" oder „Tageblatt" beziehen, in eine Siedehitze bringt. Es entstand ein förmlicher Großbetrieb in der Herstellung von Extrablättern, und wie aus Maschinengewehren abgeschossen, flogen die Blätter wahl- und ziellos über und unter das Publikum. Das war am Sonnabendabend so und setzte sich in verstärktem Maße den ganzen Sonntag über fort. Am Sonntag wurden vor dem „Courier" vom Balkon aus die Flugblätter unter die untenstehende Menge geworfen, wobei Frauen und Kinder getreten und Hüte eingetrieben wurden. [...] Kurz, man konnte bei der Aufnahme dieser Extrablätter Wahrnehmungen über Massensuggestion machen, die sehr lehrreich waren."[27]

Außerdem kritisierte der „Volkswille" die „literarischen Fabrikanten" dieser Extrablätter, die nur Politiker und bekannte Persönlichkeiten zitierten, die mit Bemerkungen wie „lieber ein Ende mit Schrecken als ein Schrecken ohne Ende" oder „es muß einmal die Entscheidung mit dem Schwert herbeigeführt werden, wenn Ruhe werden soll" die Kriegsstimmung anheizten. Solche Äußerungen wären verantwortungslos.[28] „Und geradezu an Operettenkomödie, an Filmtragikkomödie erinnert es, wenn in demselben Extrablatt gemeldet wird, die in Belgrad erwartete russische Antwort, die um 15.30 Uhr eingetroffen sei, habe gelautet: ‚Bitte zu mobilisieren...!'. Oh, es ist sehr pikant, sehr sensationell, so etwas der auf Kriegsneuigkeiten lauernden Menge hinzuwerfen."[29] Mit solchen

Die Mobilmachung am 2. August 1914 auf dem Welfenplatz. Die Menschenmassen umringen das 1. Bataillon des Infanterieregiments 74. Continental-Feldpostkarte. (Privat)

Formulierungen würde man nur den „deutschnationalen Handlungsgehilfen" den Boden bereiten, Reden zu schwingen, Caféhausbesucher zu mobilisieren, patriotische Lieder zu singen und „Umzüge" zu veranstalten. „In der Phantasie der hiesigen bürgerlichen Presse wuchsen diese Trupps dann zu großen patriotischen Umzügen aus, was natürlich ebenso gelogen wie gedruckt ist."[30] Selbst der „Anzeiger" druckte am betreffenden Sonntag den Kommentar eines Berliner Korrespondenten ab, der diese Aufzüge, die in allen großen Städten des Reiches stattfanden, verurteilte. „Derartige Demonstranten [...], die die deutsche Diplomatie in die größte Verlegenheit bringen und die der hetzpanslawistischen Presse Russlands nur Wasser auf die Mühlen liefern, sollten zur Abkühlung schleunigst hinter Schloß und Riegel gebracht werden."[31]

Während der „Kurier" in den folgenden Tagen weiterhin betonte, wie groß die Kriegsbegeisterung in Österreich-Ungarn und wie stark die „Bündnistreue im deutschen Volk" wäre[32], zog der „Volkswille" nach den Friedenskundgebungen vom 29. Juli Bilanz: „Schon beizeiten waren alle die Lokale überfüllt. In dem riesigen Saalbau an der Hildesheimerstraße standen die Menschen bis an die Eingangstür gedrängt. Das Konzerthaus war erdrückend voll, Hunderte fanden keinen Einlaß. Im Lindenhof hätten allein diejenigen, die dort keinen Einlaß mehr fanden, ein weiteres Lokal füllen können".[33] Auch all die anderen Vortragsorte seien sehr gut besucht gewesen. „Alles in allem

Heimatfront Hannover

genommen mögen etwa 15.000 bis 18.000 Menschen an der Kundgebung des Friedens teilgenommen haben."[34] Die Versammelten verfassten eine nahezu einstimmige Resolution, in der gefordert wurde, dass der Konflikt zwischen Österreich und Serbien zu lokalisieren, jede weitere Verschärfung der Krise zu vermeiden und Österreich zu veranlassen sei, die an Serbien gestellten Forderungen abzuschwächen. „Es muß seitens der deutschen Regierung im Interesse der Kultur mit aller Entschiedenheit darauf hingearbeitet werden, dass das gestörte Gleichgewicht Europas baldigst wieder hergestellt wird. Die Versammelten verurteilen auch auf das entschiedenste das gewissenlose Verhalten bürgerlicher Preßorgane, die durch einen Wust von verwirrenden, zum Teil gänzlich unwahren Nachrichten unnötige Erregung in breiten Schichten des Volkes künstlich erzeugt haben."[35]

Auch diese Zahlen sollte man natürlich mit Vorsicht genießen, doch scheint der Teil der hannoverschen Bevölkerung, die der Kriegsbegeisterung nichts abgewinnen konnten, größer gewesen zu sein, als die „Hurrapatrioten" der spontanen nächtlichen Umzüge. So schreibt selbst die bürgerliche „Kölnische Zeitung" in einem Artikel, den der „Volkswille" abdruckte, um ihn dem „gesinnungsverwandten Hannoverschen Courier unter die Nase zu reiben": „Wir glauben, es gibt bei diesen Empfindungen kaum eine Ausnahme, und wenn unsre Sozialdemokraten in den nächsten Tagen Kundgebungen gegen den Krieg veranstalten, so werden sie darin bis zu einem gewissen Grade die Zustimmung des deutschen Bürgertums finden. Denn bei uns will niemand den Krieg, und Fluch demjenigen, der das schreckliche Uebel heraufbeschwört."[36]

Doch solche Warnungen verhallten am Vorabend des Krieges im reichsweiten Blätterwald, wie der „Volkswille" unter dem Titel „Die schwarzen Kriegshetzer" noch in einem Pressespiegel über die Zentrumsorgane zu berichten weiß.[37] Dort würde gegen die „Beschwichtigungsräte", „Flaumacher" und gegen „abwiegelnde Stimmen" (Kölnische Volkszeitung) agitiert, Österreichs „eiserner" Schritt als „befreiende Tat" empfunden, „wenn man das deutsche Schwert aus der Scheide zwänge, dann hätte es nie für ein besseres Werk gefochten" (Augsburger Postzeitung); oder es würde offen gegen den Friedenswillen der Sozialdemokraten politisiert. „Königsmörder und Sozialdemokraten sind gegen die ganze zivilisierte Welt einig; die Sozialdemokraten und Russland Arm in Arm" (Badische Beobachter). Der „Bayerische Kurier" schreibt von der „vaterlandslosen Sozialdemokratie", die „Essener Volkszeitung" und der „Westfälische Merkur" stellen fest, dass das „Eisen heiß" sei und endlich geschmiedet werden müsse, und die „Schlesische Volkszeitung" drücke offen aus, was die „Kriegshetzer" letztendlich beabsichtigten, nämlich die „ultima ratio", die „unmissverständliche Sprache der Kanonen".[38] Mit bittern Worten beendet der „Volkswille" seinen Artikel am letzten Friedenstag vor der deutschen Mobilmachung: „Nur nicht ‚abwiegeln', lieber Hunderttausende von Menschenleben zum Teufel, lieber Millionen von Witwen, Waisen und jammernden Müttern und Geschwistern, lieber ein Meer von Blut und eine Welt von Not und Elend! Alles dem Machtkitzel der gesinnungsverwandten klerikalen Musterregierung an der Donau zuliebe! Wie lange noch läßt das genarrte Zentrumsvolk sich dies halb idiotische, halb verbrecherische Treiben bieten?"[39]

Abmarsch der 3. Kompanie des Infanterieregiments 74 aus der Kaserne Welfenplatz an die Front am 2. August 1914. Continental-Feldpostkarte. (Privat)

Das Augusterlebnis

Spätestens nach der Thronrede des Kaisers vom 4. August 1914, die mit den berühmten Worten „Ich kenne keine Parteien mehr - ich kenne nur Deutsche" den so genannten „Burgfrieden" besiegelte, und die Sozialdemokratie veranlasste, den Kriegskrediten zuzustimmen, befand sich die SPD in einem Dilemma. Zum einen drohte ihr die Spaltung zwischen dem rechten und dem ultralinken Flügel (der 1917 auch mit der Gründung der USPD, die die Kriegspolitik der ehemaligen Mutterpartei nicht länger unterstützen wollte, vollzogen wurde) und der Verlust ihres internationalistischen Selbstverständnisses, das durch die Geburt einer doch national geprägten „Volksgemeinschaft", die im Krieg eng und solidarisch zusammenzustehen hätte, unterlaufen wurde. Gleichzeitig aber lösten sich die Sozialdemokraten vom Makel, seit Bismarck als „Reichsfeinde" zu gelten, und beförderten auf diese Weise ihren politischen Emanzipationsprozess, wie die im Reich marginalisierten jüdischen Verbände und die Frauenorganisationen übrigens auch, und sahen in einem dezidiert staatstreuen Verhalten während des Krieges die Möglichkeit ihre gesellschaftliche Isolation zu überwinden.[40]

So wirkt auch der Aufruf des Parteivorstandes gleich nach Kriegsbeginn fast entschuldigend: „Parteigenossen! Wir fordern Euch auf, auszuharren in der unerschütterlichen Zuversicht, dass die Zukunft trotz alledem dem völkerverbündenden Sozialismus, der Gerechtigkeit und der Menschlichkeit gehört!"[41] So wettert der „Volkswille" zwar nach wie vor gegen den "Alkoholpatriotismus"[42], der sich seit der Mobilmachung in den Kneipen und Cafés der Stadt durch Hochrufe auf Reich, Kaiser und Heer oder durch „patriotisches Gegröle" austoben und mit „dummen Schmähreden" gegen Russland und Frankreich selbst bürgerliche Kreise verstören würde; doch gleichzeitig versucht er mit einem weniger kritischeren Ton den Kriegszustand zu akzeptieren und die bürgerlich-ideologischen Konstrukte von „Heimatfront" und „Burgfrieden" sozialdemokratisch zu interpretieren. So schreibt z.B. Karl Kautsky (der 1916 die Spaltung der SPD vorantreiben wird) noch 1914 in einem Artikel für

Hannoversche Kriegsfreiwillige des Infanterieregiments 74, Foto, Oktober 1914 (VM 47040)

die „Neue Zeit", den der „Volkswille" auszugsweise Ende August abdruckte: „Wir begreifen es sehr wohl, wenn manchem dieser oder jener Schritt unserer Partei falsch erscheint, aber noch weit falscher, geradezu verhängnisvoll wäre es, aus irgendeiner Meinungsverschiedenheit jetzt einen inneren Zwiespalt zu entfesseln. Auch in dieser Hinsicht hat die Waffe der Kritik jetzt zu schweigen. Disziplin ist im Kriege nicht bloß für die Armee, sondern auch für die Partei das erste Erfordernis. Hinter ihrer Praxis müssen wir alle einmütiger, geschlossener stehen als je. Nicht Kritik, sondern Vertrauen ist jetzt die wichtigste Bedingung unsres Erfolgs."[43] Es muss allerdings ebenfalls konstatiert werden, dass unter dem Eindruck der ersten Siegesmeldungen auch Teile der sozialdemokratisch orientierten Arbeiterschaft inklusive der SPD-Presseorgane in einen zunehmenden „Chauvinismus hineingerissen" wurden.[44]

Festzuhalten ist aber auch, dass der „Volkswille" immer bemüht war, jenseits patriotischer Polemik die Schwere der Stunde und der kommenden Aufgaben hervorzuheben, und die von der bürgerlichen Presse wahrgenommene Kriegsbegeisterung „großer Massen" zu relativieren und wohl auf eine realistische Größe zu stutzen. „Gewiß, es gibt Leute, die den Krieg mit vollen Backen loben, deren Begeisterung keine Grenzen kennt. Das sind aber in der Regel solche, denen der Krieg als ein pikanter, wenn auch etwas blutiger Roman erscheint, solche, die von den wirtschaftlichen Verheerungen, von den Verwüstungen an der Volksgesundheit [...] nur eine schwache Vorstellung haben [....]."[45] Die Mehrheit der Hannoveraner denke und urteile aber anders. Obwohl die Einziehungen der Reserven und der Landwehr vielen Familien den Ernährer nähme, herrsche nirgends „Niedergeschlagenheit oder gar dumpfe Verzweiflung"[46], sondern eine Gefasstheit, auch unter den „Genossen, die Frau und Kinder verlassen müssen".

Für den „Anzeiger" hingegen ist in den ersten Augusttagen die ganze Stadt wieder auf den Beinen, sich liedersingend dem patriotischen Taumel hingebend.[47] Bereits am 4. August richtet sich das Augenmerk einiger Hannoveraner auf Fahrzeuge mit ausländischen Kennzeichen, auf Fremde, auf Russen, auf Spione eben, von denen eine Gefahr ausgehen kann, was auch zu Verhaftungen führt, wie das Beispiel der vier Russen zeigt, die die Kanalbrücke bei der Fliegerkaserne angeblich in die Luft sprengen wollten. „Die Russen wurden (von Arbeitern, die sie beobachtet hatten, R.B.) fürchterlich durchgeprügelt" und dann in die Kaserne gebracht, wo sie abgeurteilt wurden.[48] Ein solches Verhalten galt dem „Anzeiger" als vorbildhaft, und war Ausdruck eines „erfreulichen" Zeichens, „wenn die Vaterlandsliebe sich in der rechten und würdigen Weise äußert."[49] Allerdings träfe das nicht auf alle Mitbürger zu. „Leider muss aber in dieser schicksalsschweren Stunde die Erfahrung gemacht werden, dass viele deutsche Männer und Frauen, die sonst Anspruch auf Patriotismus machen, die gute Gesinnung ganz und gar verleugnen, es soll angenommen werden, wider besseres Wissen".[50] So beklagte der „Anzeiger", dass Zweifelnde ihre Barbestände bei den Banken abhöben, Händler die Preise für Lebensmittel in die Höhe trieben und Verzagte zu defätistischen Äußerungen neigten.[51]

Hier zeigt sich aber bereits, dass der „Geist von 1914", der nicht nur in den nächsten Wochen, sondern nahezu im Verlauf des gesamten Krieges in der Öffentlichkeit beschworen wird, von Anfang an auf wackeligen Füßen stand. So ließ Stadtdirektor Tramm in den Tageszeitungen nach den ersten militärischen Erfolgen im Westen eine Anzeige schalten, die die Hannoveraner aufforderte, Fahnenschmuck in die Fenster zu hängen: „Fort mit jeder zweifelnden und kleinmütigen Stimmung! Lasst laut den Jubel hinaustönen über die wunderbaren Taten unserer herrlichen Heere!"[52] Da nutzte auch die redaktionelle Schützenhilfe des „Anzeigers" wenig, von einer „Siegesfreude" zu sprechen, die „unsere "Stadt durchzittert" und mit den „Freuden an den Erfolgen" „mutig in die Zukunft sehen" ließe.[53]

Plakat, Aufruf des Magistrats, erschienen auch als Anzeige in den Tageszeitungen. Von allgemeiner Kriegsbegeisterung war in Hannover also keine Rede. 25. August 1914 (Stadtarchiv Hannover)

Die Kriegsbegeisterung, die sich wohl am ehesten in den bürgerlich-akademischen Schichten mit ihrem hohen Anteil an Kriegsfreiwilligen (siehe u.a. Hermann Löns, Ernst und Friedrich Jünger), niederschlug, fiel in der städtischen Arbeiterschaft und bei den Bewohnern der ländlichen, bäuerlich geprägten Regionen auf weniger fruchtbaren Boden. In diesen gesellschaftlichen Schichten bedeutete der kriegsbedingte Ausfall der männlichen Arbeitskräfte die Gefahr des sozialen Abstiegs bzw. die Nichtbewältigung anfallender Hof- und Erntearbeiten. Hier sind Krieg und Mobilmachung wohl kaum mit offenen Armen und Hurrarufen begrüßt worden.

Die bürgerliche Jugend hingegen reagierte anders, wie z.B. das Kriegstagebuch von Gustav-Adolf Siemon aus Hannover beweist: „Wir hatten in diesen Tagen den Entschluss gefasst, uns freiwillig bei einem Truppenteil zu melden. Wir verspürten beide (Siemon und sein bester Freund, R.B.) grosse Lust und ein inneres Drängen liess uns keine Ruhe. War es uns doch so, als ob wir sonst Grosses verpassen würden. Der Krieg, konnte schnell, wie er gekommen, zuende sein, ohne dass wir mitgemacht hätten. Das durfte doch nicht sein."[54] Diese Einstellung bestätigt auch der „Anzeiger", der über die Ausbildung der Kriegsfreiwilligen auf der Bult berichtet, wo das „Drillen" dieser jungen „kriegslustigen" und „meistens gebildeten Leute" auch für die Vorgesetzten eine „fröhliche" Arbeit am „Schießprügel" ist.[55] „Also diesmal wird's ernst, diesmal gibt's Krieg, dachten, hofften wir. Und freuten uns. Wir hätten uns sonst nicht Soldaten nennen dürfen. Wir fühlten uns ja stark. Schon durch die Tradition", beschwört ein Mitglied der hannoverschen Königsulanen.[56]

Künstler und bürgerliche Intellektuelle, manche auch von den radikalen Ideen des Futurismus beeinflusst, betrachteten den Krieg - einen kurzen, wohlbemerkt - als den großen Erneuerer, als den Zerstörer des Alten, des Althergebrachten (z.B. bei F. T. Marinetti: „Wir wollen den Krieg verherrlichen - diese einzige Hygiene der Welt -, den Militarismus, den Patriotismus, die Vernichtungstat der Anarchisten, die schönen Ideen, für die man stirbt, und die Verachtung des Weibes." - *Futuristisches Manifest, 1909*), sahen in ihm möglicherweise den Vater allen Neuanfangs, wie Thomas Mann es formulierte: „Wie hätte der Künstler nicht Gott loben sollen für den Zusammenbruch einer Friedenswelt, die er so satt, so überaus satt hatte."[57]

Auch Gerrit Engelke, der extra aus Dänemark nach Deutschland zurückkehrt, um sich als Freiwilliger zu melden, zitiert wenige Tage zuvor noch Ferdinand Freiligraths Gedicht „Die Trompete von Vionville" über den deutsch-französischen Krieg von 1870/71 mit den Worten: „Da ist doch noch Kanonenschlag drin!"[58] Und Hermann Löns empfängt im Oktober 1914 von einem Bekannten einen Brief an die Front, indem der Absender Löns um seine Kriegserlebnisse beneidet: „Donnerwetter, Mensch, so recht mitten drin im Radau; und ganz ungestraft morden dürfen!". Allerdings konnte Löns dem nicht mehr zustimmen; er war bei Ankunft des Briefes bereits gefallen.[59]

Die Söhne des konservativen Bürgertums hingegen mochten sich dem Kaiser und dem vermeintlichem Wohl des Vaterlandes verpflichtet fühlen, ganze Schulklassen meldeten sich freiwillig, so die kompletten Oberprimen des Realgymnasiums und der Leibnizschule.[60] Ernst Jünger, der sich gleich am 1. August 1914 freiwillig gemeldet hatte, wurde nach dem „Notabitur" im Dezember nach Frankreich geschickt. Seine Kriegsbegeisterung wird, wenn man die etwas lakonischen Gefühlsäußerungen in seinem Kriegstagebuch richtig interpretiert, „etwas trübe" gestimmt, da einige Mütter von ihren Söhnen Abschied nahmen.[61]

Naturgemäß waren die Mütter wieder einmal näher an der Wirklichkeit, als ihre oftmals vom Hurrapatriotismus oder intellektuellem Über-Mut verblendeten Söhne.

„Unsere Jungens warten stündlich, daß sie sich melden sollen" schreibt die Lindener Pastorengattin Auguste Crusius im August 1914 an den zweitältesten ihrer sechs Söhne, Ernst, „O Gott, wie wird das werden! Die Menschen haben schon jetzt den Kopf verloren. Es haben auch schon verschiedene Läden geschlossen, weil alles an Lebensmitteln ausverkauft ist. – Eben ist die Nachricht da – Mobil gemacht." Und ein paar Tage später schreibt sie: „Ich kann ja auch nicht mal bitten, daß alle vier Jungens wiederkommen. Die anderen sind auch Kinder, Männer und Väter, um die gebetet und gehofft wird. Ich muß die drei (ihre anderen noch im Elternhaus wohnenden Söhne, R.B.) hier immer ansehen, wen ich wohl nicht wiedersehe [...] Hier ist eine unglaubliche Aufregung und Begeisterung [...] Die Jungens stellen sich als Freiwillige am Waterlooplatz [...]."[62]

So schreibt auch der Königsulane weiter: „Bald darauf ritten unter den Klängen von ‚Muß i denn' die stolzen Schwadronen zum Tore hinaus, als erste mit dem Regimentsstab die vierte, von Stadtdirektor Tramm vor der Wache noch kurz begrüßt, und dann auf der Georgstraße von einer begeisterten unübersehbaren Menge umjubelt, welche ihren Königsulanen ein Lebewohl zurufen wollte. Kurz vor Mitternacht rollte der erste Transport vom Möhringsberg ab, mit dreistündiger Zugfolge die anderen. Fort gings durch die Nacht in den Weltkrieg."[63]

Frau Crusius' Angst um ihre Söhne war nicht unbegründet, denn mit dem ersten Kriegstag häuften sich die abgedruckten Verlustlisten in den hannoverschen Tageszeitungen, die im weiteren Kriegsverlauf immer umfangreicher wurden und immer mehr Seiten füllten, bis sie zum Kriegsende hin völlig aus der Tagespresse verschwanden. Ähnlich verhielt es sich mit den von Angehörigen geschalteten Todesanzeigen der im Krieg gefallenen Söhne, Brüder oder Ehemänner. Auch viele Firmen gedachten ihrer Mitarbeiter, sodass die unmittelbaren Kriegsauswirkungen jedem Leser ins Auge fallen mussten. Hinzu kamen die verheerende Versorgungslage, der Preiswucher und die nicht erwartete Kriegsdauer, die schließlich den Kriegsminister 1916 veranlasste, regelmäßige Stimmungsberichte über die Durchhaltebereitschaft der Bevölkerung in den Städten und Provinzen anzufordern. Dazu heißt es in einem Brief an den preußischen Oberpräsidenten in Hannover, den Gerhard Schneider in seiner Untersuchung über die Stimmungsberichte in Hannover beleuchtet: „Die Teuerungsverhältnisse in der Heimat, die Sorge der älteren Kriegsteilnehmer um ihre Familien und ihr späteres Fortkommen, falsche Auffassungen über unsere militärische und politische Lage und die sich aus ihr ergebenden inneren und äußeren Notwendigkeiten, Unkenntnis über die wahren Absichten und Ziele unserer Feinde", dazu „die feindliche Agitation, die bestrebt ist, durch

Flugblätter und Agenten unmittelbar und mittelbar giftige Keime ins Land zu bringen" – das alles seien „Gefahren für die Stimmung und den Gesamtwillen zum Durchhalten bis zum Siege." Auch sei es mit der langen Dauer des Krieges immer schwieriger, den Burgfrieden, „der die innere Volkskraft zusammenhalten soll, nach jeder Richtung zu bewahren."[64] Um diesen Umständen zu begegnen, empfahl der Kriegsminister, dass „in erster Linie" die Presse „auf die Gemüter einwirken" müsse. Dieses reiche aber nicht aus, so Gerhard Schneider weiterzitierend, man müsse vielmehr die Stimmung in der Bevölkerung pflegen, die schädlichen Strömungen wie den Pazifismus bekämpfen, Fürsorge, Aufklärung und Belehrung der Soldaten an der Front betreiben, die oppositionelle Berichterstattung durch Zensur verhindern bei Ablehnung einer „allzuscharfen Unterdrückung des Meinungsaustausches", da dies „leicht ein Anwachsen der schwer kontrollierbaren, geheimen Literatur" provozieren würde.[65] Beamte, Lehrer, Geistliche und andere Meinungsführer könnten auf die Bevölkerung durch Vorträge, Propagandatexte, Theaterstücke oder Filme Einfluss nehmen, um so die Gesamtstimmung in der Bevölkerung zu heben.[66]

Doch das half, wenn überhaupt, nur kurzfristig und war in den meisten Fällen an die Lebensmittel- und Brennstoffversorgung bzw. -preise gekoppelt. Auch das ständige Abfeiern der Jahrestage des Kriegsbeginns und die Reminiszenzen an die großen Erfolge von 1870/71 (z.B. Sedanfeier) änderten an dem immer stärker werdenden Stimmungstief genauso wenig wie das Propagieren ständiger Schlachtensiege an der West- und Ostfront. Ja, man kann sogar den Eindruck bekommen, dass die vielen Matrosenanzüge für Knaben und Mädchen, die seit dem Ende des 19. Jahrhunderts auf fast jedem Familienfoto zu sehen sind, im Laufe des Krieges immer spärlicher auf den Bildern auftauchen, was vielleicht nicht nur als modischer Wechsel zu deuten wäre.

So zieht auch Gerhard Schneider in seiner Untersuchung über die „Stimmungsberichte" Bilanz und kommt zu dem Ergebnis, dass zwar das „in den ersten Augusttagen 1914 vielbeschworene Augusterlebnis in mannigfachen Formen der zwischenmenschlichen Solidarität zu Tage trat und sich tatsächlich so etwas wie eine Heimatfront zu etablieren schien", doch bereits ab 1915 hätte die schlechte Versorgungslage die alten Klassengegensätze wieder aufbrechen lassen, denn sowohl für diejenigen, die die finanziellen Mittel besaßen wie für die landwirtschaftlichen Erzeuger hätte es kaum wirtschaftliche Not gegeben.[67]

Das vom Bürgertum heraufbeschworene „Augusterlebnis" und die Chimäre von der „Heimatfront" lassen sich auch in der hannoverschen Bevölkerung kaum als mehrheitsfähig nachweisen. Bis dieser Krieg in der Revolution von 1918/19 mündete, „der Kaiser ging, und die Generäle blieben", wie Theodor Plivier es in seinem gleichnamigen Roman[68] beschrieben hat, galt seit August 1914 vier Jahre lang jene düstere und nahezu hoffnungslose Formulierung über das Grauen des Krieges, mit der Arnold Zweig seinen Roman „Erziehung vor Verdun" beginnen lässt: „Die Erde ist eine gelbgrün gefleckte, blutgetränkte Scheibe, über die ein unerbittlich blauer Himmel gestülpt ist wie eine Mausefalle, damit die Menschheit den Plagen nicht entrinne, die ihre tierische Natur über sie verhängt."[69]

Eine der vielen Propagandapostkarten von 1914 (VM 61690)

So kommt auch Johannes, der älteste Sohn der Pfarrersfamilie Crusius nach Beendigung des Völkerschlachtens zur Erkenntnis, dass der Krieg vom ersten Tag an nicht hätte gewonnen werden können. „Heute, wo wir alles hinter uns haben, muß ich sagen: was haben wir uns eigentlich gedacht? Waren wir alle angesteckt von dem preußischen Größenwahn? Man kann uns das ja nicht übelnehmen, denn wir wussten ja die Wahrheit nicht. Es ist heute klar, dass wir aufs Furchtbarste belogen und betrogen sind. Als man schon längst wusste, dass der Krieg verloren ging, hat man uns gesagt, dass alles gut gehe, kein Grund zur Besorgnis sei und man die preußisch-deutsche Weltanschauung an die Stelle der angelsächsischen setzen werde. Es ist unerhört und unverantwortlich, dass man es dahin hat kommen lassen, dass der Zusammenbruch sozusagen über Nacht kam."[70]

So bleibt am Schluss nur der amerikanische Politiker Hiram Johnson (1866-1945) zu zitieren, der damals bitter konstatierte: „Das erste Opfer des Krieges ist die Wahrheit!"

1. Volkswille; 8. April 1914.
2. wie Anmerkung 1.
3. Volkswille, 16. April 1914.
4. Volkswille, 8. Mai 1914.
5. Volkswille, 26. Juni 1914.
6. Volkswille, 16. April 1914.
7. Volkswille, 24. Mai 1914.
8. Wie Anmerkung 7.
9. Volkswille, 27. Juni 1914.
10. Wie Anmerkung 9.
11. Volkswille, 29. Juli 1914.
12. Hannoverscher Kurier, 28. 6. 1914.
13. Wie Anmerkung 12.
14. Volkswille, 15. Juli 1914.
15. Wie Anmerkung 14.
16. Wie Anmerkung 14.
17. Hannoverscher Anzeiger, 28. Juli 1914.
18. Wie Anmerkung 17.
19. Wie Anmerkung 17.
20. Wie Anmerkung 17.
21. Wie Anmerkung 17.
22. Wie Anmerkung 17.
23. Wie Anmerkung 17.
24. Volkswille, 28. Juli 1914.
25. Wie Anmerkung 24.
26. Volkswille, 27. Juli 1914.
27. Wie Anmerkung 26.
28. Wie Anmerkung 26.
29. Wie Anmerkung 26.
30. Wie Anmerkung 26.
31. Hannoverscher Anzeiger, 26. Juli 1914.
32. Hannoverscher Kurier, 28. Juli 1914.
33. Volkswille, 30. Juli 1914.
34. Wie Anmerkung 33.
35. Wie Anmerkung 33.
36. Volkswille, 27. Juli 1914.
37. Volkswille, 31. Juli 1914.
38. Wie Anmerkung 37.
39. Wie Anmerkung 37.
40. Bründel, Steffen; Volksgemeinschaft oder Volksstaat. Die Ideen von 1914 und die Neuordnung Deutschlands im Ersten Weltkrieg, Berlin 2003, S. 32ff.
41. Volkswille, 01. 08. 1914.
42. Wie Anmerkung 41.
43. Volkswille, 26.08.1914.
44. Hirschreich, Krumeich, Renz u.a. (Hrg.) Enzyklopädie Erster Weltkrieg 2003, S. 630.
45. Volkswille, 08.08.1914.
46. Wie Anmerkung 45.
47. Hannoverscher Anzeiger, 02.08.1914.
48. Hannoverscher Anzeiger, 04.08.1914.
49. Hannoverscher Anzeiger, 05.08.1914.
50. Wie Anmerkung 49.
51. Wie Anmerkung 49.
52. Hannoverscher Anzeiger, 25.08. 1914.
53. Wie Anmerkung 52.

54 Siemon, Gustav-Adolf, Kriegstagebuch 1914/15, S. 2. Typoskript in der Bibliothek des Historischen Museums Hannover.
55 Hannoverscher Anzeiger, 26.08.1914.
56 Geschichte des Königs-Ulanen-Regiments (1. Hannoversches Nr. 13) im Kriege 1914-1918, 1. Teil, 2.August 1914 bis 20. August 1916, Bremen 1927, S. 9.
57 Hirschreich, Krumeich, Renz u.a. (Hrg.) Enzyklopädie Erster Weltkrieg, Paderborn 2003, S. 630.
58 Gerrit Engelke; Rhythmus des neuen Europas Hannover 1979, S. 383. Die Verse aus Freiligraths Gedicht lauteten:
„Sie haben Tod und Verderben gespien,
Wir haben es nicht gelitten.
Zwei Kolonnen Fußvolk, zwei Batterien,
wir haben sie niedergeritten."
59 Hermann Löns Archiv, Stadtbibliothek Hannover; bearbeitet von Barbara Walter, Hannover 1993; S. 117.
60 Mußmann, Olaf (Hrg.), Leben abseits der Front, Hannover 1992, S. 129.
61 Jünger, Ernst, Kriegstagebuch 1914-1918, Stuttgart 2010, S. 7.
62 Crusius, Irene: Der Alltag des Krieges. Der Erste Weltkrieg (1914-1918) in Briefzeugnissen der Familie Crusius aus Hannover-Linden, Hannover 2014, S. 15.
Auguste Crusius ist die Ehefrau des Pastors Crusius von der Martinskirche in Linden. Der Brief geht an den zweitältesten ihrer fünf Söhne, Ernst, der wie sein Vater und sein ältester Bruder ebenfalls Pfarrer geworden ist. Die drei jüngeren Brüder stecken in verschiedenen Phasen des Theologiestudiums (der Jüngste geht noch zur Schule). Drei Söhne melden sich bereits 1914 freiwillig, der vierte, Johannes, folgt erst später 1917, Ernst wurde vom Kriegsdienst befreit. Der Jüngste fällt dann 1915 im Osten.
63 Wie Anmerkung 56, S.11.
64 Schneider, Gerhard; An der „Heimatfront". Stimmungsberichte aus Hannover und Linden 1916 bis 1919. Hannoversche Geschichtsblätter, Beiheft 7/2014, S. 11
65 Schneider, wie Anmerkung 64, S. 12
66 Schneider, wie Anmerkung 64, S. 12
67 Schneider, wie Anmerkung 64, S. 72
68 Plivier, Theodor: Der Kaiser ging, die Generäle blieben, Berlin 1932.
69 Zweig; Arnold: Erziehung vor Verdun, Frankfurt 1974, S. 9.
70 Crusius, wie Anmerkung 62, S 214.

Reservistenbild, Erinnerung eines Soldaten des Feldartillerie-Regiments 10 an seine Dienstzeit in Hannover 1912–1914, Fotocollage, 1914 (VM 36062)

Andreas Fahl

„Hannover ist für den Soldaten, ein Paradies, ein Paradies"
Die Garnisonsstadt

Schon zu Zeiten des Königreichs Hannover war die Residenzstadt Hannover ein bedeutender Militärstandort gewesen. Dies änderte sich auch in der preußischen Zeit ab 1866 nicht, wenngleich die Stadt jetzt nur noch den Rang einer Provinzhauptstadt hatte. Der hannoversche Gymnasiallehrer und Schriftsteller Adolf Ey (1844-1934) nahm dies zum Anlass, um unter dem Titel „Ein friedlich Soldatenlied" die Vorzüge der Garnisonstadt Hannover dichterisch zu überhöhen:

> So laß Dir gut, mein Söhnlein, raten
> Greifst Du zu Säbel, Flint und Spieß,
> Hannover ist für den Soldaten
> Ein Paradies, ein Paradies
>
> Da draußen an des Waldes Kante
> Übt auf der breiten Großen Bult
> In Sonn und Regen der Sergeante
> Das Griffekloppen mit Geduld. [...]
>
> Ja an der Ihme, an der Leine
> Wirft der Rekrut sich in die Brust,
> Und doppelt stramm wirft er die Beine,
> Da ist Soldatsein eine Lust. [...][1]

Die Realität war nüchterner, aber immerhin spiegelt das Gedicht die Tatsache wider, dass das Militär im Stadtbild überaus präsent war. Verschafft man sich mit Hilfe des Adressbuches einen Überblick, so kommt man im Jahr 1914 auf eine stattliche Anzahl von Militärbehörden, Führungsstäben und Truppenteilen, die ihren Sitz in Hannover hatten. Manche umfassten nur wenige Offiziere oder Militärbeamte, andere bestanden aus hunderten von Soldaten. Betrachtet man diese Einrichtungen in der Reihenfolge ihrer Hierarchie, so ergibt sich folgendes Bild:

Hannover war Sitz der 3. Armee-Inspektion, die Aufsichts- und Koordinationsaufgaben über das VII. Armeekorps (Westfalen), das IX. Armeekorps (Schleswig-Holstein) und das X. Armeekorps hatte. Weiterhin saß in Hannover das Generalkommando des X. Armeekorps, dessen Korpsbereich sich im großenteils mit den Grenzen der Provinz Hannover deckte. Angeschlossen waren die zugehörigen Militärbehörden wie Gericht, Intendantur (Militärverwaltung), Sanitätsamt und Bekleidungsamt sowie die Militär-Bauverwaltung für den Korpsbereich. Letztere war 1914 verstärkt worden, da, nicht zuletzt aufgrund der 1913 beschlossenen Heeresvermehrung, zahlreiche Neubauvorhaben zu bewältigen waren, so der Bau von Munsterlager und in Hannover u.a. der Bau einer neuen Trainkaserne (Möckernstraße) sowie im Bereich des Vahrenwalder Exerzierplatzes einer Kaserne für ein Telegraphenbataillon und einer Flieger- und einer Luftschifferkaserne.

Überregionale Ausbildungsfunktionen innerhalb der preußischen Armee hatten das Militär-Reit-Institut an der Vahrenwalder Straße, die Kriegsschule in der heutigen Waterloostraße sowie die Lehrschmiede in der Humboldtstraße. Führungsaufgaben für die Truppe oblagen den Stäben der 19. und 20. Division sowie der 38. und 39. Infanterie-Brigade. Außerdem war Hannover Sitz des Kommandos der Trains (Nachschubtruppen) für das VII., IX. und X. Armeekorps.

An größeren Truppenteilen befanden sich in der Stadt:
- das Füsilier-Regiment Generalfeldmarschall Prinz Albrecht von Preußen (Hannoversches) Nr. 73 (Waterlooplatz und Bult-Kaserne),
- das 1. Hannoversche Infanterieregiment Nr. 74 (Welfenplatz und Königsworther Platz),
- das Königs-Ulanen-Regiment (1. Hannoversches) Nr. 13 (Schackstraße),
- das Feldartillerieregiment von Scharnhorst (1. Hannoversches) Nr. 10 (Welfenplatz und Kriegerstraße)
- das Hannoversche Trainbataillon Nr. 10 (Sandstraße, Schneiderberg).[2]

Hinzu kamen die verschiedenen Ersatzbehörden (zuständig für die Rekrutierung) sowie die Remontierungskommission, die den Nachschub an Pferden organisieren musste, damals noch das wichtigste Antriebsmittel neben der Eisenbahn. Letztere wurde nach Kriegsausbruch dirigiert durch die Linienkommandantur A, die am Thielenplatz einquartiert wurde.

Vor Kriegsausbruch umfasste die Garnison Hannover 7.700 Soldaten, hinzu kamen die Militärbeamten und Hilfskräfte.[3] Bei einer Einwohnerzahl von 317.000 entspricht dies einem Anteil von etwa 2,4 % der Bevölkerung.[4] Die Präsenz des Militärs im öffentlichen Leben war entsprechend hoch, besonders in den Stadtteilen, in denen sich Kasernenanlagen ballten (wie etwa in der List). Militärangehörige gehörten zum Straßenbild, was natürlich auch daran lag, dass die Soldaten in ihrer Freizeit Uniform tragen mussten.

Überdies spielte sich, besonders am Waterloo- und am Welfenplatz, ein beträchtlicher Teil der militärischen Ausbildung vor den Augen der Bevölkerung ab. Dies weckte allerdings nicht nur patriotische Gefühle. Wenn beispielsweise frühmorgens zu Übungen ausrückende Einheiten mit Begleitung der Regimentskapelle durch die Straßen marschierten oder durch Übungsschießen mit Platzpatronen die Spaziergänger und Reiter an der Kleinen Bult belästigt wurden, gab es Beschwerden bei der Stadtverwaltung.[5]

Kasernen am Welfenplatz. Postkarte, 1913 (VM 46228)

Für die Wirtschaft der Stadt war die hohe Militärpräsenz zweifellos ein Vorteil. Viele Firmen und Handwerker waren Militärlieferanten. Kaufleute und Gastwirte machten ihr Geschäft mit den Soldaten, auch den Wehrpflichtigen, wenn diese in der knappen dienstfreien Zeit ihren Sold ausgaben. Die Bauwirtschaft profitierte wenigstens teilweise von den verschiedenen Kasernenneubauten, aber auch von den notwendigen Bauunterhaltungsmaßnahmen an den insgesamt 14 Kasernen in Hannover.[6] Gerade am Bau der Fliegerkaserne lässt sich aber auch festmachen, dass es Kritik am Ausbau der Garnison Hannover gab.

Wie wichtig das Militär als Wirtschaftsfaktor war, zeigen Beschwerden der Stadt Linden, die trotz aller Bemühungen nicht zur Garnison erhoben wurde. Als die Stadt auch im Zuge der Heeresvermehrung 1912 nicht berücksichtigt wurde, hieß es enttäuscht im Lindener Lokal-Anzeiger: „Wieder das alte Lied, wenn wir beim Vater Staat um eine Wohltat bitten […] ist stets schon vorher einer dagewesen und hat uns den besten Segen hinweggenommen."[7] Aufgrund des hohen Anteils von Arbeitern in der Bevölkerung hatte Linden wohl gar keine Chance auf eine kaiserliche „Wohltat". Die Arbeiter galten, da sie zum großen Teil der SPD und den Gewerkschaften nahestanden, als politisch unzuverlässig. Um politische Agitation in der Truppe zu vermeiden, verzichtete die Militärführung lieber auf Kasernen in einem solchen Umfeld.

Die Kriegsgarnison

Bei Kriegsausbruch wurden die in Hannover stationierten Einheiten durch das Einziehen von Reservisten auf Kriegsstärke gebracht und verließen ab dem 2. August die Stadt in Richtung Westfront. Die Kasernen blieben natürlich nicht leer, sondern dienten zur Aufnahme weiterer Reservisten, Wehrpflichtiger und Kriegsfreiwilliger, die als Ersatz für die unausweichlich eintretenden Verluste ausgerüstet und ausgebildet werden mussten. Darüber hinaus erfolgte gemäß Mobilmachungsplan die Aufstellung zahlreicher Reserve- und Ersatzeinheiten, von Bataillonen der Landwehr und des Landsturms. Für diese Einheiten reichten die vorhandenen Kasernen nicht aus. Um die Soldaten unterbringen zu können, wurden öffentliche Gebäude (meist Schulen und Turnhallen) ganz oder teilweise dem Militär überlassen. Sie dienten als Unterkünfte, Übungsräume, Materiallager oder Personalannahme- und Bekleidungsstellen.[8]

Bürgerschule 30 in der Kestnerstraße während der Nutzung als Kaserne des Ersatzbataillons des Reserve-Infanterieregiments 73. Postkarte, 1915 (VM 50480)

Als Beispiel sei hier die Bürgerschule in der Kestnerstraße genannt. Sie diente dem Ersatzbataillon des Reserve-Infanterieregiments Nr. 73 als Unterkunft. Noch heute erinnert ein Mosaik an der straßenseitigen Fassade der Schule an die Gefallenen dieses Regiments.[9] Neben öffentlichen Gebäuden und Grundstücken wurden auch private Räume militärisch genutzt. So stellte etwa der Wirt des „Neustädter Gesellschaftshauses" in der Oberstraße sein Lokal gratis als Rekrutendepot zur Verfügung. Sein Einkommen bezog er als Kantinenwirt für diese Soldaten und für das Rekrutendepot in der Bürgerschule 8/9 (Am Kleinen Felde).[10]

Auf der Vahrenwalder Heide, wo der Flugpionier Karl Jatho seit 1897 an seinen ersten Versuchsflugzeugen arbeitete, hatte sich im Laufe der Jahre ein kleines Flugfeld entwickelt, das sich auch für die militärische Nutzung anbot. Der Bau der ersten Fliegerkaserne zog sich bis zum Herbst 1913 hin. Ab August 1914 erfolgte dann eine deutliche Erweiterung des Flugbetriebes (siehe den Beitrag zur Flieger-Ersatzabteilung 5).

Südlich des Flugplatzes entstand im Sommer 1915 eine weitere, besondere militärische Anlage, die „Feldstellung". Militärischer Ausgangspunkt für den Bau dieser Anlage war der Übergang vom Bewegungs- zum Stellungskrieg an der Westfront ab November 1914.

Küche und Küchenmannschaft der Kaserne Kestnerschule. Postkarte, 1915 (VM 51875)

Damit wurden die deutschen Truppen, die seit Jahrzehnten auf unbedingten Angriff hin trainiert waren, vor völlig neue Aufgaben gestellt. Während des Winters 1914/15 entwickelten sich die zunächst provisorischen Schützengräben an der Front zu einem immer ausgeklügelteren Verteidigungssystem. Die „Feldstellung Vahrenwalder Heide" kopierte einen solchen Schützengraben-Abschnitt mit gestaffelten Verteidigungslinien, MG-Nestern, Beobachtungsposten, Unterständen für Offiziere, Soldaten und Pferde, Drahtverhauen sowie den zugehörigen Verbindungswegen.

Die Feldstellung, gelegen unweit der Vahrenwalder Straße an der heute nicht mehr vorhandenen Straße „Fuchsgarten"[11], diente neben Ausbildungszwecken hauptsächlich dazu, der Zivilbevölkerung die bisher unbekannte Welt des Stellungskrieges näherzubringen. Die Feldstellung konnte täglich gegen Eintrittsgeld besichtigt werden, der Erlös floss zu wohltätigen Zwecken in einen Hilfsfonds des X. Armeekorps. Eine Postkartenserie der Druckerei Edler & Krische sorgte für die Verbreitung von Fotos der Anlage über Hannover hinaus. Ziel der Besichtigungen war es, bei den Angehörigen der Soldaten die Gewissheit zu wecken, dass die deutschen Waffen und Verteidigungssysteme dem Gegner überlegen waren und dass gut für den Schutz der Soldaten gesorgt war.

Die Besucher der Feldstellung kamen nicht nur aus Hannover. Für Schulklassen und ähnliche Gruppen wurden Besuche besonders organisiert. Aber auch der Einzelbesucher wurde nicht mit seinen Eindrücken alleingelassen, sondern gezielt von Soldaten „informiert", wie man der Schilderung eines solchen Besuches entnehmen kann: „Also zunächst die Schützengräben. Diese sind unter Anleitung erfahrener Soldaten, die längere Zeit im Felde waren, von den eingezogenen Rekruten naturgetreu gebaut. Die Besichtigung und Erklärungen haben fast 2 Stunden gedauert. Wir haben alles gesehen: Laufgräben, Unterstände, Beobachtungs- und Horchposten, Flatterminen,

Impressionen aus der Feldstellung Vahrenwalder Heide: Schützengraben und Kommandantenhaus, Continental Kriegs-Echo 12/1915, Postkarte, 1915 (VM 49708)

Schießscharten, Sturmleitern, Drahtverhaue, Fußangeln und viele andere. Was sind dies alles Einrichtungen, die es fast unmögliche erscheinen lassen, in diese Gräben einzudringen! Aber die Flieger!"[12]

Dieser private Bericht bezeugt die Wirkung der Anlage auf die Besucher, wenn auch ein gewisser Zweifel bestehen blieb. Ganz anders dagegen die Schilderungen in der hannoverschen Presse. Der „Hannoversche Anzeiger" lobt in seinem Bericht zur Eröffnung der Feldstellung am 16. August 1915 nicht nur die Sicherheit und Zweckmäßigkeit der Anlagen, sondern entwirft auch ein geradezu idyllisches Kriegsbild: „Besonders praktisch sind die Unterstände, in denen die gefürchteten Maschinengewehre aufgestellt sind; in einigen dieser Unterstände sind Nachbildungen angebracht und in liebenswürdigster Weise wird die Handhabung dieser „Streumaschinen" gezeigt." Einen Sturmangriff aus dem deutschen Graben schildert der Autor dem Leser fantasievoll mit den Worten: „Das Gewehr liegt bereits auf der Brüstung, im Nu ist der Mann am Grabenrand, erhebt das Gewehr und mit brausendem Hurra geht es dann trotz wütenden Feuers des Gegners ran an den Feind, der diesem teutonischen Angriff nicht standhalten kann."[13] Ähnlich im „Hannoverschen Kurier", der bei einer Vorbesichtigung feststellte: „Es läßt sich in den Unterständen ruhig schlafen, unbekümmert darüber, daß hoch oben die Kugeln pfeifen."[14] Geradezu nüchtern noch die Feststellung im „Volkswillen": „Nach Besichtigung der Feldstellungen begreift man, warum den Franzosen trotz der größten Anstrengung ein Durchbruch an unsrer Westfront bis jetzt nicht gelungen ist."[15] In diesem Ende August erschienen Artikel wird auch die Wirkung der Feldstellung in Zahlen fassbar, denn nach Angabe des „Volkswillen" zählte man in den ersten Wochen bis zu 10.000 Besucher am Tag.

Im Jahre 1917 wurde dieses Konzept der Öffentlichkeitsarbeit noch einmal aufgegriffen. Die Flieger-Ersatzabteilung 5 hatte ab Oktober 1916 auf ihrem Gelände mit dem Bau eines Feldflughafens begonnen, der ursprünglich nur der Ausbildung von Bodenpersonal dienen sollte.[16] Im August 1917 wurde die fertiggestellte „Flieger-Feldstellung" für die Öffentlichkeit zugänglich gemacht. Um den Werbeeffekt zu erhöhen, hatte man sie ergänzt um eine Ausstellung von Modellen, technischen Objekten und Beutestücken, die in einer der Flugzeughallen der Fliegerstation untergebracht war. Das „Continental Kriegs-Echo" lobte die Einrichtung ebenso wie die Tageszeitungen und hob hervor, „daß in der Flieger-Feldstellung auf der Vahrenwalder Heide auch jeglichem Nichtfachmann Gelegenheit gegeben ist, sich den Werdegang eines Flugzeuges, seine Verwendbarkeit und alles, was drum und dran hängt, aus nächster Nähe und äußerst gemeinverständlich anzuschauen".[17] Man wollte „besonders die heranwachsende Jugend"[18] für die Fliegerei begeistern.

Das Bild von der Prägung Hannovers durch militärische Präsenz wäre nicht vollständig, wenn man nicht auch einen Blick auf die Soldaten werfen würde, die außerhalb der Kasernen lebten. Von den Mannschaftsdienstgraden waren dies natürlich nur die Fronturlauber, die auf wenige Tage oder Wochen zu Familie oder Freunden zurückkehrten. Eigene Wohnungen (mit ihren Familien) oder Zimmer hatten überdies ein Teil der Unteroffiziere, die zum Stamm der hier stationierten Einheiten oder Stäbe gehörten. Dies war, wie bei den Offizieren, auch in der Vorkriegszeit schon so gewesen. Insbesondere die Zahl der Offiziere, die in Privatquartieren lebten, war im Krieg aber angewachsen. Einerseits durch die nicht unbeträchtliche Anzahl von Offizieren, die im Stellvertretenden Generalkommando, bei den übrigen Stäben und Ersatzeinheiten Dienst taten oder zu Ausbildungszwecken abkommandiert waren, nicht zuletzt aber auch durch kranke und verwundete Offiziere. Letztere suchten sich oft Privatquartiere, wenn ihr Zustand dies ermöglichte. Insgesamt erhöhte sich während des Krieges die Anzahl der Militärangehörigen in Hannover beträchtlich, wobei die Statistik auch die Lazarettinsassen mitberücksichtigte. 1917, auf dem Höhepunkt der Entwicklung, wurden 27.217 Soldaten (Linden: 1.663) gezählt, während gleichzeitig die zivile Bevölkerung Hannovers auf 257.350 Personen (Linden: 75.216) zurückgegangen war.[19]

Dem Ende entgegen
Ernst Jünger (29.03.1895 – 17.02.1998) gilt als einer der umstrittensten deutschen Autoren des 20. Jahrhunderts. Im August 1914 meldete sich Ernst Jünger als Freiwilliger beim Füsilierregiment 73 in Hannover. Nach der Grundausbildung kam er Ende Dezember 1914 an die Westfront. Schnell stieg er zum jüngsten Leutnant des Heeres auf. Während des ganzen Krieges blieb Jünger mit dem Füsilierregiment 73 in Frankreich und Belgien. Er brachte es bis zum Kompaniechef, wurde siebenmal verwundet und für seine Einsätze als Stoßtruppführer mehrfach ausgezeichnet, zuletzt erhielt er im September 1918 den Orden „Pour le Mérite".

Verschiedentlich hielt Ernst Jünger sich als Fronturlauber in Hannover auf, wovon allerdings in der Regel nur kurze Bemerkungen in seinem Kriegstagebuch zeugen. Umfassender sind seine Erinnerungen an den Genesungsurlaub nach seiner letzten schweren Verwundung im Frühherbst 1918. Er zeichnet darin ein Bild der durch den Krieg gezeichneten Stadt und spricht zugleich ein Thema an, das sonst eher totgeschwiegen wurde, nämlich den Alkohol- und Drogenkonsum der Soldaten. Die hannoverschen Impressionen, die Ernst Jünger in dem Essay „Auf Maupassants Spuren" festhielt, entstanden nämlich großenteils während eines Spazierganges, den der junge Leutnant nach dem Konsum von Äther unternahm, einem damals nicht ungebräuchlichen Rauschmittel. Hier einige Auszüge:

„Die Straßen und Plätze der Stadt, in der die Verwundeten ab- und zuströmten, waren schäbig geworden wie ein abgetragenes Kleid. Zu Beginn des Krieges hatte es hier gewimmelt wie in einem Bienenstock vor dem Schwarm. Nun ging es zu Ende; die Reste des Volkes kehrten abgeflogen und ohne Tracht zurück. Die Potenz war verschäumt".[20] Soweit sein grundsätzlicher Eindruck von Hannover. Auf seinem berauschten Gang durch die Stadt beschäftigte ihn u.a. die Grußpflicht, die alle Soldaten verpflichtete die Vorgesetzten exakt und zügig zu grüßen, die ihnen auf der Straße begegneten.

„Ich bog nun in den Friedrichswall ein, eine schöne, ruhige Straße, durch die mich schon der Großvater an der Hand geführt hatte. Rechts das „neue" Rathaus, dahinter die Masch, links ein Viertel, in dem noch Reste der alten Stadtmauer stehen. Jetzt war es belebt; während der Mittagspause strömten Uniformierte hin und her. Wie gesagt, machte mir das Gegrüße Spaß."[21]

Blick auf die Altstadt vom Turm des Rathauses, im Vordergrund der Friedrichswall. Das Bild zeigt das Gebiet, in dem Ernst Jünger im Ätherrausch spazieren ging. Foto, Lill, um 1920 (VM 18402,8)

„Ich sah Bekannte, so meinen späteren Hauswirt, den Regimentsschneider Wodrich […]. Für Wodrich sollte bald die Welt untergehen; der kritische Punkt kam, als er erfuhr, daß ein Major in der Markthalle eine Blutwurst gestohlen hatte – ein Major."[22]

„Jetzt kam zur Linken einer mit geflochtenen Achselstücken und den breiten roten Streifen an der Hose: ein Major im Generalstab, offenbar schon wieder auf dem Weg zum Büro. Hier schnitt ich die Kurve zu flott; ich hörte, als ich noch nicht an ihm vorbei war: „He, bleiben Sie mal stehn!" Und dann im Potsdamer Jargon, der scharf durchdringt und keinen Widerstand duldet: „Warum haben Sie den Herrn Kommandierenden General nicht gegrüßt?" Er sah mich bös an, indem er mit der Hand in die Fahrbahn deutete. In der Tat war da ein ungewohnter Anblick: ein General auf einem Fahrrade. Es war Linde-Suden, der zu seinem Generalkommando fuhr. Ich sah noch über den roten, mit goldenem Eichenlaub bestickten Spiegeln sein Halbprofil. Schlagfertigkeit gehört sonst nicht zu meinen Vorzügen. Hier half vermutlich der Äther mit: "Ich hatte meine Aufmerksamkeit auf Herrn Major konzentriert." [...] Ohne Zweifel fühlte sich der Gute immer im Dienst und benutzte die Gänge zwischen Büro und Wohnung, um auf die Disziplin zu achten und Pfeffer auszustreuen. Im Prinzip richtig, denn jeder Umsturz fängt beim Grüßen an. Aber eine Lawine läßt sich nicht aufhalten."²³

Titelbild der Erstausgabe von Jüngers „In Stahlgewittern", erschienen 1920 in Hannover. (Deutsches Literaturarchiv Marbach)

Nachdem der hochdekorierte Jünger den Major besänftigt hatte (nicht zuletzt durch den Anblick des Goldenen Verwundetenabzeichens), setzte er seinen Weg fort. „Immer noch ätherbeschwingt strebte ich nun dem Georgspalast zu. Der Wirt hatte für Nervenpatienten einen Tisch reserviert, an dem fast jeder einen Kopfverband trug. Abnormes Verhalten fiel dort nicht besonders auf. Zobel hatte einen Treffer mitten in die Stirn bekommen, und zwar derart, daß das Geschoß ohne Schaden anzurichten, zwischen beiden Hirnhälften hindurchgeglitten war. Ein Glück im Unglück, das Große Los in einer makabren Lotterie. Mundt dagegen hatte Substanz verloren; er mußte zählen und rechnen lernen wie ein kleines Kind."[24]

Wenige Wochen nach diesem Spaziergang erlebte Jünger in Hannover das Kriegsende. Er blieb der Garnisonstadt Hannover noch für einige Zeit verbunden. Hier bereitete Jünger, der während des ganzen Krieges Tagebuch geführt hatte, seine Kriegserinnerungen literarisch auf. „In Stahlgewittern" wurde das Buch, das in Deutschland bestimmend wurde für die Erinnerung an den Ersten Weltkrieg. Es zeichnet sich besonders durch die Nüchternheit und Objektivität aus, mit der der Autor sein Leben im Krieg betrachtet. Hasstiraden auf die Feinde sind ihm fremd; sie werden als ebenbürtige Gegner betrachtet, die auch nur ihr Handwerk möglichst professionell betreiben wollen. Jünger lässt grausame Erlebnisse nicht weg, aber sie werden mit kühler Emotionslosigkeit geschildert. Vielfach wird das Kriegsgeschehen ästhetisiert. Die Frage, warum der Krieg geführt wurde, stellte sich der Autor nie. Kritische Erkenntnisse blieben ohne Konsequenz für seine Haltung zum Krieg. Dabei ließ sich die neue Erfahrung, die den Ersten Weltkrieg als industrialisierten Krieg von vorherigen Kriegen so deutlich unterschied, wohl kaum treffender formulieren: „Der Krieg gipfelte in der Materialschlacht; Maschinen, Eisen und Sprengstoff waren seine Faktoren. Selbst der Mensch wurde als Material gewertet."[25] Ziel des Buches war es, eine Heldengeschichte des deutschen Frontsoldaten zu schreiben und den Anteil des Leutnants Jünger daran herauszustellen. Damit traf er den Nerv vieler Zeitgenossen.

Bis 1923 gehörte Jünger der neuen Reichswehr an, dem Infanterieregiment 16 in Hannover. Nach seinem Ausscheiden aus dem Dienst nahm er kurzzeitig ein Studium auf, entschied sich dann aber für ein Leben als freier Autor, wozu ihn sicherlich sein stetig wachsender Ruhm als Autor der „Stahlgewitter" ermutigt hat. 1927 verließ er seine alte Garnisonstadt und zog nach Berlin.

1. Ey, Adolf: Ein friedlich Soldatenlied, in: Continental Kriegs-Echo 19/1915.
2. Adressbuch 1914. Aus Platzgründen wurden nicht alle verzeichneten Einrichtungen hier aufgeführt.
3. Statistisches Jahrbuch der Stadt Hannover, 2. Ausgabe, Hannover 1930, S. 1. Hinzu kamen in Linden 100 aktive Militärpersonen.
4. Das Statistische Jahrbuch, a.a.O., gibt die berechnete Einwohnerzahl für Mitte 1914 mit 317.000 an (Linden: 86.900).
5. StAH HR 39, Nr. 145.
6. Verein zur Förderung des Fremdenverkehrs in Hannover (Hg.): Führer durch Hannover und seine Umgebung, Hannover 1912/13, S. 147.
7. Lindener Lokal-Anzeiger v. 15.09.1912, zit. aus: Hauptstaatsarchiv Hannover, Hann 80 Hannover II, Nr. 183.
8. Auflistungen der Liegenschaften, teils unter Angabe der Nutzungsdauer, finden sich in: StAH HR 39, Nr. 7.
9. Die Gedenktafel wurde 1930 eingeweiht. Dem heutigen Betrachter, der nichts von der Kasernennutzung der Schule weiß, erschließt sich aber nicht, warum sie ausgerechnet hier angebracht ist.
10. StAH HR 39 Nr. 7. Die vom Militär genutzten Privatgebäude lassen sich nur durch Zufallsfunde nachweisen, da keine entsprechenden Listen existieren.
11. Südlich der Straße Alter Flughafen, etwa in der Mitte der heutigen Fliegerstraße.
12. Auszug aus einem Brief des Postsekretärs Adolf Homeyer, Emmerthal, an seinen im Feld stehenden Sohn, den Unteroffizier Hugo Homeyer (7. Kp., Infanterieregiment Nr. 164), freundliche Mitteilung von Ulrich Baum, Salzhemmendorf. Das Hamelner Regiment stand zum Zeitpunkt des Briefes übrigens an einem relativ ruhigen Frontabschnitt südlich von Arras.
13. „In der Feldstellung auf der Vahrenwalder Heide", Hannoverscher Anzeiger vom 17.08.1915.
14. Hannoverscher Kurier, 25.06.1915 abends, S. 5.
15. „Die Schützengräben auf der Vahrenwalder Heide", Volkswille Nr. 203/915.
16. Hannoverscher Anzeiger Nr. 186 vom 11.08.1917.
17. Continental Kriegs-Echo 64/1917, dort ausführlicher, bebilderter Bericht.
18. „In der Flieger-Feldstellung", Hannoverscher Kurier vom 11.08.1917.
19. Statistisches Jahrbuch, 2. Ausgabe, 1930, S. 1. Die Zahlen für Linden betrugen 75.216 Einwohner und 1663 Militärpersonen.
20. Jünger, Ernst: Annäherungen. Drogen und Rausch. Stuttgart 1970, S. 210.
21. Jünger, wie Anmerkung 20, S. 214.
22. Jünger, wie Anmerkung 20, S. 215.
23. Jünger, wie Anmerkung 20, S. 216f. Allerdings hat die Erinnerung Jünger hier einen Streich gespielt, denn General von Linde-Suden war bereits Ende 1916 abgelöst worden. Jünger meint wohl dessen Nachfolger, General von Hänisch.
24. Jünger, wie Anmerkung 20, S. 217f.
25. Jünger, Ernst: In Stahlgewittern. Ein Kriegstagebuch. Berlin 1926, S. 7.

Kaserne der Fliegerstation am Flugplatz Vahrenwalder Heide, Postkarte, um 1914 (VM 57360)

Andreas Fahl

Der Flugplatz Vahrenwalder Heide und die Flieger-Ersatzabteilung 5

Der militärische Flugverkehr in Hannover begann mit ersten Landungen auf der Fläche, die bereits Karl Jatho für seine Flugversuche gedient hatten. Mit der Aufstellung von Fliegerbataillonen als neuer Waffengattung wurde auch Hannover auserkoren, eine Flugstation zu bekommen.

Im Jahre 1912 fanden streng geheime Verhandlungen zwischen der Armee und dem hannoverschen Magistrat statt. Sie führten zum Abschluss eines Vertrages, wonach die Stadt im Tausch vom Militärfiskus eine Fläche am Rande der Vahrenwalder Heide erwarb. Die Stadt verpflichtete sich, auf dieser Fläche eine Kaserne für die Fliegerstation zu errichten und diese Kaserne gegen eine Miete von jährlich 5% der Baukosten auf 30 Jahre an die Heeresverwaltung zu vermieten. Hannover übernahm auch nötige Wegebauten sowie den Anschluss des Kasernengeländes an Kanalisation und Stromversorgung.

Nach Indiskretionen wurden die Vertragsverhandlungen Anfang Februar 1913 durch einen Artikel im „Hannoverschen Kurier" publik gemacht. Die Stadtverwaltung hielt sich bedeckt, auch gegenüber dem Bürgervorsteherkollegium. Dort erregten die schwammigen Ausführungen von Stadtdirektor Heinrich Tramm den Unwillen des Bürgervorstehers Küster, der die Verschleierungstaktik mit dem Zuruf quittierte „Es wird aber doch schon gebaut!"[1] Obwohl der Vertrag offiziell erst einige Tage später unterzeichnet wurde, dürften tatsächlich schon vorbereitende Arbeiten angelaufen sein, denn die Stadt hatte die Fertigstellung der Kaserne für November 1913 zugesagt.

Die Tatsache, dass aus dem städtischen Haushalt der Bau einer Kaserne finanziert werden sollte, rief natürlich Kritiker auf den Plan. Im sozialdemokratischen

Sitzecke im Offizierskasino der Fliegerkaserne, Foto, um 1917 (VM 50586,61)

„Volkswillen" wurde beklagt, dass die Heeresverwaltung möglichst viele Kosten auf die Städte abdrängen wolle, „[...] da sie immer mit dem „patriotischen" Eifer der Städte rechnen kann, die sich um den Besitz von Garnisonen drängen, obwohl sie für die Kommunen nichts einbringen." Man warf der Stadtverwaltung vor, sich neue finanzielle Lasten auferlegt zu haben, aber andere wichtige Aufgaben unerledigt zu lassen, etwa die Bekämpfung der Wohnungsnot. „Warum wendet die Stadt dazu nicht die gleichen Summen auf, die sie für militärische Zwecke nicht aus Notwendigkeit, sondern aus irrenden Begriffen patriotischen Uebereifers dauernd opfert? Die Ausgaben für Wohnungsbauten würden sich besser „verzinsen" als jene militärischen Bauten und obendrein einem Notzustande im Interesse sozialer Gesundung der eigenen Einwohnerschaft abhelfen."[2]

Ungeachtet derartiger Einwände erfolgte der Bau der Kaserne nach den Vorgaben der Militärverwaltung, wobei nach erhaltenen Unterlagen über die Ausschreibung auswärtige Baufirmen wesentliche Aufträge erhielten. Nach Fertigstellung der Bauten besuchten Mitglieder der städtischen Kollegien im Januar 1914 die neuen Unterkünfte der hier stationierten 2. Kompanie des Fliegerbataillons Nr. 3. Anscheinend waren den Herren preußische Kasernen wenig bekannt, denn sie waren erschrocken angesichts der spartanischen Einrichtung, besonders des Offizierskasinos, und versprachen städtische Hilfe. Im Bürgervorsteherkollegium wurde der Antrag kontrovers diskutiert, da nicht alle Mitglieder einsehen wollten, dass die Stadt Aufgaben der Militärverwaltung überneh-

Ausbildung von Mannschaften des Bodenpersonals der Flieger-Ersatzabteilung 5 am Gewehr 98. Foto, 6.9.1916 (VM 50586,58)

Blick vom Dach eines Hangars auf die Flugzeuge der Flieger-Ersatzabteilung 5, um 1917 (VM 50586,50)

men sollte. Mehr als eine Reduzierung der beantragten Summe erreichten die Kritiker aber nicht. Dazu gab auch Stadtdirektor Tramm seine Zustimmung, mit der Ergänzung, nach einer weiteren Besichtigung könne man den Betrag dann noch erhöhen. Er begründete dies nach dem Protokoll folgendermaßen: „Diese Kaserne, welche den gefährlichsten Betrieb einer Truppe beherberge, der denkbar sei, sei so schlecht ausgestattet, dass sie in dieser Beziehung von keiner anderen erreicht werde. Er nehme an, dass gerade von dieser Truppe die ganze Stadt etwas haben werde, und dass auch häufig von Seiten der Offiziere Zivilisten als Fluggäste mitgenommen werden würden – ihm persönlich sei das auch schon in Aussicht gestellt."[3]

Maschinen der Flieger-Ersatzabteilung 5 im Hangar. Foto, um 1917 (VM 50586,40)

Bürgervorsteher Börgemann, ein stadtbekannter Architekt, bemängelte immerhin auch die schlechte Ausstattung der Baderäume für die Mannschaften und das völlig unzeitgemäße Fehlen einer Zentralheizung. Auch er votierte für einen Zuschuss zum Offizierskasino, dessen Ausstattung er dann wohl betreute. Jedenfalls verzögerte sich später die Möblierung des Kasinoraumes, weil das von Börgemann ausgesuchte „besonders aparte Leder" nicht schnell genug beschafft werden konnte.[4] Den Dank für das Engagement der Stadt bei der Ausstattung des Offizierskasinos konnten Hannovers Offizielle später der Zeitung entnehmen, als der Kommandeur der mittlerweile im Felde befindlichen Fliegerabteilung an Stadtdirektor Tramm telegrafierte: „Wir grüßen die Väter der Stadt, die uns noch kurz vor Beginn des Feldzuges so treffliche Dienste geleistet. Für den noch fehlenden Kamin haben wir hier vor Reims reichlich Ersatz gefunden."[5]

Nach den Akten wurde erwartet, dass auf dem neuen Flugplatz etwa 30-40 Flugzeuge und rund 30 Offiziere zur Ausbildung stationiert sein würden. Ob es tatsächlich dazu kam, bleibt fraglich. Mit Kriegsbeginn wurden die noch in ihren Anfängen steckenden deutschen Luftstreitkräfte umstrukturiert. Unter dem Kommando des bisherigen Kompaniechefs begleiteten die hannoverschen Flieger als „Feld-Fliegerabteilung 11" das X. Armeekorps an die Westfront. In Hannover wurde dagegen die „Flieger-Ersatzabteilung 5" aufgestellt. Ihre Aufgabe war die Ausbildung neuer Piloten und Luftbeobachter, aber auch von Bodenpersonal.

Im Laufe des Krieges veränderte sich die Rolle der Luftstreitkräfte von der reinen Beobachterfunktion hin zu Kampfeinsätzen und ausgeklügelter Aufklärung. Der Bedarf an Maschinen und Besatzungen wuchs. Entsprechend schnellte auch die Personalstärke der FEA 5 in die Höhe. Ende 1915

Luftaufnahme des Flugplatzes Vahrenwalder Heide. Links Flugfeld, rechts Hangars, an die sich oben die Kaserne anschließt. Ganz rechts die Schießstände des Truppenübungsplatzes. Foto, um 1917 (VM 50586,33)

umfasste das fliegende Personal allein 130 Offiziere, die natürlich ein größeres Kasino benötigten.[6] Und damit war das Wachstum dieser Einheit noch nicht beendet. Sie spiegelte die Gesamtentwicklung. Als der Krieg begann, umfasste die deutsche Fliegertruppe rund 500 Piloten und Beobachter sowie 232 Flugzeuge. Bei Kriegsende hatte sie eine Gesamtstärke von 61.000 Mann und 5.000 Maschinen.[7]

Ein Augenzeuge, der 1918 als Flugschüler zur FEA 5 kam, beschrieb später die Verhältnisse: „Der Flugplatz selbst war nicht sehr groß und hatte auf sandigem Boden eine lockere Grasnabe mit manchen Löchern. Diese wurden bei längerer Trockenheit durch den Propellerwind der Starts zunehmend tiefer. Ein Grund für manche Bruchlandung, wenn eine Maschine mit einem oder auch beiden Rädern hineingeriet. Es geschah nicht viel dagegen. So wurde der ohnehin nicht sehr große Bestand an Schulflugzeugen immer wieder verringert. Die Flugschüler mussten während der Ausbildung 17 vorgeschriebene Bedingungen erfüllen: Es waren dies unter anderem Ziellandun-

Wrack eines abgestürzten Flugzeuges der Flieger-Ersatzabteilung 5. Pilot und Beobachter wurden beim Absturz getötet. Im Hintergrund die Zeppelinhalle, die am Rand des Flugplatzes errichtet worden war. Foto, Juli 1917 (VM 59861)

gen, fingierte Notlandungen „[...] des weiteren Höhenflüge in vorgeschriebener Zeit, Außenlandungen auf unbekanntem Platz, Überlandflüge und Luftgefechtsvorübungen."[8]

Neben den Piloten wurden auch Beobachter ausgebildet. Deren Aufgabe war vor allem die Anfertigung von Luftbildern. Hatten die Flieger zu Beginn des Krieges noch ihre eigenen Beobachtungen weitergemeldet, so war dies bald nicht mehr möglich, da die Bodentruppen gelernt hatten, sich zu tarnen. Dagegen half nur die Anfertigung möglichst exakter Fotografien, die dann am Boden ausgewertet wurden. Aus diesem Ausbildungsauftrag heraus entstanden die wohl frühesten Serien von Luftaufnahmen Hannovers und zahlreicher Orte in der näheren und weiteren Umgebung.[9]

Zu den Schattenseiten der fliegerischen Ausbildung gehörten die zahlreichen Todesopfer. Die Platzverhältnisse waren schwierig, die Maschinen technisch noch nicht wirklich zuverlässig und schon kleine Pilotenfehler konnten zum Absturz führen. Verlustzahlen für die FEA 5 liegen nicht vor. Der bereits zitierte Augenzeuge spricht von 150-200 Toten nur in 1917. Dies scheint sehr hoch gegriffen. Er selbst wurde aber allein in einer Woche im Frühjahr 1918 dreimal zur Teilnahme an Beerdigungen von Flugschülern kommandiert.

Nur eine kurzfristige Blüte erlebte in Hannover die militärische Luftfahrt mit Zeppelinen. Im Januar 1915 beschlagnahmte das Stellvertretende Generalkommando private Flächen neben dem Flugplatz.[10] Dort wurde dann eine Luftschiffhalle errichtet. Allerdings erwiesen sich die Zeppeline nur als bedingt geeignet für den Kriegseinsatz. Je mehr die Entwicklung von Kampfflugzeugen voranschritt, desto gefährdeter waren die Riesen der Lüfte, die auch für die Bodenflugabwehr gute Ziele abgaben. Lediglich in der Seeaufklärung bot ihr Einsatz noch Vorteile, weshalb die Luftschiffe des Heeres im Frühjahr 1917 an die Marine abgegeben wurden. Die Luftschiffhalle in Hannover war also eine Fehlinvestition.

1 StAH, HR 39, Nr. 56, Protokollauszug Bürgervorsteherkollegium vom 13.02.1913.
2 StAH, HR 39, Nr. 56, Artikel „Volkswille" vom 28.02.1913.
3 StAH, HR 39, Nr. 56, Protokollauszug der Sitzung der städtischen Kollegien vom 05.02.1914.
4 StAH, HR 39, Nr. 56, Schreiben des Möbelmagazins des Tischleramtes vom 10.07.1914.
5 Hannoverscher Anzeiger Nr. 224a vom 23.09.1914.
6 StAH HR 39, Nr. 57, nach Protokoll der Finanzkommission vom 03.01.1916 bewilligte die Stadt auf Antrag der FEA 5 erneut 2.000 Mark.
7 Hirschfeld, Gerhard u. a. (Hg.): Enzyklopädie Erster Weltkrieg, Paderborn 2003, S. 689.
8 Artikel „Die Todesstürze von Vahrenwald", in: HAZ vom 26./27.01.1980, basierend auf den Erinnerungen des Leutnants Rudolf Martin.
9 Bestand im Bildarchiv des Historischen Museums.
10 StAH HR 39, Nr. 58.

In typischer Frauenrolle zeigt die Zeichnung „Im Verbandsraum" die Rot-Kreuz-Schwestern bei der Versorgung eines Schwerverwundeten im Hauptbahnhof Hannover. Zeichnung von Otto Hamel, 1915 (aus VM 44939)

Andreas Fahl

Heilen und Pflegen unter Kriegsbedingungen

Mit Kriegsbeginn traten Vorkehrungen in Kraft, die bereits viele Jahre vorher getroffen worden waren und das städtische Gesundheitswesen in den Dienst des Militärs stellten. Allerdings zeigen die Vereinbarungen, wie wenig man sich der Auswirkungen eines modernen Krieges bewusst war. Für den Mobilmachungsfall sollten das Städtische Krankenhaus I (Nordstadtkrankenhaus) sowie die kirchlichen Häuser Henrietten-, Friederiken- und Vinzenzstift dem Garnisonlazarett insgesamt 165 Betten zur Verfügung stellen.[1] Das war für die Menge an erkrankten und verwundeten Soldaten, die nach Kriegsausbruch zu versorgen war, absolut nicht ausreichend. Man hatte sich bei den Planungen an den vergleichsweise niedrigen Verlustzahlen des Krieges 1870/71 orientiert.

Neben der Belegung von Betten in den Krankenhäusern wurden deshalb Reserve-Lazarette eingerichtet, deren Abteilungen sich in öffentlichen und privaten Gebäuden befanden. Die Stadt Hannover stellte anfänglich das Schützenhaus sowie drei Turnhallen für Lazarettzwecke zur Verfügung.[2] Später kam noch ein Gebäude der Höheren Töchterschule II (An der Christuskirche) hinzu.[3] Darüber hinaus wurde die Kriegsschule ebenso zum Reserve-Lazarett wie die gerade neu errichtete „Provinzialblindenanstalt" in der Bleekstraße oder die großen Lokale „Tivoli" und „Lindenhof". Ein weiteres Lazarett gehörte zur „Mechanischen Weberei" in der Blumenauer Straße. Das (heutige) Deutsche Rote Kreuz betrieb „Vereins-Lazarette" im Kreishaus des Landkreises Hannover in der Höltystraße, im Annastift[4] und erhielt außerdem die Hälfte der Ausstellungshalle (neben der Stadthalle) mit 140 Betten zu Lazarettzwecken.[5] Außerhalb Hannovers waren u.a. die Wahrendorff'schen Anstalten in Ilten und die „Provinzial-Heil- und Pflegeanstalt" in Langenhagen in die Ver-

Das Städtische Krankenhaus I, heute Nordstadtkrankenhaus. Foto, nach 1895

sorgung der Kriegsopfer einbezogen. Wie bei der militärischen Nutzung von Gebäuden gilt auch hier, dass sich die gesamte Zahl und Lage der zu Lazarettzwecken genutzten Objekte wohl nicht mehr rekonstruieren lässt. Sie schwankte während des Krieges und stieg sogar bei Kriegsende noch einmal an, als mit der zurückkehrenden Truppe auch die Verwundeten und Erkrankten aus den Feldlazaretten in die Heimat verbracht werden mussten. Einen gewissen Rückschluss lassen aber die veröffentlichten Statistiken zu. Danach bewegte sich die Zahl der Lazarettinsassen zwischen 3430 (1. Januar 1916) und 3689 (1. Oktober 1918), wovon nur ein kleiner Teil in den regulären hannoverschen Krankenhäusern untergebracht war.[6]

Auch die Zahl der erkrankten Personen stieg drastisch an. Während des Ersten Weltkrieges kam es zwar nicht mehr zu verheerenden Epidemien wie in früheren Kriegen. Dennoch kamen die Soldaten an der Front mit Seuchen wie Ruhr oder Cholera in Kontakt. Um eine Ausbreitung zu verhindern, wurden neben einer schon vorhandenen Baracke für Pockenkranke auf dem Gelände des Altenheimes Mecklenheide zusätzlich Cholerabaracken errichtet.[7] Zur Seuchenprävention wurde auch die städtische Desinfektionsanstalt eingespannt, die für die unumgängliche Desinfizierung der Uniformen und Ausrüstungsstücke von Soldaten aus den Lazaretten und nach Hannover verlegter Truppenteile einen Vertrag mit den Militärbehörden abschloss.[8] Diese Maßnahme war besonders wichtig, um die Einschleppung des durch Läuse übertragenen Fleckfiebers zu verhindern.

Garnisonslazarett und Hilfslazarett in der Adolfstraße. Postkarte, vor 1919 (VM 54015)

Neben den Soldaten waren auch die Zivilisten in erhöhtem Maße von Krankheiten betroffen. Die sich verschlechternde Versorgungslage führte in der Zivilbevölkerung zur Ausbreitung von Mangelerkrankungen und einem Überhandnehmen von Krätz- und Läusekranken. Die

Direktion des Städtischen Krankenhauses II klagte auch über die andauernd hohe Zahl geschlechtskranker Prostituierter seit Kriegsbeginn.[9] Dieser Zustand war ein Spiegelbild der weiten Verbreitung von Geschlechtskrankheiten unter den Soldaten, die sogar Gegenstand öffentlicher Erörterung in den Zeitungen wurde.[10] Im Sommer 1918 schließlich wütete unter der Zivilbevölkerung und den Soldaten gleichermaßen eine verheerende Grippeepidemie, die sogenannte Spanische Influenza. An ihr starben weltweit über 35 Millionen Menschen.[11]

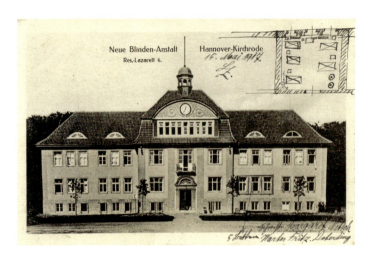

Die militärische Nutzung verdrängte zivile Einrichtungen. Ebenso wie der Anbau des Annastiftes wurde auch die neue Blindenanstalt in der Bleekstraße 1914 nach Fertigstellung sofort als Reservelazarett genutzt. Postkarte, 1917 (VM 63449)

Zeitungsinserat, 10. August 1914

Obwohl nur ein Teil der Verwundeten und Erkrankten in der Heimat versorgt wurde, viele blieben in frontnahen Lazaretten an West- und Ostfront, bewirkte der Krieg in vielfältiger Weise eine ungeheure Beanspruchung des (städtischen) Gesundheitswesens. Als Großstadt und bedeutender Verkehrsknotenpunkt hatte Hannover überproportionale Aufgaben auf diesem Gebiet zu bewältigen. Da der Staat, also das Reich vertreten durch die (Militär)behörden, nur einen Teil dieser Aufgaben wahrnahm, mussten die Stadt, die Kirchen, Hilfsorganisationen, Firmen und Privatleute hier Mitverantwortung übernehmen. Einige Beispiele mögen dies erläutern.

Schwerverwundeter, beinamputierter Soldat des Füsilierregiments 73 im Vereinslazarett Kreishaus, Höltystr. 17. Auf dem Tisch neben den Blumen ein Bild des Kaisers. Fotopostkarte, 1914 (VM 60650)

Die Verbands- und Erfrischungsstelle im Hauptbahnhof

Ein zentraler Punkt für unterschiedliche Hilfstätigkeiten war der Hauptbahnhof Hannover. Gleich bei Kriegsbeginn wurde eine Versorgungsstelle eingerichtet, die sich um die von hier abgehenden und durch Hannover fahrenden Soldatenzüge, dann auch die Züge mit den Kriegsgefangenen und den Verwundeten, kümmerte. Die „Verbands- und Erfrischungsstelle" wurde vom hannoverschen Zweigverein des Roten Kreuzes betrieben.[12] Sie war in den Räumlichkeiten auf der nach dem Raschplatz gelegenen Seite des Hauptbahnhofes untergebracht. Die dortigen Wartesäle, Küchen- und Sanitärräume waren für diesen Zweck gesperrt worden. Soldaten, die einen längeren Aufenthalt in Hannover hatten, konnten die Erfrischungsstelle (eine Kantine) aufsuchen und bei Bedarf auch übernachten.

Soweit die offizielle Darstellung, wie sie über die hannoverschen Tageszeitungen verbreitet wurde. Aus der Sichtweise eines Soldaten stellte sich der Aufenthalt am Hauptbahnhof etwas anders dar, wie

Im Erfrischungsraum am Bahnhof. Rötelzeichnung von Otto Hamel, 1915 (aus VM 44939)

man einer Schilderung von Joachim Ringelnatz entnehmen kann. Er diente als Unteroffizier bei der Marine und erhielt im Mai 1915 Urlaub: „In Hannover hatte der Zug mehrstündigen Aufenthalt, aber man ließ uns Soldaten nicht in die Stadt, sondern sperrte uns wie in Hamburg wieder in einen Keller ein, und niemand war da, bei dem wir uns beklagen konnten. Ich schrieb eine Beschwerde an das Hannoversche Tageblatt, aber das kam wohl einem Schlage ins Wasser gleich."[13] Offenbar besaß die Militärführung kein besonderes Vertrauen in die Disziplin der Männer und wollte wohl auch Kontakte der Soldaten zur Zivilbevölkerung unterbinden, denn sonst wären an Verkehrsknotenpunkten wie Hannover ständig unzensierte Informationen über den Kriegsverlauf an den verschiedenen Fronten verbreitet worden. Außerdem hatten Mannschaften und Unteroffiziere in der

Abtransport der Verwundeten aus einem Lazarettzug am Hauptbahnhof Hannover. Kohlezeichnung von Otto Hamel, 1916 (aus VM 44939).

Gesellschaft der Kaiserzeit einen niedrigen sozialen Status. In „besseren" Lokalen und Geschäften waren sie unerwünscht. Insofern mag die von Ringelnatz beschriebene Praxis auch den Wünschen der Geschäftswelt entsprochen haben.

Hauptsächlich dienten die Räume aber der Versorgung der Kranken und Verwundeten. Sie wurden in der Erfrischungsstelle kostenlos versorgt. Der Schlafsaal mit 300 Betten (und zusätzlich als Reserve 200 Matratzen) ermöglichte es, bei Bedarf eine große Anzahl Verwundeter über Nacht unterzubringen, bevor sie auf hannoversche Lazarette verteilt wurden oder aber in andere Städte weiterfuhren. Besonders für Letztere wurde auch ein Verbandsraum vorgehalten, ausgestattet um nötige Verbandswechsel, aber auch kleinere Operationen vorzunehmen.

Die Leitung der Verbands- und Erfrischungsstelle unterstand einem Oberstabsarzt, das weitere Personal stellten die Sanitätskolonne des Roten Kreuzes (70 – 80 Freiwillige bei Ankunft ei-

Prominenter Besuch in der Erfrischungsstelle. Reproduktion eines Aquarells von Otto Hamel, 1915

nes Verwundetenzuges) sowie freiwillige Helferinnen des Roten Kreuzes (12 tagsüber, drei nachts) unter Aufsicht einer Oberschwester. Als die hannoverschen Zeitungen im August 1915 zur Besichtigung der Einrichtung geladen wurden, demonstrierte man ihnen den mustergültigen Ablauf aller Tätigkeiten. Nach Anmeldung eines Verwundetenzuges wurde die Sanitätskolonne alarmiert, deren Helfer (unter ihnen viele Schüler höherer Klassen) die Verwundeten aus dem Zug ausluden und auf Tragen in die Bahnhofshalle brachten. Dort waren prominente Helferinnen (u.a. Frau von Hindenburg, Frau Emmich) zugegen, um die Verwundeten mit Blumen, Kaffee, belegten Brötchen sowie natürlich Zigarren und Zigaretten zu begrüßen.

Nach der ersten Versorgung der Verwundeten begann deren Weitertransport. Um die große Zahl der Verwundeten schnell und möglichst bequem zu den Lazaretten zu transportieren, hatte die hannoversche Straßenbahn acht ältere Beiwagen zum Liegendtransport für 64 Verwundete umgerüstet.[14] Nach eigener Einschätzung war die Üstra damit ein Vorreiter in Deutschland. Der Schienentransport war für die Verwun-

Mitglieder der Sanitätskolonne des Roten Kreuzes vor dem Lazarettzug der Straßenbahn Hannover, wohl 1915 (Fotoarchiv HMH)

deten zweifellos schonender, als im Pferdefuhrwerk oder Auto auf den meist gepflasterten Straßen durch die Stadt gefahren zu werden. Vermutlich hätte man aber auch nicht genügend Fahrzeuge aufbieten können, um mehrere hundert Verwundete (so viele kamen mit jedem Verwundetenzug) in einem überschaubaren Zeitraum abzutransportieren. Demgegenüber wurde die Effektivität des Straßenbahnsystems gerühmt: „In wenig mehr als zwei Minuten ist ein solcher Wagen besetzt. Inzwischen haben die gehfähigen Verwundeten im Triebwagen Platz genommen, und schon rollt der ganze Zug seiner Bestimmungsanstalt entgegen."[15] Diese zügige Beladung war allein schon deshalb notwendig, weil sonst der normale Straßenbahnverkehr am Raschplatz erheblich gestört worden wäre. Die Entwicklung der Verwundetenfahrzeuge für die Straßenbahn verdeutlicht, dass die Zahl der Kriegsopfer schnell eine Größenordnung errreicht hatte, der man schon beim innerstädtischen Transport nur noch mit einem durchrationalisierten, leistungsfähigen System Herr werden konnte.

Ein Beispiel für privates Engagement: Reservelazarett Junggesellenheim

Ebenso überfordert mit den vielen verwundeten und erkrankten Soldaten war das Gesundheitswesen in Hannover. Neben die bekannten Einrichtungen der Kirchen und des Roten Kreuzes traten deshalb auch private Initiativen. Eine davon war das „Reservelazarett I, Abteilung Junggesellenheim", das durch eine private Fotoserie im Bestand des Historischen Museums sowie einen Artikel im „Hannoverschen Kurier" besonders gut dokumentiert ist.[16] Das Gebäude in der Dragonerstraße gehörte der „Continental" und diente ursprünglich als firmeneigene Wohnstätte für unverheiratete Arbeiter. Nach Kriegsausbruch wurden die Bewohner, soweit sie nicht zum Militär eingezogen worden waren, ausquartiert und das Haus zum Lazarett umgebaut. Die ehemalige Turnhalle diente als Krankensaal für die Genesenden, während die Schwerkranken in Einzelzimmern untergebracht waren. Durch den Einbau von Operationssaal und Röntgenanlage war das Lazarett im Junggesellenheim auf die Behandlung von Schussverletzungen spezialisiert, zumal der leitende Arzt (zugleich Betriebsarzt der Continental) ein Chirurg war. Ihm standen mehrere Krankenschwestern sowie freiwillige Schwesternhelferinnen zur Seite. Die ganze Einrichtung wurde von der Firma getragen, die natürlich den üblichen „Verpflegungssatz" für

Junggesellenheim der Continental, Dragonerstr. 4, während der Nutzung als Reservelazarett. Foto, 1917 (aus VM 48101,3)

Heimatfront Hannover

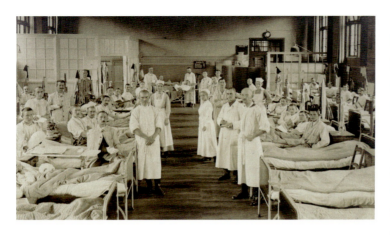

Genesendenstation in der Turnhalle. Foto, 1917 (aus VM 48101,3)

jeden Verwundeten bezog. Daneben wurden Genesende zur Rehabilitation (und natürlich auch zum Nutzen des Unternehmens) in der Fabrik beschäftigt. Der Hannoversche Kurier lobte diese Verbindung von Lazarett und Unternehmen ausdrücklich, denn „[...] der Verwundete lernt schon hier wieder vertraut zu werden mit dem Erwerbsleben, wenn auch für ihn unter den veränderten Umständen". Eine dezente Umschreibung für das Schicksal der Kriegsinvaliden. Man mochte dem Leser wohl nicht zumuten, zu deutlich über die dauerhaften Folgen schwerer Verwundungen zu sprechen.

Im Vergleich mit dem menschlichen Leid wirkt dagegen die finanzielle Belastung, die der Stadt, den kirchlichen Krankenhäusern und allen anderen Einrichtungen des Gesundheitswesens auferlegt wurde, geradezu banal. Die Militärbehörden zahlten nämlich permanent weniger, als für die Verpflegung und Behandlung der Soldaten notwendig war. Der Kostensatz (enthielt Verpflegung, ärztliche Behandlung, Heilmittel außer Röntgenuntersuchungen) betrug 1914 für Mannschaften 2,75 Mark und für Offiziere/höhere Militärbeamte 3,50 Mark pro Tag. Dagegen zahlten die Krankenkassen für ihre Mitglieder in der III. Krankenhausklasse schon 3 Mark und für die II. Klasse hatten die Patienten 6 Mark zu entrichten. Auch geringe Anhebungen der Sätze während des Krieges änderten nichts daran, dass „[...] jede in den städtischen Krankenhäusern unter-

Gefreiter Alfred Kalthoff (Infanterieregiment 74) umsorgt von Schwestern und Krankenwärtern. Das Foto wurde auch im „Continental Kriegs-Echo" veröffentlicht, um den Frontsoldaten die gute Versorgung der Verwundeten in der Heimat zu zeigen. Foto, 1917 (aus VM 48101,3)

Der Realität näher kommt die Aufnahme vom gleichzeitigen Verbandwechsel bei zwei Verwundeten. Alle Fotos aus dem Junggesellenheim sind wohl im Auftrag der Continental entstanden und zeigen sicher nur die guten Seiten der Einrichtung. Foto, 1917 (aus VM 48101,3)

gebrachte Militärperson immer noch einen erheblichen Zuschuss aus der Stadtkasse" erforderte.[17] Man erahnt die Größe der finanziellen Lasten, die auf öffentliche und private Krankenhausträger abgewälzt wurden, wenn man der Statistik entnimmt, dass von 1916 – 1919 in allen hannoverschen Lazaretten 4.193.398 Pflegetage abgerechnet wurden.[18]

Keine Hilfe ohne Helfer(innen)

Der beschriebene Umfang der notwendigen medizinischen Anstrengungen erforderte neben zusätzlichen Gebäuden und Material auch die Rekrutierung von Hilfskräften in großem Maße. Auf bestehende Strukturen und ausgebildetes Personal konnte dabei die Sanitätskolonne des Roten Kreuzes zurückgreifen. Sie stellte Sanitätspersonal, das mit den ausrückenden Truppen an die Front entsandt wurde. Manche der Sanitäter blieben während des gesamten Krieges im Fronteinsatz. Überlieferte Aufzeichnungen des Krankenträgers Wilhelm Gohlisch zeichnen ein beklemmendes Bild von den Bedingungen, unter denen diese Männer ihre Körper und Seele in hohem Maße beanspruchende Hilfstätigkeit ausführen mussten. Beim Vormarsch durch Belgien wurden die Rotkreuz-Sanitäter mit Waffen versehen und Gohlisch erlebte die standrechtliche Erschießung belgischer Zivilisten mit, beides Ausdruck der Panik in der deutschen Truppe vor Partisanenangriffen, die nach heutigem Stand der Forschung nie stattgefunden haben. Die Nachsuche nach Verwundeten auf einem Schlachtfeld bei Guise (Nordfrankreich) konfrontierte die Sanitäter Ende August 1914 schließlich in voller Härte mit den grauenvollen Folgen der Kämpfe, obwohl diese schon mehrere Tage zurücklagen. Sie ertrugen die Arbeit nur durch reichlichen Alkoholkonsum und waren anschließend nach Gohlisch' Worten „abgehärtet wie ein Schlachter".[19]

Der in Hannover verbliebene Teil der Sanitätskolonne übernahm Aufgaben beispielsweise beim Verwundetentransport am Hauptbahnhof. Um das notwendige Personal aufbieten zu können, wurde dabei auch auf Schüler höherer Jahrgänge zurückgegriffen, wie aus den Zeitungsberichten über die Verbands- und Erfrischungsstelle im Hauptbahnhof entnommen werden kann. Dabei erwies

Mitglied der freiwilligen Sanitätskolonne des Roten Kreuzes Hannover. Foto, nach 1914 (VM 58655)

sich, dass nicht nur die Zusammenarbeit innerhalb des Militärs und zwischen Militär und zivilen Hilfsorganisationen keineswegs reibungslos verlief. Auch der Ausbildungsstand der neuen Rot-Kreuz-Helfer ließ offensichtlich zu wünschen übrig. Dies verwundert nicht, da die Stammkräfte, die teils jahrelange ehrenamtliche Tätigkeit in der Sanitätskolonne vorweisen konnten, sich großenteils an der Front befanden. Der Lindener Landrat Rossmann jedenfalls schilderte (in seiner Eigenschaft als Liniendelegierter der Linienkommandantur A der Eisenbahn) die Zustände so: „Der Abtransport der Verwundeten aus den Eisenbahnzügen in die Lazarette führte naturgemäss zunächst zu erheblichen Schwierigkeiten, die teils durch die Reibung bei dem Zusammenarbeiten der militärischen Organe, der Chefärzte der Lazarettzüge, der mit der Verteilung der Verwundeten beauftragten Sanitätsoffiziere und den örtlichen Stellen der freiwilligen Krankenpflege, teils durch die Schwierigkeiten der Beförderung und endlich durch Ungeschicklichkeit mancher Kolonnenmitglieder entstanden."[20]

Mindestens so wichtig wie die freiwilligen Krankenträger (wie man damals die Pfleger nannte) waren jedoch die Krankenschwestern und weiblichen Hilfskräfte im Sanitätsdienst. Gleich mit Kriegsbeginn erfolgte die Rekrutierung von Frauen für die Tätigkeit in Lazaretten. Die patriotische Begeisterung bei vielen (jungen) Frauen war kaum geringer als bei den männlichen Kriegsfreiwilligen. Innerhalb weniger Tage meldete sich eine große Anzahl Frauen als Freiwillige, insbesondere beim Roten Kreuz. Ein Beleg deutet sogar darauf hin, dass einzelne Frauen sich in Eigeninitiative schon nach Ablauf des Ultimatums an Serbien, als der Kriegsausbruch näher rückte, freiwillig gemeldet haben. Jedenfalls erhielt ein Frl. Göing aus Barsinghausen am 29. Juli (!) ein Schreiben, dass ihr den Beginn ihrer Ausbildung im Krankenhaus Siloah als freiwillige Schwester anzeigte.[21] Innerhalb der freiwilligen Krankenpflege, für die sich während des Ersten Weltkrieges in Deutschland rund 200.000 Menschen engagierten, bildeten die Schwestern die überwiegende Mehrheit.[22]

Ganz im Gegensatz zur angeblich allgemeinen patriotischen Hochstimmung im August 1914 steht der Widerstand, den man auf dem Lande gegen die Meldung von jungen Frauen als Schwesternhelferinnen leistete. Beispielhaft hierfür ist ein Schreiben des Gemeindevorstehers von Bargfeld (Kr. Celle), der empört davon berichtete, dass sich zwei Mädchen von 16 und 17 Jahren aus seinem Dorf freiwillig gemeldet hatten. Pflichtgemäß betonte er seine gute Meinung über patriotische Begeisterung, um dann seine Bedenken zu formulieren. In deren Mittelpunkt stand weniger die Sorge um die Mädchen, als die Befürchtung, dass nur alte, ganz junge oder invalide Menschen in den Gemeinden übrigblieben:

Feldlazarett des X. Armeekorps in Laon. Sitzend im Arztkittel der hannoversche Psychotherapeut Dr. Hermann Delius. Foto, September 1914 (VM 40011)

„[...] werden diese Kinder, anders kann man sie ja kaum nennen, wenn sie erst wirklich des Krieges Not und Elend mit eigenen Augen sehen, dem Vaterland wahre Dienste leisten. Würden diese jetzt beim Einbringen der Ernte mit ihren Kräften nicht mehr dienen. [...] Ich meine die Krankenpflege sollte man mehr den Jungfrauen in den Städten überlassen, von denen viele stellungslos oder doch sehr gut abkömmlich sind, und von denen sich gewiss auch sehr viele freiwillig stellen werden. Es ist doch nicht blos, dass wir alle streitfähige Männer in den Kampf senden, sondern dass wir Zurückbleibenden dafür Sorge tragen, unser Vaterland mit eignem Brot zu versorgen." Der „Territorialdelegierte der freiwilligen Krankenpflege" (das war der Oberpräsident der Provinz Hannover) sah sich deshalb genötigt, in einem Schreiben an die Regierungspräsidenten in der Provinz Hannover Stellung zu beziehen. Darin betonte er die Bedeutung der jugendlichen weiblichen Arbeitskräfte auf dem Lande, die Altergrenze für freiwillige Hilfsschwestern und Hilfskräfte des Roten Kreuzes (20 Jahre, in Ausnahmefällen 18 Jahre) und versicherte, dass deren Einsatz nur im Heimatgebiet zulässig sei.[23] Im Gegensatz zu diesen Ausführungen steht ein Schreiben der Gemeinde Egestorf an den Lindener Landrat, in dem von neun jungen Frauen zwischen 16 und 22 Jahren die Rede ist, die sich freiwillig zum Roten Kreuz gemeldet hatten.[24]

Vorbehalte dagegen, dass Frauen in der Krankenpflege unmittelbar mit den blutigen, schmutzigen und auch persönlich riskanten Folgen des Krieges konfrontiert wurden, bestanden offensichtlich nicht mehr in dem Maße, wie es noch 1870/71 der Fall gewesen war. Die Verhältnisse glichen sich jedoch insofern noch, als Begeisterung und Verwendbarkeit der Freiwilligen auch 1914 oft in keinem rechten Verhältnis standen. Die Konsequenz lautete: „Auch bezüglich des weiblichen Personals musste allmählich eine scharfe Sichtung und straffere Handhabung der Organisation stattfinden, um einen ordnungsgemäßen Betrieb zu gewährleisten."[25] Diese Feststellung bezog sich auf die Verbands- und Erfrischungsstellen an den Bahnhöfen, dürfte aber symptomatisch auch für den Dienst in den Reservelazaretten gewesen sein.

Grundsätzlich ist festzuhalten, dass das Rückgrat der freiwilligen Krankenpflege nicht so sehr in den freiwilligen Hilfskräften und Schwesternhelferinnen bestand, sondern durch die professionellen Krankenschwestern gebildet wurde. Sie hatten eine volle Ausbildung in der Krankenpflege absolviert und ein bedeutender Teil von ihnen lebte den Beruf in christlicher Gemeinschaft. In Hannover waren dies auf evangelischer Seite die Diakonissen des Henriettenstiftes, die Schwestern des Friederikenstiftes und des Johanniterordens. Schwestern der Kongregation vom Heiligen Vinzenz, die zum Vinzenzstift gehörten, waren seitens der katholischen Kirche in den Lazarettdienst getreten. Der bedeutende Anteil dieser Einrichtungen an der freiwilligen Krankenpflege kann besonders gut am Henriettenstift aufgezeigt werden.

Als Diakonissen-Mutterhaus war es „[...] seit vielen Jahren auf den Kriegsfall gerüstet. Alljährlich war an den Johanniterorden eine namentliche Liste der für das Etappengebiet bestimmten Diakonissen eingereicht worden, die bei Eintritt einer Mobilmachung dem X. Armeekorps zugeteilt werden sollten. Ihre Zahl betrug 15. Die Kriegskoffer mit voller Ausrüstung standen im Mutterhause bereit. Für die Verwendung in den Vereinslazaretten der Heimat hatte unser Haus 150 Schwestern zur Verfügung gestellt."[26] Soweit die Planungen in Friedenszeiten.

Tatsächlich sind während des Krieges insgesamt 96 Diakonissen und Johanniterinnen des Henriettenstiftes in Feldlazaretten und zur Begleitung von Lazarettzügen eingesetzt gewesen.[27] Auch die hannoverschen Diakonissen hatten ihren ersten Einsatz im Kampfgebiet nach der Schlacht bei Guise. Der weitaus größte Teil der Schwestern blieb während des Krieges an der Westfront, nur ein kleiner Teil stand im Osten, wenige sogar auf dem südöstlichen Kriegsschauplatz in Bulgarien. Ihre Erlebnisse hält die Festschrift des Henriettenstiftes nur in groben Zügen fest, immerhin genug, um zwei Beispiele zu zitieren. Im August 1915 wurden Johanniterinnen zum Kriegslazarett 54 in Krasnostaff (Polen) kommandiert, das in einer ehemaligen Klosterschule untergebracht war. „Es barg 600 zum Teil sehr schwer Verwundete. In jeder Nacht gab es mehrere Todesfälle. Hier trat das Elend des Krieges den Schwestern in schrecklichster Gestalt entgegen. Zudem war die ganze Gegend völlig erseucht, an jedem Dorfeingang stand eine große Warnungstafel: Cholera. Es herrschte auch Typhus und Ruhr. Viele Schwestern erkrankten, zum Teil recht schwer."[28]

An der Westfront, während der Somme-Schlacht 1916, waren hannoversche Schwestern im umkämpften Gebiet bei Bapaume tätig. Von Einsatz in der „Etappe" war hier keine Rede, die Sammelstelle lag im Feuerbereich der englischen Artillerie und musste deshalb nach Velu verlegt werden, wo man ein Zeltlager in einem Park anlegte. „Die Verwundeten kamen aus den Schützengräben in einem schrecklichen Zustande [...]. Es galt, alle Kräfte anzuspannen, um auch nur notdürftig zu helfen. Nachtruhe gab es in den ersten Tagen überhaupt nicht, später nur kurze Stunden. Täglich wurden über 2000 Verwundete nach Deutschland abtransportiert. Im Park war auch der Friedhof angelegt, Grab reihte sich an Grab [...].²⁹

An der „Heimatfront" arbeiteten die Diakonissen nicht nur in ihrem Stammhaus, dem Henriettenstift. In insgesamt 37 Garnison-, Reserve- und Vereinslazaretten im Raum Niedersachsen (mit Schwerpunkt in Stadt und Region Hannover) waren sie sowie zum Haus gehörige Johanniterinnen und Hilfsschwestern eingesetzt. Die Höchstzahl dieser Schwestern betrug 112 im Jahre 1915. Darüber hinaus arbeiteten Diakonissen in vielen Krankenhäusern außerhalb Hannovers. Der Arbeitsalltag dieser Schwestern, ebenso wie der ihrer

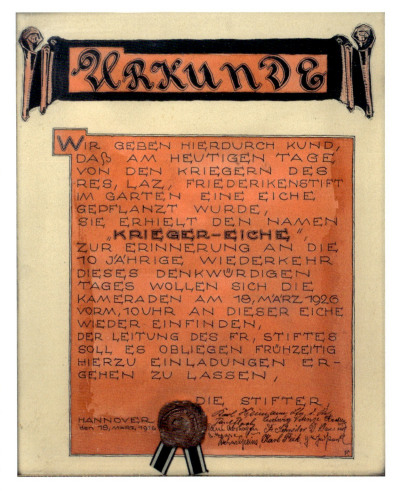

Gedenkblatt zur Baumpflanzung durch Verwundete (im Garten des Friederikenstiftes, 1916. (Friederikenstift)

weltlichen Kolleginnen, ist leider kaum dokumentiert. Nur gelegentlich geben Fotos auch Einblick in der Arbeitswelt der Lazarette.

Immerhin lassen sich einige Facetten benennen. Grundsätzlich gilt, dass die gewaltigen Aufgaben bei der Versorgung der Verwundeten, trotz Mobilisierung von Freiwilligen, zulasten des zivilen Gesundheitswesens gingen. Ärzte und voll ausgebildete Schwestern, die einberufen wurden oder in die freiwillige Kriegskrankenpflege eintraten, waren nur teilweise durch qualifizierten Nachwuchs zu ersetzen. Ebenso führte die Umnutzung von Räumen oft zu Einschränkungen. Das Friederikenstift beispielsweise stellte 20 Betten für Verwundete. Dafür wurde die Kinderstation der Einrichtung geräumt, von einem Ersatz ist in den Protokollen der Oberin keine Rede.³⁰ Und im Henriettenstift wurden die Frauenstation und eine Beobachtungsstation für Kinder zum Lazarett

Diakonisse Berta Rintelmann vom Henriettenstift (Mitte) als verantwortliche Schwester mit Patienten im Genesungsheim Misburg. Das im Misburger Wald gelegene Haus war ursprünglich eine Erholungseinrichtung des Vaterländischen Frauenvereins. Foto, Januar 1918 (VM 47971)

umgewandelt, ebenso wie kleinere Einrichtungen des Stiftes in Barsinghausen, Bad Rehburg und Adelebsen. Dafür konnten nur teilweise andere Räume bezogen werden.[31] Unter den Entbehrungen der Kriegsjahre, dem Mangel an Nahrungsmitteln, Brennstoff, Kleidern litten die Krankenhäuser und ihr Personal natürlich ebenso wie die normale Bevölkerung. Festzustellen ist aber ein interner Konflikt der Kriegskrankenpflege, der in der Festschrift des Henriettenstiftes angedeutet wird. Er beruhte einerseits auf den großen Unterschieden in den Fähigkeiten und Kenntnissen der langjährig voll ausgebildeten Krankenschwestern (gleich ob sie weltlichen, christlichen oder jüdischen Einrichtungen angehörten) im Vergleich zu den freiwilligen Hilfsschwestern und Helferinnen der Kriegskrankenpflege. Besonders gab es aber Unterschiede in der Motivation. „Der Krieg sah unsere Schwestern hinausziehen, nicht um etwas zu „erleben", sondern um zu dienen."[32] Mit diesem Satz wurde eine klare Grenze zu den kriegsfreiwilligen Helferinnen gezogen. Sicherlich handelt es sich um eine Verallgemeinerung, die so nicht haltbar ist. Aber die Feststellung umschreibt ein Problem hauptsächlich des ersten Kriegsjahres. Zu diesem Zeitpunkt herrschte eine große kurzzeitige Begeisterung, die wohl nur von der Unkenntnis übertroffen wurde, mit welchem ungeheuren Elend die Frauen in der Kriegskrankenpflege konfrontiert werden würden.

1. StAH HR 39 Nr. 51, Schreiben vom 14.11.1913.
2. StAH HR 39, Nr. 7, Liste vom 07.08.1914.
3. Als Lazarettstandort erwähnt in einem Artikel des „Volkswillen" vom 18.05.1916, StAH HR 39, Nr. 30.
4. Als Vereinslazarett genannt im Statistischen Vierteljahresbericht der Stadt Hannover, 22.- 25. Jahrgang, S. 29.
5. StAH HR 39, Nr. 7, Liste vom 27.11.1914. Die Bezeichnung Vereinslazarett geht auf den damaligen Vereinsnamen „Zweigverein Hannover vom Roten Kreuz" zurück.
6. Statistischer Vierteljahresbericht, 22.-25.Jg., S. 29.
7. StAH HR23, Nr. 592.
8. StAH HR 10, Nr. 1106.
9. StAH HR 39, Nr. 7, Schreiben vom 16.08.1916. Der Text lässt sich so interpretieren, dass sich die Fallzahlen bei den Prostituierten gegenüber der Friedenszeit fasst verdoppelt hatten.
10. „Zur Bekämpfung der Geschlechtskrankheiten", Hannoverscher Kurier vom 08.10.1916 abends
11. Enzyklopädie Erster Weltkrieg, S. 460.
12. Die Angaben zur Verbands- und Erfrischungsstelle" beruhen auf folgenden Zeitungsartikeln: „Das Rote Kreuz im Hauptbahnhofe zu Hannover", Hannoverscher Anzeiger vom 13.08.1915 und „Der Empfang der Verwundeten", Hannoverscher Kurier vom 15.08.1915.
13. Ringelnatz, Joachim: Als Mariner im Krieg, Zürich 1994, S. 118 (= Pape, Walter (Hg.): Joachim Ringelnatz. Das Gesamtwerk in sieben Bänden, Band 7).
14. „Die Verwundetentransportzüge der Straßenbahn Hannover", Hannoverscher Kurier vom 06.05.1915.
15. Hannoverscher Kurier vom 15.08.1915, S. 5.
16. „Ein Junggesellenheim im Kriege", Hannoverscher Kurier vom 14.12.1915 abends. Fotos aus dem Album des Unteroffiziers Alfred Kalthoff, 1917 (Inventarnr. VM 48101,2-3).
17. StAH HR 39, Nr. 51. Besonders groß war die Unterdeckung bei den Offizieren und gleichgestellten Personen.
18. Wie Anmerkung 16. Eine genaue Umrechnung ist nicht möglich, da die Verteilung auf die verschiedenen Krankenhausklassen nicht angegeben ist, ebenso fehlen die jeweiligen aktuellen Verpflegungssätze. Geht man aber davon aus, dass der Abstand von 0,25 Mark zum untersten Kostensatz der Krankenkassen beibehalten wurde, ergibt sich ein Fehlbetrag von über 1 Million Reichsmark.
19. Erinnerungsbuch des Krankenpflegers und Gruppenführers Wilhelm Gohlisch aus Hannover. Privatbesitz, zur Einsicht freundlicherweise zur Verfügung gestellt von Herrn Christian-Alexander Wäldner, Ronnenberg. Der 57jährige Gohlisch, seit 1905 Mitglied der Sanitätskolonne, rückte zusammen mit 209 freiwilligen Helfern aus Hannover am 19.08.1914 ins Feld und blieb noch bis 01.09.1922 (Auflösung der letzten Lazarette in Hannover) im Dienst.
20. NdsHStA Hannover, Hann 174 Hannover II, Nr. 301, Bericht vom 10.01.1916.
21. Wie Anmerkung 20, Schreiben vom 29.07.1914.
22. Enzyklopädie Erster Weltkrieg, S. 812.
23. Wie Anmerkung 20, Schreiben vom 20.08.1914.
24. Wie Anmerkung 20, Schreiben vom 25.08.1914.
25. Wie Anmerkung 20.
26. Das Henriettenstift. Ev.-luth. Diakonissen-Mutterhaus Hannover. Sein Werden und Wachsen 1860-1935, Hannover 1935, S. 292. Da das Archiv des Henriettenstiftes während des Zweiten Weltkrieges zerstört wurde, kann sich die Schilderung nur auf die Darstellung in dieser Festschrift stützen.
27. Wie Anmerkung 26, S. 293.
28. Wie Anmerkung 26, S. 298.
29. Wie Anmerkung 26, S. 303.
30. Ev. Diakoniewerk Friederikenstift, Protokollbuch des Vorstands des Frauenvereins 1857-1926, Einträge vom 08.08. und 01.10.1914
31. Wie Anmerkung 26, S. 305.
32. Wie Anmerkung 26, S. 307.

Das Neue Rathaus als Symbol für die Verbindung von Front und Heimat. Postkarte, 1915 (VM 48224)

Andreas Fahl

Verwaltung im Kriegseinsatz: Kontrolle, Fürsorge und Propaganda

Der Belagerungszustand und die Aufgaben des Stellvertretenden Generalkommandos

Mobilmachung und Kriegsausbruch bedeuteten nicht nur für das aktive Militär, die Einberufenen und Reservisten einen tiefen Einschnitt. Auch das zivile Leben veränderte sich. Mit der Mobilmachung wurden die Bestimmungen des preußischen Gesetzes über den Belagerungszustand vom 4. Juni 1851 in Kraft gesetzt, das den stellvertretenden Generalkommandos in den Bezirken der insgesamt 24 Armeekorps die Verantwortung für die „öffentliche Sicherheit" übertrug.

Um zu verstehen, was dies bedeutet, muss man einen Blick auf die Organisationsstruktur des Heeres und die verfassungsmäßige Stellung der Militärbefehlshaber werfen. Das Generalkommando eines Armeekorps war im Frieden die höchste Kommandobehörde der Armee nach dem Kaiser. Lediglich in Angelegenheiten der Militärverwaltung unterstand der kommandierende General (in Hannover seit 1909 General von Emmich) dem Kriegsminister. Die direkte Unterstellung unter den Kaiser bewirkte, dass der kommandierende General bei öffentlichen Anlässen in seinem Korpsbereich die höchste Stellung einnahm, noch vor dem Oberpräsidenten der Provinz. Diese sinnbildliche Vorrangstellung des kommandierenden Generals vor der Zivilverwaltung verwandelte sich bei Ausbruch eines Krieges in reale Macht. „Mit Erklärung des Belagerungszustandes und im Kriegsfall ging die vollziehende Gewalt auf ihn über. Die zivilen Behörden hatten nach seinen Weisungen zu arbeiten. Zudem war er der Gerichtsherr höherer Instanz."[1]

Da der kommandierende General sich im Krieg als Führer seines Armeekorps an der Front befand, wurden seine Aufgaben in der Heimat vom Stellvertretenden

Die Unterstellung der Zivilverwaltung unter das Militär begann mit der Bekanntmachung des Kriegszustandes am 31. Juli 1914 (VM 30967)

Generalkommando übernommen, an dessen Spitze in Hannover bis 1916 General von Linde-Suden stand, sein Nachfolger bis November 1918 war der General von Hänisch. Der schwammige Auftrag, Gewährleistung der öffentlichen Sicherheit, ließ Eingriffe in praktisch alle Bereiche der zivilen Verwaltung, der Wirtschaft sowie des kulturellen und sozialen Lebens zu. Unter dem Belagerungsgesetz „[...] erhielten die stellvertretenden kommandierenden Generäle der Armeekorps kriegsrechtliche Befugnisse, die praktisch diktatorischen Vollmachten gleichkamen."[2]

Durch die direkte Unterstellung unter den Kaiser konnten weder der Kriegsminister noch der Reichskanzler die Entscheidungen der Generalkommandos lenken. Die Auslegung bzw. die Handhabung von Gesetzen und Erlassen lag im Ermessen der stellvertretenden kommandierenden Generale. Rechtssicherheit und Einheitlichkeit der Anwendung der Vorschriften innerhalb des Deutschen Reiches waren nicht mehr gegeben. Zusätzlich erschwert wurde die Situation, weil die Grenzen der Korpsbezirke nicht mit den zivilen Verwaltungsgrenzen übereinstimmten. Zum Gebiet des X. Armeekorps gehörten das Großherzogtum Oldenburg, das Herzogtum Braunschweig und der größte Teil der preußischen Provinz Hannover. Der Regierungsbezirk Stade war jedoch Bestandteil des Wehrbezirks des IX. Armeekorps (ebenso wie Bremen). Von einer einheitlichen staatlichen Verwaltung war man unter den Kriegsbedingungen weit entfernt.

Ab dem 31.10.1914 wurde im Bereich des X. Armeekorps der verschärfte Kriegszustand verhängt. „Vereins- und Versammlungsfreiheit, Freiheit der Presse, Unverletzlichkeit der Wohnung waren ebenso wenig mehr garantiert wie die Freiheit der Person."[3] Als Grund wurde feindliche Spionage angegeben und zugleich das „bisher einwandfreie und patriotische Verhalten der Bevölkerung" bescheinigt.[4] Der Widerspruch zwischen dieser Verlautbarung und dem massiven Eingriff in die verfassungsmäßigen Rechte lässt sich wohl nur so erklären, dass man die in den ersten Kriegsmonaten auch in Hannover grassierende Spionagefurcht ausnutzte, um zu verschleiern, dass es immer noch Zweifel an der Reichstreue des welfisch gesinnten Teils der Bevölkerung gab.

 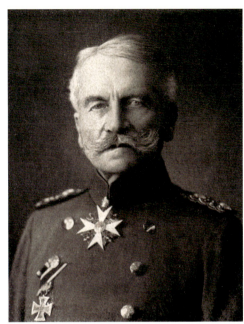

General von Emmich, Kommandeur des X. Armeekorps und sein Vertreter in Hannover, der stellvertretende kommandierende General von Linde-Suden. Büste von Karl Gundelach, 1916 (VM 40389); Foto nach: Kriegs-Beilage der Hanomag-Nachrichten, Heft 5/1916

Die vielfältigen Aufgaben des Stellvertretenden Generalkommandos spiegeln sich in den zahllosen Verordnungen, die bis 1918 erlassen wurden. Zwar wurden oft nur Anweisungen von Reichsministerien oder zentralen Einrichtungen wie dem Kriegswirtschaftsamt an die örtlichen Behörden weitergegeben. Dazu zählen im Rahmen der Bewirtschaftungsmaßnahmen die unzähligen Erlasse zur Bestandserhebung und Beschlagnahme von Rohstoffen und Nahrungsmitteln, angefangen beim Versteigerungsverbot für Häute und Felle (November 1914)[5] bis hin zur Erfassung von Billardbanden aus Kautschuk (April 1918).[6]

Auch Maßnahmen der Zensur waren vielfach überörtlich orientiert, wie die Übernahme der „Schundliteraturliste" vom Polizeipräsidium Berlin.[7] Sie konnten aber auch direkt für örtliche Veröffentlichungen gelten, wie etwa das Verbot der „Kriegs-Aufsätze" des Provinzialverbands Hannover des Deutschen Wehrvereins wegen unzulässiger Erörterung der Kriegsziele im Oktober 1915.[8] Grundsätzlich erfolgte die Zensur erst nach einer Veröffentlichung, aber es gab natürlich gewisse Grundsätze, die den Zeitungen und Verlagen auch bekannt waren. Verboten waren neben der Erörterung von Kriegszielen (bis 1916) auch die Veröffentlichung von bestimmten Bildern militärischen Inhalts (z.B. von schweren Geschützen, Flugzeugen, identifizierbaren toten und verwundeten Soldaten).[9] Besonders schwammig war das Verbot von Veröffentlichungen, die den Burgfrieden oder die Siegeszuversicht gefährden konnten. Darunter fielen selbstverständlich alle pazifistischen Meinungsäußerungen, Flugblätter gegen die Teuerung, aber auch ein Bericht des SPD-Reichstags-

Heimatfront Hannover

Verordnung des Stv. Generalkommandos zur Spionageabwehr, Plakat, 1915 (NHStAH, Hann. 174 Hannover I Nr. 191)

abgeordneten Bauer über die soziale Lage der unbemittelten Bevölkerungskreise.[10]

Auf dem Gebiet der inneren Sicherheit kümmerte sich das Stellvertretende Generalkommando durch die Abteilung „Abwehr" um Maßnahmen gegen Spionage und Sabotage, aber auch um die Gefahren, die von Kriegsgefangenen ausgehen konnten. Nach örtlichen Vorfällen regelte die hannoversche Militärbehörde sogar den Alkoholkonsum und die Sperrstunde in einzelnen, weit entfernten Dörfern. Das stellvertretende Generalkommando reagierte mit seinen Maßnahmen oftmals auf Beschwerden, die an das Militär herangetragen worden waren. Dies galt beispielsweise im Fall von ungerechtfertigten Preiserhöhungen, auf die die eigentlich zuständigen örtlichen Behörden nicht reagiert hatten.

Ein Wechselspiel zwischen Beschwerden, eigenen Beobachtungen der Militärbehörde und den darauf folgenden Maßnahmen lässt sich auch bei der Aufrechterhaltung von Zucht und Ordnung unter den Jugendlichen und der Bekämpfung der Jugendkriminalität beobachten. Diesem Thema wurde breiter Raum gewidmet. Es galt als eine typische Kriegserscheinung, dass Jugendliche durch das Fehlen der Väter und die geschwächte Stellung der Schule infolge Unterrichtsausfalls Spielräume bekamen, die in Friedenszeiten nicht gegeben waren. Insbesondere in der Zeit zwischen der Schulentlassung und der Militärdienstpflicht meinte man diese gefährliche Autoritätslücke zu erkennen. Bereits im Dezember 1915 antwortete das Stellvertretende Generalkommando mit einer „Verordnung betreffend jugendliche Personen" auf die Beschwerden und warnenden Stimmen, etwa des „Ausschuß für Jugendschutz in Hannover und Linden e.V.".[11]

Die Verordnung betraf alle Jugendlichen bis zum vollendeten 16. Lebensjahr. Verboten wurde der Verkauf von Alkohol und aller Arten von Tabakwaren an die Jugendlichen, der Verkauf von Tabak aus Automaten wurde generell untersagt. Ebenso galt für die Jugendlichen ein Rauchverbot in

Im Zuge der Erfassung von Rohstoffen setzte die Militärverwaltung auch die Einziehung von Kirchenglocken um. Abnahme der großen Glocke der katholischen St. Godehard-Kirche in Linden. Foto, 29. Juni 1917 (Bistumsarchiv Hildesheim)

der Öffentlichkeit. Jugendlichen ohne Begleitung wurde der Besuch von Wirtshäusern, Kaffeehäusern und Konditoreien verboten. Außerhalb von Kinder- und Jugendvorstellungen war ihnen auch der Besuch von Kinos verboten. Jugendlichen ohne Begleitung war in bestimmten Bereichen das „zweck- und ziellose Auf- und Abgehen sowie der zwecklose Aufenthalt" verwehrt.[12] In Hannover legte die Ortspolizeibehörde als Sperrbezirk fest: Georgstraße, Aegidientorplatz, Theaterplatz, Theaterstraße, Königstraße, Luisenstraße, Ernst-August-Platz und Lange Laube.[13] Weiterhin wurde im Rahmen der Polizeistunde für Jugendliche ein abendliches Ausgangsverbot verhängt, das in Linden ab 18 Uhr, in Hannover ab 20 Uhr galt.[14] Diese Bestimmungen blieben bis Kriegsende in Kraft. Ihre Wirksamkeit wurde aber schon bald bezweifelt, da sie auf die eigentliche Jugendkriminalität ohne Auswirkung blieben, aber hunderte Fälle von Verstößen gegen die Verordnung zur Folge hatten.[15] Ähnlich zweifelhaft war der Versuch, mittels des sogenannten Sparzwanges den Hebel zur Disziplinierung der Jugendlichen beim Geld anzusetzen (siehe hierzu den Beitrag von Uta Ziegan).

Das Stellvertretende Generalkommando hatte aber auch einen militärischen Aufgabenbe-

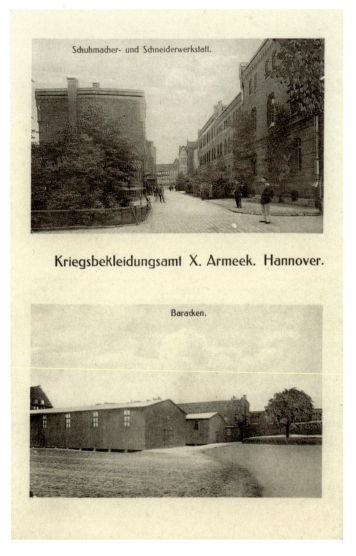

Kriegsbekleidungsamt des X. Armeekorps. Für die Bewältigung der Aufgaben im Krieg mussten zusätzlich Baracken errichtet werden. Postkarte, nach 1914 (VM 49463)

reich. Es war für das Lazarettwesen in der Heimat zuständig und sollte dem im Felde befindlichen Armeekorps den nötigen Nachschub an Menschen, Pferden und Ausrüstungsmaterial sichern. Mit Hilfe der Zivilbehörden wurden die Einberufungen durchgeführt und die Männer anschließend in den verschiedenen Ersatzbataillonen und Rekrutendepots ausgebildet. Der Nachschub an Pferden war für die Truppe, nicht nur für die Kavallerie, von herausragender Bedeutung. Munitions-, Verwundeten- und Bagagewagen, Feldküchen, Feldbäckereien, der größte Teil der Geschütze, schwere MG's und vieles mehr wurde von Pferden gezogen. 1914 benötigte schon ein Infanterie-Regiment 72 Wagen und 233 Pferde für den Kriegseinsatz.[16] Durch die Waffenwirkung und die hohen Belastungen verschlang die Front zehntausende von Pferden. Kraftfahrzeuge konnten bis Kriegsende nur einen kleinen Teil der Tiere ersetzen. Und auch Uniformen und Ausrüstungsgegenstände mussten ständig neu beschafft werden.

Es gab natürlich zentrale Beschaffungen, aber ein großer Teil des Heeresbedarfes wurde über die Generalkommandos erworben. Dies führte, ähnlich wie im Verhältnis zu den Zivilbehörden, zu Kompetenzüberschneidungen und zu Konkurrenzsituationen. Jedes stellvertretende Generalkommando war bestrebt, um jeden Preis die Versorgung der eigenen Truppen sicherzustellen. Übergeordnete Belange ließ man oftmals außer Acht. Auch für die Hersteller und Lieferanten war die Situation verwirrend, wie ein Beispiel verdeutlicht. Im Oktober 1914 wurde eine Bekanntmachung veröffentlicht, um die hiesigen Anbieter von Lazarettmaterial darüber aufzuklären, dass sie ihre Offerten nicht an das Kriegsministerium in Berlin, sondern an die stellvertretende Intendantur des X. Armeekorps in Hannover schicken mussten, die für die Einrichtung und Unterhaltung der örtlichen Lazarette verantwortlich war.[17]

Das Kriegsfürsorgeamt der Stadt Hannover

Der Kriegsausbruch wirkte sich unmittelbar auf die Arbeit der Kommunalverwaltungen aus. Nicht nur in der Hinsicht, dass sie jetzt den Weisungen einer Militärbehörde unterworfen waren. Alle Verwaltungstätigkeiten mussten mit weniger Personal ausgeführt werden, da die Einberufungen viele Lücken in den Personalstamm rissen. Gleichzeitig mussten neue Aufgaben übernommen werden, wie sich am Beispiel der Stadt Hannover zeigen lässt.

Unmittelbar nach Kriegsbeginn wurde eine neue Dienststelle eingerichtet, das „Kriegsfürsorgeamt".[18] Seine Aufgabe war zunächst die Auszahlung von Unterstützungsgeldern an bedürftige Frauen und Familien der Eingezogenen. Die üblicherweise für derartige Zahlungen zuständige städtische Stelle für Militärsachen war damit völlig überfordert, denn sie hatte in Friedenszeiten nur für die kleine Zahl der zu Übungen einberufenen Reservisten zu sorgen. Jetzt aber benötigten schlagartig Tausende Unterstützungsgelder.

Das Kriegsfürsorgeamt nahm seine Tätigkeit am 10. August 1914 auf, die Leitung war dem Direktor der Stadthalle, Wilhelm Schickenberg, übertragen worden. Mit nur fünf Männern und Frauen aus der Stadtverwaltung, aber anfänglich 87 Ehrenamtlichen vom Nationalen Frauendienst übernahm das Kriegsfürsorgeamt die Antragsannahme und -bearbeitung. Bis Ende August stieg die Zahl der meist ehrenamtlichen Mitarbeiter/innen auf 428, da nur so die Antragsflut bewältigt werden konnte.

Zur Antragsbearbeitung gehörte die Überprüfung der Bedürftigkeit der Antragstellerinnen. Auch diese Tätigkeit wurde ehrenamtlich tätigen Damen überlassen, die jeden Verdacht auf zu weiche Haltung gegenüber den Antragstellerinnen schnell ausräumten, denn es erwies sich, „dass Frauentränen auf die Männer in der Regel mehr Eindruck zu machen pflegen als auf die eigenen Geschlechtsgenossinnen."[19] Die aus gutbürgerlichen Kreisen stammenden Damen des Nationalen Frauendienstes ließen zum Teil jedes Gespür für die soziale Situation in den Arbeiterfamilien vermissen, sodass der „Volkswille" bereits am 14. August einen kritischen Artikel über die Arbeit der Ermittlerinnen veröffentlichte. Das Amt wehrte sich gegen die Kritik, reagierte aber auch mit Nachschulungen und einzelnen Entlassungen.

Die Schwierigkeiten mit den Damen des Nationalen Frauendienstes, die in der Regel zuvor keinen Beruf ausgeübt hatten und jetzt vielfach mit sozialen Problemen konfrontiert wurden, die bisher weit außerhalb ihrer eigenen Lebenswelt gelegen hatten, regelten sich auch mit dem Abklingen der patriotischen Anfangsbegeisterung. „Als sich dann aber herausstellte, daß es weniger auf die edlen Absichten als auf soziales Verständnis, harte, nervenanspannende, stellenweise rein mechanische Arbeit und richtige Einordnung in das weitläufige Räderwerk einer bis ins einzelne gehen-

Das ehemalige Wangenheimpalais am Friedrichswall wurde seit 1863 als Rathaus genutzt. Nach Einweihung des Neuen Rathauses 1913 als „mittleres Rathaus" bezeichnet, beherbergte es ab 1914 das Kriegsfürsorgeamt der Stadt Hannover. Postkarte, 1905 (VM 64910)

den Arbeitsteilung ankam, wurde manche Mitarbeiterin der Sache überdrüssig."[20] Aber auch die Antragstellerinnen (denn meistens handelte es sich bei den Fürsorgeempfängern um Frauen) brachten Probleme mit sich. Zu einem beträchtlichen Teil waren sie unerfahren im Umgang mit Ämtern und benötigten Hilfe beim Ausfüllen der Formulare oder hatten Schwierigkeiten, erforderliche Nachweise für ihre Bedürftigkeit beizubringen. Innerhalb des Kriegsfürsorgeamtes wurde deshalb eine Auskunftsstelle eingerichtet, in der ehrenamtliche Helferinnen, Beamte der Steuer- und Armenverwaltung sowie ein Vertreter des Rechtsanwaltsvereins Auskünfte erteilten und Schriftsätze anfertigten. Hauptsächlich ging es dabei um Mietangelegenheiten, Militärsachen oder Unterhaltsfragen.

Ergänzt wurde das Kriegsfürsorgeamt weiter durch eine Arbeitsvermittlung sowie Stellen für die Ausgabe von Naturalleistungen. Die Kriegsunterstützung in Hannover wurde hauptsächlich in Geldzahlungen gewährt, auch um die Existenz von Kleinhändlern, Bäckern und Kolonialwarenläden nicht zu gefährden. In einem gewissen Umfang wurden aber Mittagsmahlzeiten, Milch, Kleidung und Schuhwerk verteilt. Die anfänglich zerstreuten Dienststellen wurden Ende 1914 im „mittleren Rathaus", also im ehemaligen Wangenheimpalais an der Friedrichstraße, konzentriert. Seit Bezug des Neuen Rathauses im Juni 1913 standen hier Räume leer, von denen das Kriegsfürsorgeamt zunächst 27 Zimmer belegte. Zum gleichen Zeitpunkt begann man mit einer zentralen Erfassung aller Fürsorgebezieher, egal ob sie von städtischen Dienststellen (Kriegs-, Arbeitslosen- oder Mietfürsorge), dem Militär oder privaten und kirchlichen Einrichtungen Unterstützungen bezogen. Lediglich die „Freiwillige Kriegshilfe Hannover-Linden" beteiligte sich nicht an der Hauptkartei des Kriegsfürsorgeamtes, die Missbrauch verhindern sollte.[21]

Neben der Zahlung der gesetzlich geregelten (und von vielen Städten wie Hannover und Linden freiwillig aufgestockten) Kriegsfürsorge schälte sich die Gewährung von Mietbeihilfen als wichtiges

Aufgabenfeld heraus. Viele Arbeiterfrauen konnten von den Fürsorgesätzen knapp den Lebensunterhalt für sich und die Kinder bestreiten. Ohne zusätzliches Einkommen oder freiwillige Unterstützung durch den Betrieb des Mannes (wurde hauptsächlich von Industriebetrieben wie z.B. Continental, Bahlsen, Hackethal Draht- und Kabelwerke, Gasanstalt gezahlt) reichte das Geld dann nicht mehr für die Miete. Dies führte natürlich zu Kündigungen bzw. dazu, dass viele Hauseigentümer nicht mehr an Kriegerfrauen vermieteten. Mietbeihilfen waren hier dringend nötig, konnten das Problem aber nur teilweise lösen, denn die benötigten Mittel überstiegen die Möglichkeiten der Stadt.[22]

Weitere Betätigungsfelder des Kriegsfürsorgeamtes ergaben sich durch die Einrichtung einer Näh- und Strickstube (Verdienstmöglichkeit für bedürftige Frauen durch Heimarbeit), Kinder- und Säuglingsfürsorge und Betreuung von Schwangeren und Wöchnerinnen. Die ständig steigenden Preise und die sich verschlechternde Lebensmittelversorgung wirkten sich gerade auf die letztgenannten Gruppen aus. Die staatlichen Hilfsmaßnahmen, die von der Stadtverwaltung umgesetzt und teils ergänzt wurden, zeigen dabei ein doppeltes Gesicht aus Hilfe und sozialer Kontrolle. Als Beispiel kann das „Stillhäuschen" gelten, das in der Eilenriede errichtet wurde und ab August 1916 den unterstützten Kriegerfrauen in Ruhe und angenehmer Umgebung das Stillen der Säuglinge erleichtern sollte. Neben einer Wärterin stand den Frauen dort eine Fürsorgeschwester zur Seite, die Rat erteilte, aber auch das Stillen kontrollierte und bescheinigte (für die Zahlung der Stillprämie). Zu diesem Zweck wurden Frauen auch in das Stillhäuschen einbestellt.[23] In ähnlicher Weise wurden die Kinder von bedürftigen Soldatenfrauen auf ihr Gewicht kontrolliert, wenn sie sich im Kriegsfürsorgeamt aufhielten. Man hatte dort im Juli 1915 im Hof des Wangenheimpalais eine „Kinderwartehalle" eingerichtet, um die Kinder aus dem Gebäude herauszuhalten, während ihre Mütter dort in Antragsangelegenheiten warten mussten. Verlief die Gewichtskontrolle unbefriedigend, konnte dies zum Hausbesuch einer Fürsorgeschwester führen.[24]

Hatte sich die Zahl der Unterstützungsempfänger nach der ersten großen Welle im August 1914 stabilisiert, so stieg sie mit der Fortdauer des Krieges an. Den Höchststand erreichte man im März 1918, als 23.800 Familien Unterstützung erhielten.[25] Zugleich machte sich die Erkenntnis breit, dass die Kriegsfürsorge mit dem Ende des Krieges nicht aufhören, sondern als Hinterbliebenen- und Invalidenfürsorge zu einer Daueraufgabe der Kommunalverwaltung werden würde. Schon während des Krieges begann man sich die Frage nach der Finanzierung zu stellen. Hierbei muss daran gedacht werden, dass die Kriegsfürsorge nur einer von vielen Kostenfaktoren war, die die Stadt (wenn auch mit Unterstützung des Reiches) als Folge des Krieges zu schultern hatte. Zu denken ist hier u.a. noch an die Unterdeckung der Krankenhauskosten bei Soldaten, an zusätzliche Kinderheime für Kriegswaisen, an Steuerausfälle und natürlich war auch die öffentliche Verwaltung von den ständig steigenden Preisen betroffen. Die Feststellung von Wilhelm Schickenberg im Bericht über die Kriegsfürsorge bis 1916 traf daher den Nagel auf den Kopf: „Glatt rollen die Millionen aus den öffentlichen Kassen! Wie aber werden wir sie später wieder hereinkriegen?"[26]

Stadtdirektor Tramm zu Besuch bei Hindenburg im Hauptquartier Ober Ost in Lötzen/Ostpreußen, September 1915 (aus: Festschrift Tramm, 1932, S. 6)

Mobilisierung aller Kräfte als Aufgabe der Stadtverwaltung

Die hannoversche Stadtverwaltung war nicht nur als Ordnungs- und Sozialbehörde in die Organisation der Heimatfront einbezogen. Sie nahm, nicht zuletzt durch ihren obersten Vertreter, von Beginn an aktiven Anteil an der Mobilisierung der Zivilbevölkerung für den Krieg. Dies geschah sowohl in alleiniger Trägerschaft städtischer Einrichtungen als auch durch die Unterstützung von Aktivitäten anderer Organisationen. Immer hatten die Verantwortlichen dabei auch die Selbstdarstellung Hannovers als vorbildlich handelnde Kommune im Blick.

Bei Kriegsausbruch sandte die Stadt eine Ergebenheitsadresse an Kaiser Wilhelm II. und Stadtdirektor Heinrich Tramm nahm, soweit möglich, teil an den feierlichen Verabschiedungen der hannoverschen Truppen ins Feld.[27] Die demonstrative Verbundenheit Hannovers mit „seinen" Truppen wurde bestärkt durch die maßgebliche Beteiligung des X. Armeekorps unter General von Emmich an der Eroberung der belgischen Festung Lüttich (4. - 16. August 1914) und den militärischen Erfolgen Hindenburgs an der Ostfront. Schließlich hatte der „Sieger von Tannenberg" bis zu seiner späten Reaktivierung seinen Alterssitz in Hannover gehabt. Mehrfach besuchte Tramm den Oberbefehlshaber Ost in seinem Hauptquartier und es entwickelte sich eine geradezu freundschaftliche Beziehung zwischen Hindenburg und Tramm, die auch nach Kriegsende fortbestand.

Auf Anregung Hindenburgs erwarb Tramm das Doppelporträt „Hindenburg und Ludendorff" des Malers Hugo Vogel, das er im Entstehungsprozess im Hauptquartier Ober Ost zu Gesicht bekommen hatte (Details dazu im Beitrag „Hindenburg und Hannover"). Die Hannoveraner konnten das Werk erstmals im November 1915 im Vaterländischen Museum (d.i. das heutige Historische Museum) bestaunen. Gleichzeitig präsentierte das Museum eine Notgeld-Ausstellung, als erstes öffentlich sichtbares Resultat seiner neuen Sammlung zum 1. Weltkrieg. Ende 1914, auf der Welle der Hindenburg-Begeisterung, hatte es private Initiativen zur Gründung einer solchen Sammlung gegeben. Basierend auf einer Stellungnahme von Dr. Albert Brinkmann, dem Direktor des Kestner-

Museums, zu dem damals auch das Vaterländische Museum gehörte, hatte Tramm aber die Entscheidung getroffen, die Sammlung von Zeugnissen des Weltkrieges in die Hände der städtischen Museumswissenschaftler zu legen.²⁸ Brinkmann und sein Mitarbeiter Dr. Wilhelm Peßler (später Direktor des Vaterländischen Museums) hatten bereits seit Kriegsbeginn damit angefangen, eine solche Sammlung anzulegen. Diese Aktivitäten wurden seit Anfang 1915 verstärkt, Sammlungsaufrufe verfasst und ein Sammlungskonzept entwickelt.²⁹

Aus der Kriegssammlung des Vaterländischen Museums: Notgeldschein der Continental, August 1914 (VM 64851,2)

Die Weltkriegssammlung des Vaterländischen Museums umfasste bei Kriegsende rund 7000 Inventarnummern: Schriftstücke, Plakate, Postkarten, Erinnerungsstücke von der Front, Fotos, Grafiken, Orden, Medaillen u.v.m. Ein besonderes Augenmerk wurde dabei auf die Dokumentation des Kriegsalltags in Hannover gelegt, den man u.a. in zahlreichen Fotografien festgehalten hatte. Unter den gleichzeitig in vielen deutschen Städten aus dem Boden schießenden Weltkriegssammlungen gehörte die hannoversche Sammlung zweifellos zu den größten. Nach dem verlorenen Krieg verebbte die Sammlungstätigkeit, aber nicht ohne dass man zuvor noch Uniformen und Waffen hannoverscher Regimenter erwarb, was während des Krieges von den Militärbehörden nicht erlaubt worden war.³⁰ In größerem Umfange ausgestellt wurde die Weltkriegssammlung erst ab 1936 in der „Heeresgedenkstätte im Leineschloß", wo von Kriegsalltag keine Rede mehr war, sondern propagandistisch der Boden für den nächsten Krieg bereitet werden sollte. Der Großteil der Sammlung wurde dort bei dem schweren Luftangriff auf Hannover am 26. Juli 1943 zerstört.

Die Ausstellung des Doppelporträts „Hindenburg und Ludendorff" und die Einrichtung einer kleinen Ausstellung über General von Emmich im Vaterländischen Museum (1916) fügten sich in eine Reihe von Maßnahmen, die immer einen zwiespältigen Charakter hatten. Sie dienten einerseits der propagandistischen Unterstützung der Kriegführung, was der politischen Überzeugung von Hannovers autokratisch herrschendem Stadtdirektor Heinrich Tramm entsprach. Andererseits ist aber auch erkennbar, wie man das Image der Stadt Hannover zu verbessern suchte. Die Verleihung der Ehrenbürgerwürde an Hindenburg und Emmich (1915) zeigt deutlich, wie man die Heerführer ehren wollte, sich aber auch deren Popularität zu nutze machte. Das pompöse Begräbnis für Emmich

Die Trauerfeier für General von Emmich fand im Neuen Rathaus statt, da er Ehrenbürger Hannovers war. Das Bild zeigt den Abmarsch des Trauerzuges zum Engesohder Friedhof, Foto: Friedrich Astholtz jun., 25. Dezember 1915 (VM 50352)

nach dessen überraschendem Tod im Dezember 1915 und der Bau des monumentalen Ehrengrabes auf dem Stadtfriedhof Engesohde auf Kosten der Stadt sind die konsequente Fortsetzung dieses Kurses. Der Erfolg dieser Politik lässt sich nicht messen. Immerhin tauchte in Veröffentlichungen vereinzelt die Bezeichnung „Hindenburg- und Emmichstadt" für Hannover auf.[31]

Natürlich beteiligte sich die Stadt an zahlreichen karitativen Veranstaltungen, etwa durch die Bereitstellung von Räumen, und half so mit, durch Mobilisierung der Spendenbereitschaft der Bevölkerung für Kriegswaisen, Kriegsversehrte oder Liebesgaben an die Front zusätzliche Mittel für den Krieg zu gewinnen. Insbesondere unterstützte man zwei Großveranstaltungen, auf die hier noch ein Blick geworfen werden soll.

Im Juni 1915 jährte sich die Schlacht von Waterloo zum hundertsten Male. Eigentlich eine gute Gelegenheit, um durch Erinnerung an den Sieg über Napoleon den Siegeswillen und die Zuversicht der Bevölkerung zu stärken. Andererseits barg die Erinnerung an Waterloo auch Fallstricke. Hauptverbündeter war damals Großbritannien gewesen, das jetzt von der deutschen Propaganda als größter Feind und eigentlicher Verursacher des Weltkrieges dargestellt wurde. Zudem hatten hannoversche Truppen in der Schlacht von Waterloo gekämpft, an die zu erinnern im welfisch gesonnenen Teil der Bevölkerung möglicherweise antipreußische Gefühle geweckt hätte. Das war nicht im Sinne des Burgfriedens. Entsprechend untersagte das Stellvertretende Generalkommando alle aus den welfischen Kreisen (der Deutsch-hannoverschen Partei) kommenden Aktivitäten rund um die Waterloofeier.[32]

Die Gedächtnisfeier an der Waterloosäule war zwar von großem Pathos geprägt, das seinen Ausdruck im Aufmarsch von Krieger-, Turn- und Schützenvereinen, der Jugendwehr, der Sanitätskolonne des Roten Kreuzes und schließlich 1000 hannoverschen Sängern fand. Die Veranstaltung beschränkte sich aber auf die Liedvorträge, Kranzniederlegungen und schließlich die festliche Illumination der Waterloosäule. Auf feierliche Reden wie auf die Teilnahme von Truppen hatte man verzichtet. Damit umschiffte man mögliche Probleme bei der Ausdeutung von Waterloo und ging auf „Ratschläge" des stellvertretenden kommandierenden Generals von Linde-Suden ein.[33] Im Vordergrund stand die Erinnerung an die Gefallenen von Waterloo, wobei in der Berichterstattung deutlich wird, dass natürlich die Heldentaten und Opfer der Vergangenheit das Vorbild für die Gegenwart sein sollten. Galt es doch zu zeigen, „[...] daß der alte Geist von Waterloo auch heute noch in den Niedersachsen steckt, jener Geist, der sein Höchstes zeigt, wenn es gilt jeden Feind niederzuschlagen, der es wagt, deutscher Ehre und deutschem Volksempfinden zu nahezutreten."[34]

Die Haltung der Stadt zur Waterloofeier war geprägt von zurückhaltender Unterstützung für die Veranstaltung. Der Massenauftritt der hannoverschen Gesangvereine wurde mit einem städtischen Zuschuss finanziert, ebenso wie der Schmuck der Waterloosäule und deren Beleuchtung. Die Erinnerung an die Ereignisse bei Waterloo wurde daneben durch eine Ausstellung im Vaterländischen Museum wach gehalten, die allerdings kriegsbedingt kleiner ausfiel, als ursprünglich geplant. Insgesamt war so den welfisch gesonnenen Kreisen Genüge getan, ohne preußische Gefühle zu verletzen oder den Burgfrieden zu gefährden. Die wahre Haltung Tramms zur Waterloofeier zeigt sich daran, dass er in einer Sitzung der Städtischen Kollegien an diesem Tag mit keinem Wort an die Schlacht vor 100 Jahren erinnerte. Das trug ihm unverzüglich die Kritik der pro-welfischen „Hannoverschen Volkszeitung" ein.[35]

Waterloofeier in Hannover. Illumination der Waterloosäule am späten Abend des 18. Juni 1915. Foto: C.H. Hartmann? (VM 16143)

Politisch unproblematisch war die Beteiligung der Stadt Hannover an der „Kriegsaustellung", die vom 22. Dezember 1916 bis 8. Juli 1917 in der Stadthalle gezeigt wurde. Die große Kriegsausstellung wurde veranstaltet vom Stellvertretenden Generalkommando des X. Armeekorps. Ihr Erlös war für Witwen und Waisen von gefallenen Soldaten bestimmt, die diesem Korps angehört hatten.[36] Was dem Vaterländischen Museum in seiner Weltkriegssammlung nicht erlaubt war, nämlich

Plakat zur Kriegsausstellung in Hannover mit damals unmissverständlicher Botschaft. Im Vordergrund französischer Soldat und zerstörtes Geschütz, im Hintergrund eine Kolonne Kriegsgefangener, begleitet von deutscher Kavallerie. Entwurf: H. Wöbbeking, 1916 (VM 39955)

Beutewaffen und – uniformen, aber auch Waffen und Ausrüstung der eigenen Truppen zu zeigen, war der Militärbehörde möglich. Basis war das Material einer Kriegsausstellung, die 1916 in Berlin gezeigt und nun aufgeteilt worden war, um sie an vier weiteren Standorten im Reich zu präsentieren. Hannover nahm für sich in Anspruch, dass man es geschafft hatte, den größten Teil und herausragende Exponate zu gewinnen. Dokumentiert durch eine Postkartenserie kann man noch heute nachvollziehen, wie Flugzeuge, Geschütze, lebensgroße Dioramen von Frontereignissen und vieles mehr auf die Besucher gewirkt haben müssen. Hier wurde ihnen der Krieg deutlich vor Augen geführt, mit den verachtungswürdigen britischen und französischen Kolonialtruppen und natürlich der Überlegenheit der deutschen Waffen.

Die Stadt Hannover unterstützte das Unternehmen nicht nur durch die Bereitstellung der Ausstellungshalle an der Stadthalle, sondern auch durch Exponate aus der Weltkriegssammlung des Vaterländischen Museums. Wie viele Menschen die Ausstellung besuchten, ist nicht überliefert, aber sie muss ein großer Publikumsmagnet gewesen sein.[37] Viele Besucher wollten (ähnlich wie bei der Feldstellung in der Vahrenwalder Heide) einen Eindruck davon gewinnen, wie es ihren Ehemännern, Söhnen, Brüdern an der Front erging. Und natürlich suchten sie die Bestätigung dafür, dass der Krieg letztlich siegreich enden würde. Genau das war die Intention des Stellvertretenden Generalkommandos, das angesichts der unerwartet langen Kriegsdauer, hoher Verluste und der sich drastisch verschlechternden Versorgungslage unbedingt Maßnahmen zur Stärkung des Durchhaltewillens in der Heimat treffen musste.

Versorgungslage und Durchhaltewillen

Für die Stärkung der Siegeszuversicht in der Bevölkerung waren in erster Linie militärische Erfolge erforderlich. Deshalb wurde auch jeder noch so kleine Sieg über das Wolff'sche Telegraphenbüro (das im Laufe des Kriegs zum quasi offiziellen Sprachrohr der Obersten Heeresleitung wurde) an die Zeitungen weitergegeben, die daraus zahllose Extrablätter machten. Angesichts des ausbleibenden Sieges litt naturgemäß die Überzeugungskraft dieser Propaganda. Umso wichtiger wurde die zweite Säule, auf der Durchhaltewillen und Stimmung in der Heimat beruhten: die Versorgungslage der Bevölkerung.

Dies betraf die Menge und Qualität der rationierten Waren, insbesondere aber auch die Verteilungsgerechtigkeit. Hiermit stand es zunehmend schlechter. Dadurch geriet die hannoversche Stadtverwaltung als Glied des Verteilungssystems und als Ordnungsbehörde unter Druck. Es war Stadtdirektor Heinrich Tramms grundsätzliche Haltung, dass nicht die schlechte Versorgungslage der hannoverschen Bevölkerung und diesbezügliche Versäumnisse der Stadtverwaltung ein Problem darstellten, sondern die Berichterstattung darüber. So versuchte der Magistrat durch Beschwerden beim Stellvertretenden Generalkommando eine schärfere Überwachung der „radikalen Presse" (gemeint war damit in erster Linie der sozialdemokratische „Volkswille") zu erreichen, um kritische Artikel über die Stadtverwaltung zu unterdrücken.[38] In zahlreichen Schreiben an die vorgesetzten Behörden ließ Tramm seiner Meinung freien Lauf. Daraufhin machte das Stellvertretende Generalkommando im August 1916 gegenüber dem Regierungspräsidenten seine Position deutlich. Es verwies darauf, dass die verzögerte Umsetzung von Maßnahmen zur gerechten Verteilung der Lebensmittel durch die Stadtverwaltung und Tramms Grundsatz des „Gewährenlassens" gegenüber den Händlern, der gegen zentrale Richtlinien verstieß, die Ursache für die Missstimmung in der Öffentlichkeit war. Abschließend monierte die Militärbehörde, dass Tramm mit seiner Kritik am Generalkommando, dem er untergeordnet war, eindeutig seine Grenzen überschritten hatte.[39]

Obwohl Tramm zweifellos über diese Kritik an seiner Amtsführung informiert wurde, hinderte ihn dies nicht, weiter in die gleiche Kerbe zu hauen. Nach dem „Brotkrawall" im Januar 1917 schob er die Schuld daran wieder der „radikalen Presse" zu und beklagte, dass seine zahlreichen Bitten, schärfere Zensur auszuüben, erfolglos geblieben waren. Damit machte er letztlich das Stellvertretende Generalkommando für die Demonstrationen und die Plünderungen verantwortlich.[40] Mit dieser Meinung stand er allerdings allein. Der hannoversche Regierungspräsident stellte in einem Schreiben an den Kaiser fest, dass die Unzufriedenheit der Bevölkerung in den Städten (besonders in Hannover) durch Maßnahmen der Stadtverwaltungen gedämpft werden könnte, „und zwar durch gerechte und gleichmäßige Verteilung der Lebensmittel und energisches Vorgehen gegen Preiswucher."[41] Gerade daran haperte es aber in Hannover. „Stammkunden" (und das waren ausschließlich besser situierte Hannoveraner) wurden in vielen Geschäften bevorzugt beliefert und auch die Preiskontrolle wurde eher lax gehandhabt.

Als zentrale Orte dienten die Plätze vor den Rathäusern während des Krieges auch für patriotische Kundgebungen. Hier die Feier von Siegen im Osten und des Beginns des vierten Kriegsjahres vor dem Lindener Rathaus. Foto, 5. August 1917 (VM 18766)

Zweifellos war die Lage der Stadtverwaltung prekär. Sie stand bei der Verteilung von Nahrungsmitteln und Kohle am Ende einer Kette staatlicher Stellen und war auf deren Zuweisungen angewiesen. Das Durcheinander der verschiedenen Behörden und Einrichtungen (vom Kriegsernährungsamt über die Reichsfleischstelle oder die Bezirkseierstelle), die mit riesigem bürokratischem Aufwand knappe Waren bewirtschafteten, schuf schon auf höherer Ebene keine Verteilungsgerechtigkeit und war für Außenstehende sicherlich undurchschaubar. In den Lindener Rüstungsbetrieben waren deshalb im Laufe des Jahres 1917 Lebensmittelausschüsse der Arbeiter gegründet worden, die sich mit der Art und Qualität der Sonderzuweisungen für die Rüstungsarbeiter beschäftigten. Zunächst gestaltete sich die Zusammenarbeit mit diesen Ausschüssen schwierig.[42] Dennoch holte der Lindener Oberbürgermeister Lodemann Vertreter der „Arbeiterausschüsse" in den Lebensmittelausschuss der Stadt Linden, mit dem Erfolg, dass manche Schritte der Stadtverwaltung erklärt und auch von den Arbeitervertretern akzeptiert werden konnten.[43] Ebenso wurden Anregungen und Beschwerden aus der Arbeiterschaft aufgenommen und an höhere Dienststellen weitergeleitet.

Tramms Amtsführung, zu deren Kennzeichen neben Mangel an sozialem Mitgefühl eine ausgeprägte Cliquenwirtschaft zählte, war dagegen nicht geeignet, das Misstrauen in der Bevölkerung zu zerstreuen. Zu den Unternehmern, denen Bevorzugung und Preistreiberei vorgeworfen wurde, gehörten aus Tramms Umfeld der Schlachter Ahrberg und der Margarinefabrikant Senator Beuermann, deren Ladenketten eine bedeutende Stellung in Hannover hatten.[44] Nach weit verbreiteter

Meinung gehörten sie und ihre bessergestellten Kunden zu denen, die von der Zurückhaltung der Stadtverwaltung profitierten. Der „Hannoversche Anzeiger" machte gegen diese Meinung Front und überliefert damit zugleich ein eindrückliches Stimmungsbild aus dem Spätherbst 1916. Die Zeitung erkannte in der Unzufriedenheit nur Neid. „Er richtet sich in erster Linie gegen Persönlichkeiten, die, an hervorragender Stelle stehend, die Macht in Händen haben. Ihnen wird – man kann es inmitten der wartenden Frauen täglich hören – die größte Niedertracht nachgesagt [...]. Hat einer die Wohnung abends hell erleuchtet gesehen, so wird auf ein Festmahl geschlossen und gehässige, neiderfüllte Bemerkungen fallen über Butterüberfluss und Fleischverschwendung."[45] Nach Ansicht des Verfassers war dies Verleumdung, würde doch „bei uns vor dem Gesetz jeder gleich behandelt".

Diese Auffassung, die ganz offensichtlich Tramm unterstützen sollte, teilten nicht einmal höhere Regierungsstellen. Als Beispiel sei hier aus einem Bericht des Polizeipräsidenten vom September 1917 zitiert, der sowohl den Stellenwert der Versorgung für die Stimmung in der Bevölkerung wie auch die Probleme bei Preisentwicklung und Verteilungsgerechtigkeit klar benannte: „In der Bevölkerung herrscht z. Zt. eine starke Erregung über die Kartoffelpreise [...]. Von größtem Einfluß auf die Stimmung in den nächsten Monaten wird aber die Kohlenversorgung sein. Hier herrscht nach wie vor die größte Besorgnis und es mehren sich die Behauptungen, daß es den bemittelten Kreisen zwar zum großen Teil gelungen sei, ihren Bedarf einzudecken, daß aber für die ärmere Bevölkerung bisher so gut wie nichts geschehen sei. [...]. In der Tat erscheint es dringend erwünscht, daß sich bei der diesjährigen Kohlenversorgung nicht wiederum die gleichen Verschiedenheiten herausbilden, wie bei der vorjährigen Kartoffelversorgung, die so außerordentlich zur Verbitterung beigetragen haben."[46]

Dass die Stadtverwaltung in Kriegsangelegenheiten auch rasch und entschlossen tätig werden konnte, zeigt das Beispiel der hannoverschen Gasanstalt. Sie befand sich im Eigentum der britischen „Imperial Continental Gas Association" und wurde im August 1914 auf staatliche Anweisung unter deutsche Kontrolle gestellt. Als kaufmännischer Leiter wurde ein städtischer Magistratssekretär in das Unternehmen entsandt, womit die Gaswerke praktisch unter der Leitung der Stadtverwaltung standen. 1916 wurde das Vermögen der ICGA schließlich in Zwangsverwaltung genommen, als Teil einer Vergeltungsmaßnahme für die Liquidierung deutscher Firmen in Großbritannien. Die Stadt Hannover nutzte daraufhin die sich ergebende Chance und kaufte das Gaswerk im Januar 1918.[47]

Heinrich Tramm als Propagandist des Krieges

Tramm, wie auch seine Ehefrau Olga, gehörte während des Krieges nicht nur zahlreichen Unterstützungskomitees für Wohltätigkeitsveranstaltungen, Spendensammlungen usw. an. Tramm war darüber hinaus von Beginn an ein Verfechter des „Siegfriedens" und ließ an seinem Standpunkt keinen Zweifel. In einer Ansprache zum einjährigen Bestehen des Kriegsfürsorgeamtes äußerte er gewisses

Aufstellung zweier erbeuteter russischer Geschütze vor dem Neuen Rathaus als Teil der Kriegspropaganda. Foto: Hermann Stockhausen, Januar 1915 (aus VM 58656)

Verständnis, wenn sich unter den Helferinnen „[...] der Wunsch rege, es möchte bald genug sein des Jammers; dennoch könne uns kein größeres Unglück treffen als ein kleinmütig zugestandener Friede [...]"[48] Wenn Tramm sich hier eher zurückhaltend äußerte, mag dies damit zusammenhängen, dass die ehrenamtlichen Helferinnen des Kriegsfürsorgeamtes aus den „besseren Kreisen" Hannovers stammten und dringend gebraucht wurden. Ansonsten ging er bzw. die Stadtverwaltung mit „Flaumachern" und Kritikern robuster um.

Während die Stadtverwaltung unter Tramms Regiment schon vor dem Kriege ihre angebliche Überparteilichkeit betont hatte (zugleich aber nichts unversucht ließ, um eine Änderung der antiquierten Kommunalverfassung zu verhindern, die nur einem winzigen Teil der Hannoveraner die Beteiligung an der Kommunalpolitik ermöglichte), empfand Tramm keinerlei Bedenken, im Jahre 1917 als führendes Mitglied der „Deutschen Vaterlandspartei" beizutreten. Die Vaterlandspartei war gegründet worden als Sammelbecken aller konservativen und rechtslastigen Parteien und Organisationen, mit dem Ziel politisch für einen „Siegfrieden" mit weitreichenden Annexionen zu kämpfen. Tramms Beitritt war insofern konsequent, als er nicht nur seit langem der Nationalliberalen Partei angehörte,[49] sondern 1891 auch zu den Mitbegründern des „Alldeutschen Verbandes" gezählt hatte.

Als Vertreter der Stadt Hannover im Preußischen Herrenhaus kämpfte Tramm gegen jede Art von Friedensverhandlungen auf der Basis eines Ausgleichs mit der Entente. Karl Jarres, der langjährige Oberbürgermeister von Duisburg und Reichsminister in verschiedenen Kabinetten der Weimarer Republik, charakterisierte Tramms Wirken so: „Was er dachte und für richtig hielt, wurde von ihm, wenn es ihm nötig erschien, auch mit schonungsloser Schärfe geäußert. Ich vergesse persönlich nicht, wie er in unserer Herrenhaus-Fraktion während des Krieges mit heißem Temperament gegen alle Schwäche und Nachgiebigkeit in Kriegführung und Heimatverwaltung sich wandte [...] und wie er am Schluß des großen Ringens durch Mitgründung der Vaterlandspartei streitbar dem Zerfall der Heimateinigkeit und der Zersetzung des Widerstandswillens entgegentrat."⁵⁰

Seine Positionen als erklärter Anhänger eines „Siegfriedens" vertrat Tramm auch bei öffentlichen Auftritten in Hannover. Überliefert ist etwa seine Festrede bei einer Veranstaltung zu Hindenburgs 70. Geburtstag in der Stadthalle. Darin erhob er Hindenburg nicht nur zu einer übermenschlichen Heroengestalt, sondern beschönigte die Versorgungs- wie die Kriegslage und wandte sich gegen alle Bestrebungen, etwa aus dem Reichstag, die auf einen Frieden durch Verhandlungen zielten. Stattdessen proklamierte Tramm immense Reparationsforderungen und Landgewinne für Deutschland

Die autoritäre Amtsführung von Stadtdirektor Heinrich Tramm führte 1915 zum Konflikt mit dem Bürgervorsteherkollegium. Dies veranlasste den Architekten und Bürgervorsteher Karl Börgemann zur Zeichnung einer Karikatur, die ein Heinrich Tramm-Denkmal mit dem Motto „Sic volo, sic jubeo" (Wie ich will, so befehle ich) zeigt. Autographie, 1915 (VM 15100)

nicht nur im Baltikum. „Der Krieg darf nicht zu Ende gehen, ohne daß uns volle und große Kompensationen für unsere uns entrissenen Kolonien gewährt sind, ohne daß uns das Erzbecken von Longwy-Briey [in Frankreich, A.F.] zugesprochen ist [...] und ohne daß in Belgien und namentlich an der flandrischen Küste der englische Einfluß ausgeschaltet und der deutsche militärische Einfluß dort stabilisiert ist. Das sind die Forderungen des einfachen Staatsbürgers; ein starker Staatsmann wird natürlich sehr viel mehr nach Hause bringen." Die Opfer des Krieges streifte er nur beiläufig, seine Quintessenz lautete: „Der Sieg ist unser, wenn wir nur aushalten. Wer die stärksten Nerven hat, sagt unser Feldmarschall, der gewinnt den Sieg. Wir wollen sie haben, denn wir können den Feldzug nicht verlieren. Jetzt oder nie ist die deutsche Schicksalsstunde gekommen."[51]

Ein weiteres Beispiel für Tramms Denkweise liefert seine Haushaltsrede vor den Städtischen Kollegien im Frühjahr 1918. Ausgehend von Planungen der Reichsregierung zur Anhebung von Steuern zur Kriegsfinanzierung, forderte Tramm stattdessen immense Entschädigungen von den Kriegsgegnern. „Wir haben doch auch nach dem Feldzuge große Aufgaben zu lösen. Glauben Sie, daß wir mit den gewaltigen Schulden belastet jene Aufgaben ausführen können? Das können wir nicht."[52] Eine Friedensordnung, die die Zukunft durch Ausgleich mit dem Kriegsgegner sicherte, kam in Tramms Gedankenwelt nicht vor. „Mögen Sie uns hassen in Zukunft, wenn sie uns nur fürchten. Auf der Grundlage von Furcht und Stärke wird sich Deutschlands Zukunft entwickeln und nach oben gehen [...]. Aber nur dann, wenn wir stark bleiben, alle an unserem Teil, und verlangen, daß ein großer, starker, deutscher Entschädigungsfrieden an Geld und Land diese großen, gewaltigen Siege krönt."[53]

Die Reden Heinrich Tramms spiegeln mit ihren Appellen an die Durchhaltebereitschaft die Haltung der Obersten Heeresleitung. Flugblatt „Auf zum Endkampf" (Ausschnitt), Kriegspresseamt Berlin, 1918 (VM 40036)

Was der Stadtdirektor verkündete, waren exakt die Forderungen der Vaterlandspartei, die er auch in der Hindenburg-Festrede lobend erwähnte. Dies ist nicht verwunderlich, denn Tramms Engagement in der Vaterlandspartei beschränkte sich nicht auf die bloße Mitgliedschaft. Er gehörte zunächst der erweiterten Parteiführung an, um im Juni 1918 dann in den zentralen Parteivorstand aufzurücken.[54] Die Trennung zwischen politischem Engagement und Neutralität im Amt spielte für ihn keine Rolle. Der sozialdemokratische „Volkswille" warf ihm sogar vor, im Rathaus die hannoversche Geschäftsstelle der Vaterlandspartei zu betreiben.[55]

Um seine teils extremen Meinungsäußerungen formal abzusichern, die deutlich mit seinen

Pflichten als Stadtdirektor kollidierten, benutzte Tramm aber auch seine Stellung als Mitglied im preußischen Herrenhaus. So geschah es im Juni 1916, als er sich in einem Artikel im „Hannoverschen Kurier" über Fragen der prekären Lebensmittelversorgung äußerte. In diesem Beitrag stellte er die Forderung auf, Teile der Zivilbevölkerung aus den von Deutschland besetzten Gebieten in Polen, Belgien und Nordffrankreich zu deportieren, um diese „überflüssigen Mitesser" loszuwerden.[56]

Insgesamt ergibt sich für die Tätigkeit der hannoverschen Stadtverwaltung im Ersten Weltkrieg unter Heinrich Tramm ein wenig positives Bild. Auch nach dem Erwachen aus dem Rausch der Tage des August 1914, als immer deutlicher wurde, welche Folgen der Krieg für große Teile der Einwohner und die städtischen Kassen hatte, wurde die Fortsetzung des Krieges bedingungslos unterstützt. Zwar nahm die Verwaltung die Aufgaben der Kriegsfürsorge ernst, hielt sich ansonsten aber mit Maßnahmen gegen die zunehmende soziale Spaltung der Stadt zurück. Vehement wehrte sich Tramm gegen alle Ansätze zu einer Demokratisierung der Gesellschaft, besonders hinsichtlich der Städteordnung.[57]

General von Hänisch, letzter Chef des Stellvertretenden Generalkommandos des X. Armeekorps, setzte sich im November 1918 aus Hannover ab. Foto, 1918 (aus Continental Kriegs-Echo 21/1918)

Mit seiner Flucht aus dem Amt im November 1918 zeigte Tramm, dass er die Konsequenzen seines Handelns nicht tragen wollte, befand sich aber mit dem ebenfalls überstürzt aus Hannover abgereisten stellvertretenden kommandierenden General von Hänisch in „bester Gesellschaft". Er verhielt sich damit letztlich wie der Kaiser, wie sein Freund von Hindenburg und viele andere, die die Verantwortung für die militärische Niederlage und das Massenelend (erfolgreich) denen in die Schuhe schieben wollten, die weder im Reich noch in den Kommunen regiert hatten.

1. Militärgeschichtliches Forschungsamt (Hg.): Deutsche Militärgeschichte in sechs Bänden 1648-1939, Herrsching 1983, Bd. 3, Abschnitt V, S. 73.
2. Feldman, Gerald D.: Armee, Industrie und Arbeiterschaft in Deutschland 1914 bis 1918. Berlin/Bonn 1985, S. 41.
3. Oberschelp, Reinhard: Stahl und Steckrüben. Beiträge und Quellen zur Geschichte Niedersachsens im Ersten Weltkrieg (1914-1918), Bd. 1, Hameln 1993, S. 272f.
4. Wie Anmerkung 3, S. 359.
5. Verordnungen des kommandierenden Generals für den Bereich des X. Armeekorps, Hannover 1916, S. 89.
6. HStA Hannover, Hann. 173, Acc. 30/87, Nr. 1092, Erlass vom 20.04.1918.
7. HStA Hannover, Hann. 173, Acc. 30/87, Nr. 1090, Fol. 60
8. HStA Hannover, Hann. 174 Hannover I, Nr. 191, Verfügung vom 15.10.1915.
9. HStA Hannover, Hann. 174 Hannover I, Nr. 191, Verfügung vom 12.10.1915.
10. Diverse Beispiele zu den Verboten in: HStA Hannover, Hann. 174 Hannover I, Nr. 191.
11. Grotjahn, Karl-Heinz: „Vaterlandsverteidiger bis zum Jüngsten hinab" – Die hannoversche Jugend zwischen Kriegsdienst und Disziplinierung 1914-1918. In: Mussmann, Olaf (Hg.): Leben abseits der Front. Hannoverscher Alltag in kriegerischen Zeiten. Hannover, 1992, S. 127-158, hier S. 143.
12. Wie Anmerkung 5, S. 68-69.
13. Wie Anmerkung 10, S. 145.
14. Wie Anmerkung 10, S. 145. In Hannover verschob sich die Grenze während der Sommerzeit auf 21 Uhr (ab 1916).
15. Wie Anmerkung 10, S. 146.
16. Wie Anmerkung 1, S. 161.
17. HStA Hannover, Hann. 174 Hannover I, Nr. 191, Verfügung vom 20.10.1914.
18. Die folgenden Ausführungen stützen sich auf: Schickenberg, Wilhelm: Das Kriegsfürsorgeamt der Stadt Hannover (1914-1919), Hannover 1914-1925.
19. Wie Anmerkung 17, S. 10.
20. Wie Anmerkung 17, S. 30.
21. Wie Anmerkung 17, S. 52.
22. Wie Anmerkung 17, S. 56.
23. Wie Anmerkung 17, S. 105f.
24. Wie Anmerkung 17, S. 118.
25. Wie Anmerkung 17, S. 166.
26. Wie Anmerkung 17, S. 71.
27. Überliefert ist dies z.B. für den Ausmarsch der Königsulanen am Abend des 02.08.1914, siehe: Geschichte des Königs-Ulanen-Regiments (1. Hannoversches Nr. 13) im Kriege 1914-1918. I. Teil. Bremen 19127, S. 11.
28. Schneider, Gerhard: Die Heeresgedenkstätte im Leineschloß zu Hannover. Zugleich ein Beitrag zu Militaria-Sammlungen in den Museen Hannovers. In: Hannoversche Geschichtsblätter NF 41(1987), S.139-191, hier S. 148.
29. Die Weltkriegssammlung des Vaterländischen Museums der Stadt Hannover. Von „Br." (d.i. Albert Brinkmann). In: Hannoversche Geschichtsblätter 19 (1916), S. 406-411.
30. Details zur Sammlungsgeschichte siehe: Fahl, Andreas: Hindenburg, Heldenverehrung und Kriegsalltag. Die Weltkriegssammlung in Hannover 1914 bis heute, in: Freifrau Hiller von Gaertringen, Julia (Hg.): Kriegssammlungen 1914-1918, Frankfurt/M. 2014, S. 243-261.
31. Hannoverscher Kurier vom 18.10.1915, abends, „Hannover, die Hindenburg- und Emmichstadt im Kriege".
32. Schneider, Gerhard: Die Waterloogedenkfeier 1915. In. Hannoversche Geschichtsblätter NF 65/2011, S. 207-237, hier S. 217.
33. Wie Anmerkung 32, S. 218.
34. „Die Waterloo-Hundertjahrfeier in Hannover", Continental Kriegs-Echo, Heft 11/1915.
35. Wie Anmerkung 32, S. 229.
36. Ausführlich zur Kriegsaustellung siehe Schneider, Gerhard: Das Vaterländische Museum Hannover im Ersten Weltkrieg. In: Historisches Museum Hannover (Hg.): Deutungen, Bedeutungen. Beiträge zu Hannovers Stadt- und Landesgeschichte. Festschrift für Waldemar R. Röhrbein zum 75. Geburtstag. Hannover 2010, S. 124-173, bes. S. 139-142, 153-164.
37. Schneider, wie Anmerkung 36, S. 164, geht von rund 100.000 Besuchern aus.
38. StA Hannover, HR 39, 5.
39. Rund, Jürgen: Ernährungswirtschaft und Zwangsarbeit im Raum Hannover 1914 bis 1923, Hannover 1992, S. 311/312.

40 Schneider, Gerhard: An der „Heimatfront". Stimmungsberichte aus Hanover und Linden 1916 bis 1919, Hanoversche Geschichtsblätter, Beiheft 7/2014, S. 47. Ausführlich zum Brotkrawall siehe: Schneider, Gerhard: Der Brotkrawall in Hannover1917 und der Zusammenbruch der „Volksgemeinschaft" im Krieg in: Hannoversche Geschichts blätter NF 63/2009, S. 5-37.
41 Schneider, Stimmungsberichte, wie Anmerkung 40 S. 62/63.
42 Bericht des Magistrats der Stadt Linden an den Regierungspräsidenten vom 19.07.1917, in: Schneider, Stimmungsberichte, S. 114.
43 Etwa im Fall unterschiedlicher Verkaufspreise von Sago in den Rüstungsbetrieben und durch die Stadt Linden. Bericht des Magistrats der Stadt Linden an den Regierungspräsidenten vom 21.02.1918, in: Schneider, S. 131.
44 StA Hannover, HR 39,5. Abschrift eines Artikels des „Kommunalpolitischen Büros" aus dem Jahre 1916.
45 „Gegen Schwarzseher und Verleumder", Hannoverscher Anzeiger vom 25.11.1916.
46 Bericht des Polizeipräsidenten an den Regierungspräsidenten vom 22.01.1917, zitiert nach Schneider, S. 119.
47 Grohmann, Wasser- und Energieversorgung, S. 99, 103,105.
48 Wie Anmerkung 17, S. 63.
49 Für die er von 1886-1890 der Zweiten Kammer des Preußischen Abgeordnetenhauses angehörte.
50 Heinrich Tramm Stadtdirektor von Hannover 1854-1932. Ein Lebensbild. Hannover 1932, S. 32.
51 Festrede zur Feier des 70. Geburtstages Seiner Exzellenz des General-Feldmarschalls von Hindenburg, gehalten von Stadtdirektor Tramm am 2. Oktober 1917 in der Stadthalle zu Hannover. Buchdruckerei Hugo Münstermann, Hannover (1917), S. 4. VM 38345.
52 „Stadtdirektor Tramm über den Frieden", in: Kriegs-Beilage der Hanomag-Nachrichten, Heft 4/1918, S. 37.
53 Wie Anmerkung 52, S. 38.
54 Mlynek, Klaus: Geistesverwandtschaften: Carl Peters und Heinrich Tramm. In: Historisches Museum Hannover (Hg.): Deutungen, Bedeutungen. Beiträge zu Hannovers Stadt- und Landesgeschichte. Festschrift für Waldemar R. Röhrbein zum 75. Geburtstag. Hannover 2010, S. 12-57, hier S. 31.
55 StA Hannover, HR 39,5. Artikel des Volkswillen vom 22.09.1917.
56 Ausführlich dazu Schneider, Stimmungsberichte, wie Anmerkung 40, S. 59-61.
57 Weitere Belege für Tramms antidemokratische Haltung, die sich sogar gegen den Reichstag richtete, und seine Unbeliebtheit in großen Teilen der Bevölkerung sind zu finden bei: Schneider, Gerhard: Vom Attentat zum Rücktritt - Heinrich Tramm am Ende seiner Dienstzeit, in: Hannoversche Geschichtsblätter NF 67/2014, S. 129-147.

Hindenburg und Ludendorff am Kartentisch. Gemälde von Hugo Vogel, 1915 (VM 32591)

Andreas Fahl

Hindenburg und Hannover
Eine besondere Beziehung

Paul von Beneckendorff und von Hindenburg (2.10.1847 Posen – 2.8.1934 Neudeck) nahm als junger Leutnant am Preußisch-Österreichischen Krieg 1866 und am Deutsch-Französischen Krieg 1870/71 teil. Zwischen beiden Kriegen und ab 1871 war er insgesamt sechs Jahre in Hannover stationiert.[1] Ab 1877 diente er überwiegend als Stabsoffizier. Als treuer Schüler seines zeitweiligen Vorgesetzten Schlieffen war er festgelegt auf offensive Kriegführung. Auch ihm wohlmeinende Zeitgenossen bescheinigten Hindenburg, dass er kein Stratege war und wenig Eigeninitiative entwickelte. Seine Karriere endete als Kommandeur des IV. Armeekorps in Magdeburg. 1911 reichte er seinen Abschied ein.

Während andere Ruheständler nach Kriegsausbruch reaktiviert wurden, saß Hindenburg unzufrieden und untätig in Hannover, seinem Alterswohnsitz. Er erhielt erst eine Chance, als die deutsche Kriegführung im Osten in Not geriet. Der Schlieffen-Plan, die Basis für die deutsche Kriegführung, sah die Konzentration der deutschen Truppen im Westen vor, um zuerst den Hauptgegner Frankreich zu schlagen.[2] Im Osten stand nur die 8. Armee, die vor unerwartet starken russischen Kräften zurückweichen musste. Ostpreußen wurde weitgehend preisgegeben. In dieser Situation fällte die Oberste Heeresleitung die Entscheidung, die Spitze der 8. Armee auszutauschen.

Als militärischer Kopf und Stabschef der 8. Armee sollte Generalmajor Erich Ludendorff dienen, ein ausgewiesener Stratege, der gerade bei der Eroberung Lüttichs große Verdienste errungen hatte. An die Spitze der Armee stellte man einen Offizier, von dem man erwartete, dass er Ludendorff möglichst wenig bei der Arbeit stören würde: Generalleutnant Paul von Hindenburg. Am 23. August 1914, morgens

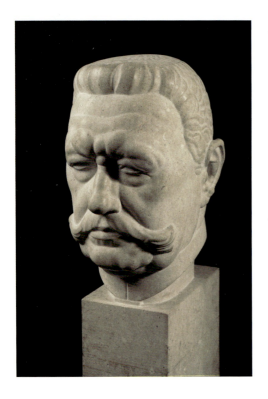

Zu den Künstlern, die Paul von Hindenburg porträtieren durften, gehörte Franz Metzner, Schöpfer der Bildhauerarbeiten am Völkerschlachtdenkmal in Leipzig. Seine Interpretation fand allerdings nicht die Zustimmung des Generalfeldmarschalls, der sich „assyrisch" wiedergegeben sah. Büste aus Kalkstein, 1916 (VM 21787)

um 3 Uhr, stieg Hindenburg am Hauptbahnhof Hannover in den Sonderzug, der Ludendorff von der Westfront nach Ostpreußen bringen sollte.[3] Dessen riskanter Operationsplan, basierend auf Vorarbeiten eines Stabsoffiziers der 8. Armee, Oberstleutnant Max Hoffmann, sah vor, die russische Njemenarmee im Norden Ostpreußens mit geringen Kräften hinzuhalten. Gleichzeitig sollte die südlich stehende Narewarmee von den deutschen Hauptkräften eingekesselt und vernichtet werden. Den russischen Befehlshabern wurde diese Absicht erst viel zu spät klar. Anderenfalls hätten sie den Spieß umdrehen und die 8. Armee einkreisen und vernichten können.

In den Schlachten bei Tannenberg (27./28. August) und an den Masurischen Seen (8. – 10. September 1914) gelang es, die zahlenmäßig überlegenen russischen Armeen zu schlagen und aus Ostpreußen hinauszudrängen. In der Öffentlichkeit wurde der Sieg Hindenburg zugeschrieben. Ludendorff und Hoffmann dagegen galten nur als seine „Gehilfen". Seine Rolle als Kriegsheld, die er durch geschickte Maßnahmen noch zu steigern wusste, geriet immer größer, je erfolgloser die deutsche Kriegführung war. Im Westen scheiterte der großartige Zangenangriff gegen Frankreich an der Marne und weitere verzweifelte Durchbruchsversuche endeten in Flandern unter enormen Verlusten.

Dagegen stand Hindenburg, der „Retter Ostpreußens", der mit seiner stattlichen Körpergröße und dem markanten Kopf immer eine unerschütterliche Ruhe ausstrahlte. Der unbekannte, pensionierte General wurde zum Symbol des Sieges- und Durchhaltewillens. Hindenburg avancierte zum Generaloberst und zum Oberbefehlshaber Ost. Mehr und mehr geriet er in Konflikt mit dem Chef der Obersten Heeresleitung, General Falkenhayn, der angesichts der verheerenden Verluste einen Sonderfrieden mit Russland anstrebte, um im Westen alle Kräfte zu bündeln. Hindenburg dagegen suchte die Entscheidung im Osten.

Gestützt auf seine wachsende Popularität drängte er bei Kaiser Wilhelm II. auf die Entlassung seines Vorgesetzten Falkenhayn – ein Vorgang, der den Monarchen verärgerte. Immerhin konnte Hindenburg gewisse Verstärkungen durchsetzen, aber die „Winterschlacht in Masuren" (Februar

Kaiser Wilhelm II. und seine beiden erfolgreichsten Heerführer der Ostfront, die Generalfeldmarschälle von Hindenburg und von Mackensen. Das Verhältnis der drei war allerdings nicht so harmonisch, wie es das Bild, das zugunsten der Kriegswohlfahrtspflege für Ostpreußen verkauft wurde, suggeriert. Wandbilddruck, 1916 (VM 39817)

1915) blieb ohne entscheidenden Erfolg. Gleichwohl wuchs sein Ruhm, da er es verstand, sich selbst durch eine professionelle Pressearbeit zu vermarkten.

In seiner Fehde mit Generalstabschef Falkenhayn fand Hindenburg sich schließlich mit Reichskanzler Bethmann Hollweg zusammen, der mittlerweile einen Verständigungsfrieden anstrebte. Um diesen schwierigen Schritt der Öffentlichkeit zu vermitteln, der man zwei Jahre lang den baldigen Sieg versprochen hatte, wollte der Reichskanzler die ungeheure Popularität Hindenburgs ausnutzen. Unter Mühen gelang es, den Kaiser von der Notwendigkeit zu überzeugen, den bei ihm wenig beliebten Hindenburg als Generalsstabschef und seinen Adlatus Ludendorff als Generalquartiermeister in die 3. Oberste Heeresleitung zu berufen (29. August 1916). Nicht zu Unrecht fürchtete der Kaiser, durch Hindenburg ins Abseits gedrängt zu werden.

Die 3. OHL machte von Beginn an deutlich, dass sie sich nicht auf ihre militärische Aufgabenstellung beschränken wollte. Das Duo Hindenburg/Ludendorff forderte eine massive Erhöhung der Munitions- und Geschützproduktion, die mit dem „Hindenburg-Programm" erreicht werden sollte. Um trotzdem die benötigten Männer für die Front zu bekommen, wurde das „Hilfsdienstgesetz" verabschiedet, das eine sehr weitgehende Arbeitspflicht für Männer und Frauen vorsah. Außerdem wurden auf Betreiben der OHL mehrere zehntausend Belgier zur Zwangsarbeit nach Deutschland deportiert. Eine wenig effektive Maßnahme, die aber Deutschlands Ansehen schwer beschädigte. Auch das Hindenburg-Programm erwies sich als zweischneidiges Schwert, denn es verschlang Transportkapazitäten und Kohle und forcierte die Versorgungskrise im Winter 1916/17, ohne zeitnah die gesteckten Ziele zu erreichen.[4]

Nachdem Rumänien militärisch bezwungen war, gab Hindenburg seine kurzfristige Unterstützung für einen Verständigungsfrieden wieder auf. Bethmann Hollweg wurde nun sein Gegenspieler, nicht nur wegen dessen Friedensabsichten, sondern auch, weil dieser mehr und mehr zu innenpolitischen Reformen bereit war, um die sich unter dem Druck des Krieges verschärfenden sozialen und gesellschaftlichen Gegensätze abzubauen. Hindenburg beschwor dagegen den „Geist von 1914", der alle sozialen Spannungen kurzfristig überdeckt hatte, als Grundlage für den Sieg.

Es dauerte allerdings bis in den Herbst 1917, bis Hindenburg genügend Verbündete gefunden hatte, um den Kaiser zur Trennung vom Reichskanzler zu bewegen, der mittlerweile auch das Vertrauen der Parteien verloren hatte. Loyal ersparte Bethmann Hollweg dem Monarchen, ihn unter Hindenburgs Druck zu entlassen, indem er seinen Rücktritt einreichte. „Mit seinem Abgang trat an die Stelle des Nebeneinanders von ziviler Reichs- und militärischer Heeresleitung eine diktaturähnliche Rolle der OHL."[5] War Hindenburg bisher schon in der öffentlichen Wahrnehmung mehr und mehr als „Ersatzkaiser" gesehen worden, so entsprach dies auch zunehmend den realen Machtverhältnissen.

Wie sehr Hindenburg zur Verkörperung der Siegeshoffnung wurde, zeigt die inflationäre Verwendung seines Namens. Nicht nur, dass unzählige Produkte mit dem Namenszusatz „Hindenburg" versehen wurden. Wichtiger war die Verwendung des Namens in Verbindung mit politischen und militärischen Maßnahmen, wie dem Hindenburg-Programm zur Mobilisierung aller wirtschaftlichen Kräfte für den Krieg. Und die im Herbst 1917 gegründete Vaterlandspartei konnte Hindenburg zwar nicht als Mitstreiter gewinnen, weil dieser fürchtete, sein offenes Engagement auf Seiten der politischen Rechten würde zum Ende des Burgfriedens führen. Aber er ließ die Parteiführer, unter ihnen Hannovers Stadtdirektor Tramm, gewähren, als sie ihre weitreichenden Forderungen und Annexionswünsche unter dem Titel „Hindenburg-Frieden" publik machten.

Zwei von zahllosen Hindenburg-Devotionalien. Bierglas und Wandteller, 1915 (VM 38822, VM 63533)

Militärisch gesehen trat Hindenburg seit Anfang 1918 auch in der Öffentlichkeit in den Hintergrund. Ludendorff hatte die späte Genugtuung, dass er jetzt als der militärische Kopf der OHL wahrgenommen wurde. Er stand vor der Situation, mit den eigenen Fehleinschätzungen konfrontiert zu werden. Entgegen den Erwartungen der OHL hatte der im Januar 1917 ausgerufene unbeschränkte U-Boot-Krieg zum Kriegseintritt der USA geführt. Nun wuchs die Zahl der amerikanischen Soldaten in Frankreich von Woche zu Woche. Statt aus einer Position der relativen Stärke die Chancen für Friedensverhandlungen zu erkunden, setzte Ludendorff alles auf eine Karte. Die deutsche Frühjahrsoffensive an der Westfront sollte im März 1918 den Durchbruch bringen, fand aber nach Anfangserfolgen ein rasches Ende. Ende August standen die deutschen Truppen kurz vor dem Zusammenbruch.

Um eine große militärische Niederlage zu verhindern, forderten Hindenburg und Ludendorff von der Reichsregierung ultimativ die Aufnahme von Waffenstillstandsverhandlungen. Damit wurde die Schwäche des Deutschen Reiches offenkundig,

Werbung für die Kriegsanleihe mit einem der populärsten Aussprüche Hindenburgs. Plakat, Entwurf Bruno Paul, 1917 (VM 38823)

wie die Reaktion der Entente zeigte, die harte Waffenstillstandsbedingungen diktierte. Die von den Ereignissen und dem Eingeständnis der katastrophalen militärischen Lage überraschte politische Führung gewann nun wieder die Oberhand. Erstes Opfer des Zornes wurde Ludendorff, dem man die Niederlage anlastete. Obwohl Hindenburg kurz vorher noch Treueschwüre gegenüber seinem militärischen Wegbegleiter kundgetan hatte, rührte er keinen Finger, als der Kaiser Ludendorff am 26. Oktober 1918 entließ. Er war froh, dass er mit der Niederlage nicht in Verbindung gebracht wurde. Sein Verhältnis zu Ludendorff war mit diesem Verrat allerdings zerstört.

Hindenburg behauptete seine Position auch noch, als der Aufstand der Hochseeflotte und die Revolution am 9. November 1918 zum Sturz der Monarchie führten. Die neue Regierung vertraute darauf, dass es mit Hilfe seiner ungebrochenen Popularität gelingen würde, die deutschen Truppen geordnet nach Hause zu holen. Bis Juli 1919 blieb Hindenburg an der Spitze des Heeres, bevor er seinen Abschied nahm und nach Hannover zurückkehrte.

Die Schonung, die man Hindenburg gewährt hatte, dankte er der neuen Republik nicht. Vor

Zur Routine in Hindenburgs Tagesablauf gehörten ausführliche Gespräche beim Wein in der Abendrunde, während die eigentliche strategische Planung in den Händen Ludendorffs lag. Foto: O. Salz, 1915 (aus: Illustrierte Zeitung Nr. 3777).

dem Reichstagsuntersuchungsausschuss, der im November 1919 die Ursachen für den verlorenen Krieg aufarbeiten sollte, vertrat er mit seiner ganzen Autorität die „Dolchstoßlegende", d.h. die Lüge, nach der das deutsche Heer im Felde unbesiegt geblieben war und nur durch Verrat an der Heimatfront um den Sieg gebracht worden war. Damit nahm er zugleich Ludendorff in Schutz, der seinerseits darauf verzichtete, Hindenburgs Anteil an der Katastrophe öffentlich zu machen.

1925 kehrte Hindenburg in seine Rolle als „Ersatzkaiser" zurück und gewann die Wahl zum Reichspräsidenten. Als vermeintlicher Garant der Republik und um Hitler als Reichspräsident zu verhindern, wurde Hindenburg 1932 auch von vielen wiedergewählt, die dem reaktionären Ex-Feldmarschall politisch ablehnend gegenüberstanden. Diese Wähler und die Verfassung, auf die er vereidigt war, verriet Hindenburg, als er am 30. Januar 1933 Hitler zum Reichskanzler ernannte.

Hindenburg und Hannover

Während und auch nach dem Weltkrieg bestand zwischen Hindenburg und Hannover eine besondere Beziehung. Hannovers Stadtdirektor Heinrich Tramm, der Hindenburg mehrfach in seinem Hauptquartier im Osten besuchte, gehörte zu dem Kreis von Vertretern aus Wirtschaft und Politik, zu denen der Generalfeldmarschall Kontakte knüpfte. Dabei entwickelte sich Tramm im Laufe der Zeit immer mehr zu einem Vertrauten Hindenburgs. Aus dieser Beziehung zogen beide ihren Nutzen.

Erster Anknüpfungspunkt war eine Transaktion auf dem Gebiet der Kunst. Hindenburg besaß ein sehr gutes Gespür dafür, welche Bilder von ihm veröffentlicht werden sollten. Er bevorzugte grundsätzlich Gemälde und Grafiken gegenüber Fotos, da sich so die Spuren des Alters besser kaschieren ließen. Überdies nahm er großen Einfluss auf die Auswahl des Künstlers und die Art der Darstellung. Ein Paradebeispiel dafür ist das große Doppelporträt „Hindenburg und Ludendorff am

Kartentisch" von Hugo Vogel. Es zeigt ihn als Feldherrn, der seinem Helfer bei der Arbeit zuschaut. Ludendorff war die Wirkung des Gemäldes sehr wohl bewusst, aber mehr als die Zustimmung zu einer Abmilderung der Pose konnte er Hindenburg nicht abringen.[6]

Tramm hatte das Gemälde in der Entstehung sehen können, als er Hindenburg in seinem Hauptquartier in Lötzen besucht hatte. Hier trafen sich die Interessen des auf die Wirkung seiner Bilder bedachten Generals und des Kunstliebhabers Tramm, der schon Jahre zuvor neben den hannoverschen Museen die „Städtische Galerie" begründet hatte. Hindenburg ließ Tramm wissen, dass er das Doppelporträt von Hugo Vogel gerne in Hannover sehen würde. Tramm verhandelte daraufhin mit dem Künstler.[7] Dem Stadtdirektor gelang es damit, in der Welle der allgemeinen Begeisterung und Verehrung für Hindenburg ein herausragendes Gemälde nach Hannover zu holen, das später als Kunstdruck in zigtausendfacher Auflage Verbreitung fand. Der Erfolg war um so glänzender, als Tramm in seiner Funktion als Stadtdirektor zwar die Verhandlungen mit dem Künstler geführt hatte, den Kaufpreis von 30.000 Mark aber von dem Margarinefabrikanten Senator Karl Beuermann und dem Kaufmann Karl Sältzer finanzieren ließ, die das großformatige Gemälde der Stadt Hannover schenkten.[8] Außerdem erreichte Hindenburg, dass die Stadt Hannover zwei weitere Porträts von ihm ankaufte, die der Kunstmaler Walter Petersen anfertigte. Eines der beiden Gemälde schenkte die Stadt der Gattin Hindenburgs zum Geburtstag, das zweite kam in die Sammlung des Kestner-Museums.

Hindenburgs Wohnung in der Wedekindstraße mit Schmuck zum 68. Geburtstag des Generalfeldmarschalls, Foto, 1915 (Fotoarchiv HMH)

Angesichts der großen Popularität Hindenburgs war es kein Wunder, dass die städtischen Kollegien am 26. August 1915 Tramms Antrag folgten, Hannovers berühmten Einwohner zum Ehrenbürger zu ernennen.[9] Zuvor hatte es bereits eine Gedenkfeier zum einjährigen Jahrestag der Reaktivierung Hindenburgs (am 23. August) gegeben. „Der vor kurzem gegründete Vaterländische Ausschuß hatte zum Abend vor dem Hoftheater eine große Feier arrangiert, die durch Gesang der

Heimatfront Hannover   141

Die Freiwillige Kriegshilfe Hannover-Linden organisierte zum 68. Geburtstag des Generalfeldmarschalls einen Zug von angeblich 4000 Kindern „zum Hause ihres Hindenburg", um es mit Kränzen zu schmücken und eine Dankadresse zu übergeben. Das Bild zeigt den Kinderzug in einem Spalier von Zuschauern am Neuen Haus (heute Emmichplatz). Foto, 2. Oktober 1915 (Fotoarchiv HMH)

vereinigten Hannoverschen Gesangvereine und durch Musikvorträge verschönt wurde. Tausende und aber Tausende standen von Café Kröpcke bis zur Windmühlenstraße Kopf an Kopf so dicht, daß die Straßenbahn ihren Verkehr einstellen mußte, und lauschten andächtig auch bei der groß angelegten Festrede auf Hindenburg, die, weit schallend über den Platz, ein rechtes Bild wahrer deutscher Heldengröße gab.[10]"

1916 wurde dann die Tiergartenstraße im Zooviertel in Hindenburgstraße umbenannt. Für all diese Gunstbeweise revanchierte sich Hindenburg, indem er sich gegenüber Tramm in Briefen deutlich über die Kriegsziele äußerte und als Anhänger eines Siegfriedens mit großen territorialen Zugewinnen zu erkennen gab, während er sich öffentlich noch bedeckt hielt.[11] Tramms Position in Hannover, aber auch als Mitglied der nationalliberalen Fraktion des preußischen Herrenhauses wurde

Das Geschenk der Stadt Hannover an Hindenburg: eine Villa in der Seelhorststraße (heute Bristoler Straße). Postkarte, F. Astholz jun., um 1920 (VM 65232)

zweifellos gestärkt durch solche Kenntnisse und die Bekanntheit seiner Beziehung zu Hindenburg.

Darüber hinaus beschlossen die städtischen Kollegien noch im Herbst 1918, dem bisher in einer angemieteten Wohnung in der Wedekindstraße lebenden Hindenburg auf Kosten der Stadt eine Villa „als Geburtstagsgabe darzubringen." Für die Villa in der heutigen Bristoler Straße (damals Seelhorststr. 32) bedankte sich der Generalfeldmarschall bei Stadtdirektor Tramm mit warmen Worten: „Vor 52 Jahren nach Hannover versetzt, habe ich dort meine glückliche militärische Jugendzeit verlebt und der schönen Residenzstadt seitdem immer ein treues, warmes Gedenken bewahrt, so daß ich nach Beendigung meiner Laufbahn freudigen Herzens dorthin zurückkehrte. Die Aussicht, nunmehr, nach erfüllter Pflicht, meinen Lebensabend im lieben Hannover in einem durch Ihre und meiner Mitbürger gütige Fürsorge geschaffenen, behaglichen Heim beschließen zu können, muß mich daher mit innigstem Dank erfüllen […]".[12] Im Juli 1919 kehrte Paul von Hindenburg nach Hannover zurück und nahm hier für die nächsten Jahre seinen Wohnsitz, in den er auch während seiner ersten Amtszeit als Reichspräsident noch gelegentlich zurückkehrte.

Heimatfront Hannover

Nach der Wahl zum Reichspräsidenten: Hindenburg auf der Rennbahn in Hannover, rechts neben ihm Heinrich Tramm. Foto, Mai 1925 (Fotoarchiv HMH)

Dass sich die Zeiten geändert hatten, wurde zunächst nicht sichtbar, denn auch der sozialdemokratische Oberbürgermeister Leinert hielt sich an die Beschlüsse bezüglich der Villa. Zwar hatte der Kriegsverlauf das ambitionierte, von Hermann Bahlsen und dem Architekten Bernhard Hoetger verfolgte Straßenprojekt „Hindenburgring", einer großen Ringstraße im Bereich der Eilenriede mit monumentalem Ehrenmal zur Ehrung Hindenburgs, 1918 scheitern lassen.[13] In der Öffentlichkeit deutlich wurde der politische Umbruch erst, als im Mai 1921 Hindenburgs Ehefrau Gertrud starb. In gewohnter Manier beschloss der Magistrat zunächst, Hindenburg die Grabstätte auf dem Stöckener Friedhof als Ehrengrab zu schenken. Die notwendige Zustimmung des Bürgervorsteherkollegiums konnte aber nicht erreicht werden. Da keine Einigung der Städtischen Kollegien zustande kam, wurde die Angelegenheit fallengelassen. Allerdings erwartete der Magistrat, dass das Geld für die Grabstelle „von anderer Seite", also durch einen privaten Stifter, aufgebracht werden würde. Jedenfalls bekam das Grab Gertrud von Hindenburgs nicht den Status eines städtischen Ehrengrabes.[14] Und das heutige Eilenriedestadion, bezahlt mit einer Unternehmerspende aus Kriegszeiten, erhielt bei seiner Eröffnung 1921 nicht den ursprünglich geplanten Namen „Hindenburgstadion". Diese

Benennung erfolgte erst 1934 und musste nach Ende des 2. Weltkrieges der heutigen Bezeichnung weichen.

Dennoch blieb der Name Hindenburg in der Stadt und Region präsent: durch die Hindenburgschleuse (1928) in Anderten und die zahlreichen Hindenburgstraßen und -plätze, die es in der Region Hannover gibt. Gegen die Neubewertung historischer Personen und die oft damit verbundene Debatte um die Änderung von Straßennamen hat sich Hindenburg bis heute als resistent erwiesen.[15]

1   Als grundlegende und aktuellste Monografie wurde für den Beitrag herangezogen: Pyta, Wolfram: Hindenburg. Herrschaft zwischen Hohenzollern und Hitler, München 2009.
2   Aus Platzgründen kann hier nicht weiter darauf eingegangen werden, dass der ursprüngliche Schlieffen-Plan bis zum Kriegsausbruch mehrfach überarbeitet wurde, wobei aber die Grundidee erhalten blieb.
3   Von Hindenburg, Aus meinem Leben, Leipzig 1920, S. 73.
4   Als hannoversches Beispiel kann die Halle 96 der Hanomag angeführt werden, deren Fertigstellung sich so lange verzögerte, dass das damit verbundene Produktionsziel erst im Herbst 1918 erreicht wurde. Siehe Tasch, Dieter: Halle 96. Das Hindenburg-Programm, in:Görg, Horst-Dieter/Asche, Andreas (Hg.): Hanomag in Wort und Bild. Das Jahrbuch 2014, Lemgo 2013, S. 7-16.
5   Enzyklopädie, S. 385.
6   Plath, Helmuth: Hindenburg und Ludendorff – Das Doppelporträt von Hugo Vogel, in: Niederdeutsche Beiträge zur Kunstgeschichte 11/1972, S. 275-283.
7   Vogel, Hugo: Als ich Hindenburg malte, Berlin 1927, S. 163f.
8   Karl Beuermann war bürgerlicher, d.h. ehrenamtlicher, Senator der Stadt Hannover und Besitzer einer Margarinefabrik, deren Filialen den Butter- und Margarinehandel in Hannover dominierten. Karl Sältzer war Eigentümer des Kauf- und Versandhauses J.W. Sältzer. Als bedeutender Briefmarkensammler hatte er dem Vaterländischen Museum 1911 seine „Hannover-Sammlung" geschenkt.
9   In gleicher Sitzung wurde die Ehrenbürgerwürde auch an General von Emmich, Kommandeur des X. Armeekorps, verliehen.
10 „Neues aus Hannover", Continental Kriegs-Echo 16/1915.
11 Briefe Hindenburgs vom 9.8.1915 und 18.12.1915 im Nachlass Tramm im Stadtarchiv Hannover, zitiert bei Pyta, wie Anmerkung 1, S. 209f.
12 Zitiert nach „Ein Geschenk der Stadt Hannover an Hindenburg", Continental Kriegs-Echo, Heft 91/1918.
13 Adam, Hubertus: Hindenburgring und Grabmal Hohmeyer. Zwei Projekte Bernhard Hoetgers für Hannover aus den Jahren des 1. Weltkriegs, in: HGBl NF 43/1989, S. 57-84.
14 Der Verfasser dankt Dr. Peter Schulze, Hannover, für die Überlassung der Informationen, die auf der Grabakte basieren. Das Grab blieb übrigens nicht erhalten, da G. v. Hindenburg 1927 auf das Familiengut Neudeck umgebettet wurde. 1934 folgte auf Anweisung Hitlers die erneute Umbettung in das Tannenberg-Denkmal. Von dort 1945 evakuiert, gelangten die Särge des Ehepaars Hindenburg schließlich 1946 nach Marburg.
15 Der Verfasser hält solche Debatten für wichtig, Straßenneubenennungen aber meist für ein untaugliches Mittel im Sinne historischer Aufklärung. Gleichwohl wäre es durchaus gerechtfertigt, die Rolle von Männern wie Hindenburg und Tramm im Ersten Weltkrieg und in der Weimarer Republik einer kritischen Betrachtung zu unterziehen. Als Vorbilder taugen sie zweifellos nicht.

Die Vorturnerschaft des Arbeiter-Bildungs-Vereins Linden. Auch die Arbeitersportler standen nationalem Gedankengut nicht ganz fern, wie der Wandbilddruck von „Turnvater Jahn" im Hintergrund zeigt. Foto, nach 1891 (VM 65120)

Bernd Wedemeyer-Kolwe

Hannovers Turn- und Sportvereine im Ersten Weltkrieg

Einleitung

„Ganz Deutschland in Waffen! Herrlicher, herzerhebender Anblick! Vergessen alles Parteigezänk, vergessen der Hader der Konfessionen, der sozialen Gegensätze. Alles beseelt von dem einen Gedanken: du bist ein Deutscher, du bist ein Glied des edelsten Volkes der Erde [...] Und wer nimmt an der großen Bewegung den stärksten Anteil? Das ist der deutsche Turner [...]. Sie brennen darauf, die wackeren Turner, durch die Tat zu bewähren, was sie so oft in Rede und Gesang gelobt haben, treue, kraftvolle Verteidiger der deutschen Gaue, des deutschen Volkstums zu sein. [...]. Auch der Turn=Klubb sieht eine ganze Anzahl seiner jungen Mitglieder hinausziehen ins Feld [...].[1]"

So wie der Turn-Klubb Hannover im Sommer 1918 das „August-Erlebnis" auffasste und seine wehrfähigen Turner ins Feld schickte – in der falschen Annahme, der als Verteidigungskrieg aufgefasste Militärkonflikt werde wohl nicht lange dauern –, so unterstützten alle bürgerlichen Turn- und Sportvereine und ihre Fachverbände des Deutschen Kaiserreiches die Mobilmachung ihres Staates und stellten sich „ganz in den Dienst der Landesverteidigung". Parolen wie die des Norddeutschen Fußball-Verbandes: „Durch den Sport wurdet ihr für den Krieg erzogen, darum ran an den Feind", waren typisch für das bürgerlich-nationale Sportmilieu.[2] Und obwohl aus den Lagern des jüdischen Sports und noch mehr der stark international agierenden Arbeitersportverbände doch auch nachdenkliche, ja besorgte Stimmen kamen,[3] so konnten sie die Kriegssituation doch auch positiv wenden: „Die Arbeiterbewegung", so schrieb die Arbeiter-Turn-Zeitung im September 1914, „die noch gestern als der Ausbund aller Schlechtigkeit und Vaterlandslosigkeit verschrien war, findet schon

Friedlicher Wettkampf, bevor nur wenige Tage später der Krieg begann. 400 Meter-Mallauf bei Eintracht Hannover, Foto, Ende Juli 1914 (aus VM 60585,1)

heute die Anerkennung der Verfolger von gestern".[4] Der – sportbegeisterte – Kaiser Wilhelm II. hatte den „Burgfrieden" ausgerufen, der alle gesellschaftlichen Kräfte zu einem gemeinsamen Deutschland bündeln sollte, und auch sämtliche Turn- und Sportorganisationen folgten der Aufforderung.

Doch im August 1914 war auch für die insgesamt etwa 2,5 Millionen Mitglieder zählende Turn- und Sportbewegung nicht absehbar, welche z.T. vielfältigen Rollen sie im Laufe des Krieges annehmen und welche Aufgaben sie übernehmen würde, welche Probleme sie zu bewältigen hatte und welchen Wandlungen sie unterliegen sollte: Sport und Turnen in der Heimat und an der Front, Sport und Turnen für den Krieg und in Folge des Krieges. Die Turn- und Sportvereine sämtlicher Couleur sollten – auch in Hannover – in den nächsten vier Jahren mit allerhand Konfliktpotential konfrontiert werden.

Turnen und Sport für den Krieg

Bereits schon Jahre vor dem Krieg waren die militärische Führung des Kaiserreichs und viele Funktionsträger in der Turn- und Sportbewegung übereinstimmend zu der Überzeugung gelangt, dass systematische Leibesübungen für die Wehrertüchtigung der Jugend bzw. für die körperliche Fitness der Soldaten von entscheidender militärischer Bedeutung seien. Die Anforderungen an den modernen Soldaten, so die Oberste Heeresleitung, überschnitten sich in idealerweise mit den Charakteristika des Sports wie Entscheidungsfähigkeit, Leistungsbewusstsein, Willensstärke, Kampfgeist, Selbstvertrauen, Selbständigkeit und Individualität. Mit anderen Worten: Der Sport steigere die Kriegstauglichkeit. Zugleich sei

Verbindung von Schule und Militär: Turn- und Spielkursus für Lehrerinnen, abgehalten am Oberlyzeum (heute Wilhelm-Raabe-Schule). In der Mitte der Gruppe sitzend Generalfeldmarschall von der Goltz, Begründer des Jungdeutschlandbundes. Foto, 1913 (VM 65119)

der Sport in der Armee – auch an der Front – das beste Mittel gegen Langeweile und ein Instrument zum Abbau von Spannungen und Konflikten.[5] Auch die aktiven Turner und Sportler glaubten das: So berichtete der hannoversche Turner Friesland noch 1917 angesichts vieler vom Krieg ausgelaugter Kameraden, dass er die Ausdauer im Krieg „vor allem dem deutschen Turnen verdanke".[6]

So wurden schon vor dem Krieg Organisationen gegründet, die die militarisierende Entwicklung von Sport und Turnen begleiten und vor allem die Jugend in die künftige Wehrertüchtigung mit einbinden sollten. 1891 formierte sich der Zentral-Ausschuß für Volks- und Jugendspiele, um die vaterländische Erziehung der Jugend zu fördern. 1911 wurde auf Befehl des Kaisers der Jungdeutschlandbund ins Leben gerufen, um mithilfe der beigetretenen Verbände und Vereine von Turnen und Sport die Jugend paramilitärisch zu schulen. Schon 1908 wurde das Fußballspiel in Flotte und Heer etabliert. Mit Kriegsbeginn führte das Militär den Wettkampfbetrieb aller möglichen Sportarten ein und Sportarten wurden militarisiert. So wurden Gepäckwettgehen, Radfahren im Gelände, Stabhochsprung mit Sturmgepäck, Kurzstreckenlaufen mit Gasmaske, Schwimmen mit Kleidung oder Handgranatenwerfen in das Sportprogramm der Reichsarmee eingebaut. Zugleich boten die Turn- und Sportvereine Wehrerziehung und paramilitärischen Sport an. Der sportliche Geist zog ins Militär ein und der Geist des Militärs in den Sport.[7]

Die organisatorische Kooperation zwischen Sport und Militär zeigte sich auch in Hannover. Schon seit dem späten 19. Jahrhundert hatten vormilitärische Übungen den Turn- und Sportunterricht an den höheren Schulen geprägt.[8] 1909 erlaubte der hannoversche Magistrat der hanno-

Turnen und Geländespiele gehörten zum festen Bestandteil der Erziehung von Kindern in vielen Vereinen. Ferienlager der Knabenabteilung des CVJM Hannover. Foto, 1912 (aus VM 34885)

verschen Kriegsschule das Fußballspielen auf städtischen Spiel- und Sportplätzen, ab 1914 konnte die Militärverwaltung weitere Sportplätze, darunter auch den Platz des MTV Hannover, für „militärische Uebungen" benutzen.[9] Ab 1911 wurde die militaristische Erziehung der Jugend dann komplett vom hannoverschen Ausschuss für Jugendpflege koordiniert. Die dort organisierten Vereine, vom evangelischen Verein zur Fürsorge für die schulentlassene Jugend über etliche Turn- und Sportvereine bis hin zum Hannoverschen Jugendkorps veranstalteten Kriegsspiele, militaristische Sport- und Turnübungen und Märsche. So fügte der SV Odin seinem Sportangebot Großstaffelläufe, Handgranatenwerfen und Kriegsprüfungs-Eilmärsche bei. Hannover 96 präsentierte bei einem Sportfest anlässlich einer Laufbahneinweihung die vormilitärische Ausbildung der eigenen Sportjugend; zudem konnte der Vereinsvorstand einen hohen Militärrepräsentanten als Ehrenvorsitzenden vorweisen.[10]

Die hannoversche Abteilung des Jungdeutschlandbundes befeuerte diese Tendenz. Schon 1912 gestattete der Magistrat der Stadt Hannover dem Jugendcorps „Blau-weiss-blaue Union", eine hannoversche Abteilung des Jung-Deutschlandbundes, den Sportplatz auf der großen Bult zweimal die Woche für militärsportliche Übungen zu benutzen.[11] An den höheren Schulen wurden Jugendkompanien gebildet; darunter befanden sich auch Jugendliche vom Arbeiter-Verein Linden oder die vom Vorstand des Turn-Klubb Hannover dazu aufgerufenen Mitglieder der TK-Lehrlingsabteilung, denen aufgrund ihrer Größe sogar eine eigene Kompanie in Aussicht gestellt wurde.[12] Im Mai 1914 konnte die Ortsgruppe des Jungdeutschlandbundes Hannover-Linden ein Kriegsspiel mit mehr als 1.000 Teilnehmern durchführen.[13] Und im Oktober 1914 bestanden in Hannover schon 19 Jugendkompanien mit 2.200 Mitgliedern. Die zeitaufwendigen Aktivitäten der Kompagnien waren jedoch nur anfangs erfolgreich. Bald sank die Zahl der Jugendlichen infolge befürchteter schulischer Nachteile, Einberufungen, Freizeitmangel, zusätzlicher Ausgaben für Übungskleidung und nicht zuletzt der wachsenden Hungersnöte, die sich z.B. im hannoverschen Brotkrawall von 1917 entluden.[14]

Turnen und Sport in der Heimat

Der Beginn des Krieges unterbrach zunächst den Spiel- und Übungsbetrieb der Turn- und Sportvereine, da die meisten männlichen Mitglieder einberufen wurden oder sich freiwillig meldeten. Da die Sportvereine und -verbände – wie generell das Deutsche Reich – an einen kurzen Krieg glaubten, stellten sie von sich aus den Übungsbetrieb ab Sommer 1914 vorerst ein und sagten alle Sportveranstaltungen ab. Ohnehin war der Sportbetrieb eingeschränkt: Das Militär requirierte Pferde, Kraftwagen und Boote, die Vereine lieferten ihre metallenen Pokale ab, und die Turnhallen wurden als Lazarette genutzt. Doch dadurch wurden die Turn- und Sportvereine auch wieder in den Dienst an der Heimatfront eingebunden.

Auch die politischen Differenzen im Sport wurden vorerst beigelegt. Der Arbeiter-Turnerbund ATB, der vor dem Krieg noch als Teil der revolutionär und international agierenden Arbeiterbewegung politisch eingeschränkt gewesen war, wurde im Rahmen des Burgfriedens politisch aufgewertet und als Jugendpflegeorganisation anerkannt. Er erhielt nun ungehinderten Zugang zu Schulturnhallen und bekam öffentliche Zuschüsse. So wurden den beiden hannoverschen Arbeitersportvereinen RV Linden und ATV Linden im Herbst 1914 städtische Turn- und Schwimmhallen überlassen.[15] Und auch dem Arbeiterschwimmverein SV Aegir 09 öffneten sich die zuvor verweigerten städtischen Schwimmbäder.[16] Vereinzelt kam es auch zu vor dem Krieg vom ATB verbotenen Sportkontakten zu bürgerlichen Turn- und Sportvereinen wie etwa beim ATV Linden.[17]

Als jedoch bald klar war, dass der Krieg länger andauern würde, nahmen die Vereine den Übungs- und Wettkampfbetrieb wieder auf, nicht ohne auf ihre Bedeutung für die Wehrfähigkeit der zurückgebliebenen Vereinsmitglieder hinzuweisen. Dabei wurden die Vereinsgeschäfte und die Veranstaltungen jetzt von den Älteren und von Frauen übernommen – so übernahmen auch beim Arbeitersportverein SV Aegir die Frauen „Vereinsfunktionen" wie etwa die Schriftführung – und der Übungsbetrieb und die Wettkämpfe wurden vorwiegend von den Jugendlichen und den Frauen bestritten.[18]

Trotz dieser Aktivitäten und obwohl einige Vereine z.T. etliche neue Vereinseintritte verzeichnen konnten – so stiegen nicht nur beim SV Aegir und beim RV Linden kurzfristig die Neuaufnahmen vor allem bei Jugendlichen[19] – , sank aufgrund der gefallenen bzw. eingezogenen Mitglieder allmählich die Gesamtmitgliedszahl in den Sport- und Turnvereinen. Verfügten die Vereine der Deutschen Turnerschaft 1914 noch über 1,3 Millionen Mitglieder, so war ihre Zahl bis 1918 auf etwa 900.000 gesunken; die bürgerlichen Sportverbände erlitten eine vergleichbare Einbuße. Der Arbeiter-Turnerbund schmolz sogar von 190.000 (1914) auf etwa 30.000 Mitglieder (1918), was auch daran lag, das sich viele der ohnehin finanziell schwach gestellten Arbeiter die Mitgliedsbeiträge nun nicht mehr leisten konnten.[20]

Denkmal für die im Ersten Weltkrieg gefallenen Mitglieder von Hannover 96 auf der Radrennbahn auf der Bult. Das Rennbahngelände diente auch für andere Sportarten als Übungs- und Wettkampfstätte. Foto, 1919 (aus VM 60585,1)

Dennoch konnte der Übungs- und Wettkampfbetrieb wieder aufgenommen und zum Teil bis Kriegsende tatsächlich auch aufrechterhalten werden. So waren zwar beim Deutschen Sportverein Hannover von 1878, der ehemalige Deutsche Fußball-Verein Hannover, 32 Mitglieder im Krieg gefallen, unter ihnen der berühmte Heimatdichter Hermann Löns: „Kein Schiedsrichter vermag sie mehr zum friedlichen Kampf auf grünem Rasen zurückrufen".[21] Jedoch konnte der Spielbetrieb „in beschränktem Maße" aufrechterhalten werden, „vornehmlich durch Damen und Jugendliche". Sogar ein eigener Hockeyplatz konnte mittels Finanzspritzen der Mitglieder verwirklicht werden, so dass nach 1918 die „Auswirkungen des Kriegs bald überwunden" werden konnten.[22] Beim ATV Linden wurden von 106 männlichen Mitgliedern 48 eingezogen, doch blieb die Mitgliedszahl durch die Eintritte von Frauen und Jugendlichen noch einigermaßen konstant.[23] 200 Mitglieder der Turnerschaft Hannover von 1858 zogen in den Krieg, und 27 starben; auch hier konnte der „Turnbetrieb aufrechterhalten" werden. 1915 und 1916 feierte man mithilfe der Frauen- und Jugendabteilung sogar standesgemäß die Gründungstage.[24] Von den über 600 Mitgliedern von Eintracht Hannover kämpften 400 im Krieg. Dennoch ging der Spielbetrieb weiter, und „ab und zu trat auch mal eine Verstärkung durch Urlauber ein". Vor allem in der Leichtathletik und im Fußball gelangte der Verein auch weiterhin zu zahlreichen Erfolgen und „Kriegsmeisterschaften".[25] Beim Arbeitersportverein TuS Wettbergen zogen alle 50 Aktiven in den Krieg, einige kamen nie zurück. Dennoch konnten „Wettberger Bürger die Grundidee des Sportvereins weiterführen".[26] Der MTV Hannover – der heutige VfL von 1848 – hatte 228 Turner in den Krieg geschickt, 48 kamen nicht zurück. Aber auch hier kam der Turnbetrieb aufgrund des Engagements der Frauen und Jugendlichen nicht zum Erliegen.[27] Beim Ballspielverein Werder von 1910 wurden die meisten Mitglieder eingezogen, 17 von ihnen starben im Krieg. Auch hier „konnte der Spielbetrieb bis 1915 aufrecht erhalten werden", danach beschlagnahmte das Militär den vereinseigenen Platz.[28] Der Sportverein Ricklingen verlor 24 von 100 Mitgliedern durch den Krieg. Zwar war der Verein dadurch zunächst „nicht in der Lage, überhaupt noch eine Mannschaft aufstellen zu können", aber ab 1916 konnte der Spielbetrieb wieder aufgenommen werden, und ab 1917 schickte der Verein wieder zwei Mannschaften zu Verbandspunktspielen.[29]

Turnen und Sport an der Front und für die Front
Die große Anzahl an eingezogenen Turnern und Sportlern wollte auch weiterhin Sport treiben, und so gab es an der Front bald einen mehr oder weniger geregelten Sportbetrieb. Der Sport hatte indes nicht nur Freizeitcharakter, sondern wurde auch wehrunterstützend und disziplinierend eingesetzt. Da der Sport sich in der Folgezeit positiv auf Moral und Kampfkraft der Truppe auswirkte, unterstützte die militärische Führung die Leibesübungen an der Front. Dabei blieben zumindest die unverletzten sporttreibenden Soldaten in Form und konnten während des Fronturlaubs ihren Heimatverein bei Punktspielen unterstützen. So hatte der SV Eintracht von 1898 Hannover „einen lieben Kameraden aus dem Felde, Hans Lages. Hans war trotz der Strapazen draußen, oder gerade deswegen, in Hochform, in jedem Spiel [1916] schoß er nicht weniger als 6 Tore"; ein weiterer Hinweis auf den subtil fördernden Zusammenhang von Sport und Krieg.[30]

Rasch hatte sich der Sport an der Front organisiert. Die Truppenabteilungen bildeten Mannschaften und traten gegeneinander auf Sport- und Turnfesten an. An der Front entstanden in Eigenarbeit Sport- und Turnplätze und Schwimmbäder. Zwar hatten die Wettkämpfe – auch durch die Zusatzrationen an Lebensmitteln und Bier – zum Teil Volksfestcharakter. Jedoch unterlagen die sportlichen Aktivitäten der kriegsbedingt übergeordneten Wehrmachtsfunktion. Neben sportlich orientierten Wettkämpfen traten daher auch Sport-

Teilnehmer des Wettturnens der Lehrlingsabteilung des TKH, zu den Betreuern gehörte auch ein Unteroffizier. Foto, 1915 (VM 65118)

Turnende deutsche Soldaten, wahrscheinlich in einem Ruhequartier hinter der Westfront, Foto, nach 1914 (VM 65190)

feste mit eindeutigem Wehrsportcharakter und verbanden so den sportlichen Ehrgeiz mit ideologisch-kriegsunterstützender Wehrerziehung. So schrieb der hannoversche Turn-Klubber Hassenpflug im Februar 1916 von der Front: „Fast täglich halte ich [...] Jugendspiele ab und habe es fertig gebracht, daß die Leute das, was sie sonst nur widerwillig taten, gerne und freudig von selbst machen. Durch Vermittlung unseres Divisionspfarrers stehen uns Fuß-, Faust- und Schleuderbälle zur Verfügung. Sogar Speere haben wir bekommen. Als besondere Übung kommt das jetzt so sehr wichtige Handgranatenwerfen dazu, so daß für vielseitige Bewegung gesorgt ist".[31]

Die Turn- und Sportvereine an der Heimatfront übernahmen in der Folgezeit etliche kriegsunterstützende Aufgaben. Die Vereine vermieteten ihre Turnhallen für den Kriegsbedarf an Kommunen und Militärs, organisierten Wohltätigkeitsveranstaltungen und richteten in ihren Gebäuden Hilfslazarette ein; zu diesen Zwecken arbeiteten sie eng mit Frauenvereinen, Kriegervereinen, Militär und Kommunen zusammen. So zeigten die Turner der Lehrlingsabteilung des Turn-Klubbs Hannover 1915 „in echt vaterländischer Betätigung allwöchentlich in den hiesigen Lazaretten zur Unterhalten der Verwundeten" Übungen am Barren, Sprungtisch und Reck und demonstrierten „unblutige" Reiterkämpfe, die „oft wahre Lachsalven [sic.] auslösten".[32]

Zur weiteren Wehrunterstützung der Vereine gehörte die Lieferung von Sportgeräten, Sportkleidung und Lebensmittelpaketen an die Front. So taten sich die Turnerinnen des Turn-Klubbs, der Turnerschaft des Arbeiter-Vereins und des Turnerbundes Hannover zusammen und richteten im Fechtsaal des Turn-Klubbs eine Sammelstelle ein, in der Kleidung und andere „Sachen abgeliefert und zur weiteren Verarbeitung verteilt werden" konnten. Die „Kriegshilfe der Damen-Abteilungen" des Turn-Klubbs verschickte regelmäßig eine „Sendung [...] Liebesgaben" – Kleider-, Sportgeräte- und Lebensmittelpakete – die in regelmäßigen Arbeitsstunden „für unsere Soldaten und die armen Ostpreußen hergestellt" wurden; andere Mitglieder beteiligten sich mit Bargeld an der Kriegshil-

Grüße an den Sportkameraden „Reservist Hennecke" an der Front. Alt-Herren-Mannschaft „Fußball-Club Bomben-Schuss" (gehörte zu Hannover 96). Fotopostkarte, 29.11.1914 (aus VM 60585,1)

fekasse des Vereins.[33] Die Praxis war verbreitet. Auch der Sportverein Ricklingen schickte seinen 100 eingezogenen Mitgliedern „Liebespaket über Liebespaket" an die Front.[34]

Aber auch aus dem Krieg kamen Botschaften. Die Vereinsmitglieder von der Front berichteten über ihre Erlebnisse und besonders begeistert über den Sportbetrieb im Krieg. Die Vereinszeitungen druckten die – zensierten und positiv formulierten – Briefe ab und hielten damit den engen Kontakt zu den Sportkameraden aufrecht. Mit der Veröffentlichung der Briefe stärkten die Vereine ideologisch die Heimatfront und verhinderten damit Zweifel an einem möglicherweise negativen Kriegsverlauf oder am Moralzerfall an der Front.[35]

Die Mitglieder der Vereine wurden überdies über ihre Verbände dazu aufgefordert, Kriegsanleihen zu kaufen. So beschworen die Vereinsnachrichten des Turn-Klubbs Hannover wiederholt zur Zeichnung von Kriegsanleihen, wobei die Jugendturner der Lehrlingsabteilung ihren Beitrag in kleinen monatlichen Raten abzahlen konnten. Selbst der kleine, 1908 gegründete Gehörlosen-Sportverein Hannover stellte die Summe von „400 Mk [...] für Kriegsanleihe dem Vaterlande zur Verfügung".[36] Die Turn- und Sportorganisationen unterstützten damit offensiv und bereitwillig die Heimatfront, sie waren aber über ihren Nationalismus hinaus stets auch um ihre Eigeninteressen besorgt, was jedoch keinen Interessenskonflikt bedeutete, denn über ihr Engagement gelangten sie automatisch zur gesellschaftspolitischen Anerkennung und Aufwertung ihrer Vereine.

Turnen und Sport in Folge des Krieges

Zwar wurde in Folge des negativen Kriegsverlaufes die Situation auch im Sport an der Front und in der Heimat schwieriger. Im Herbst und Winter waren es die unzulänglichen klimatischen Verhältnisse, gegen Ende des Krieges die zunehmend schlechte Versorgungslage der Truppe und an der Westfront die lange Dauer der Ruhequartiere und Stellungskriege, die die Sportaktivitäten lahmzulegen drohten. Dazu kamen immer mehr Verletzte und Kriegsgefangene. Doch auch jetzt noch blieben Sport und Turnen – weit über die Moral der Truppe und die körperliche Ertüchtigung für die Soldaten hinaus – für das Militär und die Heimatfront wichtige Faktoren.

So war die Anziehungskraft von Sport und Turnen für die ständig steigende Zahl an Kriegsgefangenen außerordentlich groß, auch weil sie neben dem Freizeitvergnügen und der „Lagerkultur" auch das Gefühl von Zusammengehörigkeit beförderte. In den Internierungslagern entwickelte sich ein reger Sportbetrieb, und z.T. kam es zu Sportveranstaltungen mit den örtlichen Turn- und Sportvereinen.[37] So berichtete der Turn-Klubber Ludwig Wahren, der in England interniert war, regelmäßig über die im „Lager IV" organisierten Sport- und Turnfeste, Sportabteilungen und Übungsabende: „Zu einer Lebensaufgabe von geradezu gebietender Notwendigkeit aber ist das Turnen hier in der Gefangenschaft während der Wintermonate geworden, in denen beinahe jede andere Bewegung aufhört. Dieser Mangel kann Übel und Krankheiten im Gefolge haben". In der Folge erfreuten sich Turnen und Sport in den Lagern einer immer größeren Beliebtheit und führten zu einer steigenden Popularität auch in der Heimat, und nicht nur, weil dadurch „das Zusammengehörigkeitsgefühl immer fester" wurde.[38]

Propagandistisch ausgeschlachtet wurde auch der im Verlauf des Krieges stark zugenommene Versehrtensport an der Front und in den Heimatvereinen; auch hier stützte sich die Heeresleitung auf die Rehabilitationsfunktion des Sports. Statt an den amputierten Sportlern und Turnern die verheerenden Auswirkungen des Krieges zu demonstrieren, vermittelten die Sportmediziner und Sportlehrer den sporttreibenden Kriegsversehrten die gesundheitlichen und mentalen Vorzüge des Versehrtensports. So boten die Heimatvereine den zurückkehrenden verletzten Soldaten eigens gegründete Versehrtenturnriegen an, die von erfahrenen Sport- und Turnlehrern geleitet wurden.[39] Die Vereine – wie etwa der TV Stuhr bei Bremen – warben regelmäßig für ihre „Einbeiner- und Einarmerriegen", und in Hannover

Start des Straßenrennens um den „Hindenburg-Pokal" in Hannover. An dem Radrennen nahmen Berufsfahrer, Amateure und Militärradfahrer teil. Foto, 1916 (aus Continental Kriegs-Echo, Heft 33/1916)

konnte sich über den Krieg hinaus sogar ein paar Jahre lang eine regelmäßig trainierende Versehrtensportgruppe halten.[40]

So ging das Sporttreiben an der Heimatfront weiter, auch weil die Kommunen um die kriegsstabilisierende Wirkung sportlicher Zerstreuung, vor allem des öffentlichen Berufssports, wussten. Zahlreiche Profiveranstaltungen – Ringkämpfe, Radrennen, Pferderennen – boten den Zuschauern willkommene Unterhaltung und Ablenkung vom Kriegsalltag. Schon 1915 setzten in Hannover wieder die großen traditionellen Profisportveranstaltungen ein, und die vom Wehrdienst befreiten besten Jockeys, Schrittmacher und Berufsfahrer kämpften hier wieder um den Großen Straßenpreis bzw. den Hindenburg-Pokal und auf Pferderennen auf der Bult um Preisgelder in Höhe von fast 70.000 Mark.[41]

Und die Vereine standen dem Berufssport in nichts nach: Am 12. September 1915 fanden in Hannover wieder leichtathletische Stadt-Jugendmeisterschaften mit vollem Wettkampfprogramm statt. Und auch der Turn-Klubb Hannover hatte im Frühjahr 1916 bei leichtathletischen Stadtkämpfen der Jugend und im Sommer 1916 bei einem leichtathletischen Bezirkssportfest des Norddeutschen Fußball-Verbandes N.F.V. schon wieder Erfolge vorzuweisen. Zwar waren die Vereine und Verbände z.T. gezwungen, sich den schlechter werdenden Verhältnissen anzupassen, aus Spielermangel Mannschaften zurückzuziehen oder Spielgemeinschaften mit anderen Vereinen zu bilden. So kam es etwa zu kurzlebigen Fusionen des SC 1902 Germania mit dem FV Germania List. Doch im Allgemeinen blieb der Sportbetrieb – vor allem bei den großen Vereinen – bis zum Kriegsende ohne Unterbrechung bestehen.[42]

Gemeinsames Foto der 1. Mannschaften von Hannover 96 und des VfB Leipzig. Aufgenommen anlässlich eines Gedächtnisspiels im Rahmen der Einweihung des Denkmals für die im Weltkrieg gefallenen Mitglieder von Hannover 96. Foto, 07. September 1919 (aus VM 60585,2)

Fazit

Sport und Turnen erwiesen sich die vier Kriegsjahre hindurch – trotz der immens hohen Zahl an gefallenen und verstümmelten Turnern und Sportlern und etlichen organisatorischen Problemen gerade der kleinen Vereine – als bedeutsamer Faktor der Wehrerziehung, als effektives Massenunterhaltungsmittel und als soziales Zugehörigkeitsvehikel. Leibesübungen waren kriegswichtig, und der Krieg, so perfide dies klingen mag, förderte ihre Popularität und die der Vereine. Sport wurde an der Front, in der Heimat und im Kriegsgefangenlager betrieben. Der Berufssport florierte. Der Krieg förderte – eher unbeabsichtigt – den Frauensport und die Übernahme von Vereinsämtern durch Frauen. Sport- und Turnvereine zeigten sich systemfördernd, Sport und Turnen galten als modern. Dabei achteten die Vereine sorgfältig darauf, dass ihre Struktur nach dem Kriegsende für ihre Weiterarbeit möglichst erhalten blieb. Und zumindest die größeren Vereine hatten den Krieg insgesamt recht gut überstanden, und sie konnten nach Kriegsende an eine neue Aufbauarbeit gehen. Auch in Hannover.[43]

1 Turn-Klubb Hannover: Vereins-Nachrichten Nr. 8, 1914, S.89-90.
2 Norddeutscher Fußball-Verband (Hg.): Festschrift zum 25jährigen Bestehen 1905-1930.o.O. o.J., S. 82 (1. Zitat) sowie Deutscher Fußballbund DFB (Hg.): Fußball-Kriegsjahrbuch 1915, S. 62 (zit. in Tauber, Peter: Vom Schützengraben auf den grünen Rasen. Der Erste Weltkrieg und die Entwicklung des Sports in Deutschland. Berlin 2008, S. 65)
3 Vgl. z.B. Jüdische Monatshefte für Turnen und Sport, März 1917, Zweite Kriegsnummer, S. 4f.
4 Arbeiter-Turn-Zeitung Nr. 19 vom 27.09.1914, S. 253.
5 Vgl. Schäfer, Ralf: Militarismus, Nationalismus, Antisemitismus: Carl Diem und die Politisierung des bürgerlichen Sports im Kaiserreich. Berlin 2011, S. 214f. sowie Tauber, Peter: Der Staat setzt Trends. Förderung und Instrumentalisierung des Sports im Kaiserreich. In: Teichler, Hans Joachim (Hg.): Moden und Trends im Sport und in der Sportgeschichtsschreibung. Hamburg 2003, S. 91-106.
6 Turn-Klubb Hannover: Vereins-Nachrichten Nr. 10, 1917, S. 77.
7 Vgl. dazu Eisenberg, Christiane: „English Sports" und deutsche Bürger. Eine Gesellschaftsgeschichte 1800-1929. Paderborn 1999, S.313-322 sowie Tauber, Schützengraben, S. 49f., 149f. und 420f. und Schäfer, Ralf: Der Zentralausschuss für Volks- und Jugendspiele und seine Stellung in der deutschen Sportgeschichte. In: Krüger, Michael (Hg.): „mens sana in corpore sano". Gymnastik, Turnen, Spiel und Sport als Gegenstand der Bildungspolitik vom 18. bis zum 21. Jahrhundert. Hamburg 2008, S. 41-55.
8 Vgl. Schneider, Gerhard: „... nicht umsonst gefallen?" Kriegerdenkmäler und Kriegstotenkult in Hannover. Hannover 1991, S. 161.
9 StAHann. HR 20, Nr. 635: Briefe des Magistrats der Stadt Hannover an die Kriegsschule vom 8.10.1909 und vom 21.8.1914 sowie Nr. 586: Brief des Magistrats der Stadt Hannover an den MTV Hannover vom 20.8.1914.
10 Vgl. Langenfeld, Hans: Hannovers Sport im Ersten Weltkrieg. In: Krüger, Arnd / Langenfeld, Hans (Hg.): Sport in Hannover von der Stadtgründung bis heute. Hannover 1991, S. 98-102, hier S. 100 sowie Peiffer, Lorenz / Pilz, Gunter A.: Hannover 96. 100 Jahre Macht an der Leine. Hannoverscher Sportverein von 1896 e.V. Hannover 1996, S. 53.

11 StAHann, HR 20, Nr. 585: Brief des Magistrats an das Hannoversche Jugendcorps vom 18. August 1912.
12 Vgl. Turn-Klubb Hannover: Vereins-Nachrichten Nr. 11, 1914,S. 118.
13 Vgl. Langenfeld, wie Anmerkung 10, S. 99.
14 Vgl. zum Ganzen Grotjahn, Karl-Heinz: „Vaterlandsverteidiger bis zum Jüngsten hinab". Die hannoversche Jugend zwischen Kriegsdienst und Disziplinierung 1914-1918. In: Mussmann, Olaf (Hg.): Leben abseits der Front. Hannoverscher Alltag in kriegerischen Zeiten. Hannover 1992, S. 127-158 sowie Schneider, Gerhard: Der Brotkrawall in Hannover 1917 und der Zusammenbruch der „Volksgemeinschaft" im Krieg. In: Hannoversche Geschichtsblätter 63, 2009, S. 5-38.
15 Dwertmann, Hubert: Zum Beispiel: Frisch Frei Stark Treu. Arbeiterturnen und –sport in Hannover, 1893 bis 1933. Eine Ausstellung im Freizeitheim Ricklingen vom 9.9. bis 4.10.1998. Hannover-Ricklingen 1998, S. 5.
16 Vgl. SV Aegir 09 (Hg.): 100 Jahre SV Aegir 09 Hannover-Ricklingen. Hannover 2009, S. 11.
17 Vgl. Eisenberg, English Sports, S. 313f., Nielsen, Stefan: Sport und Großstadt 1870 bis 1930. Komparative Studien zur Entstehung bürgerlicher Freizeitkultur. Frankfurt a.M. 2002, S. 372-374 sowie Dwertmann, Hubert: Zwischen deutscher Kulturtradition und zivilgesellschaftlichem Aufbruch. Eine entwicklungssoziologische Studie zur Arbeiter- Turn- und Sportbewegung in Hannover. Münster 1997, S. 44.
18 SV Aegir 09 (Hg): 75 Jahre Schwimmverein Aegir c.V. von 1909 Hannover-Ricklingen. Hannover 1984, unpag. Sowie Dwertmann, Kulturtradition, S. 45.
19 Vgl. Dwertmann, wie Anmerkung 17, S. 45 sowie Dwertmann, wie Anmerkung 15, S. 11.
20 Vgl. Tauber, wie Anmerkung 2, S. 83-107.
21 Deutscher Fußball-Verein Hannover (Hg.): 50 Jahre Deutscher Fußball-Verein Hannover gegr. 1878. Hannover 1928, S. 61.
22 Deutscher Sportverein Hannover (Hg.): 100 Jahre. Die Hockey- und Tennisabteilung. Hannover 2009, S. 27.
23 Vgl. Dwertmann, wie Anmerkung 17, S. 47, Anm. 201.
24 Turnerschaft Hannover von 1858 (Hg.): 150 Jahre. Festschrift. Hannover 2008, unpag.
25 SV Eintracht von 1898 (Hg.): Festschrift zur Feier des 25jährigen Bestehens des Sport-Vereins „Eintracht von 1898" e.V. Hannover. Hannover 1912, S. 31-33; vgl. auch SV Eintracht von 1898 e.V. Hannover (Hg.): 100 Jahre Eintracht Hannover. Hannover 1998, S. 19.
26 TuS Wettbergen (Hg.): Chronik Turn- und Sportgemeinschaft Wettbergen. 90 Jahre. Wettbergen 1999, S. 2f.
27 Verein für Leibesübungen (VfL) von 1848 e.V. Hannover (Hg.): Festschrift zur Einweihung des Vereinsheimes am 25. Juni 1965. Hannover 1965,, S. 25
28 Ballspielverein Werder von 1910 e.V. Hannover (Hg.): BVW 1910 bis 1985. Festschrift 75 jahre. Hannover 1985, S. 21-22.
29 Sportverein Ricklingen (Hg.): 25 Jahre Sportverein von 1908 Ricklingen e.V. 1908-1933. Hannover 1933, S. 13-14.
30 SV Eintracht von 1898 (Hg.): Festschrift, S. 32.
31 Turn-Klubb Hannover: Vereins-Nachrichten Nr. 2, 1916, S. 19.
32 Turn-Klubb: Vereins-Nachrichten Nr. 8, 1915, S. 83.
33 Turn-Klubb Hannover: Vereins-Nachrichten Nr. 11, 1914, S. 125, Nr. 11, 1915, S. 116 sowie Nr. 4, 1916, S. 39..
34 Sportverein Ricklingen (Hg.): 25 Jahre Sportverein von 1908 Ricklingen e.V. 1908-1933. Hannover 1933, S. 14.
35 Vgl. dazu insgesamt Tauber, wie Anmerkung 2, S. 181ff.
36 Dünemann, Paul: Festschrift zur 25jährigen Jubelfeier des Gehörlosen-Turnvereins zu Hannover von 1908. Hannover 1933, unpag.
37 Vgl. Tauber, wie Anmerkung 2, S. 267-317.
38 Vgl. Turn-Klubb Hannover: Vereins-Nachrichten Nr. 12, 1917, S. 91f.
39 Vgl. Tauber, wie Anmerkung 2, S. 163-180 und S. 277ff. sowie Wedemeyer-Kolwe, Bernd: Vom „Versehrtenturnen" zum Deutschen Behindertensportverband (DBS). Eine Geschichte des deutschen Behindertensports. Hildesheim 2011, S. 21-26.
40 Vgl. Bernd Wedemeyer-Kolwe: „Verhinderte Gesunde"? Die Geschichte des niedersächsischen Behindertensports. Hannover 2010, S. 65f. und S. 68f.
41 Vgl. Langenfeld, wie Anmerkung 10, S. 100.
42 Vgl. Langenfeld, wie Anmerkung 10, S. 101-102.
43 So das übereinstimmende Fazit von Langenfeld, wie Anmerkung 10, S. 102 und Tauber, wie Anmerkung 2, S. 434f.

Frauenarbeit im Krieg als Bilderbogenmotiv. Kriegsbilderbogen Nr. 4, 1916 (VM 60625)

Karin Ehrich

Hannovers Frauen im Ersten Weltkrieg

Erstmals in der Geschichte von Kriegen verwandelte sich im Ersten Weltkrieg die „Heimat" in die „Heimatfront". Obwohl das deutsche Kaiserreich bis auf einige wenige Gebiete nicht von Truppen der Kriegsgegner besetzt wurde und die militärischen Fronten in anderen europäischen Ländern verliefen, veränderte der Krieg das Leben der Menschen im Land radikal, insbesondere das der Frauen. Trotzdem blieb für sie die Sinnstiftung des Krieges immer mit der gewachsenen, traditionellen Geschlechterordnung verhaftet. „So, wie ‚die Männer' bislang durch ihre Erwerbstätigkeit und ihre Teilhabe an Politik ihre Frauen und Familien ernährt und abgesichert haben, so tun sie es nunmehr als Soldaten an der Front. So, wie ‚die Frauen' sich in Friedenszeiten um die Familie kümmern, kümmern sie sich im Krieg um die Belange der Familien und der Heimat als ganzer", schreibt die Kulturhistorikerin Ute Daniel dazu.[1] Wie sich die Frauen in einzelnen Bereichen „kümmerten", soll hier für die Stadt Hannover am Beispiel von Arbeiterinnen in der Kriegswirtschaft, bürgerlichen Frauen im Nationalen Frauendienst und von „Kriegerfrauen", die ihre Familien ohne „Familienernährer" durchbringen mussten, dargestellt werden. Dabei versteht es sich von selbst, dass jeweils nur ausgewählte Aspekte beleuchtet werden können.

Arbeiterinnen in der Kriegswirtschaft

Lange Zeit hieß es nicht nur in der Sozialgeschichte, dass der Erste Weltkrieg die Gleichberechtigung von Frauen sehr befördert habe. Schließlich hätte die Einberufung der vielen Millionen Männer zu einer enormen Zunahme weiblicher Erwerbstätigkeit und damit zu einer politischen Neubewertung von Frauenarbeit geführt. Neuere Studien belegen jedoch, dass es keinen deutlichen Zuwachs weiblicher

Lohnarbeit gab und dass tatsächlich nur eine kleine Anzahl von bis dato nicht erwerbstätigen Frauen für das Erwerbsleben geworben werden konnte. So stieg von 1914 bis 1918 reichsweit die Zahl erwerbstätiger Frauen lediglich von 3,5 auf 4,1 Millionen und mit rd. 17 Prozent blieb die Steigerungsrate weiblicher Lohnarbeit hinter den Werten der Vorkriegsjahre zurück. Was sich daher im Ersten Weltkrieg vor allem änderte, war der Wechsel bereits lohnabhängiger Frauen in die für die Rüstungsindustrie wichtigen Betriebe.[2]

Diese reichsweite Entwicklung kann auch für die weibliche Lohnarbeit in Hannover und Linden nachgezeichnet werden. Vor dem Ersten Weltkrieg hatte sich in der Stadt die geschlechtsspezifische Arbeitsteilung des Arbeitsmarktes voll entfaltet. Frauen arbeiteten in den bereits als typisch weiblich geltenden Beschäftigungssegmenten, allen voran in der Textilindustrie mit der Mechanischen Weberei in Linden und der Woll-Wäscherei und -Kämmerei in Döhren, als Aufwartefrauen im Reinigungsgewerbe sowie als Näherinnen und Schneiderinnen im Bekleidungsgewerbe. Breit aufgestellt war zudem die Nahrungs- und Genusswarenindustrie, wo u.a. die Schokoladen- bzw. Keksfabrik von Sprengel und Bahlsen, die Wülfeler und Hannoversche Brotfabrik, die Aktien-Zuckerfabrik, der fleischverarbeitende Betrieb von Ahrberg und nicht zuletzt die Zigarettenfabrik Constantin Arbeitsplätze für Frauen boten. Auch die Gummiindustrie mit den Firmen Continental, Excelsior und der Hann. Aktien Gummifabrik hatte teilweise auf weibliche Arbeitskräfte gesetzt. Darüber hinaus verdingten sich gerade viele junge Frauen als Dienst- oder Hausmädchen in privaten Haushalten. In der kriegswichtigen Metallverarbeitung und im Maschinenbau waren demgegenüber nur einige wenige Frauen beschäftigt.[3]

Rüstungsarbeiterinnen

Nach Kriegsbeginn setzten auch in Hannover und Linden die Umschichtung von Arbeitskräften und insbesondere die Verlagerung auf weibliche Arbeitskräfte ein. Zunächst brachen die Beschäftigtenzahlen grundsätzlich ein. Diese sanken etwa in den beiden großen Textilfabriken von 2.400 auf 350 Beschäftigte und in der Gummiindustrie von ca. 10.000 auf 3.500 Beschäftigte.[4] Die bürgerlichen Familien entließen zudem in Massen ihre Dienst- und Hausmädchen. Vor allem Frauenvereine und Berufsverbände kümmerten sich um die zunächst große Zahl arbeitssuchender Frauen. Doch bereits im April 1915 wies die Statistik zum Beschäftigungsstand in Hannover erstmals mehr Frauen als Männer auf. Anfang Juni 1915 waren dann bei den Krankenkassen 35.020 männliche und 37.545 weibliche Versicherungspflichtige gemeldet.[5] Im Dezember 1915 war die Zahl der Männer auf 28.812 weiter abgesunken, die Zahl der Frauen dagegen auf 38.110 weiter angestiegen.[6]

Die Verlagerung weiblicher Lohnarbeit vollzog sich demnach in größerem Umfang ab 1915, als Dienstmädchen, Textilarbeiterinnen und Frauen aus anderen Branchen, deren Produktion stagnierte oder zurückging, in die Rüstungsindustrie drängten. Ende des Jahres arbeiteten alleine in der schweren Metallindustrie Hannovers zwischen 3.500 – 4000 Frauen als Ungelernte.[7] Etwa die Hälfte von ihnen war in der Hannoverschen Maschinenfabrik tätig. Die Hanomag, die zu den Gewinnern des Krieges gehörte, hatte vor dem Krieg keine Arbeiterinnen beschäftigt. Mitte 1915 stellten dort 1.600 Frauen Rüstungsgüter an den Drehbänken im Zünderbau, in der Geschosspresserei und im Granatenprüfraum her. Mitte 1917 waren es 2.325 Frauen und am Kriegsende standen noch rd. 1.800 Frauen auf den Lohnlisten des Unternehmens. Ungeachtet dieser zahlenmäßig starken weiblichen Präsenz sank der Frauenanteil an der Hanomag-Belegschaft im Kriegsverlauf von 28 Prozent 1915 über 25 Prozent 1917 auf rd. 20 Prozent 1918. Augenscheinlich konnte das Unternehmen mit dem Beginn des Kanonenbaus 1917 mit Hilfe des Vaterländischen Hilfsdienstgesetzes mehr Männer einstellen bzw. von der Front zurückholen und am Kriegsende schnell viele Frauen entlassen.[8]

Frauen in der Fertigung von Granatzündern bei der Hanomag. Foto, 1917 (Archiv IG Hanomag)

Mitte 1915 arbeiteten zudem etwa 500 Frauen bei der Körting AG. Das Unternehmen hatte in Friedenszeiten vor allem Zentralheizungen, Dieselmotoren, Strahlapparate sowie Armaturen und Pumpen aller Art hergestellt. Im 1. Weltkrieg lieferte es Motoren für U-Boote und Flugzeuge, aber auch Granaten. Weitere 150 Frauen beschäftigte die HAWA, die Hannoversche Waggonfabrik, die Eisen- und Straßenbahnwagen baute und 1915 die Produktion von Flugzeugen aufnahm.[9] Auch die Flieger-Ersatzabteilung 5 setzte weibliche Arbeitskräfte im Flugzeugbau ein.

Rüstungsarbeiterinnen waren des Weiteren bei der Hackethal Draht- und Kabelwerke AG tätig, die große Aufträge für Zünd-, Feldarmee- und Marinekabel erhielt, und bei der Vereinigte Schmirgel- und Maschinenfabriken AG, die Granaten herstellte. Frauen hielten den Betrieb in der Lindener Eisen- und Stahlwerke AG mit aufrecht, ebenso wie in der Werkzeugfabrik Wohlenberg und im Stanz- und Preßwerk Stiegelmeyer in Wülfel.[10] Hatten im Juni 1914 allein in den vier großen Lindener Eisen- und Maschinenfabriken lediglich 120 krankenversicherungspflichtige Frauen neben 7.471 Männer gearbeitet, so waren es im September 1918 5.316 Frauen und 11.633 Männern.[11]

Viele Frauen waren zudem in der Gummiindustrie Hannovers beschäftigt. Die Continental AG erhielt mit der Heeres- und Marineverwaltung einen potenten neuen Hauptkunden, für den sie

Anzeige aus dem Hannoverschen Anzeiger vom 7. August 1914

große Kontingente an Fahrrad-, Kraftfahrzeug- und Flugzeug-Reifen sowie Gasmasken und medizinische Artikel lieferte.[12] Die Conti warb im Hannoverschen Anzeiger bereits am 7. August 1914 mit einer großen Anzeige um „Kräftige Frauen unserer eingezogenen Arbeiter". Das Unternehmen produzierte allerdings während des gesamten Krieges mit einer stark dezimierten Belegschaft. Hatten dort im Juli 1914 noch rd. 9.500 Menschen, darunter 1.700 Frauen, gearbeitet, so waren es im Oktober 1915 rd. 3.200 sowie im Oktober 1917 und 1918 rd. 3800 Menschen. Obwohl die Conti-Arbeiterinnen bis auf die Jahre 1917 und 1918 nie ihre Vorkriegs-Belegschaftsstärke erreichten, betrug ihr Anteil an der Belegschaft von 1916 bis 1918 stets mehr als 40 Prozent. Im Oktober 1917 stellten die insgesamt 2.305 Arbeiterinnen sogar 60 Prozent und damit die Mehrheit der Belegschaft.[13]

Schaffnerinnen, Briefträgerinnen und weibliche Zählermesser

Frauen wurden auch immer öfter für die Aufrechterhaltung des öffentlichen Lebens, des öffentlichen Transports und Verkehrs sowie bei der Reichspost, gebraucht. Weil sie damit in „uniformierte Männerberufe" eindrangen, fielen sie in der Öffentlichkeit auf und wurden deshalb besonders als Sinnbilder des kriegsbedingten Wandels wahrgenommen. Bei der hannoverschen Straßenbahn traten die ersten 70 Schaffnerinnen bereits in den ersten Kriegstagen ihren Dienst an, wobei es sich um die Ehefrauen einberufener Mitarbeiter handelte. In einheitlicher Kleidung – im blaugestreiften Waschkleid und mit blauer Mütze – ersetzten sie eingezogene Schaffner und solche, die als Ersatz für Straßenbahnführer ausgebildet wurden.[14] Ende 1915 hatten die Frauen bereits zwei Drittel aller Schaffner für den Heeresdienst „abkömmlich gemacht"; zugleich nahmen die ersten Straßenbahnführerinnen ihren Dienst auf.[15] Der Hannoversche Anzeiger berichtete anerkennend: „Man muss es unsrer Straßenbahn lassen: sie hat unter den sich zur Verfügung stellenden Frauen geschickte Auswahl getroffen. Die weitaus meisten unsrer Straßenbahnerinnen sind gesunde, kräftige und dabei oft auch recht ansehnliche Frauen, die durch ihre kleidsame Tracht noch gewinnen. Man kann sie auch nur schwer von ihren männlichen Kollegen unterscheiden: derselbe Rock, dieselbe Mütze, derselbe dicke Krimmerkragen, alles wie bei den Führern auch."[16] Anfang 1919, als noch 1.138 Straßenbahner eingezogen waren, beschäftigte das Unternehmen 955 Frauen im Fahrdienst, an den Fahrkartenschaltern und Überwachungsstellen der Bahnen sowie in den Werkstätten und als Wagenwäscherinnen.[17]

Ebenso übernahmen mehr und mehr Frauen Tätigkeiten bei der Eisenbahn. Im Sommer 1916 waren allein 100 Frauen im Abrechnungsbüro der Eisenbahnverwaltung tätig.[18] Die Direktion hatte für ihre Beschäftigung die Regelung getroffen, sie „möglichst in allen Dienstzweigen zu beschäftigen, außer wo technische Kenntnisse erforderlich waren oder die Sicherheit des Betriebes gefährdet erscheinen könnte." Als Uniform wurde, „weil der Rock bei manchem Dienst nicht nur hinderlich, sondern gefahrbringend sein kann, eine Abänderung der Tracht für die bezüglichen Dienstzweige eingeführt, die aber nicht im entferntesten unschicklich oder geschmacklos wirkt", meldete der Hannoversche Anzeiger 1917.[19] Die Tätigkeit bei der Eisenbahn war offenbar sehr lukrativ, denn der Andrang der Frauen „war wider Erwarten groß, so daß auch die Wiederausscheidungen aus irgendwelchen Gründen den Betrieb nicht stören konnte." Zahlte die Bahn den Frauen zunächst drei Viertel des männlichen Anfangslohns musste sie später die Lohnsätze an die der Industrie und an manche lokalen Verhältnisse anpassen, so dass die Frauen an vielen Orten bis zu neun Zehntel des männlichen Anfangslohns erhielten.

Schaffnerinnen vor der Straßenbahn nach Döhren. Foto, nach 1914 (Üstra-Archiv)

Auch die Post war ein begehrter Arbeitgeber. Seit 1891 waren Frauen im hannoverschen Telegraphenamt beschäftigt. Noch vor dem Ende des 19. Jahrhunderts wurden bei den Postämtern die ersten weiblichen Kräfte eingestellt, so dass es 1913 bereits 421 Postbeamtinnen im Bezirk der Oberpostdirektion Hannover gab.[20] Im Krieg stieg ihre Zahl nicht nur mit der Einrichtung von Feldpostsammelstellen nochmal deutlich an. Im Juli 1916 berichtete der Hannoversche Kurier von vielen Hunderten Frauen in der Postverwaltung. Inzwischen hatten sie auch die „Männerarbeit" als Briefträger und Postwagen-Fahrer übernommen.[21]

„Männerarbeit" verrichteten die Frauen gleichfalls in einigen Betrieben der hannoverschen

Stadtverwaltung. Nachdem seit 1915 die privatwirtschaftlich betriebene Gasanstalt 44 Frauen mit Kanne, Laterne und Kontrollbuch für die Prüfung ihrer Zähler einsetzte, schickte das städtische Elektrizitätswerk ab Mai 1916 weibliche Zählermesser in Uniform zur Zählerkontrolle in die Wohnungen. Ab Oktober 1916 wurden Frauen vom E-Werk zudem im Kraftwerksbetrieb und im Nachtdienst eingesetzt.[22] Des Weiteren beschäftigte die städtische Branddirektion schon seit Kriegsbeginn viele Frauen für die Reinigung und Wartung der Laternen der Straßenbeleuchtung sowie zum Flicken und Reinigen der bei der Straßenreinigung verwendeten Säcke. Und auch die städtische Gartendirektion ließ Frauen in Parks und auf Friedhöfen die notwendigen Arbeiten durchführen. Unisono betonten die Leiter beider Betriebe allerdings, dass sie mit den Frauen schlechte Erfahrungen gemacht hätten. Sie seien wenig ausdauernd, fehlten außerordentlich häufig ohne jede Entschuldigung und ein größerer Teil verließe die Arbeit schon nach wenigen Tagen mit der Begründung, dass ihnen die Arbeit nicht zusage oder die Arbeitsstätten zu weit entfernt liege.[23] Diese Aussage zeigt an, dass die Frauen durchaus ihre wenigen Handlungsmöglichkeiten nutzten, wenn ihnen der Arbeitsplatz nicht sonderlich attraktiv erschien.

Schwerstarbeit ohne Zukunftsaussichten

Auf Reichs- und lokaler Ebene wie in Hannover gelang es dem Staat nicht, das große weibliche Arbeitskräftepotential für die Kriegswirtschaft zu mobilisieren. Verantwortlich dafür waren zum einen die katastrophalen strukturellen Arbeitsbedingungen. So wurden die für Arbeiterinnen geltenden Schutzbestimmungen bereits mit dem Notgesetz vom 4. August 1914 außer Kraft gesetzt. Aufgehoben wurden das Verbot von Nacht-, Sonn- und Feiertagsarbeit, die Arbeitszeitbegrenzung auf 10 Stunden sowie der achtwöchige Mutterschutz.[24] Bei der Hanomag wie in anderen Rüstungsbetrieben in der Stadt wurde die Produktion 1915 und 1916 z.B. vom Zwei- auf den Dreischichtbetrieb mit Nachtarbeit und einem Anstieg der Wochenarbeitszeit auf 65 bis 90 Stunden ausgeweitet.[25] Außerdem war die Arbeit körperlich extrem hart und unfallträchtig. Bei der Conti galt etwa das Drehen der Keilringe als schwere Arbeit, weil dabei gleichzeitig Hände und Füße eingesetzt werden mussten. In der Zünderdreherei der Körting AG bekamen die

Frauen und Soldaten beim Tragflächenbau in der Flieger-Ersatzabteilung 5. Foto, 1916 (VM 50586,63)

Frauen wegen der anstrengenden Arbeit oft Unterleibsbeschwerden. Im dortigen Granatenfüllraum litten sie häufig unter Vergiftungen. „Hände und Haare werden nach dreiwöchigem Aufenthalt im Betrieb braun. Oft müssen Frauen hinausgetragen werden. Ventilation ist nicht vorhanden", wurde aus dem Betrieb 1916 berichtet.[26] Aufgrund der ständigen körperlichen und nervlichen Überbeanspruchung durch lange Arbeitszeiten, Schichtarbeit, unzulängliche Arbeitsgeräte und Arbeitshetze gepaart mit der immer schlechter werdenden Ernährung stiegen die Krankenstände und Unfallzahlen ab 1916 stark an.[27] In den letzten Kriegsjahren wurde deshalb für „erholungsbedürftige Rüstungsarbeiterinnen" aus Hannover ein Ferienheim des Landesvereins hannoverscher Jungfrauenvereine in Springe am Deister mit Spendengeldern unterhalten.[28]

Wagenwäscherinnen der hannoverschen Straßenbahn. Foto, nach 1914 (Üstra-Archiv)

Außer den körperlich schweren Arbeitsbedingungen ließen sowohl die fehlende Ausbildung wie die geringen Frauenlöhne die Industriearbeit nicht als attraktive Erwerbsmöglichkeit für Frauen erscheinen.[29] Den Betrieben ging es zuvörderst darum, eingezogene Männer aus ihrer Stammbelegschaft von der Front zurück zu holen und die wenigen Facharbeiter in den Betrieben wollten keine künftigen Konkurrentinnen anlernen. So blieben auch die Unterschiede im Verdienst, die in den kriegswichtigen Unternehmen zwar höher waren als anderswo, bestehen. Bei der Granatenpresserei Max Müller in Hainholz verdienten 1916 Frauen im Akkord 4,50 – 6 Mark pro Schicht, Männer dagegen für dieselbe Arbeit 2 – 4 Mark mehr.[30]

Die Mehrheit der Rüstungsarbeiterinnen in der Stadt war sicher nicht verheiratet, denn vor dem Krieg war in der hannoverschen Industrie der Anteil verheirateter Arbeiterinnen mit durchschnittlich knapp 14 Prozent sehr gering.[31] Für junge, ledige Frauen bedeutete aber vor allem Bargeld Teilhabe an Konsum, so dass sie sich die Arbeitsplätze wohl eher nach der Höhe des Lohns ausgesucht haben. Für Frauen eingezogener Arbeiter mit Kindern rechnete sich die Arbeit kaum, da der Lohn teilweise auf die Familienunterstützung angerechnet wurde. Außerdem fühlten sie sich meist in der Familie unabkömmlich und verdingten sich deshalb lieber stundenweise oder als Heimarbeiterinnen.[32]

"Platzhalter der Männer"

Der zweite wichtige Grund für das Unvermögen, die Millionen von nicht erwerbstätigen Frauen als Arbeitskräfte zu mobilisieren, war das Festhalten der Gesellschaft und des Staates an der traditionellen Geschlechterordnung und weiblichen Rollenstereotypen. Die bürgerliche und sozialdemokratische Presse Hannovers war sich durchaus einig, dass weibliche Lohnarbeit nur unter den Bedingungen des Krieges erweitert, in künftigen Friedenszeiten aber "zugunsten auskömmlicher und lohnender Beschäftigung der Männer und der für den Nachwuchs unentbehrlichen Gesundheiterhaltung der Frauen" begrenzt werden sollte.[33] Besonders 1915, als die Frauen in Massen in die Kriegsindustrie strömten, warnte der sozialdemokratische Volkswille immer wieder vor schwerwiegenden gesundheitlichen Schäden. So verlangte das Blatt angesichts nachtarbeitender Frauen, die ihre Kinder allein zu Hause lassen mussten: "So kann es nicht bleiben. Im Körper unsrer Frauen liegt die Zukunft des deutschen Volkes! Dieser Körper ist zu schonen; zu stählen zwar, aber nicht zu erschöpfen. Sobald der Krieg vorüber ist, muß die Nachtarbeit der Frauen wieder abgeschafft werden."[34]

Aus "innenpolitischen Rücksichten" auf die traditionelle Geschlechterordnung nahm die Oberste Heeresleitung auch Frauen vom Vaterländischen Hilfsdienstgesetz aus, obwohl im zugrundeliegenden Entwurf noch die weibliche Dienstpflicht vorgesehen war.[35] Um potentielle Arbeiterinnen gleichwohl systematisch zu erfassen und gezielt in die Rüstungsbetriebe zu lenken, richtete die Oberste Heeresleitung im Kriegsamt in Berlin eine "Frauenarbeitszentrale" ein, dem in den meisten größeren Städten "Frauenarbeitsmeldestellen" folgten. In Hannover wurde die Arbeitssuche, -vermittlung und -beratung von Frauen in der Frauenarbeitsmeldestelle in der Schlägerstraße zentralisiert.[36] Dort sollten sich im Sommer 1918 300 – 400 Arbeiterinnen melden, die das Stanz- und Presswerk Stiegelmeyer in Wülfel händeringend für die Granatenproduktion suchte.[37]

Insgesamt hat sich der Anteil der Frauenarbeit in Hannover und Linden von 1914 bis 1918, gemessen an der Zahl der pflichtversicherten Krankenkassenmitglieder von 36.972 auf 43.980 Frauen, d.h. um 19 Prozent erhöht, während sich die Männerarbeit auf rd. 43 Prozent gegenüber dem Wert von 1914 verringert hat. Da sich der Mitglieder- bzw. Beschäftigtenrückgang im gleichen Zeitraum auf rd. 74 Prozent des Vorkriegswerts belief, haben die Frauen im Krieg tatsächlich nur einen Teil der Vorkriegs-Arbeitsplätze der Männer besetzt.[38]

Anzeige Vaterländischer Hilfsdienst/Fa. Stiegelmeyer: Volkswille, Juni 1918

Bürgerliche Frauen im „Nationalen Frauendienst"

Der 1. Weltkrieg veränderte auch den Aktionsradius der in der bürgerlichen Frauenbewegung Hannovers organisierten Frauen dramatisch. Die Bewegung hatte sich ab etwa 1890 zu einer der bedeutendsten und erfolgreichsten im Kaiserreich entwickelt. Gemessen am Umfang ihres Engagements und Einflusses in der kommunalen Verwaltung und Politik erreichte sie im Krieg ihren Zenit, als sie einen Großteil der notwendig gewordenen sozialen Arbeit an der „Heimatfront" verantwortete.[39] Die in der Bewegung vertretenen Frauenvereine, allen voran die mitgliederstarken Ortsgruppen des Deutsch-Evangelischen Frauenbundes (DEF) und des Vaterländische Frauenvereins, hatten den Krieg erwartet und sich auf ihn vorbereitet. Angesichts der Balkankrise vereinbarte der DEF mit dem Vaterländischen Frauenverein im Winter 1912/13 eine Arbeitsteilung der beiden Organisationen für den Kriegsfall und ließ zudem Namenslisten von Frauen aufstellen, die als Freiwillige tätig werden wollten. Paula Müller, die mächtige Vorsitzende des DEF auf Reichsebene mit Sitz in Hannover, erklärte: „Friedensarbeit hat der Deutsch-Evangelische Frauenbund seit 15 Jahren geleistet, er ist heute bereit, auch die Pflichten der Frau in Kriegszeiten treu zu erfüllen."[40]

Für die ideologische Einstimmung auf den Krieg bot sich 1913 zudem der 100. Jahrestag der Befreiung von Napoleonischer Herrschaft an. Die hannoversche Ortsgruppe des DEF beging dieses Ereignis mit einer großen Veranstaltung und einer flammenden Rede Selma von der Gröbens, die mit dem Rückblick auf deutsche „Heldinnen" die Frauen beschwor: „Und wenn wir die Feinde unseres Volkslebens erkannten, schelten wir nicht, wehklagen wir nicht, sondern ziehen wir, wie jene Heldinnen, entschlossen in den Kampf, wenn's sein muß auf Tod und Leben."[41]

Die geschilderten Vorgänge belegen, dass die führenden Vertreterinnen der bürgerlichen Frauenbewegung Hannovers den Krieg bejahten und sich dafür selbst mobilisierten, um so der Nation auch ihre „Kriegstauglichkeit" zu beweisen. Nachdem der Bund Deutscher Frauenvereine (BDF) einen Tag vor der Mobilmachung den „Nationalen Frauendienst" (NFD) auf Reichsebene gegründet und dazu aufgefordert hatte, die Frauen überall zur Mitarbeit zu bewegen, folgten

Flugblatt des NFD Hannover, o.J. (Archiv der deutschen Frauenbewegung Kassel, DEF 012)

die Frauenverbände Hannovers am 2. August 1914. In der Stadt fanden sich evangelische, katholische und jüdische, fortschrittliche und konservative, Berufs- und karitative Frauenvereine zusammen. Im Unterschied zu anderen Städten fehlten allerdings sozialdemokratische Frauen, weil diese hier nicht als selbstständige Gruppe organisiert waren.[42]

An der Spitze der neuen Organisation standen „in organisatorischer Arbeit erfahrene Frauen": Paula Müller(-Otfried) vom DEF als 1. Vorsitzende sowie die Oberlehrerin an der Schillerschule Mathilde Drees als 2. Vorsitzende, außerdem u.a. Olga Tramm, Gattin des mächtigen Stadtdirektors Heinrich Tramm, sowie Wilhelmine Gräfin von Finckenstein, die Vorsitzende der hannoverschen Ortsgruppe des DEF, und Selma von der Gröben, stellvertretende Vorsitzende des DEF auf Reichsebene.[43] Sie und mit ihnen Tausende weiterer bürgerlicher Frauen wollten zeigen, „daß wir unser Vaterland lieben und nicht umsonst durch die Schule der Frauenbewegung gegangen sind."[44] Bis Juni 1918 hatten sich im NFD Hannover 36 Frauenverbände mit 7.100 Mitgliedern zusammengeschlossen. Die größten Einzelverbände mit rd. 600 Mitgliedern waren die hannoversche Ortsgruppe des DEF, der Hausfrauenverein für Hannover-Linden und Umgebung sowie der Israelitische Frauenverein.[45]

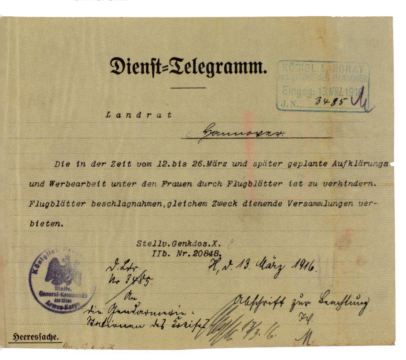

Telegramm des Stellvertretenden Generalkommandos an den Landrat des Landkreises Hannover zwecks Unterdrückung pazifistischer Aktionen, 1916 (NHStAH Hann. 174 Hannover I Nr. 191)

Von Anfang an engagierte sich in der neuen Organisation auch die Ortsgruppe des „Deutschen Verbandes für Frauenstimmrecht", der auf dem linksliberalen Flügel der bürgerlichen Frauenbewegung für das Wahlrecht für Frauen eintrat.[46] Seine maßgeblichen Vertreterinnen auf Reichsebene, die aus Verden/Aller gebürtige erste promovierte Juristin Deutschlands, Dr. Anita Augspurg, und ihre Lebensgefährtin Lida Gustava Heymann aus Hamburg organisierten Ende April 1915 im holländischen Den Haag den Internationalen Frauenfriedenskongress mit. In Hannover verbot das Stellv. Generalkommando des X. Armeekorps die Verbreitung ihrer Friedensresolution, „da sie eine Gefährdung des Burgfriedens und unerwünschte Beunruhigung und Aufreizung der Frauenwelt befürchten" ließen.[47] Wenige Tage später beschlagnahmte die Heeresleitung auch Flugblätter, in denen die Internationale Sozialistische Frauenkonferenz zu Massenprotesten gegen den Krieg aufrief.[48] Pazifistische Strömungen hatten also in Hannover keine Chance, sich unter Hannovers Frauen zu verbreiten.

Kriegsfürsorge mit Erziehungsauftrag
Bei Kriegsbeginn übernahm der NFD Hannover in Absprache mit dem Vaterländischen Frauenverein und dem Roten Kreuz, die sich ausschließlich der Kriegskrankenpflege widmeten, die soziale Fürsorge für die durch den Krieg in Not geratenen Personen. Dazu gehörte die Familienfürsorge für die Angehörigen einberufener Soldaten, Erwerbslosenfürsorge und Arbeitsvermittlung für Frauen, die kriegsbedingt einen Arbeitsplatz verloren hatten bzw. suchten, die Rechtsberatung in allen durch den Krieg verursachten Fragen wie etwa Miet- und Steuerangelegenheiten sowie die Mitarbeit bei der Sammlung und Verteilung von Lebensmitteln und Bekleidung.[49]

In den ersten zwei Jahren des Krieges organisierten die ehrenamtlich tätigen Frauen – zu erkennen an ihrer weißen Armbinde mit rotem Rand und der Aufschrift „Nationaler Frauendienst"[50] – vor allem die Arbeit im städtischen Kriegsfürsorgeamt. Paula Müller und Margarete Willig, die Vorsitzende der städtischen Armenpflegerinnen, erhielten Sitz und Stimme im Ausschuss für Kriegsfürsorge, dem obersten Gremium des Amtes, so dass der NFD völlig in diesen Bereich kommunaler Verwaltung eingebunden war.[51] Gleichfalls „managten" die Frauen des NFD die Arbeit der „Städtischen Hilfsstelle". In dessen oberstem Ausschuss wirkten Olga Tramm, die die Einrichtung auch leitete, Paula Müller, Mathilde Drees, Margarete Willig und zwei andere Frauen. Die Hilfsstelle kümmerte sich gezielt um Familien in Not, die keine Kriegsunterstützung erhielten, sowie um besondere Personengruppen wie Wöchnerinnen, Kinder, Arme und Flüchtlinge.[52] Und schließlich gehörten auch dem Lenkungsausschuss des 1915 eingerichteten städtischen Mietfürsorgeamtes überwiegend Frauen an.[53]

Insgesamt präsentierte sich der Nationale Frauendienst als weibliche Version des „Burgfriedens", dem alle Parteien im Kaiserreich nach Kriegsausbruch zugestimmt hatten. Gleichwohl lässt sich die „Hymne" im sozialdemokratischen Volkswille auf die Arbeit der bürgerlichen Frauen in den städtischen Ämtern und insbesondere im Kriegsfürsorgeamt je nach Perspektive als Lob oder Spott lesen: „In allen Zimmern und Sälen herrscht emsige Tätigkeit und mit Aufopferung und Liebe zur Sache wird gearbeitet. Hier waltet Frau Stadtdirektor Tramm als guter Geist, dort Frau Gräfin von der Gröben, drüben das schlichte Bürgerkind neben der Tochter des Generals. Der Krieg kennt keine Unterschiede, und wie die Männer im Kriege nur ein Rock eint, so sind auch unsre Frauen zu gemeinsamer Liebestätigkeit an der Arbeit."[54]

Die Arbeit im Kriegsfürsorgeamt erwies sich als bedeutend und herausfordernd. Im August 1914 waren dort fast 400, im März 1915 noch 203 ehrenamtlich tätige Frauen des NFD beschäftigt. Aufgrund des starken weiblichen Engagements wären die „gesamten Verwaltungskosten er-

Die Nähstube der freiwilligen Kriegshilfe war eine von vielen in Hannover. Foto, 1915 (Fotoarchiv HMH)

staunlich gering gewesen im Vergleich zu anderen Amtsstellen, die lange nicht mit einer solchen Menschenmenge und solchen riesigen Ausgaben arbeiten", stellte der Leiter des Kriegsfürsorgeamtes Wilhelm Schickenberg fest und wünschte sich, dass „uns die Mitarbeit der Frauen auch weiterhin zuteil werden (möge), nicht nur der Kostenersparnis sondern vor allen Dingen des Geistes wegen, den die Frauen in unsere Verwaltung hineintragen!"[55] Nach Kriegsende erklärte er zum Engagement des NFD: „Jene Frauen haben dem Kriegsfürsorgeamt nicht etwa geholfen, sondern sie haben es getragen."[56]

Die Frauen des NFD waren durch ihre Vereins- und teilweise auch Berufstätigkeit mit Führungs- und Managementaufgaben wohl vertraut. In den Friedensjahren waren sie unter anderem in der Armen- und Gefährdetenfürsorge tätig gewesen oder hatten als Lehrerinnen gearbeitet. Nun brachten sie in den ersten Monaten nach Kriegsausbruch Ordnung in die chaotischen Verhältnisse in der Stadt. Bis Oktober 1914 prüften im Kriegsfürsorgeamt unter Leitung von Selma von der Gröben etwa 180 von ihnen als „Ermittlerinnen" die Unterstützungsgesuche von fast 12.000 Familien, die durch die Einberufung ihrer „Ernährer" mittellos geworden waren. Andere vermittelten im gleichen Zeitraum etwa 1.700 von 2.500 Frauen, die wegen des Krieges ihre Arbeitsplätze als Textil- oder Heimarbeiterinnen sowie als Dienst- oder Hausmädchen verloren hatten, in neue Stellen. Wiederum andere richteten eine zunächst unabhängig vom Kriegsfürsorgeamt geführte Näh- und Strickstube ein, akquirierten Aufträge der Militärbehörden und konnten damit zunächst 700 Frauen beschäftigen.[57]

Mit all' diesen Aktivitäten verbanden die bürgerlichen Frauen einen Kontroll- und Erziehungsauftrag, der keineswegs immer auf Gegenliebe stieß. „Tausende von Kriegerfrauen" begehrten in den ersten Kriegsmonaten gegen die „Ermittlerinnen" auf, die mit rüden Fragen die Bedürftigkeit der Kriegerfamilien prüften. „Die bürgerlichen Frauen würden die Arbeiterfrauen bevormunden und ihnen ihre Maßstäbe aufdrücken", zürnte der sozialdemokratische Volkswille, während die bürgerliche Presse von „vereinzelten Mißgriffen" schrieb.[58] Zwar wurden die „Ermittlerinnen" nachgeschult, sie blieben aber dabei, dass sie „fortdauernd eine teils fürsorgende, teils kontrollierende Ueberwachung dieser Familien ausüben [müssen], um besonderen Notständen und Mißbräuchen entgegenzutreten."[59] Auch vom Aufbau der Nähstube versprachen sich die Frauen im NFD „eine dauernde Kontrolle einer ziemlich großen Anzahl von bis dahin ungeübten Heimarbeiterinnen [...], die auch vom erziehlichen Standpunkt nicht gering zu bewerten ist."[60] Die gleichen Intentionen verbanden sie mit der Organisation von Hausarbeits- und Kochkursen für erwerbslose junge Fabrikarbeiterinnen. Um ihrer vermeintlich drohenden Verwahrlosung vorzubeugen, sollten sie in drei Küchen ihre eigenen Mahlzeiten kochen und die freien Stunden mit Handarbeiten und theoretischem Unterricht ausfüllen.[61]

Mit dem Andauern des Krieges machten sich unter den Frauen des NFD im Kriegsfürsorgeamt allerdings „Ermüdungserscheinungen" aller Art wie Gesundheitsprobleme, familiäre Verpflichtungen oder schlicht Überdrüssigkeit breit. Ihre Auswechslung bereitete aber wegen der großen Zahl der organisierten Frauen keine Probleme.[62] Ab 1916 wurden die ehrenamtlichen Mitarbeiterinnen nach und nach durch professionelle Kräfte ersetzt, so dass der NFD seinen Einfluss auf die hannoversche Kriegsfürsorge langsam verlor.[63]

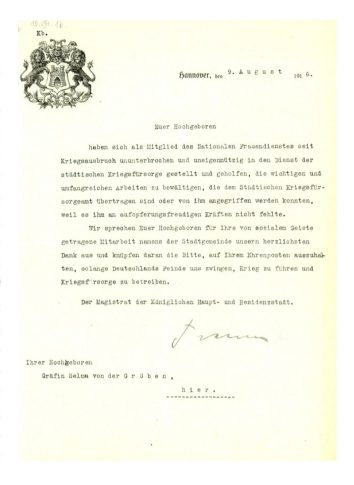

Ehrenurkunde für Selma von der Gröben, unterschrieben von Stadtdirektor Tramm (Archiv der deutschen Frauenbewegung Kassel, DEF 012)

Die Vaterländischen Pflichten der Hausfrauen

Bereits im 2. Kriegsjahr hatten die Frauen des NFD die Arbeit in der immer kriegswichtiger werdenden „Ernährungsfrage" intensiviert. Ab Anfang 1915 unterhielten sie mit finanzieller und materieller Unterstützung des Magistrats eine Auskunfts- und Beratungsstelle für Ernährungsfragen in den Räumen des Kriegsfürsorgeamtes. Von dort gaben sie 4.450 Kochbücher ab und verteilten 34.000

Flugblätter für alle Schulkinder und deren Mütter. Sie richteten in sechs Schulküchen unentgeltliche Kriegskochkurse ein, in denen „kriegsgemäße Gerichte" gekocht sowie der Gebrauch von Kochbeuteln und Kochkisten ausprobiert wurden. Zusätzlich organisierten sie zahlreiche öffentliche Vorträge über die „vaterländischen Pflichten der Hausfrauen".[64] So schwor etwa im Januar 1915 Oberlehrerin Mathilde Drees ihre Zuhörerinnen mit dem Hinweis des Innenministers, „daß jetzt jeder Haushalt in Kriegszustand versetzt werden müsse", auf die immer karger werdende Kriegskost ein.[65] Auch die bürgerlichen Tageszeitungen brachten in ihren Frauenbeilagen immer mehr Artikel zur „Kriegsküche". Vermutlich hätten sie auch Olga Tramms Rezept gutgeheißen, demzufolge die Frauen Wurstpellen auskochen und das ausgelassene Fett mit der Vorstellung, es wäre Butter, aufs Brot streichen sollten.[66]

Im Sommer 1915 gingen die führenden Frauen im NFD an den Aufbau eines Vereins für die Masse der noch unorganisierten Hausfrauen. Im Mai des Jahres hatte Hedwig Heyl den „Deutschen Verband der Hausfrauen" in Berlin gegründet. Hannover folgte Ende August mit dem „Hausfrauenverein für Hannover-Linden und Umgebung" und dessen Vorsitzender Mathilde Drees. Bei der Gründungsveranstaltung im Tivoli rief die damalige Reichsvorsitzende Luise Voß-Zietz die „Hausfrauen aller Kreise aus Stadt und Land zu schwesterlicher Zusammenarbeit [auf], zur gemeinsamen Sicherung der Volksernährung, zu einem stolzen Bemühen, unabhängig vom Ausland auszukommen mit den Gaben der deutschen Heimat, zum gemeinsamen Kampf gegen Hamsterei und Händlergeist, um so den Aushungerungsplan der Feinde zunichte zu machen."[67] Entsprechend widmete sich der Hausfrauenverein in Zusammenarbeit mit dem NFD noch gezielter der Ernährungslage. Bereits im September 1915 gründete er eine eigene Genossenschaft mit drei Verkaufsstellen in der Stadt, in denen einige Landfrauen unter den Vereinsmitgliedern ihre Agrarprodukte direkt – ohne Zwischenhandel – und zu festgesetzten Preisen an die Städterinnen verkauften. Der Verein intensivierte außerdem das Angebot an praktischen Beratungs- und Lehrkursen. Frauen lernten unter anderem, mit Nahrungsersatzmitteln für Eier, Butter, Mehl und Fleisch zu kochen, Kochkisten herzustellen, um Energie einzusparen, Wäsche ohne richtige Seife zu waschen und Schuhe mit Holz- oder Strohsohlen auszubessern. Der Hausfrauenverein erkämpfte sich auch Sitz und Stimmrecht in der städtischen Preisprüfungsstelle, die die Nahrungsmittelpreise kontrollieren und den Preiswucher unterbinden sollte, und verschaffte sich damit ebenso wie der NFD direkten Zugang zu einem kriegswichtigen Bereich in der kommunalen Verwaltung.[68]

Letztlich blieben bald selbst nützliche Ratschläge eine stumpfe Waffe gegen die immer miserabler werdende Ernährungslage. Dem Hausfrauenverein schwanden zudem mit zunehmender Kriegsdauer die Kräfte. Noch im Mai 1916 zählte der Verein fast 2.000 Mitglieder. Darunter befanden sich allein 500 Conti-Arbeiterinnen, für die das Unternehmen den Mitgliedsbeitrag zahlte, sowie viele Angehörige eines vor dem Krieg existierenden „Hausfrauenvereins", der sich zugunsten des neuen Vereins aufgelöst hatte. Im Juni 1918 gehörten dem „Hausfrauenverein Hannover-

Linden und Umgebung" nur noch 600, nach anderen Angaben rd. 900 Personen an. Am stärksten waren die Frauen des „einfachen Mittelstandes" vertreten.[69]

Mobilisierung für die Rüstungswirtschaft

In der zweiten Kriegshälfte erfüllten die bürgerlichen Frauen im NFD mit der Mobilisierung weiblicher Arbeitskräfte für die Rüstungsindustrie eine weitere große Aufgabe im Krieg. Die Frauen hatten sich seit Kriegsbeginn um die Arbeitsbeschaffung für Frauen gekümmert und auch manchmal Vorschläge an die Stadtverwaltung gerichtet.[70] Da das Vaterländische Hilfsdienstgesetz vom Dezember 1916 Frauen aus Rücksicht auf die traditionelle Geschlechterordnung vom Dienst ausgenommen hatte, konnten sie nur auf freiwilliger Basis mit moralischen Appellen in Zeitungen und bei Werbeveranstaltungen von dieser speziellen „vaterländischen Pflicht" überzeugt werden. „Die Schwierigkeit der ganzen Frage liegt darin", schrieb der Hannoversche Kurier, „jene untätigen Frauen aufzubieten, die bisher noch ein bequemes Leben führen, die den ganzen Tag nichts zu tun haben, als sich anzukleiden, zu essen und auszugehen. Es muß öffentlich auf diese Frauen eingewirkt werden, es muß nicht nur ihnen, sondern jedem eindringlich vorgehalten werden, daß es verwerflich ist, den Tag zu verbummeln."[71] In der Evangelischen Frauenzeitung, dem Mitgliedsorgan des Deutsch-Evangelischen Frauenbundes, stachelte Paula Müller das Ehrgefühl der bürgerlichen Frauen an: „Unser Millionenheer, in dem auch der Offizier neben dem einfachen Soldaten für Deutschlands Sicherheit und Ehre kämpft, braucht die unterstützenden Hände aller Frauen, die noch nicht durch andere Kriegsarbeit gebunden sind, um ihm die Waffen zu reichen, die unser Leben und Gut schirmen. Niemand darf sich

Weibliche Arbeitskräfte wurden im Krieg sehr umworben. Plakat, Entwurf Ferdy Hormeyer, 1918 (VM 42269)

heute für zu gut halten, um in der Rüstungsindustrie mitzuschaffen, ich fürchte, manche Frauen sind nicht gut genug, um dieser Ehre teilhaftig zu werden. Darum helft, helft alle! Es gilt den deutschen Sieg mitzuerringen."[72]

Im September 1917 meldete das Blatt, dass sich bei einer Serie von Werbeveranstaltungen des NFD in deutschen Groß- und Mittelstädten „deutsche Frauen [...] gedrängt [hätten], daß die Versammlungsräume nicht reichten und Hunderte von Frauen vor den dichtgefüllten Sälen Kehrt machen mußten." Allein in Hannover hätten über 100 nicht mehr in die stark überfüllte Aula des Lyzeums I in der Langensalzastraße gelassen werden können und nach der ersten Kampagnenwoche hätten sich 356 Frauen gemeldet, „von denen fast die Hälfte sofort kriegswirtschaftlichen Betrieben überwiesen wurde."[73] Im Hannoverschen Anzeiger hieß es ergänzend, Oberlehrerin Peters habe Bravorufe für ihre „energischen Mahnworte" erhalten, dass „niemand ein Recht (habe), andere für sich arbeiten zu lassen" und dass „das weitere Verharren in Untätigkeit jedem als Schandfleck erscheinen" müsse.[74] Auch habe die Versammlung ein Telegramm an Generalfeldmarschall von Hindenburg mit folgendem Wortlaut beschlossen: „Die zur Werbung von Munitionsarbeiterinnen einberufene Versammlung des Nationalen Frauendienstes spricht Euer Exzellenz das Gelöbnis aus, daß die Frauen aller Stände Hannovers bereit sind, durch Arbeit in den Fabriken zu helfen, daheim eine zweite Siegfriedlinie zu errichten, damit Sieg und Friede zugleich erkämpft wird."

Besuch von Damen der hannoverschen Gesellschaft in der Hannoverschen Waggonfabrik. Foto, 1915 (aus VM 49303)

Auf Bitten der Kriegsamtsstelle Hannover organisierte der NFD auch noch im Juni 1918 einen öffentlichen Vortragsabend.[75] Wieder hielt Paula Müller die Stimmung hoch: „Der Sommer hat viele erholungsbedürftige Frauen aufs Land gezogen, es gilt Lücken zu schließen und die Reihen der Heimkrieger zu stärken, damit die innere Front liefern kann, was die äußere braucht, um uns den Sieg und den endlichen Frieden zu erringen. Der Ruf ergeht deshalb von neuem an die Frauenwelt, vor allem an die Frauen des Mittelstandes und der höheren Kreise, in die Industrie einzutreten und sich den Schwestern an die Seite zu stellen, die diese Pflicht schon früher erkannt haben."[76] Diesmal fand der Appell nur noch die „freudige Zustimmung der Anwesenden".[77] Die Stimmung der bürgerlichen Frauen war nicht mehr die beste.

Die Stimmung hochhalten

Im Oktober 1917 hatte der Vorstand des NFD in einem Rundschreiben an die Ausschussmitglieder „auf die Notwendigkeit der Aufklärung im Allgemeinen und besonders im persönlichen Verkehr und auf das Hochhalten der Stimmung" hingewiesen.[78] Augenscheinlich hatten die Aktivistinnen im NFD den Kontakt zu ihrer Basis verloren. Im Juli 1918 beklagte eine von ihnen in der Evangelischen Frauenzeitung, dass die Frauen „einander immer mehr in den Kleinmut hinein" reden würden und propagierte Mut und Zuversicht: „Wo man hinhört, ist nur vom Essen die Rede, von Kleidern, Schuhen und Seife. Jede erzählt, wie schwer sie es hat, und die hetzen oft am meisten, die es am wenigsten nötig haben. [...] Statt des vielen Klagens und Scheltens könnten wir doch einmal das Gegenteil versuchen. Auch Mut und Zuversicht stecken an, und eine frohgemute Frau kann hunderte ihrer Mitschwestern zu frischer Tat mitreißen. Ich meine, das wäre eine wundervolle Frauengabe in diesem Kriege [...]."[79]

Blick in die Wohnung einer kinderreichen Kriegerfamilie in der Neustadt (Thiele/Schickenberg, 1920, Abb. 1, S. 61)

Die Stimmung hochzuhalten, fiel zumindest einem Teil der im Nationalen Frauendienst Hannovers organisierten Frauen zunehmend schwerer. Dessen Festigkeit und Einheit hatten spätestens 1917 tiefe Risse bekommen, als sich liberale und konservative Frauen über die Frage des Frauenstimmrechts heftig zerstritten. Der Deutsch-Evangelische Frauenbund lehnte das Wahlrecht ab, während sich etwa der Frauenbildungsverein und die Berufsverbände der Lehrerinnen, kaufmännischen Angestellten und Hebammen dafür einsetzten.[80] Die liberalen Frauen beteiligten sich auch nicht mehr an öffentlichen Durchhalteparolen. Als im Oktober 1918 das Friedensprogramm des amerikanischen Präsidenten Wilson immer deutlicher Realität zu werden drohte, veröffentlichte der Hannoversche Kurier einen „Aufruf der deutschen Frauen" nicht im Namen des NFD, sondern von 24 einzeln aufgeführten konservativen und konfessionell gebundenen Frauenverbänden: „Wir empfinden tief die unserem Vaterlande angetane Schmach. Wir können uns nicht hilflos mit gebundenen Händen darunter beugen. Lieber wollen wir alles opfern, alles leiden."[81]

Heimatfront Hannover

Kriegerfrauen – Familienpolitik an der Heimatfront

Ganz anders als die bürgerlichen Frauen im NFD Hannover, die sich mit ihrem Engagement völlig in den Dienst der Kriegsmaschinerie stellten, erlebten die „Kriegerfrauen", die Ehefrauen der einberufenen Männer, die kriegsbedingten Veränderungen. Die Einberufung und der Abmarsch der Ehemänner an die Front rüttelten an der traditionellen Geschlechterordnung, ging es doch um die Frage, ob und wie Ehefrauen die nunmehr als Soldaten tätigen „Familienernährer" ersetzen sollten. Ausgehend von Vergleichsrechnungen waren von den rd. 63.500 Männern, die in Hannover ihre Einberufungsbefehle erhielten, mehr als 19.000 verheiratet.[82] Der weitaus größte Teil der eingezogenen Männer gehörte zu den „Mannschaften", waren also einfache Soldaten unterhalb der Unteroffiziersklasse; der kleinere Teil diente als Offizier oder Militärbeamter. Die Kriegerfrauen waren überwiegend zwischen 21 und 40 Jahre alt mit ein oder zwei Kindern.[83]

Die Kriegerfamilien und insbesondere die Kriegerfrauen spielten zudem eine kriegspolitisch wichtige Rolle als „Transmissionsriemen" zwischen ziviler (weiblicher) Heimat und militärischer (männlicher) Front. Mit der Feldpost, die sich im Krieg zu einem Massenphänomen entwickelte, konnten sich die Frauen mit ihren Ehemännern, Verlobten, Vätern und Brüdern über die Geschehnisse in der Heimat und an der Front austauschen. Von daher galt die Feldpost als ein die Kriegsgesellschaft stabilisierendes Instrument, mit dessen Hilfe den Menschen Trennungen und Verlustängste erträglicher gemacht werden sollte. Andererseits konnten Feldpostbriefe trotz der Zensur einen subversiven Charakter annehmen, wenn etwa Kriegerfrauen die immer katastrophalere Lebenslage in der Heimat mit drastischen Schilderungen beklagten. Das Wohlergehen oder Nicht-Wohlergehen der Kriegerfrauen konnte so sehr direkt die Stimmung und den Kampfgeist der Ehemänner an der Front beeinflussen.[84] In der Presse wurde dieser Zusammenhang je nach Perspektive als Drohung gegenüber dem Staat oder als Mahnung gegenüber den Frauen angesprochen. Letzteres beabsichtigte der Hannoversche Kurier, als er im April 1917 unter dem Titel „Deutsche Frau, merk auf!" von deutschen Kriegsgefangenen an der Westfront berichtet, deren Taschen einer englischen Zeitung zufolge „mit Briefen von ihren Frauen, Schwestern und Müttern vollgestopft (sind), die von Hungersnot daheim berichten." Dieses sei „keine gute Literatur für den Geist einer Armee" und „die Behauptung unserer Feinde ... eine schwere Anklage gegen diejenigen, welche solche Briefe schrieben, sie ist eine ernste Mahnung, solch frevles Tun zu unterlassen."[85]

Nach Kriegsbeginn, als die meisten Menschen im Kaiserreich noch von einer kurzen Kriegsdauer ausgingen, klangen die Appelle in der Presse weniger drastisch. „Schreibe vertrauensvoll und freudig", hieß es dort.[86] Und für die vielfältigen Probleme, mit denen sich Kriegerfrauen konfrontiert sahen, hielt sie nur den knappen Rat parat, dass „eine gewissenhafte Hausfrau darauf bedacht sein (soll), alle Dinge so zu erledigen, daß dem heimkehrenden Manne nicht Unannehmlichkeiten aus versäumten Dingen erwachsen", dass „die deutsche Frau von heute [...] wohl gelernt" habe, „auf eigenen Füßen" zu stehen und andere Frauen ihr beistehen könnten, wenn ihre eigene Kraft versagte.[87] Dass die Frauen über keine eigenständigen Rechte verfügten, die „geschäftlichen Angelegenheiten" zu regeln, thematisierte die Presse tunlichst nicht. Schließlich war im Jahr 1900 trotz heftiger Proteste der bürgerlichen Frauenbewegung im Familienrecht des Bürgerlichen Gesetzbuches erneut die Vormundschaft des Mannes über die Frau festgeschrieben worden. Der Mann als Oberhaupt der Familie besaß das alleinige Entscheidungs- und Verfügungsrecht. Er konnte über das Vermögen und die Arbeitskraft seiner Frau bestimmen und ihr auch die „Schlüsselgewalt", die diese ermächtigte, zur Haushaltsführung zählende Geschäfte im Namen des Mannes zu tätigen, entziehen. Allein in seiner Hand lag die „elterliche Gewalt" über die Kinder und die Entscheidung über den Wohnsitz der Familie. Angesichts dieser Gesetzeslage waren viele Frauen eingezogener Männer bei Kriegsbeginn mit einer Fülle rechtlicher und bürokratischer Angelegenheiten konfrontiert, von denen sie, wenn überhaupt, dann eher nur nebenbei Kenntnis hatten. Manche Kriegerfrau erfuhr erst jetzt, wie hoch der Lohn ihres Mannes gewesen war, wie viel er davon allein für sich ausgegeben hatte, ob er Schulden hatte und Kredite abgezahlt werden mussten.[88] Die Rechtsberatungsstellen von Frauenvereinen und die Auskunftsstelle des Kriegsfürsorgeamtes boten für sie Unterstützung.

Familienunterstützung – Kein Auskommen mit dem Einkommen
Manche Frau erhielt wohl auch zum ersten Mal in ihrem Eheleben mit dem Geld aus der „Familienunterstützung" regelmäßig eine Art „eigenes Einkommen", über das sie allein verfügen konnte.

„Mehr als eine Mutter vieler Kinder" wünschte, „daß der Krieg noch lange dauern möchte, denn im Frieden hat sie niemals alle vierzehn Tage soviel Geld mit einmal pünktlich in die Hände bekommen", merkte Wilhelm Schickeberg, Leiter des hannoverschen Kriegsfürsorgeamtes, dazu an.[89] Mit der „Kriegs-" oder „Familienunterstützung", die im Ersten Weltkrieg etabliert wurde und an die Ehefrauen und Kinder der Soldaten in den Mannschaftsgraden, später auch an andere von ihnen versorgte Verwandte ausgezahlt wurde, sollte vordergründig der Lohnausfall des „Ernährers" kompensiert werden. Darüber hinaus sollte die Loyalität der Soldaten gesichert, die Heimatfront ruhig gehalten und das bürgerliche Familienmodell kon-

Küche einer kinderreichen Kriegerfamilie in der Nordstadt (Thiele/Schickenberg 1920, Abb. 6, S. 66)

serviert werden. Indem der Staat bzw. die Kommunen die „Quasi-Rolle" des Familienernährers übernahmen, sollte die Frau auf Haushalt und Kinder fixiert bleiben.[90]

Mit der „Familienunterstützung" sollten lebensnotwendige Bedürfnisse wie Wohnen und Essen, Kleidung und Gesunderhaltung sowie die spezielle Fürsorge für Kinder und Jugendliche gesichert werden. Einen generellen Anspruch auf die Unterstützung gab es freilich nicht und gewährt wurde diese erst nach einer an das Armenrecht des 19. Jahrhunderts erinnernden Bedürftigkeitsprüfung, die – wie bereits erwähnt – in den ersten Kriegswochen zu heftigen Dissonanzen zwischen den die Bedürftigkeit prüfenden „Ermittlerinnen" des Amtes und den Kriegerfrauen als Antragstellerinnen führte.[91] Zudem wurde der Umfang der Leistungen durch die Prämisse bestimmt, Hilfe zur Selbsthilfe zu sein. Des Weiteren galt der Grundsatz, „keine Familie besser zu stellen, als sie vor der Einberufung ihres Ernährers gestanden hat".[92] So wurden Zuwendungen für Kriegerfamilien, etwa von Arbeitgebern und Gewerkschaften, bei denen die einberufenen Ehemänner vor dem Krieg beschäftigt gewesen waren, teilweise auf die Familienunterstützung angerechnet.[93]

Die gewährte Familienunterstützung reichte jedenfalls während des gesamten Krieges trotz mehrerer Erhöhungen nie für die wichtigsten Ausgaben für Grundnahrungsmittel, Miete und Heizmaterial. Im August 1914 zahlte das Kriegsfürsorgeamt für eine Kriegerfrau mit Kind 36 Mark, während die tatsächlichen Lebenshaltungskosten rd. 60 Mark betrugen, und im Januar 1919 100 Mark, während die realen Lebenshaltungskosten bei 160 Mark lagen.[94]

Arbeitspflicht für Kriegerfrauen?

Eine Möglichkeit, die wirtschaftliche Misere ein wenig zum Besseren zu wenden und die knappe Familienunterstützung aufzustocken, war die Lohnarbeit. Neuere Forschungen betonen allerdings, dass es für die Mehrheit der Krieger- wie Hausfrauen, die eine eigene Familie oder weitere nahe Verwandte zu versorgen hatten, praktisch nahezu unmöglich und finanziell nicht attraktiv war, in der Kriegsproduktion zu arbeiten, da auch der Lohn teilweise auf die Familienunterstützung angerechnet wurde.[95] Das hannoversche Kriegsfürsorgeamt hielt zudem an der Familienrolle der Kriegerfrauen fest und lehnte es grundsätzlich ab, Mütter von kleinen Kindern „irgendeine Arbeit, die sie ihrer Wohnung für einen größeren Teil des Tages entzog, zu vermitteln. Für sie ist die Heimarbeit da, von der die alleinstehenden Frauen ebenso grundsätzlich ferngehalten wurden."[96] Im Februar 1916 arbeiteten allein etwa 1.700 Frauen in Heimarbeit für die Näh- und Strickstube des Kriegsfürsorgeamtes Aufträge des Kriegsbekleidungsamtes des X. Armeekorps ab.[97] Von 4.400 Stellen, die die Arbeitsvermittlung des Amtes im Oktober und November 1916 besetzen konnte, waren 3.300 Heimarbeitsstellen.[98] Kinderreiche Kriegerfrauen mit fünf und mehr Kindern versuchten, wenn überhaupt, dann eher stundenweise etwas dazuzuverdienen, etwa als Zeitungsausträgerinnen, Aufwärterinnen oder Küchenhilfen.[99]

Allerdings sah sich die Arbeitsvermittlung mit ihren Versuchen, Kriegerfrauen von der Aufnahme einer Arbeit zu überzeugen, auch immer wieder mit weiblicher Widerständigkeit konfrontiert. Manche von ihnen wussten sich sehr wohl gegen unattraktive Arbeitsplätze und niedrige Löhne zu wehren. Sie erklärten, dass sie krank seien oder dass der Ehemann nicht wolle, dass sie arbeitete. Selbst bei einer Umfrage unter etwa 1.100 alleinstehenden Frauen erklärten sich nur 137 bereit, eine Arbeit aufzunehmen; die große Mehrheit lehnte dies ab, weil sie krank wären. Bei einer vom Amt angeordneten Untersuchung eines Teils dieser Frauen im Städtischen Krankenhaus I wurden sie allerdings als gesund eingestuft.[100] So verwundert es nicht, dass in diesem Jahr lebhaft über die „Arbeitspflicht der Kriegerfrauen" debattiert und ihnen vorgehalten wurde, dass sie meinten, „sie bräuchten nicht arbeiten, sondern könnten grundsätzlich verlangen, mit öffentlichen Mitteln und Gaben freier Liebestätigkeit vollständig für den Unterhalt ausgestattet zu werden."[101] Eine gesetzliche Arbeitspflicht führte der Staat aus Furcht vor negativen Wirkungen auf die Stimmung an der Front nicht ein. Denn solch' ein Vorgehen hätte den Status des Ehemannes, der schließlich über die Erwerbstätigkeit seiner Frau entscheiden konnte, erheblich beeinträchtigt.[102]

Blick in die Waldstillstube des Kriegsfürsorgeamtes in der Eilenriede. Postkarte, nach 1916 (VM 57335)

Mütter

Gegen die Arbeitspflicht von Kriegerfrauen sprach zudem die große Bedeutung, die Gesellschaft, Behörden und Öffentlichkeit Müttern für das Überleben von Familien unter Kriegsbedingungen zumaßen. Man wollte Kindern nicht die Mutter nehmen und nicht die Gebärfähigkeit von Frauen riskieren.[103] Bedingt durch den dramatischen Rückgang von Eheschließungen und Geburten sowie durch die großen Kriegsverluste von jungen Männern, und damit von potentiellen Vätern, richteten die staatlichen bzw. kommunalen Behörden ihr besonderes Augenmerk auf die Mütter und die Kinderfürsorge.[104] Das hannoversche Kriegsfürsorgeamt entwickelte ein Bündel von Fürsorge- und Kontrollmaßnahmen, die alle zum Ziel hatten, die Geburtenrate zu steigern sowie die Gebär- und Nährfunktion der Mütter und das Überleben der Kleinkinder zu sichern.[105]

Ab Dezember 1914 wurde die Reichswochenhilfe als Mütter- und Säuglingshilfe für die nicht selbstständig versicherten Ehefrauen von einberufenen Soldaten sowie später auch für arme und uneheliche Mütter auf- und ausgebaut. Sie umfasste Beihilfen für die Entbindungs-, Hebammen- und Arztkosten sowie ein Wochengeld für acht und ein Stillgeld für zwölf Wochen. Mit der Reichswochenhilfe sollte der „Mut zur Elternschaft" unterstützt und ein Anreiz zum Stillen als probates Mittel gegen Säuglingssterblichkeit gegeben werden. Die zunehmende Milchknappheit beförderte dann das Stillen. Ab Januar 1916 gewährte das Kriegsfürsorgeamt Hannover jungen Müttern im Anschluss an das Stillgeld der Reichswochenhilfe eine „Stillprämie" und zudem Haferflocken, Fett, Kakao und Marmelade. Im August 1916 eröffnete das Amt ein durch eine breite Sammelaktion finanziertes „Stillhäuschen" in der Eilenriede. Es räumte damit den Einwand junger Mütter aus dem Weg, nicht mit ihren Babys an die frische Luft zu gehen, weil es „lästig und unangenehm (sei), draußen dem Kinde zur bestimmten Zeit die Brust zu reichen."[106] Ab Oktober betrieb das Amt gemeinsam mit der Städtischen Hilfsstelle die „Mutterhilfe", die nun allen Ehefrauen und Verlobten eingezogener Männer, ob Soldat oder Offizier, unabhängig von Bedürftigkeit oder Familienunterstützung gewährt wurde. Werdende Mütter erhielten ab dem sechsten Schwangerschaftsmonat Bezugsscheine über ärztlich verordnete Lebensmittel, ein Mittagessen in den letzten Wochen vor der Geburt sowie, wenn nötig, Wäsche und Erstlingskörbe für den Säugling.

All' diese Maßnahmen wurden von Fürsorgeschwestern des Amtes in die Wege geleitet und überwacht. Sie kontrollierten das Stillen, achteten auf Hygiene, gaben Ernährungsratschläge, drangen auf frische Luft für die Babys. Diese ersten Ansätze von Kindervorsorgeuntersuchungen stießen nicht immer auf die Gegenliebe der jungen Mütter, wie Amtsleiter Schickenberg berichtet: „Sie (die Fürsorgeschwestern – K.E.) unterzogen sich mit hingebendem, manchmal nur mühsam im Zügel zu haltenden Eifer der Aufgabe, die Durchführung der Verhaltensmaßregeln zu überwachen, die der Säuglingsfürsorgearzt den Müttern der Kleinkinder auf den Weg gegeben hatte und die leider gar zu schnell vergessen oder durch die besseren Ratschläge kluger Nachbarinnen oder Mitbewerberinnen beim Lebensmittelkauf abgelöst werden. Gegen Unsauberkeit und die Scheu vor der frischen Luft haben die Schwestern in Hunderten von Fällen erfolgreich gekämpft."[107] Mit den Maßnahmen gelang es allerdings nicht, die Geburtenrate zu steigern. Dass hingegen die Säuglingssterblichkeit nur geringfügig zunahm, hielt das Kriegsfürsorgeamt seiner „Stillpropaganda" zugute. Demnach erhöhte sich die Stillquote von rd. 68 Prozent 1912 auf 79 Prozent 1916.[108]

Kriegerfrauen in der Kritik
Das bisher Gesagte belegt bereits, dass gerade Kriegerfrauen mit Argusaugen von den Behörden und der Öffentlichkeit überwacht und mit Bevormundungs- und Kontrollversuchen überhäuft wurden. Allein der Umstand, dass sie selbstständig über die Familienfinanzen verfügen konnten, galt man-

chem Zeitgenossen als Skandal.¹⁰⁹ Um die Frauen in die Schranken der traditionellen Geschlechterordnung zu verweisen, entwickelten sich ab 1916 zudem verschiedene Negativ-Debatten. Heftig kritisiert wurde etwa das vermeintliche Versagen der Mütter bei der Erziehung ihrer Söhne. Angesichts des abwesenden Vaters als Autoritätsperson wurde ihnen die Beobachtung zur Last gelegt, dass sich Jugendliche herumtrieben und die Schule schwänzten, sich am Schleichhandel und Hamstern beteiligten oder Lebensmittel und Heizmaterial stahlen. Der Rat der bürgerlichen Presse an sie lautete: „Alles Weichliche zu vermeiden, das harte Element nicht auszuschalten" und einen männlichen „Zug, eine stille, geistige Mitarbeit des fehlenden Gatten" zu verfolgen.¹¹⁰

„Der Urlauber!" Karikatur auf die untreuen Kriegerfrauen. Aquarell von Fritz Otto Goy, um 1917 (VM 43945,103)

Harsche Vorwürfe wurden auch laut über verschwenderische und „sittenlose" Kriegerfrauen, die mit Kriegsgefangenen anbändeln oder sich prostituieren würden. Der Hannoversche Anzeiger druckte einen Brief von der Front, in dem sich ein Schreiber über sich im Kaffeehaus vergnügende, aber klagende junge Ehefrauen, die meinen an der Front wäre es besser als in der Heimat, beschwerte: „Und wie sieht es in der Heimat aus? Man lebt knapp, gewiß, manchmal recht knapp sogar. (Aber nicht alle). Knapp an Brot, Kartoffeln, Fett und Zucker. Sagen wir alle ruhig an manchen Nahrungsmitteln. *Aber es hungert und verhungert niemand, dafür wird doch gesorgt!* [Hervorhebung im Original K.E.] Wenn aber sonst schon entbehrt werden muß, dann sollen erst die unter der Kaffeekanne entbehren, ehe der Schützengraben entbehrt, denn die Feldgrauen haben alle die guten Dinge des Lebens viel, viel nötiger."¹¹¹ Das Kriegsfürsorgeamt konnte im Übrigen die Teuerungszulage kürzen oder streichen, „wenn z.B. eine Frau, was leider in zunehmendem Umfange festgestellt wird, ihren Haushalt vernachlässigt, ihre Kinder oder Stiefkinder mißhandelt, einen unsittlichen Lebenswandel führt, das Amt durch wissentlich unwahre Angaben zu täuschen versucht."¹¹²

Aller Kritik zum Trotz blieben die Kriegerfrauen bis zum bittern Ende eine kriegspolitisch wichtige Gruppe. Nachdem die Stadtverwaltung im Oktober 1918 eine Teuerungszulage von 1,6

Mio. Mark für Kriegerfamilien und weitere 8 Mio. Mark für Unterstützungszwecke des Kriegsfürsorgeamtes bewilligt hatte, appellierte Stadtdirektor Tramm noch einmal an die hannoverschen Kriegerfrauen, in den Feldpostbriefen „die Stimmung jeden einzelnen Kriegers draußen zu heben und ihn zurückzuführen zu der Stimmung der großen Tage des Jahres 1914.[113] Nicht einmal einen Monat später war der Krieg zu Ende.

Ausblick

Überlegungen zur weiblichen Teilhabe in der Gesellschaft nach dem Krieg gab es bereits lange vor dessen Ende. Im November 1915 sprachen Gertrud Bäumer und Helene Lange, die führenden Vertreterinnen der bürgerlichen Frauenbewegung, in Hannover über „Die Bürgerin im künftigen Deutschland". Gertrud Bäumer betonte die staatsbürgerliche Bildung der Frauen sowie ihre gestärkte Bedeutung als Arbeitskräfte und Mütter und meinte, dass sich die Frauen „innerlich umstimmen müssen, um das bewahren zu können, was die jetzige Zeit ihnen geschenkt" habe und dass sie „aus dem Krieg [...] als kraftvolle Persönlichkeiten" hinausgehen würden.[114] Dagegen schwor im April 1916 ein Autor im Hannoverschen Anzeiger die Frauen darauf ein, nach dem Krieg wieder „ins 2. Glied" zurückzutreten. Er erinnerte daran, „daß die Häuslichkeit der ihnen von der Vorsehung zugewiesene Wirkungskreis ist, der im übrigen von einer lebensklugen und innerlich reifen Frau so gestaltet werden kann, daß er neben den Bedürfnissen ihres Herzens auch die ihres Geistes befriedigt."[115]

Mit der Demobilmachung 1918/19 setzte dann die Zurückdrängung weiblicher Arbeitskräfte ein. Diese räumten die meisten ihrer Arbeitsplätze in der Industrie. So waren bei der Conti im Oktober 1919 noch 1.095 Frauen und bereits wieder 4.160 Männer tätig.[116] Die hannoversche Straßenbahn entließ die Fahrerinnen, während sie die Schaffnerinnen noch teilweise weiterbeschäftigte.[117] Ehemalige Textilarbeiterinnen kehrten in ihre alten Stellen zurück. 1917 hatten in der Mechanischen Weberei nur rd. 400 Menschen gearbeitet; 1925 fanden in der Lindener Textilindustrie rd. 5.900 Beschäftigte ein Auskommen.[118] Frauen, die vor dem Krieg Dienst- oder Hausmädchen gewesen waren, wurden aufgefordert, sich wieder den häuslichen Diensten zu widmen.[119] Besonders laut ertönten die „Frauen heraus"-Rufe in den Büros und Behörden, wo sie die auch für Männer attraktiven

Anzeige „An die Hausfrauen": Volkswille vom 22. November 1918

Arbeitsplätze besetzten. Schon im Juni 1918 betonten kommunale Verwaltungen und der Hannoversche Gemeindebeamten-Verband, „daß der Bürodienst an erster Stelle den Kriegsgeschädigten […] vorbehalten bleiben müsse" und dass „die jugendlichen weiblichen Arbeitskräfte vom Bürodienst tunlichst zurückzuhalten" seien.[120]

Die bürgerlichen Frauen des Nationalen Frauendienstes gingen nach der Verkündung des freien, allgemeinen und gleichen Wahlrechts für Frauen und Männer am 12. November 1918 sofort daran, sich neu zu positionieren. Am 19. November beschlossen sie, unter dem Namen „Frauenstadtbund Hannover" und mit Mathilde Drees als 1. Vorsitzenden auch künftig als Lobby der Frauen ihre „Wünsche und Forderungen in der Öffentlichkeit und bei Behörden zur Geltung zu bringen".[121] Führende Frauen engagierten sich zudem im am 24. November 1918 gegründeten „Bürgerbund", in dem sich die Kräfte für ein geschlossenes Vorgehen gegen die Sozialdemokratie sammelten.[122] Sie alle organisierten von November 1918 bis zu den ersten Wahlen mit weiblicher Beteiligung Anfang 1919 eine beispiellose Kampagne zur politischen Aktivierung der bürgerlichen Frauen. Kaum ein

„Bürgerinnen wählt am 26. Januar", Aufruf zur Wahl der preußischen Verfassunggebenden Landesversammlung. Plakat, Entwurf: Jupp Wiertz, 1919 (VM 52563)

Tag verging, an dem kein Vortrag oder „Belehrungskurs" zum Frauenwahlrecht angeboten wurde. „Hochaktuell: Frauen! Lernt wählen!", „Warum soll die Frau wählen?" oder „Die Nationalversammlung und die Frauen" lauteten die Titel.[123] Der von der hannoverschen Ortsgruppe des Vereins für Frauenstimmrecht gegründete „Wahlausschuss hannoverscher und Lindener Frauen" richtete zwei

„Beratungsstellen für Wählerinnen" ein.[124] Eine von der Gruppe organisierte Frauenkundgebung in der Stadthalle am 8. Dezember 1918 musste ob des großen Andrangs von mehr als 4.000 Menschen im Kuppelsaal und zeitversetzt in der Beethovenhalle der Stadthalle durchgeführt werden.[125] An einer sozialdemokratischen Versammlung auf dem Lindener Marktplatz nahmen zur selben Zeit ebenfalls mehrere Tausend Männer und Frauen teil.[126] Bei den Wahlen erhielten dann prominente Vertreterinnen der hannoverschen Frauenbewegung Sitz und Stimme in politischen Gremien. Paula Müller(-Otfried) wurde 1920 für die rechtskonservative Deutsch-Nationale Volkspartei (DNVP) in den Deutschen Reichstag gewählt, dem sie bis 1932 angehörte. Mathilde Drees gehörte von 1919 bis 1924 für die linksliberale Deutsche Demokratische Partei (DDP) dem hannoverschen Bürgervorsteher-Kollegium an und war ab 1924 für kurze Zeit Abgeordnete im Preußischen Landtag. Margarete Willig rückte 1922 und 1926 für die Deutsch-Hannoversche Partei (DHP) in das Bürgervorsteher-Kollegium nach.[127]

Die Kriegerfrauen mussten sich nach 1918 heftige Kritik anhören. In der „Dolchstoßlegende", mit der die „Heimatfront" für die Kriegsniederlage verantwortlich gemacht wurde, hielt man ihnen vor, mit ihren „Jammerbriefen" und ihrem vermeintlich undisziplinierten Verhalten zur Destabilisierung der Fronten beigetragen zu haben.[128] Besonders bitter dürften diese Vorwürfe für diejenigen Kriegerfrauen geklungen haben, deren Ehemänner für „Kaiser und Vaterland" gefallen waren. Von den etwa 9.500 Männern aus Hannover, die zumeist als einfache Soldaten getötet wurden, hinterließen etwa 2.850 Frau und Kinder.[129] Die Kriegerwitwen gehörten zu den „Kriegsopfern" und mussten die Kosten des Krieges ihr Leben lang tragen. Ihre Renten reichten kaum für das Existenzminimum und ihre Chancen auf dem Arbeitsmarkt waren bei der allgemein hohen Arbeitslosigkeit in den Weimarer Jahren denkbar schlecht.[130] Die Kriegshinterbliebenenfürsorge blieb so ein wichtiges Segment im modernen Wohlfahrtswesen, im Zuge dessen das Kriegsfürsorgeamt in Hannover 1922 in Wohlfahrtsamt umbenannt wurde.

Nach 1933 zogen die Nationalsozialisten ihre Lehren aus der Teilhabe von Frauen im Ersten Weltkrieg. Sie zerschlugen die bürgerliche und sozialistische Frauenbewegung und schufen mit dem „Bund Deutscher Mädel" und der „NS Frauenschaft" einheitliche nationalsozialistische Organisationen für Mädchen und Frauen. Mit der Nationalsozialistischen Volkswohlfahrt brachten sie die soziale Arbeit in ihre Kontrolle. Mit der Einführung des „Pflichtjahres" für alle Mädchen und jungen Frauen sowie deren Integration in den Reichsarbeitsdienst sicherten sie sich die Verfügungsgewalt über die weibliche Arbeitskraft. Mit der publizistischen Aufrüstung, d.h. mit der Veröffentlichung einer Vielzahl von Dokumentationen, Analysen und Studien mit Titeln wie „Kriegerwitwen gestalten ihr Schicksal", „Kamerad Schwester" oder „Das Heimatheer der deutschen Frauen", stimmten sie schließlich auf den kommenden Zweiten Weltkrieg ein.[131]

1   Daniel, Ute: Zweierlei Heimatfronten: Weibliche Kriegserfahrungen 1914 bis 1918 und 1939 bis 1945 im Kontrast. In: Thoß, Bruno/ Volkmann, Hans-Erich (Hg.): Erster Weltkrieg – Zweiter Weltkrieg. Ein Vergleich. Krieg, Kriegserlebnis, Kriegserfahrung in Deutschland. Paderborn 2002, S. 391 – 409, hier S. 397.
2   Daniel, Ute: Arbeiterfrauen in der Kriegsgesellschaft 1914 – 1918. Beruf, Familie und Politik im Ersten Weltkrieg. Göttingen 1989, S. 41 u. S. 49. – Wehler, Hans-Ulrich: Deutsche Gesellschaftsgeschichte 1914 – 1949, Bonn 2009, S. 95.
3   Boll, Friedhelm: Massenbewegungen in Niedersachsen 1906 – 1920. Eine sozialgeschichtliche Untersuchung zu den unterschiedlichen Entwicklungstypen Braunschweig und Hannover. Bonn 1981, S. 43f.
4   Boll, wie Anmerkung 3, S. 189. – Statistischer Vierteljahresbericht der Stadt Hannover. 21. Jg. (1915), 1. u. 2. Vierteljahr Januar bis Juni, S. 9.
5   Vgl. Statistischer Vierteljahresbericht der Stadt Hannover. 21. Jg. (1915), 1. u. 2. Vierteljahr Januar bis Juni, S. 9. – „Die Kriegzeit in Hannover im Lichte der Statistik. Das Kriegshalbjahr Januar bis Juni 1915", Hannoverscher Kurier vom 9.10.1915.
6   Statistischer Vierteljahresbericht, wie Anmerkung 5, S. 7.
7   „Frauenarbeit", Hannoverscher Kurier vom 22.12.1915. – „Hannover als Stadt der Frauenarbeit", Volkswille Nr. 302 vom 24.13.1915.
8   Zingel, Bernd: Lokomotiven, Kommißbrot, Kanonen, Granaten und Kochtöpfe – Friedens- und Kriegsproduktion der Hanomagarbeiter. Magisterarbeit Universität Hannover 1987, S. 49f.
9   „Frauenarbeit" wie Anmerkung 7.
10 Dempwolff, Uwe: Die Wirtschaft der Stadt Hannover vom Ende der Inflation bis zum Ausklingen der Weltwirtschaftskrise (1923 – 1933). Hannover 1970, S. 10.
11 Schickenberg, Wilhelm: Das Kriegsfürsorgeamt in Hannover. Hannover 1915ff., S. 183.
12 Schmidt, H. Th.: Continental. Ein Jahrhundert Fortschritt und Leistung, S. 43. – Treue, Wilhelm: Gummi in Deutschland. München 1955, S. 160f.
13 Berechnet nach den Angaben in Treue, wie Anmerkung 12, S. 161.
14 „Die Schaffnerinnen der Straßenbahn", Hannoverscher Anzeiger vom 5.8.1914. – „Die ersten 70 Straßenbahn-Schaffnerinnen", Hannoverscher Anzeiger vom 6.8.1914.
15 „Die ersten Straßenbahnführerinnen in Hannover", Volkswille Nr. 304 v. 28.12.1915.
16 „Mit der ersten Straßenbahnführerin quer durch Hannover", Hannoverscher Anzeiger vom 29.12.1915.
17 Moch, Horst: 100 Jahre UESTRA. 120 Jahre Straßenbahn in Hannover. Hannover 1992, S. 27.
18 „Die Ausnutzung der weiblichen Arbeitskraft in der Kriegszeit und der Kartoffelkauf", Hannoverscher Kurier vom 1.7.1916.
19 Vgl. auch für das Folgende: „Weibliche Kräfte im Dienste der Eisenbahn", Hannoverscher Anzeiger vom 9.1.1917.
20 Drangmeister, Heinz: Die Post im Hannoverschen. Hannover 1967, S. 123.
21 Vgl. „Ausnutzung…", wie Anmerkung 18. – „Fräulein Postillon", Hannoverscher Kurier vom 8.4.1916.
22 „Frauenarbeit", wie Anmerkung 7; Grohmann, Olaf: Geschichte der Wasser- und Energieversorgung der Stadt Hannover. Hannover 1991, S. 141. – „Weibliche Zählermesser", Hannoverscher Kurier vom 10.5.1916.
23 StAH, HR 5, Nr. 279: Städt. Branddirektion v. 9.5.1916 u. Städt. Gartendirektion v. 6.5.1916.
24 Die Frauenarbeit in der Metallindustrie während des Krieges. Dargestellt nach Erhebungen im August/September 1916 vom Vorstand des Deutschen Metallarbeiter-Verbandes. Stuttgart 1917, S. 4f.
25 Zingel, wie Anmerkung 8, S. 51.
26 Frauenarbeit, wie Anmerkung 24, S. 21 u. S. 25.
27 Zingel, wie Anmerkung 8, S. 51f.
28 „Ferienheim für Rüstungsarbeiterinnen", Hannoverscher Kurier vom 2.10.1918.
29 Daniel, wie Anmerkung 1, hier S. 393, FN 3.
30 Frauenarbeit, wie Anmerkung 24, S. 46.
31 Boll, wie Anmerkung 3, S. 50.
32 Vgl. Wehler, wie Anmerkung 2, S. 96. – Aufgrund dieser Überlegungen ist der Hinweis Friedhelm Bolls, dass in die Kriegswirtschaft Hannovers „vor allem die Töchter und Frauen von Heerespflichtigen, besonders auch aus den umliegenden Dörfern sowie Konfektionsarbeiterinnen, Hausbedienstete und vorher nicht berufstätige Frauen" strömten, teilweise mit Skepsis zu betrachten. Vgl. Boll, wie Anmerkung 3, S. 189 nach Jahresbericht der Preußischen Regierungs- und Gewerberäte und Bergbaubehörden für 1914 – 1918. Hrsg. im Ministerium für Handel und Gewerbe. Berlin 1919, S. 643.

33 „Frauenarbeit", wie Anmerkung 7.
34 „Hannover als Stadt der Frauenarbeit", wie Anmerkung 7. Vgl. auch „Wie lebt die erwerbende Frau", Volkswille Nr. 233 vom 4.10.1915.
35 Wehler, wie Anmerkung 2, S. 116.
36 „Frauenarbeitsmeldestellen" (Hilfsdienstgesetz), Hannoverscher Kurier vom 22.6.1917.
37 Anzeige zum Vaterländischen Hilfsdienst. Volkswille vom 2.6.1918.
38 Boll, wie Anmerkung 3, S. 188.
39 Vgl. Nancy R. Reagin: A German Women's Movement. Class and Gender in Hanover, 1880 – 1933. Chapel Hill & London1995, S. 187 – 203, hier S. 187. – Für kürzere Darstellungen vgl. Reagin, Nancy R.: Die bürgerliche Frauenbewegung vor 1933. In: Schröder, Christiane u. Sonneck, Monika: Außer Haus. Frauengeschichte in Hannover. Hannover 1993, S. 137 – 147. – Ehrich, Karin: Hannovers Frauen und das Neue Rathaus. In: Regin, Cornelia (Hg.): Pracht und Macht. Festschrift zum 100. Jahrestag der Einweihung des Neuen Rathauses in Hannover. Hannover 2013, S. 381 – 404, hier S. 381 – 387.
40 Müller, Paula: Frauenpflicht in Kriegszeiten. In: Evangelische Frauenzeitung, 14. Jg. (1914), Nr. 21 vom 1.8.1914, S. 162.
41 „Patriotische Frauen-Feier in Hannover", Evangelische Frauenzeitung, 13. Jg. (1913), Nr. 15 v. 1.5.1913, S. 114.
42 Vgl. Reagin, Women's Movement, wie Anmerkung 39, S. 190f.
43 Vgl. die biographischen Skizzen von Halgard Kuhn: Paula Mueller-Otfried (1865-1946). In: Mager, Inge (Hg.): Frauenprofile des Luthertums. Gütersloh 2005, S. 99 – 122. – Hans Otte: Selma Gräfin von der Gröben (1856-1938), a.a.O., S. 47 – 64. – Zu Mathilde Drees: Karin Ehrich: Den Fraueneinfluss im kommunalen Leben stärken. Die Bürgervorsteherinnen Hannovers 1919 – 1933. In: Dies./Schröder, Christiane (Hg.): Adlige, Arbeiterinnen und … – Frauenleben in Stadt und Region Hannover. Bielefeld 1999, S. 181- 209, hier S. 184ff.
44 „Nationaler Frauendienst", Hannoverscher Anzeiger vom 5.8.1914.
45 Archiv der Deutschen Frauenbewegung (ADDF) Kassel: DEF 012. Liste der dem NFD angeschlossenen Vereine. Stand v. 19.6.1918.
46 Vgl. Nationaler Frauendienst in Hannover. (1.) Tätigkeitsbericht vom 5. August bis 15. Oktober 1914, S. 3.
47 Nds. Landesarchiv, Standort Hannover, Hann. 174 Hannover I, Nr. 191. Schreiben v. 28.5.1915.
48 Nds. Landesarchiv, Standort Hannover, Hann. 174 Hannover I, Nr. 191. Schreiben v. 9.6.1915.
49 Vgl. Nationaler Frauendienst in Hannover. [1.] Tätigkeits-Bericht vom 5. August bis 15. Oktober 1914, S. 5. sowie „Nationaler Frauendienst", wie Anmerkung 44.
50 „Aus dem Frauenleben unserer Stadt", Hannoverscher Anzeiger vom 13.8.1914 (Frauensorgen).
51 Nationaler Frauendienst, wie Anmerkung 46, S. 5.
52 Nationaler Frauendienst, wie Anmerkung 46, S. 5 – Bericht über die Tätigkeit der Städtischen Hilfsstelle. Hannover 1914. – „Ueber die bisherige Tätigkeit der städtischen Hilfsstelle", Hannoverscher Kurier vom 19.2.1915.
53 Nationaler Frauendienst wie Anmerkung 46, S. 15.
54 „Vom städtischen Kriegsfürsorgeamt", Volkswille Nr. 193 v. 19.8.1914 (Zitat aus Hannoverscher Anzeiger vom 18.8.1914).
55 Schickenberg, wie Anmerkung 11, S. 62 u. S. 163.
56 Schickenberg, wie Anmerkung 11, S. 163.
57 Nationaler Frauendienst, wie Anmerkung 46, S. 6f.
58 Volkswille Nr. 187 vom 13.8.1914. – „Kriegsfürsorgearbeit der Damen". Volkswille Nr. 193 vom 19.8.1914.
59 Nationaler Frauendienst, wie Anmerkung 46, S. 6.
60 Nationaler Frauendienst, wie Anmerkung 46, S. 7.
61 Nationaler Frauendienst, wie Anmerkung 46, S. 7f.
62 Nationaler Frauendienst in Hannover. Dritter Tätigkeitsbericht vom 10.8.1915 bis 10.8.1916, S. 4.
63 Wie Anmerkung 62, S. 3.
64 Nationaler Frauendienst in Hannover. Zweiter Tätigkeits-Bericht vom 15. Oktober 1914 bis 10. August 1915, S. 12f.
65 „Vaterländische Pflichten der Hausfrauen", Hannoverscher Kurier vom 22.1.1915.
66 Nasemann, Karl: Erinnerungen. Hannover 2006 (= HGBl, Beiheft 5), S. 9.
67 Hindenberg-Delbrueck, Berta: 20 Jahre Hausfrauenvereinsarbeit in Hannover, 1915 – 1935. Hannover 1935, S. 1.
68 Vgl. Schröder, Christiane: Rezepte für Küche und Gesellschaft. Der Hausfrauenverein Hannover 1915 – 1935. In: Dies./Sonneck, Monika (Hg.): Außer Haus. Frauengeschichte in Hannover. Hannover 1994, S. 149 – 165, hier

S. 150f. – Reagin, Women's Movement, wie Anmerkung 39, S. 193f.

69 Wie Anmerkung 45 und „Jahreshauptversammlung des Hausfrauenvereins für Hannover-Linden und Umgebung", Hannoverscher Kurier vom 29.5.1918.

70 StAH, HR 5, Nr. 279. Bestallungssachen. Die Beschäftigung von Frauen in den Betrieben der städt. Verwaltung.

71 „Die gebildete Frau als Munitionsarbeiterin", Hannoverscher Kurier vom 14.9.1917.

72 Paula Müller: Freiwillige vor! In: Evangelische Frauenzeitung, 17. Jg. (1917), Nr. 21/22 v. August 1917, S. 162.

73 Friede Rothig: Werbeversammlungen für Frauenhilfe in der Rüstungsindustrie. In: Evangelische Frauenzeitung, 18. Jg. (1917), Nr. 1/2 v. Oktober 1917, S. 7.

74 „Frauen und Mädchen für die Munitionsarbeit", Hannoverscher Anzeiger vom 16.9.1917, auch für das Folgende.

75 Archiv der Deutschen Frauenbewegung, Kassel: DEF 012, NFD v. 29.5.1918.

76 „Frauenarbeit für Sieg und Frieden", Hannoverscher Kurier vom 6.6.1918.

77 Wie Anmerkung 76.

78 Archiv der Deutschen Frauenbewegung, Kassel: DEF 012, 2. Rundschreiben an die Ausschussmitglieder vom 25.10.1917.

79 Dr. Elsbeth Schwenke: Der Einfluß der Frau auf die Volksstimmung in der Kriegszeit. In: Evangelische Frauenzeitung, 18. Jg. (1918), Nr. 19/20 v. Juli 1918, S. 73f.

80 Reagin, Women's Movement, wie Anmerkung 39, S. 199f. – „Aufruf zur Unterstützung einer Wahlrechtspetition", Volkswille vom 25.4.1918.

81 „Aufruf der deutschen Frauen", Hannoverscher Kurier vom 18.10.1918.

82 Die Vergleichsrechnung geht von den Bevölkerungsdaten in Deutschland bei Kriegsbeginn aus. Von den 67,8 Millionen Einwohner wurden 13,25 Millionen Männer, also rd. 19,5 Prozent eingezogen, von denen wiederum rd. 30 Prozent verheiratet waren. In Hannover lebten 325.000 Einwohner. Vgl. Schickenberg, wie Anmerkung 11, S. 166. – Die Heiratsquote habe ich von der Unverheirateten-Quote (69 %) der bis Ende 1919 gestorbenen eingezogenen Soldaten abgeleitet. Vgl. Hausen, Karin: Die Dankesschuld des Vaterlandes für die Witwen und Waisen der Kriegshelden des Ersten Weltkriegs. In: Dies.: Geschlechtergeschichte als Gesellschaftsgeschichte. Göttingen 2012, S. 330 – 356, hier S. 333.

83 Schickenberg, wie Anmerkung 11, S. 149.

84 Vgl. Kundrus, Birthe: Kriegerfrauen. Familienpolitik und Geschlechterverhältnisse im Ersten und Zweiten Weltkrieg. Hamburg 1995, S. 22. – Daniel, wie Anmerkung 1, S. 400f.

85 „Deutsche Frau, merk auf!", Hannoverscher Kurier vom. 27.4.1917.

86 „Was die Frau dem Manne nicht in das Feld schreiben soll", Hannoverscher Anzeiger vom 8.10.1914 (Frauensorgen).

87 „Vierteljahressorgen der Kriegerfrauen", Hannoverscher Kurier vom 10.1.1915.

88 Schätzungen zufolge verbrauchten Ehemänner knapp ein Drittel ihres Lohnes für sich allein. Vgl. Schickenberg, wie Anmerkung 11, S. 98.

89 Schickenberg, wie Anmerkung 11, S. 97

90 Kundrus, wie Anmerkung 84, S. 15f.

91 Vgl. dazu den Beitrag von Andreas Fahl „Verwaltung im Kriegseinsatz" in diesem Band.

92 Schickenberg, wie Anmerkung 11, S. 93.

93 Schickenberg, wie Anmerkung 11, S. 89.

94 Schickenberg, wie Anmerkung 11, S. 167.

95 Daniel, wie Anmerkung 1, S. 393, FN 3. – Diese Behauptung relativiert ältere Überlegungen wie die Friedhelms Bolls, der meinte, dass gerade Kriegerfrauen und Töchter von einberufenen Familienvätern arbeiten gehen mussten, weil die staatlichen und kommunalen Unterstützungen nicht für den Lebensunterhalt reichten. Vgl. Boll, wie Anmerkung 3, S. 192.

96 Schickenberg, wie Anmerkung 11, S. 142.

97 Schickenberg, wie Anmerkung 11, S. 143.

98 Kundrus, wie Anmerkung 84, S. 179 nach Wohlfahrtswoche, 17. Jg. (1942), Nr. 6, S. 40.

99 Vgl. Thiele, Mathilde u. Schickenberg, Wilhelm: Die Verhältnisse von 534 stadthannoverschen kinderreichen Kriegerfamilien. Hannover 1920, S. 47f. Dort ist der Anteil der erwerbstätigen kinderreichen Kriegerfrauen mit 19 Prozent angegeben.

100 Schickenberg, wie Anmerkung 11, S. 141f.

101 „Die Arbeitspflicht unterstützter Kriegerfrauen", Hannoverscher Kurier vom. 4.4.1916. – „Arbeitspflicht der Kriegerfrauen?", Volkswille Nr. 84 vom 7.4.1916.

102	Kundrus, wie Anmerkung 84, S. 159f.
103	Kundrus, wie Anmerkung 84, S. 181.
104	Von 1914 bis 1917 sank in Hannover die Geburtenrate um 50 Prozent. Für Gründe hielt man die zunächst fehlenden Urlaube der Soldaten, dann die psychologischen Belastungen durch die ungewisse Kriegsdauer sowie den „Niedergang des Beschäftigungsgrades". Verglichen mit den Daten von 1914 arbeiteten in „Groß Hannover" (mit Linden) im April 1918 rd. 33 Prozent weniger Menschen. Der Anteil erwerbstätiger Männer hatte um rd. 49 Prozent abgenommen. Vgl. Schickenberg, wie Anmerkung 11, S. 182f.
105	Kundrus, wie Anmerkung 84, S. 183f.
106	Schickenberg, wie Anmerkung 11, S. 105.
107	Schickenberg, wie Anmerkung 11, S. 109.
108	Schickenberg, wie Anmerkung 11, S. 104 sowie Fahrenhorst, Albert: Stillfähigkeit und Stilldauer während des Krieges in der Stadt Hannover beobachtet an ca. 9000 Kriegerfrauen. Med. Diss., Universität Göttingen 1921 (Auszug).
109	Daniel, wie Anmerkung 1, hier S. 403.
110	„Welche ist die vorzügliche Frau?", Hannoverscher Anzeiger vom 24.8.1916 (Frauensorgen).
111	„An eine Hannoversche Hausfrau", Hannoverscher Anzeiger vom 17.5.1916.
112	Schickenberg, wie Anmerkung 11, S. 78.
113	„Ein Appell des Stadtdirektors Tramm an die Hannoverschen Kriegerfrauen", Hannoverscher Kurier vom 18.10.1918.
114	„Die Bürgerin im künftigen Deutschland", Hannoverscher Kurier vom 23.11.1915.
115	„Die deutsche Frau nach dem Kriege", Hannoverscher Anzeiger vom 27.4.1916 (Frauensorgen).
116	Treue, wie Anmerkung 12, S. 161 u. 177.
117	Vgl. Franke, Jutta: Hannovers Straßenbahnen. Berlin 1995, S. 66f.
118	Kühn, Angelika u. Thörner, Irmgard: Die mechanische Weberei zu Linden 1837 – 1961. Technik und Sozialgeschichte. Die andere Seite des Design. Diplomarbeit FH Hannover 1988, S. 74.
119	„Das Ende der Dienstbotennot", Hannoverscher Kurier vom 22.11.1918.
120	„Kriegsgeschädigte und weibliche Hilfskräfte", Hannoverscher Anzeiger vom 22.6.1918.
121	„ Frauenstadtbund", Hannoverscher Kurier vom 12.12.1918.
122	„Gründung eines Bürgerbundes in Hannover", Hannoverscher Kurier vom 24.11.1918 – „Großer Aufruf des Bürgerbundes", Hannoverscher Kurier vom 29.11.1918.
123	Vgl. die Anzeigen „Hochaktuell: Frauen! Lernt wählen! Vortrag von Adele Schreiber. Hannoverscher Kurier vom 24.11.1918. - Ortsverein für Frauenstimmrecht. Vortrag: Warum soll die Frau wählen? Hannoverscher Kurier vom 3.12.1918. - Anzeige des Frauenstadtbundes zu Vorträgen im Haus der Väter. Hannoverscher Kurier vom 4.12.1918.
124	Hannoverscher Anzeiger vom 12.12.1918. Der Wahlausschuss hannoverscher und Lindener Frauenvereine schloss sich kurz darauf mit dem Wahlwerbeausschuss des Frauenstadtbundes zusammen.
125	„Frauenkundgebung", Hannoverscher Kurier vom 6.12.1918. – „Frauenkundgebung zur Wahlpflicht", Hannoverscher Kurier vom 9.12.1918. – „Bericht über die Frauen-Versammlung zum Wahlrecht", Hannoverscher Anzeiger vom 10.12.1918.
126	„Kundgebung vor dem Rathause in Linden", Hannoverscher Anzeiger vom 10.12.1918.
127	Kuhn, wie Anmerkung 43, hier S. 113ff. - Ehrich, Karin: Den Fraueneinfluss im kommunalen Leben stärken. Die Bürgervorsteherinnen Hannovers 1919 – 1933. In: Dies./Schröder, Christiane (Hg.): Adlige, Arbeiterinnen und … – Frauenleben in Stadt und Region Hannover. Bielefeld 1999, S. 181- 209, hier S. 184ff.
128	Daniel, wie Anmerkung 1, hier S. 403.
129	Vgl. für die Anzahl der im Krieg getöteten Männer aus Hannover Schickenberg, wie Anmerkung 11, S. 207. – Eine Aufstellung des Kriegsfürsorgeamtes gibt für März 1918 die Zahl der Kriegerwitwen mit 2.042 an. Vgl. Schickenberg, S. 211. Die hier angegebene Anzahl der Kriegerwitwen ergibt sich aufgrund einer Hochrechnung mit einer Heiratsquote von 30 Prozent. Diese Quote findet sich bei Hausen, wie Anmerkung 82, hier S. 333.
130	Hausen, wie Anmerkung 82, hier S. 331.
131	Vgl. Hurwitz-Stranz, Helene (Hg.): Kriegerwitwen gestalten ihr Schicksal. Lebenskämpfe deutscher Kriegerwitwen nach eigenen Darstellungen mit einer Einführung von Staatssekretär Dr. Geib. Berlin 1931. – Klatt, Ellen: Die deutsche Frau im Weltkrieg. Minden 1934. - Miersch, Helene: Kamerad Schwester. Leipzig 1934. – Pflugk-Harttung, E. v.: Frontschwestern. Berlin 1936. – Schickedanz, Margareta: Das Heimatheer der deutschen Frauen im Weltkrieg. 1. Heft: Heimatnot und Heimathilfe; Heft 2: Frauenhilfe hinter der Front und

hinter Stacheldraht; Heft 3: Frauenarbeit in Heimat und Etappe. Leipzig/Berlin 1936. – Lüders, Marie Elisabeth: Das unbekannte Heer. Frauen kämpfen für Deutschland 1914 bis 1918. Berlin 1936 – Schickedanz, Margareta: Deutsche Frau und deutsche Not im Weltkrieg. Leipzig/Berlin 1938.

Nationaler Frauendienst Hannover
Beratungsstelle für Ernährungsfragen.

Büro des Hausfrauenvereins für Hannover, Linden und Umgegend
Gr. Ägidienstr. 5, täglich 11—12.

Flugblatt Nr. 6.

Alte und neue Gerichte
zur Verwendung von Steckrüben.

1. Suppe von Steckrüben:

1½ Pfd. Steckrüben werden mit 2½ l Wasser oder Brühe, Salz, Porree und Selleriegrün weich gekocht, nach Belieben durchgestrichen, mit 70 g Flocken, Graupen, Nudeln oder Mehl gebunden und mit einer in Fett angedünsteten Zwiebel, Salz, Pfeffer und mit 1 Eßl. Nährhefe abgeschmeckt.

2. Steckrübenmischgericht:

Man zerläßt ein wenig Fett im Schmortopf und schichtet abwechselnd 2 Pfd. geschnittene überbrühte Rüben, 2 Pfd. Weißkohl, 1 Pfd. vorgekochte, abgezogene Kartoffeln in Scheiben, Zwiebeln, Salz, Pfeffer und Kümmel ein, fügt nach Bedarf kochendes Wasser hinzu und schmort das Gericht 2 Stunden. 10 Minuten vor dem Anrichten fügt man 1 Eßlöffel mit Wasser verrührter Nährhefe dazu.

3. Steckrübenfrikandellen:

4 Pfund geschnittene Steckrüben kocht man in Salzwasser gar und tropft sie gut ab. 1½—2 Pfd. Kartoffeln werden in der Schale gekocht, abgezogen, mit den Steckrüben gemischt und fein zerstampft, mit Salz, Pfeffer, Zwiebeln und nach Bedarf Grieß oder Mehl vermischt. Dann formt man Frikandellen, wendet sie in Stoßbrot und röstet sie auf dem Backblech 15—20 Min. hellbraun. Als Beigabe dient jeglicher Salat.

4. Steckrübensalat:

3 Pfd. feingeschnittene Steckrüben kocht man in Salzwasser gar, gießt sie ab und stellt sie mit Essigwasser 8—24 Stunden hin. Am andern Tage kocht man ¼ l Wasser mit 2 Eßlöffel Mehl bündig, schmeckt mit Zwiebeln, Salz, Essig ab und vermischt den Salat damit.

5. Steckrüben mit Klößen:

3 Pfd. fein geschnittene Rüben schmort man mit etwas Fett, Zwiebeln, Salz, Pfeffer, Zucker und 3 Eßlöffel Mehl gut durch und fügt ½—¾ l Wasser oder Brühe dazu, läßt gar werden und schmeckt mit Nährhefe ab.

Zu den Klößen bringt man ½ l Wasser zum Kochen, streut 125 bis 130 g Maisgrieß ein, backt 10 Min. ab, fügt Salz und etwas geriebenen Käse dazu, formt Klößchen und kocht sie in Salzwasser 10 Min. gar.

Mit neuen Rezepten versuchte der Nationale Frauendienst Steckrüben populärer zu machen, 1916/1917 (VM 64863)

Freya Akkerman

Kriegsbrot, Kochkiste, Kohlrübenwinter –
Leben mit dem Mangel

„Es ist zwei Uhr mittags. Vor einem Laden Beuermanns in der Südstadt. Zwei Schilder im Fenster: ‚Butter ausverkauft.' ‚Margarine ausverkauft.' Der Laden ist geschlossen; dennoch aber drängen sich 50, 60 Frauen und Kinder vor dem Laden. ‚Drei Tage bin ich nun schon vergebens hier gewesen', dringt wehmütig-bitter eine Stimme durch das Wortegewirr. ‚Wir warten seit eins', ‚Wir schon seit halb eins', streiten sich die Frauen vorn an der Tür. [...] Langsam nähert sich auf der Straße ein Beuermannsches Fuhrwerk. Wie eine Erlösung geht es über die Masse, wie ein Aufjauchzen fast. Fröhlichkeit liegt auf allen Gesichtern. Scherze werden belacht... Endlich! Endlich! Und wirklich: der Bote karrt e i n Butterfäßlein vom Wagen, nimmt es in die Arme und drängt sich durch die Masse zum Ladeneingang. [...] Die Ersten sollen eingelassen werden. Vorbei ist alle Heiterkeit; ein Pressen beginnt, ein Quietschen, Stoßen, rücksichtslos... Die Kleinen vorn weinen. Erregte Schreie: ‚Lassen Sie doch das Drängen! Die Kinder werden ja zerquetscht.' Vergebens: immer weiter wird gepreßt. Immer neue Frauen drängen nach. Plötzlich bricht die Tür auf, die ganze Masse flutet enggekeilt in den Laden, keiner kann vorwärts, keiner rückwärts. Einige energische Ordnungsversuche. Das Geschrei erreicht seinen Höhepunkt. Nun gelingt es den Ersten, sich aus dem Laden wieder herauszuquetschen, mit roten Gesichtern, zerzaustem Haar, aber dennoch triumphierend: sie halten ja die Butter in der Hand... Aber schon die Nächsten: enttäuschte Gesichter. ‚Es waren nur zehn Pfund. Alles schon wieder ausverkauft.' Aber die andern wollen es nicht glauben, sie können es nicht glauben. ‚Stundenlang gewartet, und nun...' Noch einige laute Rufe, dann wird es stiller. ‚Es war mal wieder nichts.' Langsam, ganz langsam gehen sie nach Hause. ‚Butter ausverkauft.' ‚Margarine ausverkauft.' Wieder gehen die Schilder hoch. Aber

Schlangestehen vor der Pferdeschlachterei von Josef Scholz in der Knochenhauerstraße 15. Foto: Wilhelm Ackermann, 1918 (Fotoarchiv HMH)

immer stehen noch zehn, zwanzig Frauen und warten, warten... Worauf? Sie wissen es selbst nicht."[1]

Dieser dramatische Bericht aus der sozialdemokratischen Tageszeitung „Volkswille" vom Dezember 1915 zeigt das Elend der Lebensmittelversorgung in Hannover während des Ersten Weltkriegs. Eigentlich spielte sich der Krieg weit von Hannover entfernt an der Front ab. Doch sehr schnell erreichte er die heimischen Lebensmittelgeschäfte, Vorratskeller und Kochtöpfe. Wie in anderen deutschen Großstädten erlebte auch die hannoversche Bevölkerung im Ersten Weltkrieg eine deutliche Verschlechterung der Versorgungslage.

Sofort mit Kriegsbeginn fingen die Unsicherheiten an. Zunächst durch panikartige Hamsterkäufe, wie Auguste Crusius, Pfarrersfrau aus Linden, bereits am 1. August 1914 in einem Brief an ihren Sohn bemerkte: „Die Menschen haben schon jetzt den Kopf verloren. Es haben auch schon verschiedene Läden geschlossen, weil alles an Lebensmitteln ausverkauft ist."[2]

Tatsächlich stockten die Nahrungsmittelzufuhren kurz nach Kriegsbeginn zunächst wegen fehlender Transportkapazitäten. Schnell wurde klar, dass das Deutsche Reich auf Lebensmittelimporte angewiesen war. Die britische Seeblockade führte zu einer geringeren Einfuhr von Nahrungsmitteln. Da sich viele Männer an der Front befanden, herrschte außerdem Arbeitskräftemangel in der Landwirtschaft. Die Preise stiegen. Darauf reagierte man zunächst mit Höchstpreisen für Grundnahrungsmittel. Das bedeutete, dass ein bestimmter Artikel maximal zum festgelegten Preis verkauft werden durfte. Was zur Preisdisziplinierung beitragen sollte, führte jedoch häufig zum völligen Verschwinden einer Ware vom Markt. Die Erzeuger und Händler lagerten die Produkte vorläufig ein und spekulierten auf steigende Höchstpreise oder verkauften ihre Ware in den Städten, in denen die Preise höher waren.

Zur Stabilisierung der Versorgungslage setzte man auch auf die Qualitätsveränderung von Produkten. Mit Kartoffelmehl gestreckte Brote kamen als „Kriegsbrot" bzw. „K-Brot" auf den Markt. „Was früher eine strafbare Lebensmittelfälschung gewesen war, wurde nun zu einem Werk der nationalen Tugend."³ Zudem mussten alle verwendeten Mehle stark ausgemahlen werden und Brot durfte erst verkauft werden, wenn es mindestens 24 Stunden alt war. Diese Regeln sollten Brot weniger attraktiv machen und so die Nachfrage verringern. Die Obrigkeit griff somit massiv in den Alltag ein: Amtlich wurde vorgeschrieben, was man essen, kochen oder backen durfte. Manche Produkte wie z.B. Schlagsahne wurden völlig verboten.⁴

Doch trotzdem verschlechterte sich die Situation immer mehr. Daher suchte man nach einer Lösung, die Einsparungen, eine verbesserte Verteilungsgerechtigkeit und einen Überblick über die von der Bevölkerung benötigten Produkte schaffen konnte. Dazu wurde im März 1915 als erster Bezugsschein die Brotkarte eingeführt. Pro Person sollte es in der Woche maximal 1750 g Brot oder 1400 g Mehl geben, also 250 g Brot pro Tag.⁵

Die ersten Brotmarken für Hannover und Linden wurden im März 1915 herausgegeben (VM 62688)

Die Brotkarte war die erste von zahlreichen Maßnahmen zur Lebensmittelbewirtschaftung. Zunächst wurde diese kommunal organisiert, später sollten dann verschiedene Reichsstellen wie die „Reichsfleischstelle", die „Reichsfettstelle", die „Reichshülsenfruchtstelle" und viele weitere die Bewirtschaftung zentral steuern. Da niemand mit einem langen Krieg gerechnet hatte, war keinerlei Vorsorge im Bereich der Nahrungsmittelversorgung getroffen worden. Zudem gab es keinerlei Erfahrungen mit einem System zur Lebensmittelbewirtschaftung. So kam mit der Einführung der Bezugskarten ein großes Experiment in Gang, das bis zu Ende des Krieges noch nicht ausgereift war.

Bald wurde auch Fleisch zur Mangelware, obwohl Deutschland für den eigenen Bedarf eigentlich genug produzierte. Da die Futtermittel aber aus dem Ausland importiert werden mussten, konnten die Bauern ihr Vieh nach Kriegsbeginn nicht mehr ernähren, und eine Zwangsschlachtung von Millionen von Schweinen im Frühjahr 1915, der sogenannte „Schweinemord", führte kurzfristig zu einem Überangebot von Fleisch. Durch die Verkleinerung der Bestände wurde in der darauffolgenden Zeit allerdings unter Bedarf produziert. Zunächst versuchte man dem Fleischman-

Stadt und Land reichen sich die Hand. Das Plakat ruft die Bauern dazu auf, möglichst viele Lebensmittel zu produzieren, damit die Arbeiter in den Städten viel Kriegsgerät herstellen können, November 1916 (VM 64805)

gel zu begegnen, indem fleischlose Tage vorgeschrieben wurden: Dienstags und donnerstags durfte in Geschäften kein Fleisch und keine Wurst verkauft werden. In Gaststätten gab es montags und donnerstags überhaupt kein Fleisch, am Samstag durfte dort kein Schweinefleisch verkauft werden.[6] Im August 1916 wurde die „Reichsfleischkarte" eingeführt, die für maximal 250 g Fleisch pro Person und Woche galt.[7] Diskussionen gab es häufig über die Fleischpreise, die in Hannover im Verhältnis zu anderen Städten besonders hoch gewesen sein sollen.[8]

Gerade bei der Kartoffelversorgung hatte das Höchstpreissystem versagt. Mit der Bewirtschaftung ab Februar 1916 wurde es allerdings nicht besser. Zunächst waren 750g[9] pro Person und Tag vorgesehen.[10] Im „Kohlrübenwinter" 1916/1917, in dem sich die Situation durch die schlecht ausgefallene Kartoffelernte zusätzlich verschärft hatte, wurden die Kartoffelvorräte dann noch knapper, teilweise gab es nur noch 2-3 Pfund pro Woche.[11] Das traf vor allem die ärmsten Bevölkerungsschichten, da diese in der Regel viel mehr Kartoffeln aßen als Leute, die durch ein größeres Budget auch eine größere Speisenauswahl hatten.

Wie die Schilderung der Schlange vor der Filiale von Beuermanns Lebensmittelgeschäft zeigt, war auch die Fettversorgung problematisch. Die Einführung von Buttersparmarken im März 1916 änderte daran wenig. Pfarrersfrau Crusius mokierte sich über die Höhe der Rationen: „Wir haben seit heute Buttermarken, für eine Person ¼ Pf. Butter die Woche. Wenn man davon auch das Essen fetten soll, ist es recht wenig. [...] Alles andere kann man ja entbehren, aber man kann das Essen doch nicht ohne Fett kochen!"[12] Die tatsächlich erhältlichen Mengen schwankten stark, mal gab es nur 50 g Butter pro Woche, häufig aber auch gar nichts.[13]

Über die Eierversorgung berichtete Stadtdirektor Tramm im Oktober 1916: „Die Versorgung mit

Der Nationale Frauendienst rief mit Plakaten zu einer sparsamen und „kriegsgemäßen" Haushaltsführung auf, 1915/1916 (VM 60543)

Eiern ist seit der Rationierung völlig unzureichend. Die uns zur Verfügung stehende Eiermenge reicht kaum hin, für 4 Wochen auf die Person 1 Ei gewähren zu können."[14] Wenn man ein Ei ergattern konnte, dann kostete es im Juli 1918 34 Pfennig, das war mehr als viermal so viel wie der Vorkriegspreis.[15]

Abhängig von den Jahreszeiten, den Ernten und von Spekulationen verlief die Versorgung der Bevölkerung mal besser, mal schlechter. Am Ende des Krieges wurde sogar der Zucker knapp, obwohl Deutschland immer ein Zuckerexportland gewesen war. Und nicht nur Lebensmittel, auch Seife wurde rationiert. Brennmaterialien waren ebenfalls problematisch: Der Gaspreis wurde erhöht,[16] Kohlen gab es „auf Karte".[17] Viele Energiesparmaßnahmen wurden in Gang gesetzt, u.a. ein Verbot von Leuchtreklame und die Verkürzung der Öffnungszeiten von Unterhaltungsbetrieben usw.[18] Ab Juni 1916 brauchte man auch für den Kauf von Kleidung Bezugsscheine. Teurere Stücke waren allerdings scheinfrei.[19] Das erklärt große Werbeanzeigen wie die vom Geschäft Adolf Brandes, in dem auch im Winter 1917 „für ca. 10000 Mark Pelzwerk"[20] erhältlich war. Wer es sich leisten konnte, erhielt also auch im „Kohlrübenwinter" einen neuen – teuren – Mantel. Am anderen Ende der sozialen Skala rangierten dagegen die Schuhe mit Holzsohlen, da konnte die Zeitung auch noch so beteuern: „Holzschuhe tragen in dieser Zeit ist noch lange keine Schande."[21]

Auch Kinderkleidung wurde von der Freiwilligen Kriegshilfe gesammelt und an Bedürftige abgegeben, Foto, 1915 (Fotoarchiv HMH)

Heimatfront Hannover

Lebensmittelkarten, Stammkunden, „Polonaise"

Das Verteilungssystem begann im Frühjahr 1915 mit den Brotkarten und erfasste im weiteren Verlauf des Krieges viele weitere Produkte. Die Verwendung der Bezugsmarken war wechselnden Regeln unterworfen, im Prinzip aber war der Ablauf ähnlich: Es gab Karten bzw. Marken, die dazu berechtigten, das jeweilige Produkt in einer bestimmten Menge einzukaufen. Die erlaubte Menge war entweder auf der Karte aufgedruckt oder sie wurde z.B. in den Zeitungen bekanntgegeben („Diese Woche gibt es 250 g Fleisch pro Karte"). Die Marken waren oft eine oder zwei Wochen lang gültig. Für manche Produkte, z.B. für Butter, galten die jeweiligen Marken nur an bestimmten Wochentagen. Und manchmal musste man auch auf einer Kundenliste für ein bestimmtes Geschäft stehen und bekam eine Nummer für ein bestimmtes Zeitfenster, in dem man bedient wurde. Schwerarbeiter, Schwerstarbeiter und Rüstungsarbeiter erhielten oft zusätzliche Marken, Kinder dagegen meist geringere Rationen.

Der Besitz einer Lebensmittelkarte bedeutete allerdings nicht, dass man das jeweilige Lebensmittel auch wirklich erhielt. Denn die Karte zeigte nur die Berechtigung an, ein bestimmtes Produkt erwerben zu dürfen. Dieses musste man allerdings auch noch bezahlen können, was ärmeren Leuten angesichts der hohen Preise oft nicht möglich war. Andererseits bedeutete die Berechtigung nicht, dass die gewünschten Waren auch wirklich erhältlich waren. Denn selbst wenn die Käuferin zur richtigen Zeit mit genug Geld und ausreichend vielen, tatsächlich gültigen Marken in dem richtigen Laden erschien, konnte es sein, dass überhaupt keine Ware vorhanden war. Oder es war nicht genug Ware vorhanden, so dass man für seine Marken weniger erhielt als eigentlich gedacht. Manchmal wurden nur Waren schlechter Qualität verkauft oder der Laden wollte keine Ware „auf Marken" verkaufen, wenn der Kunde nicht zusätzlich noch andere, markenfreie Produkte erwarb.

Lebensmittelkarten und -marken aus der Sammlung des Historischen Museums, 1915-18

Häufig bekamen auch erst die Stammkunden des jeweiligen Geschäfts ihre Ware und bevor die Laufkundschaft an der Reihe war, war das meiste schon ausverkauft. Diese Praxis beschreibt z.B. der „Volkswille" im Juni 1916: „In sehr vielen Kartoffelverkaufsstellen, ja wohl in den meisten, sieht man jetzt die Handtaschen, Netze, Körbe usw. der „Kunden" aufgereiht, in die das erste von jedem neuen Kartoffelsegen abfließt, währenddessen draußen sich die übrigen Hausfrauen in dem jetzt so naßkalten Wetter die Beine in den Leib stehen."[22] Bei den vielen Regeln, die beachtet werden mussten, kam es häufig zu Verzögerungen. Die Verkäufer mussten Marken prüfen, das System erklären, die Ware portionieren usw. Das dauerte seine Zeit und so stand man stundenlang „Polonaise", um überhaupt an die Reihe zu kommen.

In der Ausgabestelle für Lebensmittel der Freiwilligen Kriegshilfe in Linden. Foto, 1915 (Fotoarchiv HMH)

Ob berufstätig oder nicht, es waren zumeist die Frauen, die sich ständig mit der Frage der Lebensmittelbeschaffung beschäftigen mussten. Allein das bedeutete Stress. Täglich mussten die Verbraucherinnen im Blick haben, welche Lebensmittelkarte wofür gültig war. Wenn man gehört hatte, dass es in einem bestimmten Geschäft ein rares Produkt gab, begab man sich dorthin, auch wenn es weit entfernt war. So zehrten allein die Umstände der Versorgungslage im Krieg arg an den Kräften vor allem der Frauen. Zu Unmut führten auch die regional sehr unterschiedlichen Preise und die Warenverfügbarkeit, die sich schon zwischen Hannover und dem Umland, ja selbst zwischen Hannover und Linden unterschied.

Oft wurde daher an den Patriotismus appelliert. Die Hausfrau sei an der Ernährungsfront, „alle Nährstoffe müssen als anvertrautes Gut betrachtet werden", es sei „jeder Haushalt in Kriegszustand" und „niemand dürfe denken, auf meinen kleinen Haushalt kommt es nicht an."[23] Dass es den Soldaten wesentlicher schlechter ginge als der – zweifellos mangelhaft versorgten – Bevölkerung war dabei das häufigste Argument.

Stimmung in der Bevölkerung

Das alles drückte auf die Stimmung in der Bevölkerung. Da eine schlechte Stimmung zuhause die Kriegsmoral und den Durchhaltewillen beeinflusste, interessierte sich das Kriegsministerium für dieses Thema. Ab April 1916 ließ es monatliche Berichte über die „Volksstimmung" und ihren Bezug zur Lebensmittelversorgung verfassen.[24] Man wollte so einen Eindruck bekommen, ob z.B. Krawalle oder gar eine Revolution drohten. Erstellt wurden diese Stimmungsberichte von den Polizeipräsidenten der größeren Städte im Bereich des X. Armeekorps. In seinem Bericht vom 28. April 1916 resümierte der hannoversche Polizeipräsident von Beckerath: „Die gehobene und zuversichtliche Stimmung der Bevölkerung, wie sie bei Ausbruch des Krieges und noch bis gegen Ende des vergangenen Jahres allenthalben zu beobachten war, ist heute zweifellos nicht mehr vorhanden."[25]

Und die Stimmung wurde schlechter. So schrieb der Polizeipräsident am 23. Januar 1917: „Die Stimmung in der Bevölkerung ist wegen der Ernährungsschwierigkeiten, insbesondere wegen der herrschenden Kartoffelnot nach wie vor gedrückt."[26] Eine Woche später fand der sog. „Brotkrawall"[27] statt: Am 30. Januar 1917 plünderten vor allem Frauen und Jugendliche zahlreiche Bäckereien und Lebensmittelgeschäfte in Hannover. Diese Unruhen folgten auf tagelange Demonstrationen vor dem Rathaus und waren bereits nach einem Tag wieder vorbei; einige kleinere Proteste folgten. Aber wenn man sich die schlechte Versorgungslage vor Augen führt, überrascht es doch sehr, wie wenig die Bevölkerung sich dagegen auflehnte.[28]

Städtische Verkäufe, Kriegsküchen

Als Ergänzung zu den privatwirtschaftlichen Verkäufen in Ladengeschäften und auf den Märkten bot die Stadtverwaltung für die ärmere Bevölkerung eigene städtische Verkäufe, z.B. in der Markthalle an. Vor allem die Organisation der Fleischverkäufe bot häufig Anlass zu Kritik, der Andrang war groß.[29] Als die Kartenausgabe für diese Verkäufe ins Rathaus verlegt wurde, entstanden sogar Tumulte. Das System wurde daraufhin komplett umgestellt und die städtischen Fleischvorräte in Geschäften verkauft.[30]

Gelagert wurden die Vorräte des Magistrats u.a. im Neuen Rathaus, wo „riesenhafte Holzlager [...] mit Lüftungseinrichtungen und Vorkehrungen, die Kartoffeln zu bewegen"[31] eingebaut wurden. Kohlen wurden „in den geräumigen Kellern des vom Kriegsfürsorgeamt benutzten mittlern Rathauses und auf den Höfen hinter dem Rathause"[32] gelagert. „Für die Lagerung des Weißkohls und der Steckrüben hat die Allgemeine Ortskrankenkasse ein leerste-

In der Ausgabestelle Grupenstraße/Ecke Marktstraße der Freiwilligen Kriegshilfe werden frische Knochen portioniert. Foto, 1915 (Fotoarchiv HMH)

hendes Gebäude auf ihrem Grundstücke an der Arnswaldtstraße unentgeltlich überlassen. Die Kartoffeln werden unmittelbar aus den Waggons geholt, und zwar hat dafür wieder die Firma W. Dieterich ihr Anschlußgleis an der Alten Bischofsholer Straße in uneigennütziger Weise hergegeben."[33]

Der „Städtische Verkauf von Knochen und Ochsenköpfen" fand in der Schule in der Kleinen Duvenstr. 22 statt, wo folgende Regeln galten: „Einwickelpapier und Kleingeld sind mitzubringen. Wer nicht innerhalb der angesetzten Stunde erscheint, wird vom Verkauf ausgeschlossen. Die ausgekochten Knochen sind einen Tag nach dem Kauf in der Herschelstraße 31 (Fleischhalle) [...] wieder abzuliefern. Dafür wird ein Gutschein auf ½ Pfund frische Knochen abgegeben. Wer die Ablieferung versäumt, wird vom Verkauf ausgeschlossen."[34]

Im Laufe des Krieges und im Zuge der weiteren Verschlechterung der Lebensmittelversorgung richteten verschiedene Träger Suppenküchen ein, in denen die ärmere Bevölkerung ein preiswertes warmes Essen erhalten konnte:[35] Die hannoversche Freimaurer-Loge „Sachsenross" betrieb ab August 1916 in der Reitwallstraße 8 eine Volksküche für Kinder.[36] Am Bonifatiusplatz gab es ab Juli 1916 eine „Kriegsküche" und eine weitere im Bürgerschulgebäude in der Krausenstraße sollte bald folgen.[37] In Linden wurde die Volksküche bereits Mitte 1915 von der „Vereinigung für Kriegsfürsorge" gegründet und von der Stadt unterstützt.[38] Wie es dort zuging, beschreibt ein Zeitungsartikel aus dem „Volkswillen": „Das Essen besteht jedesmal in einer Literportion von mehreren Pfund Gewicht. [...] Zweimal wöchentlich gibt es ein Fleisch-, einmal wöchentlich ein Fischgericht (Hering, Klippfisch usw.), sonst außer Suppe Zusammengekochtes. [...] Täglich erscheinen etwa 1500 bis 1600 Menschen zum Essenholen. [...] Die Abholgefäße können recht primitiv sein. Zur Verwendung kommen Henkeltöpfe, einfache Töpfe, sonstige Küchengeschirre und vor allem Eimer."[39]

Auch manche Unternehmen sorgten für die Verpflegung. Hier stand natürlich das Interesse der Firmen im Vordergrund, die ihre jeweiligen Mitarbeiter versorgt und dadurch leistungsfähig wissen wollten. Es gab Werksküchen, die warmes Essen ausgaben, aber auch Lebensmittelverkäufe in den Betrieben. Die Hanomag betrieb beispielsweise eine „Kriegsküche" für die „Angehörigen unserer im Felde stehenden Arbeiter".[40] Durch solche Einrichtungen wurde es den Arbeiterinnen und Arbeitern überhaupt möglich gemacht, Nahrungsmittel für sich und ihre Familien zu erwerben, was angesichts der Arbeitszeiten nicht anders funktioniert hätte. Die Beschaffung der hierbei

Auf dem Weg zur Kriegsküche der Hanomag. Aus: „Kriegs-Beilage der Hanomag-Nachrichten", zu Heft 6/1916, S. 95

Oben: Bei der Einfuhr; links: Ein Teil der Lagerräume; rechts: Ausgabe der Lebensmittel.

Schwer- und Schwerstarbeiter der Hanomag profitierten von der 50g „Hindenburg-Spende". Die außergewöhnliche Fülle an Lebensmitteln wurde werbewirksam inszeniert. Aus: „Kriegsbeilage der Hanomag-Nachrichten", zu Heft 10/1917, Seite 151

ausgegebenen Lebensmittel durch die Betriebe führte allerdings auch zur weiteren Verknappung bei der restlichen Bevölkerung, die nicht von den Essensausgaben der Unternehmen profitieren konnten.

Lebensmittel für die Front, Lebensmittel von der Front

Oft kümmerten sich die Angehörigen in der Heimat auch um ihre Männer und Söhne an der Front. Natürlich war die Ernährung der Soldaten eigentlich Aufgabe des Militärs, doch von offizieller Seite wurde man ermutigt, „Liebesgaben" ins Feld zu schicken.[41] Dazu passend bot z.B. die Nordsee-Fischhalle Fischkonserven für „unsere Soldaten fürs Feld"[42] an. Die Wünsche der Soldaten an die Daheimgebliebenen konnten sich recht aufwändig gestalten. So schrieb Heinrich Kirchhoff im November 1916 aus Russland an seinen Schwager: „Ich bitte mir eine große Bitte an dich aus die ist, mir von Waldschmidt & Köster, Hannover Ludwigstrasse Kerzen zu besorgen. Ich habe Herrn Hellberg bei W&K geschrieben, frage nach Herrn Hellberg. Nimm bitte 20 Mark mit."[43] Ob Kerzen oder Lebensmittel: Jede Sendung von der Heimat an die Front verschlechterte die Versorgungslage zuhause zusätzlich. Später kamen aber auch gelegentlich Pakete aus „dem Felde" in die Heimat, denn bei manchen Lebensmitteln war die Versorgung an der Front durchaus besser als zuhause – wenn auch teuer – z.B. bei Heinrich Kirchhoff, der im Juni 1918 aus Kraslowka berichtete: „Ich habe seit 14 Tagen Eier abgeschickt, etwa 55 Stück [...] Heute kosten die Eier hier 55 Pf. Das Stück vor 4 Wochen nur 45 Pf."[44]

Kriegsrezepte, ungewohnte und Ersatzlebensmittel, Lebensmittelpanscherei

In „Kriegskochrezepten" wurden die nicht oder schwer erhältlichen Zutaten weggelassen oder ersetzt. So gab es Rezepte ohne Fett, ohne Ei, ohne Fleisch, ohne Mehl. „Kriegskochbücher" erschienen und Tageszeitungen druckten Kochrezepte und Wochenspeisepläne ab. So empfahl der „Hannoversche Kurier" im September 1916 einen „Fleisch- und fettarmen Kriegsküchenzettel"[45] mit vielen Suppen; zweimal gab es in der Woche Fleisch, einmal Fisch und einmal Garnelen. Unter den Rezepten waren Sauerkrautspeise mit Tomaten, „Süßer Tomatenpudding" und weißer Schmorkohl. Als im „Steckrübenwinter" Kartoffeln eingespart werden sollten, wurden „allerlei Mehlspeisen für die Kriegsküche"[46], u.a. Mehlbrei, gebrannte Mehlsuppe und Mehlschmarrn empfohlen; Gerichte, die vor allem auf Mehlschwitze mit Wasser basierten. „Erprobte Kriegskochrezepte"[47] ohne Mehl und Ei dagegen waren „Falsche Eierkuchen" aus Milch, Kartoffeln, Eiersatz, Salz und Natron.

Auch die Kochtechnik änderte sich. Zwar hatte es Kochkisten bereits vor dem Krieg gegeben. Zweck eines solchen Küchengeräts war es, einen auf dem Kochherd erhitzten Topf mit Essen warmzuhalten, so dass der Inhalt in der isolierten Kochkiste ohne weitere Energiezufuhr gar kochen konnte. Weil dies Brennmaterial sparte, wurden Kochbeutel und Kochkisten besonders in der Kriegszeit als sinnvoll propagiert. Der Nationale Frauendienst veranstaltete Kurse, in denen Frauen lernen konnten, diese selbst herzustellen.[48] Sogar spezielle „Kochbücher für Kochkiste und Kochbeutel" konnte man kaufen.

Zur Ergänzung wurde im Krieg auch Ungewohntes in den Speiseplan aufgenommen. So erschienen 1915 werbende Zeitungsartikel über den offenbar weitgehend unbekannten Chicorée, der „wegen seiner Billigkeit und seines hohen

Kochkiste „Koch-, Brat- und Backapparat Heinzelmännchen", 1910er Jahre (VM 47046)

Kochbeutel und Kochkisten halfen, beim Kochen Energie zu sparen. Aus: „Die Kriegsküche. Deutsche Lebenshaltung im Ernährungskriege" von Josepha Wirth, 1915 (VM 48117)

Heimatfront Hannover 203

In der Muschelkosthalle der Freiwilligen Kriegshilfe in der Marktstraße 58 wurden Muschelsülze und Heringssalat, Miesmuscheln und „See-Enten" verkauft. Foto, 1915 (Fotoarchiv HMH)

Eisengehaltes größere Verbreitung" verdiene.[49] Auch Teigwaren waren in Hannover damals wohl wenig beliebt, daher hieß es: „Mehr Nudeln kaufen!"[50]

Fisch galt als Ersatz für Fleisch. Dazu beklagte der Hannoversche Kurier im Mai 1915: „Der Hannoveraner ist nicht eigentlich ein Fischesser. [...] Die Erfahrung hat auch gelehrt, daß die hannoversche Bevölkerung in bezug auf Fisch äußerst konservativ ist, daß Schellfisch und Scholle die beliebtesten Fischsorten darstellen und am meisten gekauft werden, selbst wenn ein ebenso wohlschmeckender und nahrhafter anderer Fisch einige Pfennige billiger ist."[51] Noch exotischer mussten die Miesmuscheln wirken, die z.B. von der Freiwilligen Kriegshilfe angeboten und in einer „Muschelkosthalle" in der Marktstraße 58[52] verkauft wurden. Die Freiwillige Kriegshilfe besaß sogar eigene Schiffe, mit denen nach Fischen und Muscheln gefischt wurde. Aber auch wenn es immer wieder Appelle gab, Muscheln zu kaufen und Rezepte für Muschelsuppe, Muschelsalat und Eierkuchen mit Muschelfüllung in den Zeitungen standen, konnte dieses Lebensmittel nicht nennenswert zur Deckung des Eiweißbedarfs der Bevölkerung beitragen.

Ein anderes Lebensmittel dagegen hat wahrscheinlich so manchem im Winter 1916/1917 das Leben gerettet: die Steckrübe. Man kannte sie vor allem als Viehfutter, aber seit der Kartoffelknappheit im Herbst 1916 wurde sie auch zum menschlichen Verzehr genutzt. Für nicht lieferbare Kartoffelrationen gab es jeweils die doppelte Menge Kohlrüben als Ersatz. Der ungewohnte Geschmack trug zum schlechten Ruf der Steckrübe bei, der sich bis heute noch nicht ganz erholt hat. Passende Rezepte verbreitete u.a. die „Beratungsstelle für Ernährungsfragen".

Doch nicht nur an ungewohnte Lebensmittel musste sich der Verbraucher gewöhnen, auch wirkliche Ersatzprodukte kamen mehr und mehr auf den Markt. Dabei hatte es Kunsthonig, Margarine und Ersatzkaffee schon lange vor dem Krieg gegeben.[53] In hannoverschen Tageszeitungen wurden „Frucht-Honig" als Ersatz für Bienenhonig[54], das „Kunst-Himbeersaft-Pulver ‚Rubus'"[55] oder auch Saccharin, der „Süßstoff als Ersatz für Zucker"[56] beworben. Auf Werbeanzeigen des Lebensmittelhändlers Eduard Bormass finden sich „Ei-Ersatz-Pulver Paket 15 Pf.", „Butterstrecker Paket 15 Pf.", „Pfefferfix (Kunstpfeffer) Paket 25 Pf.",[57] aber auch „Ersatzsohlen zum Schutz der Ledersohlen von jedermann leicht selbst zu befestigen"[58] zum Preis von 70 Pfennig bis 1,45 Mark. Vieles waren fragwürdige Produkte, und die Zeitungen berichteten regelmäßig über Lebensmittel schlechter Qualität, z.B. über eine angebotene Margarine: „Sie sieht wie Seife aus und riecht nach Fischtran und Tischlerleim."[59]

Das war nahe dran an der zunehmenden Lebensmittelpanscherei, über die häufig Artikel wie dieser vom Mai 1915 erschienen: „Ein Zeuge W. beobachtete dreimal, daß der Milchhändler Wilhelm Mische von hier, Am Kleinen Felde wohnhaft, aus einer stark verrosteten, mit Wasser angefüllten Kanne Wasser zu den Milch enthaltenden Kannen seines Milchkarrens füllte. […] Die Verfälschung der Milch durch Zusatz von Wasser war so stark, daß sich eine chemische Untersuchung völlig erübrigte."[60]

Aber auch Kriminalität mit Bezug zur Lebensmittelversorgung nahm im Laufe des Krieges weiter zu. Ab 1916 brachte fast jede Zeitungsausgabe Meldungen über Kellereinbrüche oder Diebstähle, bei denen teilweise große Mengen Nahrungsmittel, vor allem Fleisch, gestohlen wurden. Je nach politischer Couleur zeigen die Zeitungsberichte Sympathie für die Diebe oder die Bestohlenen. Außerdem gab es Fälle, in denen Lebensmittelmarken „auf photo-chemischen Wege" nachgemacht wurden, so dass diese fälschungssicher produziert werden mussten.[61]

Gemüseanbau, Hamsterfahrt, Schwarzmarkt

Um zumindest die Versorgung mit Gemüse und Obst zu verbessern, bot sich der Anbau in Kleingärten an, die in Hannover im Vergleich zu anderen Großstädten zahlreich vorhanden waren. Verunsicherung stiftete dabei die Frage, inwieweit ein Gartenbesitzer als Selbstversorger galt und dementsprechend weniger Anrecht auf Lebensmittelmarken haben würde oder gar selbst angebaute Kartoffeln abgeben musste.[62] Auch andere Grünflächen sollten als Anbauflächen genutzt werden, was langsam geschah, wie der „Hannoversche Kurier" im Mai 1915 berichtete: „Der Anbau von Gemüse im Vorgarten ist nur in einzelnen Fällen anzutreffen. Die größte Anbaufläche dieser Art befindet sich vor dem Erweiterungsbau der Tierärztlichen Hochschule am Misburger Damm."[63]

Neben dem Anbau von Obst und Gemüse nahm die Tierhaltung im privaten Rahmen zu. Die Freiwillige Kriegshilfe züchtete Kaninchen und stellte sie als Belohnung für gesammelte Küchenabfälle zur Verfügung.[64] Auch Ziegen wurden in verstärktem Maße gehalten, da sie zur Milchversorgung beitragen konnten.[65]

Doch je länger der Krieg andauerte, desto knapper wurden die Lebensmittel in der Großstadt.

Die Freiwillige Kriegshilfe Hannover-Linden züchtete Kaninchen, die teilweise als Prämie für Sammler von Küchenabfällen abgegeben wurden in ihrem Hauptlager am Raschplatz. Foto, 1915 (Fotoarchiv HMH)

Vieles, was es auf dem Markt und in den Läden nicht gab, konnte man aber direkt beim Produzenten erwerben. „Hamsterfahrten" aufs Land wurden immer beliebter und Familien, die genügend finanzielle Mittel hatten, deckten so große Teile ihres Nahrungsmittelbedarfs. Auch die Zeitungen berichteten erstaunlich offen über diese – illegale – Praxis: „Man darf wohl sagen, daß vom Sonntag bis zum Montag früh ein ganzer Güterzug Gemüse und Beerenfrüchte auf Hamsterfahrten in Hannover eingeschleppt worden ist."[66]

Den Menschen, die keine Zeit für die Fahrt aufs Land hatten, blieb dann noch der Schwarzmarkt. „Besonders in der Vorhalle" des Hauptbahnhofs herrschte „ein schwunghafter Handel mit Butter, Eiern u. Fettwaren".[67] Die Preise auf dem Schwarzmarkt konnten bis zu zehnmal so hoch sein wie die offiziellen Preise.[68]

Wer sich allerdings weder bei Hamsterfahrten noch auf dem Schwarzmarkt eindecken konnte, war deutlich im Nachteil. Denn durch diese Praxis standen dem offiziellen Markt weniger Nahrungsmittel zur Verfügung als eigentlich vorhanden waren. Das sorgte für weitere Preissteigerungen und es vergrößerte die ohnehin schon vorhandenen sozialen Ungleichheiten: Wer reich war, konnte sich Schwarzmarktpreise, Hamsterfahrten und markenfreie teure, teilweise luxuriöse Produkte leisten[69]. Wer arm war, war auf die nicht immer erhältlichen Rationen und auf Volksküchen angewiesen.

Ausblick

Zusammenfassend muss man sagen, dass die städtische Bevölkerung in der Zeit des Ersten Weltkriegs mangelhaft versorgt war. Weder den lokalen Behörden noch den Reichsstellen war es gelungen, eine ausreichende Versorgung mit Lebensmitteln gerade für die finanziell schwächere Bevölkerung zu gewährleisten.

Zudem ging die Lebensmittelbewirtschaftung nach Kriegsende weiter und die Bezugsmarken blieben der Bevölkerung noch lange erhalten. Im Mai 1919 bekam man in Linden nur 3 Pfund Kar-

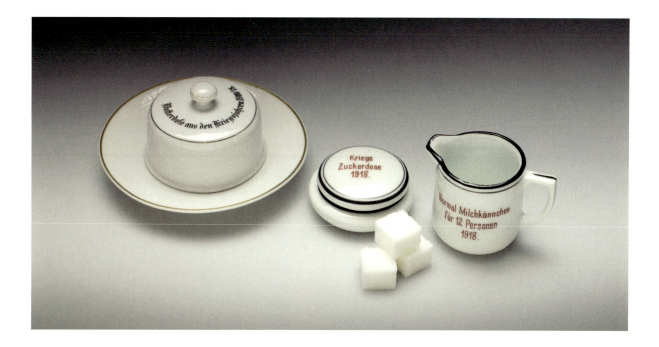

Porzellankännchen und –dosen im Miniaturformat sollten in der Nachkriegszeit an die schlechte Versorgungslage erinnern (VM 30958a-b, VM 41521, VM 41522)

toffeln und 200 g Fleisch pro Person und Woche.[70] Auch die gesundheitlichen Folgen der Mangel- und Unterernährung in Teilen der Bevölkerung hatten Nachwirkungen, die weit über die unmittelbare Kriegszeit hinaus reichten.[71]

Der Mangel an der Heimatfront prägte eine ganze Generation. So wie man die Erinnerungen der Soldaten nach dem Krieg in Fotoalben, Souvenirs und der großen Menge an Kriegsliteratur nachvollziehen konnte, sollte auch an „die schwere Zeit" in der Heimat erinnert werden. Speziell angefertigte Erinnerungsgegenstände wie die „Kriegs-Zuckerdose 1918" sollten die später Geborenen mahnen. Der „Kohlrübenwinter" geriet so zum Argument gegenüber denjenigen, die diese Zeit nicht miterlebt hatten und daher nicht mitreden konnten. Und er wurde zum Mythos eines Volks, das sich als das eigentliche Opfer des Krieges sah.

1. „Warum leiden wir in Hannover unter Buttermangel?", Volkswille, Nr. 295 vom 16.12.1915, S. 3.
2. Crusius, Irene: Der Alltag des Krieges. Der Erste Weltkrieg (1914-1918) in Briefzeugnissen der Familie Crusius aus Hannover-Linden, Hannover 2014, S. 15.
3. Oberschelp, Reinhard: Stahl und Steckrüben. Beiträge und Quellen zur Geschichte Niedersachsens im Ersten Weltkrieg (1914-1918). Band 1. Hameln 1993, S. 242.
4. Vgl. „Das Schlagsahne-Verbot ist da!", Hannoverscher Anzeiger, Nr. 165 vom 17.07.1915, S. 3.
5. Oberschelp, wie Anm. 3, S. 243; Vgl. auch „Die neue Nahrungsmittelversorgung in Hannover", Hannoverscher Anzeiger, Nr. 87 vom 15.04.1917, S. 3. Im April 1917 gab es sogar nur noch 1500 g Brot bzw. 1200 g Mehl pro Woche.
6. Vgl. „Zur Einschränkung des Fleisch- und Fettverbrauchs", Hannoverscher Kurier, Nr. 32084 vom 30.10.1915 morgens, 2. Blatt.
7. Vgl. Oberschelp, wie Anm. 3, S. 247. Oft war es aber weniger: Mal 120 g pro Woche, dann wieder 220 g oder auch gar nichts.
8. Ein Beispiel von vielen: „Die abnormen Fleischpreise Hannovers", Volkswille, Nr. 167/Juli 1915, S. 3.
9. Die angegeben Mengen wirken heutzutage hoch, aber man muss bedenken, dass die Ernährung eine andere war. Durch körperliche Arbeit hatten viele Menschen einen erhöhten Kalorienbedarf, und außer den Rationen gab es nichts anderes.
10. Vgl. Oberschelp, wie Anm. 3, S. 245.
11. Vgl. „Bei der angekündigten Verkürzung der wöchentlichen Kartoffelration", Hannoverscher Kurier, Nr. 33160 vom 14.06.1917 abends, S. 4.
12. Crusius, wie Anm. 2, S. 67.
13. Vgl. „Weniger Butter und keine Margarine", Volkswille, Nr. 197/August 1916, S. 3. „60 Gramm Butter", Volkswille, Nr. 113/Mai 1917, S. 3. „Wieder einmal keine Butter", Volkswille, Nr. 25/Januar 1918, S. 3.
14. Zitiert nach: Schneider, Gerhard (Hrsg.): An der „Heimatfront". Stimmungsberichte aus Hannover und Linden (1916 bis 1919). Hannoversche Geschichtsblätter, Beiheft 7, S. 110.
15. Vgl. Oberschelp, wie Anm. 3, S. 240.
16. Vgl. „Die Gasnot", Volkswille, Nr. 250/Oktober 1917, S. 3: „Gestern abend ging das Gas in vielen Stadtteilen einfach aus". Außerdem wurde der Gaspreis von 14 auf 20 Pf. pro m³ erhöht.
17. Vgl. „Kohlenkarten", Volkswille, Nr. 113/Mai 1917, S. 3. Jeder Haushalt erhielt eine Kohlenkarte über 40 Zentner Grundbedarf und eine zweite Karte für Zusatzbedarf.
18. Vgl. Oberschelp, wie Anm. 3, S. 159.
19. Vgl. Oberschelp, wie Anm. 3, S. 256.
20. Vgl. Werbeanzeige „Für ca. 10000 Mark Pelzwerk", Hannoverscher Kurier, Nr. 32923, vom 03.02.1917 morgens, S. 2.
21. „Kriegs-Schnürstiefel aus wasserdichtem Segeltuch mit Holzsohlen", Hannoverscher Kurier, Nr. 32065, vom 20.10.1915 morgens, S. 2.
22. „Unsinnige Kundenbevorzugung auch beim Kartoffelverkauf", Volkswille, Nr. 141 vom 17.06.1916, S. 3.
23. „Vaterländische Pflichten der Hausfrauen", Hannoverscher Kurier, Nr. 31572 vom 22.01.1915 abends, S. 5.
24. Dazu umfassend die Quellenedition Gerhard Schneider, wie Anm. 14.
25. Zitiert nach: Schneider, wie Anm. 14, S. 77
26. Zitiert nach: Schneider, wie Anm. 14, S. 119
27. Dazu umfassend Schneider, Gerhard: Der Brotkrawall in Hannover 1917 und der Zusammenbruch der „Volksgemeinschaft" im Krieg. In: Hannoversche Geschichtsblätter Nr. 63/2010.
28. Vgl. Oberschelp, wie Anm. 3, S. 238.
29. Vgl. „Der städtische Speckverkauf in der Markthalle", Volkswille, Nr. 116 vom 19.05.1915, S. 3.
30. Vgl. „Ein stürmischer Tag im Neuen Rathaus", Volkswille, Nr. 34 vom 09.02.1916, S. 3.
31. „Die städtischen Vorratskammern", Hannoverscher Kurier, Nr. 31863, vom 03.07.1915 morgens, S. 5.
32. „Des Kriegsfürsorgeamtes ‚Laden'", Hannoverscher Anzeiger, Nr. 266 vom 12.11.1915, S. 3. Das „mittlere Rathaus" ist das Wangenheim-Palais an der Friedrichstraße.
33. „Des Kriegsfürsorgeamtes ‚Laden'", Hannoverscher Anzeiger, Nr. 266 vom 12.11.1915, S. 3.
34. „Städtischer Verkauf von Knochen und Ochsenköpfen", Hannoverscher Kurier, Nr. 33285 vom 21.08.1917 morgens, S. 2.
35. Vgl. Oberschelp, wie Anm. 3, S. 237. Im Vergleich zu anderen Städten war die Bedeutung von Suppenküchen in Hannover relativ gering.

36	Schneider, wie Anm. 14, S. 23 f.
37	„Eine Woche Kriegsküche", Hannoverscher Anzeiger, Nr. 141 vom 15.07.1916, S. 3.
38	Vgl. Schneider, wie Anm. 14, S. 23.
39	„Die Kriegsküche der Stadt Linden", Volkswille, Nr. 153/Juli 1916, S. 3.
40	Kriegs-Beilage der Hanomag-Nachrichten, Heft 6/1916, S. 95. Vgl. auch Heft 14/1914, S. 22.
41	Vgl. Schneider, wie Anm. 14, S. 18.
42	Werbung der Nordsee-Fischhalle. Hannoverscher Anzeiger, Nr. 92 vom 21.04.1915, S. 12.
43	Brief Heinrich Kirchhoff, Russland, 16.11.1916. Privatbesitz Hans-Heinrich Kirchhoff, Hannover.
44	Brief Heinrich Kirchhoff, Kraslowka, 07.06.1918. Privatbesitz Hans-Heinrich Kirchhoff, Hannover.
45	„Für unsere Frauen", Hannoverscher Kurier, Nr. 32685 vom 24.09.1916, 5. Blatt.
46	Beilage „Frauensorgen", Nr. 7, Hannoverscher Anzeiger, Nr. 43 vom 21.02.1917, S. 10.
47	Beilage „Frauensorgen", Nr. 11, Hannoverscher Anzeiger, Nr. 104 vom 05.05.1917, 3. Beilage.
48	„Die hauswirtschaftliche Beratungsstelle des Nationalen Frauendienstes", Hannoverscher Kurier, Nr. 33209 vom 11.07.1917 morgens, S. 2. Mitzubringen waren dabei für eine Kochkiste „Töpfe, etwa zwei Meter neuer oder alter Stoff, 70 Bogen Zeitungspapier, Reißnägel sowie Nähzeug".
49	„Brüsseler Spargel", Hannoverscher Anzeiger, Nr. 83 vom 10.04.1915, S. 3.
50	„Mehr Nudeln kaufen!", Zweites Blatt des Hannoverschen Kuriers, Nr. 31903 vom 24.07.1915 abends, S. 5.
51	„Fisch als Volksnahrungsmittel", Zweites Blatt des Hannoverschen Kuriers, Nr. 31764 vom 08.05.1915 abends, S. 5.
52	Adresse laut Schneider, wie Anm. 14, S. 43.
53	Vgl. Kerp, Versorgung mit Ersatzlebensmitteln. In: Bumm, F., Deutschlands Gesundheitsverhältnisse unter dem Einfluss des Weltkriegs. Stuttgart, Berlin, Leipzig 1928. S. 79. Bürstner, Fritz: Die Kaffee-Ersatzmittel vor und während der Kriegszeit. Beiträge zur Kriegswirtschaft Nr. 4. Berlin 1918. S. 6. Der Vorkriegsverbrauch an Ersatzkaffee (Zichorienkaffee, Malzkaffee) beispielsweise hatte in Deutschland pro Kopf und Jahr bei 3 kg gelegen, während es beim Bohnenkaffee nur 2,1 kg waren.
54	Werbung für „Frucht-Honig", Frauensorgen, Beilage zum Hannoverschen Anzeiger, Nr. 26 vom 19.08.1915.
55	Werbung für „Kunst-Himbeersaft-Pulver „Rubus", Hannoverscher Anzeiger, Nr. 200 vom 27.08.1915, S. 4.
56	Süßstoff als Ersatz für Zucker. Hannoverscher Anzeiger, Nr. 216 vom 14.09.1916, S. 3.
57	Werbung von Eduard Bormass, Volkswille, Nr. 252/Oktober 1917, S. 4.
58	Werbung von Eduard Bormass, Volkswille, Nr. 192/August 1918, S. 4.
59	„Traurige Zustände", Volkswille, Nr. 87 vom 11.04.1916, S. 3.
60	„Arge Milchpanscherei", Volkswille, Nr. 116 vom 19.05.1915, S. 3.
61	„Allerlei vom Brotmarkte", Zweites Blatt des Hannoverschen Kuriers, Nr. 31844 vom 23.06.1915 morgens, S. 5.
62	Vgl. „Die Kartoffeln der Selbstversorger", Hannoverscher Anzeiger, Nr. 183 vom 08.08.1917, S.2. Vgl. auch Crusius, wie Anm. 2, S. 90 f.
63	„Der Anbau von Gemüse im Vorgarten", Hannoverscher Kurier, Nr. 31798 vom 29.05.1915 morgens, S. 5.
64	Schneider, wie Anm. 14, S. 14.
65	Vgl. „Die Ziegenzucht", Volkswille, Nr. 182/August 1916, S. 3.
66	„Hamsterers Abenteuer", Hannoverscher Anzeiger, Nr. 176 vom 31.07.1917, S. 2.
67	„Zur Butter- und Butterkartenfrage", Hannoverscher Anzeiger, Nr. 53 vom 03.03.1916, S. 3.
68	Vgl. Oberschelp, wie Anm. 3, S. 238.
69	Vgl. Schneider, wie Anm. 27, S. 24. Vgl. z.B. Werbung Weinhandlung Alois Apoloni, Hannoverscher Anzeiger, Nr. 172 vom 26.07.1917, 2. Beilage.
70	Schneider, Stimmungsberichte, S. 186.
71	Vgl. Rund, Jürgen: Ernährungswirtschaft und Zwangsarbeit im Raum Hannover 1914 bis 1923. Hannover 1992, S. 306 ff. So begünstigte der schlechte Ernährungsstand der Bevölkerung die verheerende Grippeepidemie im Jahr 1918.

Plakat zum Opfertag, Entwurf: Julius Ditz, 1918 (VM 62621)

Andreas Fahl

Opferbereitschaft als patriotische Pflicht – Spendensammlungen und Wohltätigkeit

Praktisch vom ersten Tage an zeichnete sich ab, dass der Krieg nicht allein mit Truppen, sondern auch mit massiver Unterstützung durch die Zivilbevölkerung geführt werden musste. Am Beginn stand die Werbung um Geld- und Sachspenden für die Lazarette und die Verpflegungsstellen auf den Bahnhöfen. Aber schon am 10. August bat Stadtdirektor Heinrich Tramm in einer Anzeige um Spenden für die Kriegsfürsorge, da die städtischen Mittel die Not der Soldatenfamilien nur zu einem Teil lindern konnten.[1] Aus diesen Anfängen heraus entwickelten sich wohl hunderte von teils nur kurzfristigen Sammelaktionen, manche für einen begrenzten Personen- oder Aufgabenkreis, andere waren reichsweit angelegt.

Spenden für zahllose Zwecke

Es ist vermutlich unmöglich, auch nur die verschiedenen Spendensammlungen im Raum Hannover zu rekonstruieren. Firmen, Vereine, Gewerkschaften, Kirchengemeinden, Schulen sammelten für ihre Mitarbeiter und Mitglieder, die an der Front waren oder für deren hilfsbedürftige Angehörige. Einrichtungen, wie etwa das Friederikenstift, die auch in normalen Zeiten auf Spenden angewiesen waren, warben um Zuwendungen, damit sie die Aufgaben erfüllen konnten, die man ihnen im Krieg zusätzlich aufgebürdet hatte. Und selbst Heer und Marine waren auf Unterstützung angewiesen, nicht nur über die privat oder organisiert verschickten Liebesgaben, mit denen u.a. die meist unzureichende Ernährung der Soldaten verbessert wurde. Es bestand auch Bedarf an Kleidung und Decken für die Frontsoldaten, da das Heer auf einen Krieg im Winter

Hannover, den 10. August 1914.

An die Einwohnerschaft.

Wir richten hierdurch an die Einwohnerschaft die dringende Bitte, in diesen Zeiten nicht aus gänzlich übertriebener Aengstlichkeit das kurante Gold-, Silber- und Nickelgeld dem Verkehr zu entziehen, sondern diesen Verkehr genau in den Formen wie in andern Zeiten aufrechtzuerhalten. Durch die jetzige fehlsame Handlungsweise wird nichts erreicht als eine große Schädigung und Erschwerung des allgemeinen Wirtschaftslebens unsrer Stadt, welche mit der Zeit an jedem einzelnen sich rächen muß.

Der Magistrat der Königlichen Haupt- und Residenzstadt.
Tramm.

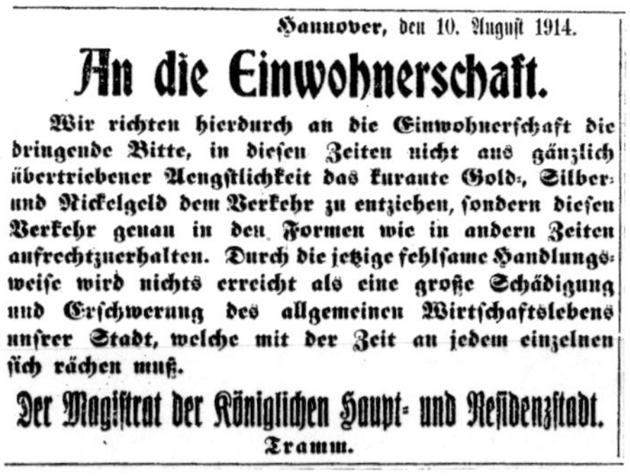

Anzeige vom 10. August 1914

nicht vorbereitet war. Die erste zentrale Sammlung für diesen Zweck war die „Reichswollwoche", die vom 18. – 24. Januar 1915 durchgeführt wurde. Zur Mobilisierung der Spendenbereitschaft wandte sich der „Kriegsausschuß für warme Unterkleidung e.V." mit Flugblättern an die Hausfrauen. Da die Aktion staatlicherseits initiiert war, wurde sie natürlich von der Stadtverwaltung nach Kräften unterstützt. Aus einem Teil des gesammelten Materials ließ der Magistrat in Heimarbeit nach Armeevorschriften Decken nähen. Den Empfang von 10.030 solcher Decken bestätigte im Februar 1915 die „Abnahmestelle I und II Freiwilliger Gaben für das X. Armeekorps", die in der Sophienstraße im Künstlerhaus untergebracht war. Die überlieferte Akte vermittelt aber nicht nur einen Einblick in die schon in den frühen Kriegsphasen hoch entwickelte Bürokratie des Spenden- und Bewirtschaftungswesens. Man erfährt auch, wie die prominenten Namen von Förderern der diversen Spendensammlungen oftmals in die Unterstützungsaufrufe kamen. Der Magistrat informierte nämlich die Damen von Hindenburg, von Emmich (Gattin des kommandierenden Generals des X. Armeekorps) und von Windheim (Frau des Oberpräsidenten) darüber, dass sie als Förderinnen der Reichswollwoche in dem Aufruf

Reichswollwoche in Hannover: Soldaten beladen am Schiffgraben ein Fuhrwerk mit gespendeten Decken. Foto: Carl Thies, 1915 (VM 34092)

an die hannoverschen Hausfrauen genannt wurden, wegen der Eilbedürftigkeit hatte man das stillschweigende Einverständnis der Genannten vorausgesetzt.[2]

Eine besondere Variante der Spendensammlungen waren die „Nagelungen". Dabei wurde eine Figur oder ein Bild mit Nägeln gespickt. Die Spender erwarben diese Nägel, teils in unterschiedlich teuren Varianten, und hämmerten die Nägel dann selbst in das Nagelbild. Landauf, landab grassierte das Nagelfieber. Die Nagelungen dienten der Stärkung des Patriotismus, sollten die Verbundenheit mit den Soldaten ausdrücken und wurden auch als symbolische Kraftübertragung von der Heimat an die Front verstanden.[3] Mit Berlin, wo man neben der Siegessäule einen überlebensgroßen

Feierliche Erstnagelung des „Eisernen Sachsenrosses" der Freiwilligen Kriegshilfe im Tivoli-Garten. Foto, 1915

Nagelbild „U Deutschland", 1916. Vermutlich aus der Sophienschule (VM 43688)

„Eisernen Hindenburg" als Nagelfigur aufgestellt hatte, konnte Hannover zwar nicht konkurrieren. Aber das „Eiserne Sachsenross", das die Freiwillige Kriegshilfe aufgestellt hatte, erreichte auch bereits eine respektable Dimension. Diese Figur war von Helfern noch selbst gebaut. Die zahllosen Nagelbilder, wie sie beispielsweise an hannoverschen Schulen nachweisbar sind, wurden dagegen von der reichsweit tätigen „Jugendspende für Kriegswaisen e.V." vertrieben, inklusive Hämmern und Nägeln. Sie wurden nach Künstlerentwürfen seriell von einer Essener Schulwandtafelfabrik hergestellt.[4] Auch patriotische Spendensammlung war eben ein Geschäftsfeld.

Über Altmetallspenden oder die bekannte Aktion „Gold gab ich für Eisen" suchte der Staat die Kriegsfinanzierung sicherzustellen. Die Menschen spendeten für das Rote Kreuz, die „Nationalstiftung für die Hinterbliebenen der im Kriege Gefallenen" und Kriegsinvalide. Besonders beworben wurde dabei mit Unterstützung staatlicher und kommunaler Behörden die „Ludendorffspende" (1918). Man sammelte für die Kriegsgefangenenhilfe und für wohltätige Zwecke wurden „Kreuz-Marken" auf Briefe und andere Schriftstücke geklebt. Und „Kinder in Not" war nicht nur ein Schlagwort: Im Herbst und Winter 1916/17 kamen täglich hungernde Kinder zum Henriettenstift (und sicherlich auch zu anderen sozialen Einrichtungen) und „[...] baten um ein Stückchen Brot, und wir wussten nicht, woher wir es nehmen sollten."[5] Entsprechend gab es ab 1916 auch die „Deutschlandspende für Säuglings- und Kleinkinderschutz" unter dem Protektorat der Herzogin Viktoria Luise und den Verein „Jugendspende für Kriegerwaisen". Die Stadt Hannover selbst sah sich gezwungen, die „Villa Nordstern" bei Lehrte anzukaufen und 1916 in ein Kriegskinderheim umzuwandeln.[6] Es gab also mehr als genug Anlässe, um an die Opferwilligkeit der Bevölkerung zu appellieren.

Besonders mobilisiert wurde die Spendenfreudigkeit zu den sogenannten „Opfertagen", die

Abbildungen von oben nach unten:
Plakat „Gold gab ich für Eisen", Entwurf: Julius Gipkens, 1917 (VM 37705)
Plakat der Ludendorffspende für Kriegsbeschädigte, Entwurf: Ludwig Holhlwein, 1918 (VM 64807)
Plakat der Deutschen Kinderhilfe, Entwurf: Franz Stassen, 1917 (VM 62844)

jährlich wechselnde und regional unterschiedliche Schwerpunktsetzungen hatten. Im Zentrum der Opfertage 1917 (am Geburtstag der Kaiserin am 22.10. und dem darauffolgenden Sonntag) stand beispielsweise in der Provinz Hannover die Schwesternspende zugunsten der freiwilligen Krankenschwestern und Hilfsschwestern.[7] Sie erbrachte in der Provinz bis Februar 1918 rund 27.000 Mark, wovon allein 1.000 Mark auf eine Zuweisung der Stadt Hannover zurückgingen. Diese Geste wirkt allerdings eher wie ein Feigenblatt, wenn man berücksichtigt, dass zugunsten der „Ludendorffspende" wenige Wochen später 100.000 Mark aus dem städtischen Haushalt bereitgestellt wurden.[8]

Die Freiwillige Kriegshilfe Hannover-Linden

Der Verein wurde am 15. August 1914 im Kriegerheim in Hannover gegründet, „aus reiner, heiliger Begeisterung".[9] Zweifel an dieser Darstellung sind begründet, denn der Vereinsgründer und Leiter war Karl Komoll, der Geschäftsführer der hannoverschen Ortsgruppe des „Reichsverbandes gegen die Sozialdemokratie".[10] Diese Gruppierung der politischen

Rechten bekämpfte die SPD und ihre Mitglieder mit allen Mitteln. Es war daher nur folgerichtig, dass man sich im Kriege der Fürsorge für die Angehörigen der Soldaten annahm. Kritik am Krieg und seinen sozialen Folgen und damit eine Stärkung der SPD sollte so verhindert werden. Gleichzeitig wurden wohl auch die Ziele des „Reichsverbandes" weiter verfolgt, indem man bei den Hilfsleistungen Frauen bevorzugte, deren Ehemänner nicht den sozialistischen Gewerkschaften, sondern den firmennahen Werkvereinen angehörten.[11]

Komolls Erfahrungen als Funktionär einer politischen Organisation haben sicherlich dazu beigetragen, dass die Kriegshilfe in kurzer Frist andere Wohlfahrtseinrichtungen in der Öffentlichkeitsarbeit und beim konsequenten Durchsetzen der eigenen Ziele überflügelte. Wie viele andere Vereine und Hilfskomitees startete auch die Kriegshilfe mit Spendensammlungen, wobei man sich nicht auf Geld beschränkte, sondern auch Lebensmittel und Kleidung zusammentrug. Die Zentrale der Freiwilligen Kriegshilfe und ihr Hauptlager waren im Gebäude der ehemaligen Maschinenfabrik Knoevenagel am Hauptbahnhof, gleich neben dem Justizgebäude, untergebracht. Hinzu kamen dezentrale Ausgabestellen in fünf Stadtbezirken sowie in Linden, Badenstedt und Hainholz.[12] Linden galt der Kriegshilfe als besonderer Schwerpunkt der Arbeit, da die Stadt Linden aufgrund ihrer Finanzlage nur geringere Zuschüsse zur staatlichen Kriegsfürsorge zahlte als Hannover. Neben einer eigenen Ausgabestelle für Lebensmittel wurde deshalb in Linden auch eine „Volksküche" eingerichtet.

Plakat der Freiwilligen Kriegshilfe, nach 1914

Die Unterstützungsleistungen der Kriegshilfe waren vielfältig. Neben Lebensmitteln und Feuerung wurden an Bedürftige auch Kleider ausgegeben, an Flüchtlinge aus Ostpreußen auch Möbel. Überdies richtete man eine Rechtsauskunftsstelle und einen Ausschuss zur Unterstützung von Künstlern ein sowie einen Arbeitsnachweis. Damit entstand eine gewisse Doppelstruktur zu anderen Einrichtungen, etwa des städtischen Kriegsfürsorgeamtes. Offenbar war man sehr auf Eigenständigkeit bedacht, denn an der beim Kriegsfürsorgeamt eingerichteten Zentralkartei der Fürsorgeempfänger, die Missbrauch verhindern sollte, beteiligte sich die Kriegshilfe nicht. Aus dem gedruck-

Freiwillige Kriegshilfe Hannover-Linden
1. Hauptlager der Freiwilligen Kriegshilfe in der alten Maschinenfabrik Knoevenagel. Im Hintergrund die Justizgebäude am Raschplatz; 2. Kohlen- und Gemüselager; 3. Nähstube der Freiwilligen Kriegshilfe in Linden; 4. Arbeitsvermittlung

ten Tätigkeitsbericht der Kriegshilfe lässt sich denn auch herauslesen, dass man eigene Maßstäbe anlegte, um die Bedürftigkeit zu beurteilen. Dabei spielten moralische Kategorien wohl mindestens eine so große Rolle wie materielle Armut. Der Arbeitsnachweis der Kriegshilfe, der zwar nur Stellen für Ungelernte und Aushilfsarbeiten vermitteln konnte, diente auch dazu zu beurteilen, ob ein Bittsteller der Hilfe „würdig" war. „Wer nicht arbeiten will, soll auch kein Brot essen [...]"[13] lautete das Motto der Kriegshilfe. Überhaupt betrachtete man die Disziplinierung der Fürsorgeempfänger als wesentlichen Teil der Fürsorgearbeit. „Es ist gewiß schön, den Leuten fremde Liebesgaben zu geben, aber erzieherischer und fürs Wohl des Ganzen besser ist es, den Bedürftigen Mittel und Wege zu zeigen, durch Zucht und Ordnung im eigenen Hauswesen hier und dort zu sparen, und zur Ver-

5. Gesammelte Dosen werden verladen; 6. Fischdampfer „Kriegshilfe II" in Wilhelmshaven; 7. Kinder liefern Küchenabfälle für die Kaninchenzucht. Im Hintergrund das Kasper-Theater; 8. Ausflug mit den Kindern. Fotos, 1915 (Fotoarchiv HMH)

wirklichung dieses Gedankens durch weitgehendstes persönliches Entgegenkommen beizutragen. Darin liegt die Hauptnot unserer Zeit, daß so viele verwöhnt sind durch die lange Friedenszeit und es verlernt haben, billig und zweckmäßig zu wirtschaften."[14]

Die Mittel für ihre Zwecke erwarb die Kriegshilfe einerseits wie zahllose andere Organisationen auch über Spendensammlungen, Verkauf von Postkarten und die Nagelung des „Eisernen Sachsenrosses" im Garten des Tivoli. Daneben war die Kriegshilfe aber auch ein Wirtschaftsunternehmen. Das Sammeln von Küchenabfällen und Rohstoffen wurde in großem Maßstabe betrieben. Mit den Küchenabfällen wurde eine Kaninchenzucht unterhalten, zeitweilig außerhalb Hannovers auch eine Schweinezucht. Die steigenden Preise für Fleisch, die sich erschwerend auf die Arbeit aus-

Werbepostkarte für die Sammlungen des Roten Kreuzes, 1917 (VM 60896)

wirkten, bewogen den Gründer der Kriegshilfe ab September 1915 Miesmuscheln als Fleischersatz anzubieten. Aus dieser Idee entstand eine kleine Flotte von bis zu sechs Schiffen für den Muschel- und Fischfang und man betrieb eine Konservenfabrik in Wilhelmshaven, die ihre Produkte nach Hannover lieferten.[15] Dies funktionierte solange, bis auch Muscheln und Fisch unter dem Druck des Nahrungsmittelmangels staatlich bewirtschaftet wurden.

Um ihre Ziele umzusetzen, betrieb die Kriegshilfe nicht nur eine sehr effektive Öffentlichkeits- und Lobbyarbeit, die ihr u.a. Unterstützung seitens des Militärs einbrachte. Insbesondere wurden von der Freiwilligen Kriegshilfe Hannover-Linden die Kinder eingespannt und gleichzeitig politisch indoktriniert. Kinder dienten sehr früh als Spendensammler, sowohl bei den Geld- wie Abfallsammlungen. Ein Gutscheinsystem diente als Ansporn. Für die Ablieferung von vier Pfund Küchenabfällen gab es einen Gutschein. Diese konnten gesammelt und eingetauscht werden: eine Mütze für 75, ein Kaninchen für 200, 30 Pfund Kartoffeln für 100, ein Ei für 10 Gutscheine usw. Da man auf dieses Lockmittel allein nicht baute, richtete man an der Knoevenagelschen Fabrik einen kleinen Tiergarten ein, Eintrittspreis 1 Gutschein, und auch ein Kasper-Theater wurde aufgebaut. Den Kinder wurden kleinere Ausflüge angeboten, die den Charakter von Demonstrationszügen hatten: Mit einer Kinderkapelle an der Spitze, geordnet nach dem Alter und unter Mitnahme eines Transparentes zog man z.B. in die Eilenriede. Ähnliche Umzüge wurden an einschlägigen Festtagen unternommen, z.B. am Sedantag und am Kaisergeburtstag. Zu Hindenburgs 68. Geburtstag am 2. Oktober 1915 „[...] zog eine Schar von 4000 Kindern mit selbstgefertigten Kränzen, wehenden Fahnen und Fähnchen zum Hause ihres Hindenburg und schmückte sein Heim mit den Kränzen als Zeichen treuen Gedenkens, dem sie auch in einer von allen Kindern unterschriebenen Adresse Ausdruck gaben."[16]

Die Sammeltätigkeit der etwa 6.000 – 8.000 Volksschüler, die nach eigenen Angaben für die Kriegshilfe aktiv waren, fand natürlich nicht nur außerhalb der Schulzeit statt. Eine vorherige Rücksprache mit den Schulen oder anderen städtischen Behörden hatte es aber nicht gegeben. Der hannoversche Polizeipräsident äußerte sich deshalb im Dezember 1916 in einem Schreiben an den Regierungspräsidenten ebenso kritisch wie aufschlussreich zu diesem Bereich der Kriegshilfe: „Nachdem die Organisation sich durchgesetzt hatte, ist sie stillschweigend geduldet worden, weil sie unverkennbar in der öffentlichen Meinung Anklang gefunden hatte, auch ihre wirtschaftliche

Die Damen des Hannoverschen Guttempler-Frauenbundes mit dem Ergebnis ihrer Altmetallsammlung zugunsten der Freiwilligen Kriegshilfe Hannover-Linden. Foto, 1915 (VM 39195)

Tätigkeit ohne weiters nicht zu ersetzen gewesen wäre. An sich waren die äußeren Mittel, mit denen anfangs die Kinder herangeholt und bei der Sache zusammengehalten wurden, wie Reklameaufzüge auf der Straße mit Musik, Ausflüge, Bewirtung der Kinder in Konzertlokalen usw. wenig erwünscht. [...] Klagen und Bedenken wegen der Heranziehung der Kinder sind hier weder aus den Kreisen der Bevölkerung noch von der Presse erhoben worden. Die Leitung der freiwilligen Kriegshilfe hat hier im Gegenteil mit Hilfe der Presse die öffentliche Meinung zu einer günstigen Auffassung von der Sammeltätigkeit der Schuljugend zu bringen vermocht."[17] Angesichts der Stimmung, und da man die Arbeitsleistung der Kinder nicht ersetzen konnte, plädierte der Polizeipräsident dafür, das Verhalten der Kriegshilfe, das man im Frieden nicht geduldet hätte, zu akzeptieren.

Die Kriegshilfe selber erblickte in ihren Aktivitäten sogar pädagogische Qualitäten. „So genießen die Kinder neben ihrer Arbeit auch Freude, und mancher Mutter wird dadurch die Sorge um ihr Kind und dessen etwaige Verwahrlosung auf der Straße abgenommen. „[...] Gern und freudig sprechen wir es hier aus, daß wir uns auf die Hilfe der Kinder immer verlassen durften, und die vielbeliebte Kaninchenobertante versteht es auch meisterhaft, einerseits immer wieder Neues ihren lieben Kindern zu bieten und andererseits ihren Sammeleifer nicht nur auf die Kartoffelschale, sondern auf alle möglichen Gegenstände zu richten, die noch irgendwie der Allgemeinheit zugute kommen können. Zum Beispiel Metall, Blechbüchsen, Papier, Lumpen, Stanniol, Flaschen, Knochen usw."[18] In nach damaliger Auffassung kindgerechter Ansprache appellierte die „Kaninchenobertante" auf Flugblättern an das soziale Gewissen der Kinder (Hilfe für Arme), bot Unterstützung der Mutter (für 1000 Gutscheine gab es einen Anzug oder ein Kleid zur Konfirmation) und schließlich fehlte auch der patriotische Aufruf nicht: „Die tapfersten und fleißigsten Kinder im ganzen Vaterland in diesem Weltkriege zu sein und zu bleiben, daß muß Euer Stolz sein."[19] Mit Hilfe der Kinder erwirtschaftete die Freiwillige Kriegshilfe Hannover-Linden bis Ende 1915 mehr als eine halbe Million Mark.

Kriegsanleihen – auch eine Art Sammlung

Alle Kriegsparteien hatten einen riesigen Finanzbedarf, der nur über zusätzliche Kredite vorfinanziert werden konnte. Für die große Endabrechnung spekulierte man überall darauf, siegreich aus dem Krieg hervorzugehen und dem Verlierer dann am Ende die Rechnung zu präsentieren. Die Kriegsanleihen, die in Deutschland ab September 1914 alle sechs Monate aufgelegt wurden, hatten das Ziel, den vorhandenen privaten Reichtum in möglichst großem Maß zur Kriegsfinanzierung heranzuziehen. Anfänglich boten sie auch gute Konditionen, die eine hohe Verzinsung versprachen. Die Kriegsanleihen waren aber nicht nur für große Investoren interessant, sondern im Gegenteil gezielt auch für die Anlage von kleinen Summen gedacht. Insgesamt erbrachten die neun Kriegsanleihen 97 Milliarden Mark, eine gewaltige Summe.

Drei Plakate für Kriegsanleihen, die jeweils ein zentrales Motiv der Werbung repräsentieren: Gewinnstreben, Unterstützung der Frontsoldaten sowie Durchhalte- und Siegeswillen. Entwürfe von Louis Oppenheim, 1917 (VM 39865); Fritz Erler, 1917 (VM 59993) und Paul Neumann, 1918 (VM 39866).

Gründe für den Kauf von Kriegsanleihen waren neben der Zinserwartung die vermeintliche Sicherheit dieser Anlage. Diese Sicherheit war allerdings trügerisch, denn im Falle einer Niederlage drohte dem hoch verschuldeten Reich der Bankrott. In erster Linie sollten Kriegsanleihen natürlich aus patriotischen Gründen gezeichnet werden, für viele Menschen sicherlich ein ernsthafter Beweggrund. Aber der Staat selbst untergrub solche lauteren Motive, indem Soldaten, die Kriegsanleihen zeichneten, sich dadurch Fronturlaub oder bessere Aufstiegschancen verschaffen konnten.[20]

Kriegsanleihen wie auch die karitativen Sammlungen verband die Propaganda, die für sie gemacht wurde. Insbesondere die Kriegsanleihen wurden mit einem zuvor unbekannten Aufwand in Zeitungsannoncen, Plakaten, Vorträgen und Filmen beworben. Gemeinsames Grundmotiv dieser Werbung und der Sammlungen waren der Appell an den Patriotismus, an das schlechte Gewissen (der Spender, der nicht an der Front kämpfte, konnte so wenigstens einen finanziellen Beitrag zum Krieg leisten) und letztlich auch an den Durchhaltewillen. Angesichts der völlig unklaren Kriegsziele Deutschlands wurden das Siegversprechen und der dazu nötige Durchhaltewillen die zentralen Motive der deutschen Propaganda auf allen Ebenen. Die Ergebnisse der Kriegsanleihen und der zahllosen Spendensammlungen zeigen, wie erfolgreich sie war. Es ist sicher nicht übertrieben, wenn man sagt, dass ohne die Mobilisierung dieses Opferwillens der Zivilbevölkerung der Krieg nicht über viereinhalb Jahre hätte geführt werden können. Am Ende stand ein fürchterlicher Vertrauensverlust, denn die Niederlage offenbarte die jahrelangen Lügen über die militärische Lage und bescherte den Besitzern der Kriegsanleihen den Verlust ihres Kapitals.

1 Die Anzeige erschien in allen hannoverschen Tageszeitungen.
2 Alle Angaben aus StAH HR 39, Nr. 42.
3 Ausführlich dazu siehe Schneider, Gerhard: Über hannoversche Nagelfiguren im Ersten Weltkrieg, in: Hannoversche Geschichtsblätter NF Bd.50/1996, S. 207-258, hier S. 217.
4 Schneider, wie Anmerkung 3, S. 247.
5 Das Henriettenstift, Sein Werden und Wachsen 1860 -1935, Hannover 1935, S. 308.
6 Stahl und Steckrüben, Bd. 2, S. . Die Villa Nordstern gehörte ursprünglich dem Zementindustriellen Hermann Manske.
7 StAH, HR 39, Nr. 18.
8 StAH HR 39, Nr. 19, Protokoll der städtischen Kollegien vom 27.03.1918.
9 Freiwillige Kriegshilfe Hannover und Linden e.V. Tätigkeitsbericht während der beiden Kriegsjahre 1914-1916. Hannover, 1916, S. 5.
10 Stahl und Steckrüben, Bd. 2, S. 91.
11 Wie Anmerkung 3.
12 Die weiteren Ausführungen basieren auf dem Tätigkeitsbericht der Freiwilligen Kriegshilfe, wie Anmerkung 9.
13 Wie Anmerkung 9, S. 13.
14 Wie Anmerkung 9, S. 10.
15 Sie dazu: Karl Komoll und sein Werk, Hannover 1917, S. 4ff.
16 Wie Anmerkung 9, S. 25.
17 Schreiben des hannoverschen Polizeipräsidenten an den Regierungspräsidenten vom 05.12.1916, zitiert nach: Stahl und Steckrüben, Bd. 2, S. 113f.
18 Wie Anmerkung 9, S.26.
19 Wie Anmerkung 9, S. 47.
20 Ringelnatz, Joachim: Als Mariner im Krieg, Zürich 1994 (= Joachim Ringelnatz. Das Gesamtwerk in sieben Bänden, hgg. von Walter Pape, Bd.7), S. 118.

Aus dem hannoverschen Kulturleben: Plakat zum Musikfest, 1911 (VM 51669)

Andreas Fahl

Freizeit und kulturelles Leben während des Weltkrieges

In Hannover herrschte vor Kriegsausbruch ein reiches kulturelles und gesellschaftliches Leben, mit Theatern, Oper, Tanz- und Konzertveranstaltungen. Unzählige Vereine für ganz unterschiedliche Interessen (Sport, Bildung, Heimatpflege, berufliche Interessenvertretung u.v.m) boten neben ihrem eigentlichen Vereinszweck den Mitgliedern ein oft reichhaltiges Vereinsleben. Obwohl Freizeit angesichts der im Vergleich zur Gegenwart wesentlich längeren Arbeitszeit (die während des Krieges noch verlängert wurde) für die Masse der Hannoveranerinnen und Hannoveraner ein knappes Gut war, fanden diese Angebote eine große Resonanz. Die Mobilmachung wirkte sich hier unmittelbar aus, da teils mit kurzfristigen Theaterschließungen und Veranstaltungsabsagen auf den Kriegsausbruch reagiert wurde. Dies war einerseits der bedrohlichen Situation geschuldet, in der Unterhaltungsangebote unangemessen schienen. Andererseits führten die Einberufungen auch im kulturellen Bereich zu einem sofort fühlbaren Personalausfall. Langfristig beeinträchtigte der Krieg insbesondere das Vereinsleben. Viele Vereine verloren zeitweilig oder dauerhaft einen wesentlichen Teil ihrer Mitglieder, woraufhin die Aktivitäten eingeschränkt oder ganz eingestellt werden mussten.

Freizeitvergnügen im Dienst der Wohltätigkeit

Besonderer Beliebtheit in der Bevölkerung erfreuten sich bis Kriegsbeginn die Tanzveranstaltungen und Konzerte in den zahlreichen großen Lokalen wie Tivoli, Pferdeturm, Parkhaus oder Kristallpalast. Anhand der Zeitungsinserate ist erkennbar, wie man gerade in diesem Bereich versuchte, nach der Mobilmachung den Betrieb aufrechtzuerhalten, aber zugleich dem Ernst der Lage entsprechend zu handeln, wobei man den rechten Kurs aber nicht immer gleich fand.

Das „Tivoli" in der Königstraße, eines der größten Lokale der Stadt mit zahlreichen Sälen und aufwändig gestalteter Außengastronomie, veranstaltete zunächst noch große patriotische Konzerte zugunsten des Roten Kreuzes.[1] Nur wenige Tage später teilte man dem Publikum mit: „Infolge des Kriegszustandes werden bis auf weiteres keine Konzerte abgehalten."[2] Das „Café Viktoria" in der Bahnhofstraße dagegen annoncierte noch am 9. August seine großen „Konzerte der so beliebten humoristischen Kapelle Grothe"[3], um dann am folgenden Wochenende auch auf die Welle der patriotischen (Wohltätigkeits)Konzerte aufzuspringen, der bereits die meisten Lokale folgten. Um überhaupt keine Missverständnisse aufkommen zu lassen, wurden die Anzeigen zu solchen Konzerten gelegentlich noch mit speziellen Hinweisen versehen, wie im Fall des „Crystall-Palast", dessen Direktion mitteilte, die Musik sei „der ernsten Zeit entsprechend".[4] Gänzlich unberührt zeigte sich auch nach zwei Wochen Krieg der „Ahlemer Turm", der für sein sonntägliches „Tanzkränzchen" warb.[5]

Ein Beispiel für ein Wohltätigkeitskonzert. Postkarte, 1914 (VM 59756)

Wohltätigkeitsveranstaltungen aller Art begleiteten die Menschen durch den ganzen Krieg. Sie erfüllten dabei gleichzeitig verschiedene Zwecke. Einerseits ging es natürlich darum, Geld oder Sachspenden für wohltätige Organisationen einzuwerben, sei es nun in einem der zahlreichen Wohltätigkeitskonzerte oder auch durch den Verkauf von Kunstwerken zugunsten des Roten Kreuzes. Manche dieser Veranstaltungen waren rein lokale Aktivitäten, andere wurden im ganzen Reich durchgeführt. Dazu gehörte beispielsweise die Aufführung des Theaterstückes „Der Hias", geschrieben 1917 von Heinrich Gilardone, dessen Erlös für den Kriegsliebesdienst (Versand von Päckchen an die Frontsoldaten) diente. Der Erfolg dieses Stückes war so groß, dass der Autor ein entsprechendes Stück für die Marine („Klar zum Gefecht!") folgen ließ, dessen Aufführung in der Schauburg im Mai 1918 intensiv beworben wurde.[6]

Konzerte, bzw. die Kombination von Konzert und Vortrag, waren sicherlich die gebräuchlichste Variante dieser Art Spendensammlung. Und der geradezu stereotype Ablauf dieser Veranstaltungen zeigt sehr deutlich, dass es nicht nur darum ging, den Besuchern Zerstreuung im tristen Kriegsalltag zu bieten. Vielmehr stand die politische Propaganda, also die Mobilisierung aller Kräfte der Heimatfront zum Durchhalten, im Mittelpunkt aller Darbietungen. Nicht nur im vaterländischen Vortrag, sondern auch in der Auswahl der Musikstücke zeigt sich dies deutlich. Je nach Art des Publikums dominierte Marschmusik oder auch einschlägige Klassik. Und natürlich fehlten kaum einmal „Die Wacht am Rhein", die Vertonung des Löns'schen Matrosenliedes („Denn wir fahren gegen Engelland") oder das „Altniederländische Dankgebet" (Wir treten zum Beten vor Gott, den Gerechten). Dieses Lied hatte besonders bei Kaiser Wilhelm II. großen Anklang gefunden.[7] Es war unter ihm zum Bestandteil des Großen Zapfenstreiches geworden und wurde deshalb auch bei anderen feierlichen Anlässen gerne aufgeführt. In Kriegszeiten war es natürlich besonders passend, lautet doch die zweite Strophe „Im Streite zur Seite ist Gott uns gestanden/ Er wollte es sollte das Recht siegreich sein/ Da ward, kaum begonnen, die Schlacht schon gewonnen/ Du Gott, warst ja mit uns, der Sieg er war dein!". Wenn schon in der Realität der Krieg keineswegs schnell gewonnen war, so galt es doch immer wieder, das Bild vom gerechten Krieg und dem sicheren Sieg zu betonen.

Das Theaterstück „Der Hias" wurde reichsweit zugunsten des Kriegsliebesdienstes aufgeführt. Plakat, Entwurf: W. Ditz, 1917 (VM 64806)

Aufwand und Qualität der Veranstaltungen unterschieden sich fallweise sehr stark. Es war eben ein Unterschied, ob ein einzelner Gastronom sich (Militär)kapellen engagierte, um sein Publikum zu finden, oder ob im Zusammenspiel von Militärverwaltung, Hilfsorganisationen und einer hannoverschen Konzertagentur eine große Wohltätigkeitsgala stattfand. Solche Ereignisse wurden nicht nur mit großen Anzeigen beworben, sondern fanden anschließend sogar ihren Platz in der örtlichen Presseberichterstattung. So geschah es beispielsweise nach dem „Vaterländischen Festabend", der im November 1916 in der Stadthalle vor rund 4000 Besuchern durchgeführt wurde. Nach musikalischer Einstimmung des Publikums, u.a durch die Liedertafel Alandia, von der, wie der Rezensent betonte, etwa 200 Sänger „im Felde" standen und einer patriotischen Rezitation, wurde ein lebendes Bild aufgeführt. „Ein farbenfrohes prächtiges Bild, entworfen von dem Gefreiten Willy Lütckens, bot sich dem Auge des Zuschauers: Infanterie, Ulanen, Jäger zu Pferde marschierten mit eroberten Fahnen unserer Feinde auf und gruppierten sich um die Germania und die großen

Standbilder der verbündeten Herrscher. Die Waffen glänzten im Lichte der Scheinwerfer, und zu den Füßen der Germania standen das Hindenburg-Bataillon und die Jugendwehr in ihren Uniformen, während die Musikkorps und die Sänger der Alandia den Huldigungssang an Deutschland [Die Wacht am Rhein, A.F.], unter Begleitung der wundervollen Orgelklänge, intonierten. Stehend hörte die Festversammlung, in der sich auch viele Offiziere in Uniformen befanden, diese Schlußnummer des ersten Teils des Programms an."[8] Eine derartige Veranstaltung richtete sich in erster Linie an das bürgerliche Publikum. Die einfachen Hannoveraner und Hannoveranerinnen hatten im „Steckrübenwinter" 1916/17 schon zu diesem Zeitpunkt mehr mit den Versorgungsnöten zu kämpfen und sicher auch kaum das Geld für die Eintrittskarten.

Mehr mit belehrendem als unterhaltendem Ziel wurden Vortragsveranstaltungen zu kriegswichtigen Themen veranstaltet. Da ging es dann um sparsames Haushalten, die Kriegsküche oder Werbung für die Kriegsanleihen. Teilweise wurden die Vortragenden vom Militär rekrutiert und besonders instruiert, damit sie in Vorträgen die militärische Lage ganz im Sinne der Obersten Heeresleitung darstellten. So sollte die schwankende Stimmung in der Bevölkerung beeinflusst werden, die sich bei schlechter Versorgungslage verdüsterte, durch Meldungen über militärische Erfolge aber auch wieder aufgebessert werden konnte.[9] Dabei war man sich durchaus bewusst, dass die Beeinflussung der Bevölkerung hinsichtlich Siegeszuversicht, Durchhaltewillen und Vertrauen auf eine angebliche Volksgemeinschaft auch Rückwirkungen auf die Frontsoldaten hatte. „Schwarzseher" wurden dafür verantwortlich gemacht, dass „mutlose Briefe an die Angehörigen ins Feld wandern, in denen noch alle die kleinen Plackereien des täglichen Lebens bei der Lebensmittelbeschaffung breitgetreten werden, womöglich mit dem Zusatz, daß es so nicht weiterginge."[10] Gegen Ende des Kriegs wurde im Bereich des stellvertretenden Generalkommandos des X. Armeekorps deshalb noch eine spezielle Einrichtung ins Leben gerufen, die die schon aussichtslos gewordene Lage an der Front weiterhin als Erfolg verkaufen sollte. Ob das „Hannoversche Heimatfronttheater X. A.-K." noch die geplanten Aufführungen durchgeführt hat, ist allerdings fraglich, da der Beginn der Spielzeit erst für November 1918 angesetzt war.[11]

Ein neues Massenmedium erlebt den Durchbruch
Während Wohltätigkeitsveranstaltungen sich oft an die bürgerliche Gesellschaft als Publikum richteten, war die Zielgruppe des Kinos eine ganz andere. Dieses neue Massenmedium, das in den Jahren vor dem Krieg gerade seine Erfolgsgeschichte begonnen hatte, war das Medium und Unterhaltungsangebot für die breiten Massen. Die Kinos waren zwar von Arbeitskräftemangel, Zensur oder später Ausfall von Aufführungen wegen Kohlenmangel genauso betroffen wie Theater, Oper, Vereine. Aber sie hatten eine enorme Anziehungskraft. Eine typische Kinoaufführung bestand neben dem Hauptfilm aus Wochenschau oder Dokumentarfilm im Vorprogramm. Hier lag einer der Vorzüge der Kinos, denn sie hatten als einzige die Möglichkeit bewegte, scheinbar authen-

tische Bilder von den aktuellen Ereignissen einem breiten Publikum zu zeigen. So inserierten die hannoverschen Kammer-Lichtspiele schon wenige Tage nach Kriegsbeginn einen Film „Erklärung des Kriegszustandes. Ansprache des Kaisers vom Balkon des Königlichen Schlosses in Berlin an sein Volk."[12]

Später folgten dann auch Filmaufnahmen von der Front. Bei diesen Filmen, wie auch bei vielen Fotos und Postkarten mit Frontaufnahmen, handelte es sich aber vielfach um Fälschungen. Technisch war es praktisch nicht möglich, während der Gefechte zu filmen. Filmaufnahmen von Kämpfen wurden anfänglich in Studios gedreht. Weniger leicht zu erkennen waren die Aufnahmen, die bei Übungen angefertigt wurden. Denn das Heer nutzte echte Schützengrabenanlagen, die nach einem Vormarsch der Truppen hinter der Front lagen, um die eigenen Soldaten (besonders den Ersatz aus der Heimat)

Kino-Filmprojektor, Modell „Imperator", Ernemann AG, Dresden, nach 1909 (VM 56269)

im Grabenkrieg auszubilden. Dies war ein ideales Umfeld, um auch Filmaufnahmen herzustellen. Überhaupt steuerte das Militär die Berichterstattung über den Krieg besonders hinsichtlich der Filme. Auf einer in Hannover abgehaltenen Tagung des Verbandes der Kinobesitzer betonte dessen Generalsekretär zwar, die Filmaufnahmen von der Front seien von „einwandfreier Objektivität".[13] Seine nachfolgende Schilderung, wie die Filme zustande kamen, strafte seine Worte lügen: „Die Aufnahmen [...] werden unter Leitung und Anweisung von Offizieren vorgenommen [...]. Der – nach Gutdünken des Generalstabes – freigegebene Teil dieser Aufnahmen, der Propagandazwecken im In- und Auslande dient, wird zur öffentlichen Vorführung in den Lichtspielhäusern zugelassen [...]."[14]

Das Kino war ein, im Vergleich zu den Eintrittspreisen der Theater, billiges Unterhaltungsmedium und daher besonders bei den Arbeitern sehr beliebt. Es war nicht auf feste Lichtspieltheater beschränkt, sondern wirkte über die Aufführungen mobiler Kinobesitzer (z.B. in Wirtshaussälen) auch in die entferntesten Dörfer und ärmsten Stadtteile. Mindestens zu Beginn des Krieges standen die Kinos aber auch in der Kritik. Es gab Bestrebungen, wie andere Vergnügungen auch die Kino-

Kinotypen vor und hinter den Filmkulissen aus der Kinderstube des Films waren das Thema des Buches von Resi Langer. Plakat, Entwurf von Ernst Schütte, 1919 (VM 59365)

aufführungen zu beschränken oder ganz zu verbieten. Nach den Worten des Verbandsvertreters „wurde jede Äußerung der Lebenslust mindestens als Sünde bezeichnet."[15] Darüber hinaus argumentierten diese Kritiker, die Kriegerfrauen würden „ihre Unterstützungsgroschen in die Kinos tragen." Der Kampf gegen die Kinos blieb aber erfolglos, nicht zuletzt weil die militärische Führung erkannte, welch hervorragendes Propagandainstrument der Film war. So nahm das „Bild- und Filmamt" unter der 3.OHL Einfluss auch auf die Inhalte von Spielfilmen, um den Durchhaltewillen der Bevölkerung auf diesem Weg zu stärken und besonders die Arbeiterschaft von der Notwendigkeit des Krieges zu überzeugen. Auch die Gründung der später so überaus erfolgreichen „Ufa" geschah vor diesem Hintergrund.

Die grundsätzliche Kritik am Niveau vieler Kinofilme blieb bestehen. Der national-konservative Hannoversche Kurier kommentierte den eigenen Bericht über die Tagung der Kinobesitzer und gestand zwar zu, dass der „Erfolg der suggestiven Wirkung des Kinos daheim und im Felde" erwiesen sei. Es gäbe aber auch im Kino „Schundliteratur" und „das Gros der Lichtspielhäuser verharrt doch dauernd bei dem seichten und banalen Kinodrama."[16] Prüft man diese Feststellung anhand des Kino- und Theaterprogramms eines zufällig ausgewählten Wochenendes im Jahre 1916, wie es im Hannoverschen Anzeiger besprochen wurde, ergibt sich folgendes Bild. In den sechs angeführten großen Kinos liefen zwei Detektivfilme, drei Lustspiele, ein Drama, eine Tragödie und ein patriotischer Abenteuerfilm. Vergleicht man damit das Programm der drei großen Privattheater, findet man außer einer einzigen Aufführung eines Werkes von Gerhart Hauptmann („Rose Bernd") noch ein als modern und packend beschriebenes Stück, wohl ein Drama. Ansonsten überwogen die Lustspiele, angeführt von dem Operettenerfolg des Jahres 1916: „Das Dreimäderlhaus" im Mellini-Theater.[17] Auch im Theater stand also die Zerstreuung im Mittelpunkt des Spielplans.

Der Streit um Sittlichkeit und kulturelles Niveau

Nicht zufällig verwendete die Kritik von Kino- und Theateraufführungen den Begriff der Schundliteratur. Es waren die gleichen konservativen Kreise, die ihren schon seit Jahren andauernden Kampf

Groschenromane aus der Zeit des Ersten Weltkrieges. Die Serien „Lord Lister" und „Percy Stuart" standen auf der Schundliteraturliste, was ihrer Verbreitung aber keinen Abbruch tat. (VM 64780 u. a.)

um das Niveau der Lesestoffe auf diese Bereiche übertrugen. Hier zeigt sich auch eine Verbindung zwischen Front und Heimat. Während man sich in der Heimat hauptsächlich um die Sittlichkeit der Jugend sorgte, so weitete sich diese Sorge nun auf die Frontsoldaten aus. Gegen die „Schundliteratur", also Detektiv-, Abenteuer-, Kriegs- und Liebesromane in Heftreihen, ging man staatlicherseits durch Indizierung vor. Der Erfolg dieser Maßnahmen war allerdings bescheiden. Zugleich wurde versucht, die Verbreitung „guter" Bücher zu verstärken. Darunter sind neben Klassikern natürlich patriotische Werke, aber auch Fachliteratur, zu verstehen.

Hinsichtlich der Frontsoldaten wurde versucht, den Versand entsprechender Bücher (teils in speziellen „Tornisterausgaben") aus der Heimat zu fördern. Das ging soweit, dass eine Firma wie die Continental den Erzählungsband „Frau Dölmer" von Hermann Löns in einer Kriegsausgabe an ihre im Felde stehenden Mitarbeiter verschickte. Auch die verschiedenen Kriegsausgaben von Firmenzeitschriften (Continental-Kriegs-Echo, Kriegsbeilage der Hanomag-Nachrichten etc.) dienten dem Zweck, die Soldaten mit gutem, patriotisch korrektem Lesestoff zu versorgen und gleichzeitig die Bindung an Heimat und Firma zu bestärken. Die Bemühungen, die Verbreitung populärer Lesestoffe zu begrenzen, scheiterten aber an der Heimatfront genauso wie im Felde. Dies lag in erster Linie daran, dass es eben ein entsprechendes Leserinteresse gab, das sich nicht unterdrücken ließ. Andererseits unterliefen auch viele Verlage diese Bemühungen. Das eigene wirtschaftliche Interesse überwog. Und schließlich stand jede derartige Literaturkritik auf sehr schwachen Füßen, weil ein

Der Abdruck von Heinrich Manns scharfer Kritik am deutschen Bürgertum der Kaiserzeit in der Zeitschrift „Zeit im Bild" wurde 1914 wegen des Kriegsausbruchs gestoppt. Erst 1918 konnte das Buch veröffentlicht werden und erreichte schnell eine große Auflage. Plakat, Entwurf: Lucian Bernhard, 1918 (VM 58248)

Großteil der zeitgenössischen, politisch korrekten Veröffentlichungen inhaltlich wie stilistisch unsäglich war. Anspruchsvolle, vor allem zeitkritische Literatur fiel dagegen der Zensur zum Opfer oder führte allenfalls ein Nischendasein. Dazu zählen die Gedichte des „Arbeiterdichters" Gerrit Engelke aus Hannover, der sich vom begeisterten Freiwilligen zum Kriegsgegner wandelte, bevor er im Oktober 1918 fiel. Die meisten seiner Gedichte wurden erst posthum veröffentlicht, wie sein letztes Werk „An die Soldaten des Grossen Krieges", hier ein Auszug:

„Herauf! aus Gräben, Lehmhöhlen, Betonkellern, Steinbrüchen!
Heraus aus Schlamm und Glut, Kalkstaub und Aasgerüchen!
Herbei! Kameraden! Denn von Front zu Front, von Feld zu Feld
Komme euch allen der neue Feiertag der Welt!
Stahlhelme ab, Mützen, Käppis! und fort die Gewehre!
Genug der blutbadenden Feindschaft und Mordehre!
[...]
Von Front zu Front und Feld zu Feld,
Laßt singen uns den Feiertag der neuen Welt!
Aus aller Brüsten dröhne *eine* Bebung:
Der Psalm des Friedens, der Versöhnung, der Erhebung!
Und das meerrauschende, dampfende Lied,
Das hinreißende, brüderumarmende,
Das wilde und heilig erbarmende
Der tausendfachen Liebe laut um alle Erden!"

Gerrit Engelke, Juli 1918[18]

1 Anzeige im Hannoverschen Anzeiger vom 09.08.1914.
2 Anzeige im Hannoverschen Anzeiger vom 14.08.1914.
3 Wie Anmerkung 1.
4 Anzeige im Hannoverschen Anzeiger vom 16.08.1914.
5 Wie Anmerkung 4.
6 Anzeige im Hannoverschen Anzeiger vom 24.04.1918.
7 In der freien Übersetzung von Josef Weyl, Musik von Eduard Kremser.
8 Hannoverscher Anzeiger vom 30.11.1916, S. 3.
9 Schneider, Gerhard: An der „Heimatfront". Stimmungsberichte aus Hannover und Linden 1916 bis 1919. Hannoversche Geschichtsblätter, Beiheft 7/2014, S. 67, 125.
10 Hannoverscher Anzeiger vom 25.11.1916, "Gegen Schwarzseher und Verleumder".
11 HStA Hannover, Hann. 174 Hannover II, Nr. 252
12 Anzeige im Hannoverschen Anzeiger vom 05.08.1914.
13 Hannoverscher Kurier vom 11.02.1916 morgens, „Der Krieg und das Kino".
14 Wie Anmerkung 12.
15 Wie Anmerkung 12.
16 Wie Anmerkung 12.
17 2. Beilage zu Nr. 277 des Hannoverschen Anzeigers vom 25.11.1916. Besprochen wurden hier die Programme der Schauburg, des Deutschen Theaters und des Mellini-Theaters sowie der Kinos Astoria und Eden, Vereinigte Theater, Central-Theater und Goethe-Haus-Lichtspiele sowie der Kammer-Lichtspiele.
18 Zitiert nach: Engelke, Gerrit: Rhythmus des neuen Europa – Das Gesamtwerk. Hannover 1979, S. 130,132.

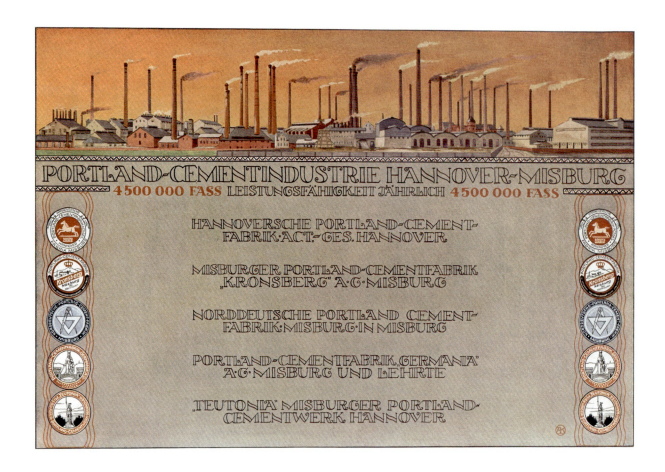

Die Baustoffindustrie zählte zu den Gewinnern des Krieges. Zwar kam die private Bautätigkeit zum Erliegen, aber der Stellungskrieg verschlang Unmengen an Baumaterial für Unterstände, Bunker usw. Gemeinsame Anzeige der hannoverschen Zementindustrie, Farblithographie, 1911 (aus VM 35316)

Uta Ziegan

„Ein Rückgang der hohen Gewinne ist fast nirgendwo zu verzeichnen gewesen"
Profiteure und Verlierer an Hannovers Heimatfront[1]

„Die Industrie hat durch ihre hervorragenden Leistungen auch im abgelaufenen Jahre ihre Aufgabe der Kriegsrüstung in vollem Maße erfüllt und sich weiteren Anspruch auf den Dank des Vaterlandes erworben. Sie hat auch dabei angemessene Gewinne erzielt"[2], hieß es rückblickend auf das Geschäftsjahr 1917 in der Generalversammlung des Fabrikanten-Vereins Hannover. Der Krieg war offenbar ein profitables Geschäft.

Nicht nur die Rüstungsindustrie im engeren Sinne hat am Krieg verdient. Ab August 1914 wurden auch bisher zivile Güter als kriegsnotwendig eingestuft und bevorzugt produziert. Die Umstellung von der Friedens- auf die Kriegsproduktion verlief nicht in allen Branchen reibungslos. Die Arbeitslosigkeit erhöhte sich zunächst reichsweit auf rund 20%. Der Export von Fertigprodukten und der Import von Rohstoffen mit den nun verfeindeten Nachbarn kamen zum Erliegen. Der Eisenbahntransport von Rohstoffen und Produkten wurde zugunsten von Militärtransporten zurück gestellt. Die hohe Zahl an Rekrutierungen und der zunehmende Arbeitskräftebedarf in der Rüstungsindustrie mussten logistisch in Einklang gebracht werden. Die Arbeitsvermittlungs- und Verteilungseinrichtungen waren den Belastungen zunächst gar nicht gewachsen.

Das Baugewerbe, weite Teile der Nahrungsmittelproduktion, die Textilindustrie und der Dienstleistungssektor kompensierten ihre wirtschaftlichen Einbußen zum

Teil mit Entlassungen. In den beiden großen Textilfabriken Hannoversche Baumwollspinnerei und -weberei und in der Mechanischen Weberei sank die Beschäftigtenzahl nach Kriegsbeginn von 2.500 auf 1.500. Die Arbeitszeit betrug statt 57 Wochenstunden nur noch 30 bis 40 Stunden. In metallverarbeitenden Betrieben sah es aufgrund der schnell anlaufenden Heeresaufträge positiver aus.

Die Unternehmen erhielten jede erdenkliche Unterstützung: „Von den Betrieben der Kriegsindustrie werden [...] ganz erheblich gesteigerte Leistungen gefordert. Diese können nur erreicht werden, wenn die Betriebe seitens der Behörden in jeder Weise unterstützt werden, namentlich, wenn ihnen die volle sachgemäße Nutzung der vorhandenen Arbeitskräfte ermöglicht wird [...] Die dafür in Friedenszeiten geschaffenen Schranken müssen [...], soweit als nötig und möglich ist, fallen; der Wille, auch auf wirtschaftlichem Gebiete unbedingt durchzuhalten und zu siegen"[3] führte zu Ausnahmeregelungen für längere Arbeitsschichten, Überstunden, Nachtarbeit sowie Sonn- und Feiertagsarbeit für weibliche und männliche, junge und alte Arbeitnehmer.

Die Gewinne und ausgeschütteten Dividenden der Rüstungsproduzenten sind beeindruckend. Im Volkswillen heißt es über das Kriegsjahr 1918: „Es konnten wie im Vorjahre Dividenden bezahlen: Körting 10, Hackethal 22, Hannoversche Waggonfabrik (HAWA) 20, Telephonfabrik AG 25, Hanomag 30 und Continental ebenfalls 30. Das Lindener Eisen- und Stahlwerk zahlte ebenfalls wieder 30 Prozent Dividende und außerdem 200 Mk. Prämie."[4] Die Heereslieferanten aller Branchen waren eindeutig im Vorteil, wurden bei der Zuteilung von Rohstoffen bevorzugt und versuchten, ihr Monopol nutzend, hohe Preise zu erzielen.

Die Verluste eines Krieges bemessen sich nicht allein an den Zahlen gefallener Soldaten. Zu den Verlierern zählen auch die Menschen an der Heimatfront, denn das zivile Leben war materiell und ideell ebenfalls ausschließlich auf den Krieg ausgerichtet. Im Fokus besonderer Aufmerksamkeit standen die Kinder und Jugendlichen, die ohne regelmäßigen Schulunterricht und durch die verstärkte Inanspruchnahme der Mütter durch Lebensmittelbeschaffung und Berufstätigkeit, häufig sich selbst überlassen blieben und durch vermeintlich negative Verhaltensweisen auffielen.

Durch ihre körperliche Versehrtheit hielten die kriegsbeschädigten Heimkehrer die Erinnerung an den Krieg und seine Entbehrungen in der Öffentlichkeit wach. Für ihre soziale und berufliche Eingliederung gab es noch keinen Fahrplan. Im Schullazarett Hannover-Schwanenburg wurde ein erstes Konzept zur beruflichen Rehabilitation dieser Männer entwickelt und umgesetzt. Die Initiative ging von der Militärführung aus und wurde von der hannoverschen Wirtschaft großzügig unterstützt, weil man im Krieg auf alle Arbeitskräfte angewiesen war.

Kriegsküche und Kanonenbau bei der Hannoverschen Maschinenfabrik AG (Hanomag)

„Der Ausbruch des Weltkriegs im Sommer 1914 traf die Hanomag und mit ihr die ganze deutsche Wirtschaft überraschend wie ein Blitz aus heiterem Himmel."[5]

Auf diesen angeblichen (vermeintlichen) ‚Wetterumschwung' reagierte das Unternehmen betriebswirtschaftlich souverän. Die von Georg Egestorff 1835 gegründete Eisengießerei und Maschinenfabrik produzierte ab 1871 als Hannoversche Maschinenbau AG hauptsächlich Lokomotiven am laufenden Band. Der Beginn des Ersten Weltkrieges änderte daran zunächst wenig. Der Mitarbeiterstamm reduzierte sich aber um 1230 einberufene Soldaten auf 2960 Arbeiter und Angestellte.

Fertigung von Geschützrohren bei der Hanomag. Foto, 12. August 1916 (Archiv IG Hanomag)

„Die nicht unbedeutenden Ausfuhrgeschäfte nach den mit uns im Krieg befindlichen Ländern und Kolonien ruhen. Wir sind daher in der Lage, mit dem uns verbliebenen Mitarbeiterstamm nicht nur die verbleibenden Aufträge glatt abzuwickeln, sondern auch noch erhebliche weitere Lieferungen zu übernehmen,[...]. Wir hoffen, dass es uns gelingt, soviel neue Arbeit heranzuholen, dass wir alle Arbeiter auch voll beschäftigen können."[6] Das sollte kein Problem sein, denn die Produktion von indirekten Kriegsgütern wie Lokomotiven, Schiffsmotoren und Pflügen lief nach kleinen Verzögerungen schnell wieder auf vollen Touren.

„Das Eisenbahnnetz war vom ersten Mobilmachungstag an [...] ein außerordentlich wichtiges Werkzeug in der Hand der deutschen Heeresleitung geworden. Es ermöglichte, den Kampf nach zwei und mehr Seiten zu führen und die Armeen hinter den Fronten je nach den strategischen Notwendigkeiten hin und her zu bewegen."[7] Allein mit Dampflokomotiven erwirtschaftete Hanomag mehr als die Hälfte des Umsatzes.

Im Werk „herrschte stets sich steigernd Hochbetrieb. Die Pflugwerkstätte lieferte Motorpflüge für die Front zum Ausheben von Schützengräben und zur Feldbestellung bis nach Mazedonien. [...] Auch der Schlepperbau dehnte sich immer mehr aus", beschrieb Generaldirektor Gustav ter Meer die gute Auftragslage der Maschinenfabrik im Krieg.[8] Das Unternehmen produzierte zwischen 1914 und 1918 Munition und Waffentechnik in großem Stil: u.a. 3,7 Mio. Zünder, 1,7 Mio. Artilleriegeschosse, 280 Schutzschilde für Maschinengewehre, 800 Rohrrücklaufbremsen und 2 000 Geschützrohre. Die Hanomag war der größte Rüstungsbetrieb im hannoverschen Regierungsbezirk. Produktionsengpässe durch mangelnden Nachschub an Kohle oder Metall hat es kaum gegeben.[9]

Ein großes Problem war aber der Mangel an fachlich qualifiziertem Personal. Frauen waren

Heimatfront Hannover

bereits während des Ersten Weltkriegs die industrielle Reservearmee für die Industrieunternehmen. Gab es vor 1914 überhaupt keine Frauen in der Produktion, arbeiteten 1915 1600 Frauen neben 5800 Männern. Die Auftragsbücher waren so voll, dass die Hanomag ein Jahr nach Kriegsbeginn ihre Belegschaft verdreifacht hatte. Am Ende des Krieges arbeiteten über 9000 Beschäftigte im Werk, mit einem Frauenanteil von 25%. Die Frauen wurden nach kurzer Anlernzeit besonders in der Zünder- und Granatenherstellung eingesetzt, „wo in großen Serien produziert wurde und moderne Drehbänke fachgerechte Einstellarbeiten erübrigten."[10] Da die Frauen nur die Hälfte des Lohns ihrer männlichen Kollegen verdienten, trugen sie erheblich zum steigenden Gewinn des Unternehmens bei. Um den werktätigen Frauen längere Arbeitszeiten, Überstunden, Nachtarbeit und den Umgang mit gefährlichen Stoffen möglich zu machen, setzte man mit Kriegsbeginn auch für sie die bestehenden Arbeitsschutzbestimmungen außer Kraft.[11]

Die klassischen Mechanismen von Sozialfürsorge und Betriebsbindung setzte die Unternehmensleitung im Krieg fort. Während den Familienangehörigen der Angestellten im Feld eine nach Kinderzahl gestaffelte Gehaltsfortzahlung zustand, erhielten die Arbeiterfamilien kein Geld, sondern Gutscheine für Lebensmittel. Die im September 1914 eingerichtete Hanomag-Kriegsküche diente sowohl als Kantine für die im Werk Beschäftigten, als auch zur Verpflegung von Ehefrauen und Kindern eingezogener Hanomagarbeiter. Durch die Entlastung bei der Versorgung mit Lebensmitteln konnten die dringend benötigten Arbeiterinnen für Hanomag gewonnen werden. Genau aus diesem Grund unterstützte die Firmenleitung auch die Gründung einer Warteschule für Kinder in Linden. In der Firmenzeitung wird die Einweihung im Oktober 1916 aufschlussreich dargestellt:

„Lindener industrielle Werke glaubten, in gegenwärtigen schweren Zeiten, welche besonders die Pflege der Jugend und ihre liebevolle Aufsicht und Wartung erheischen, an dem Aufbau des Werkes mithelfen zu sollen, und die Hanomag sicherte sich dabei einen hervorragenden Anteil, indem sie einen Betrag von 10 000 M stiftete und außerdem eine jährliche Zuwendung von 1200 M zusicherte."[12]

Zur Steigerung der Waffenlieferungen im Rahmen des Hindenburg-Programms erhielt die Hanomag im Herbst 1916 einen Großauftrag über die Lieferung von monatlich 200 Geschützrohren für die Feldartillerie, der das Unternehmen vor große logistische Probleme stellte, weil es weder eine Halle noch die richtigen Maschinen gab. Generaldirektor Gustav ter Meer gibt in seinen Lebenserinnerungen ein Gespräch mit seinem Vorstandskollegen Albin Mittenzwei über den Bau einer neuen Halle wider: „Die Werkstätte müsse vier Stockwerke besitzen und so aufgebaut und eingerichtet werden, dass sie nach dem Krieg für unsere Motoren-, Schlepper- und Pflugfabrikation Verwendung finden könne. [...] Da die Werkstätte an den größten Platz von Linden käme, müsse sie repräsentativ ausgestaltet sein [...]."[13]

Der Architekt Alfred Sasse bekam den Zuschlag und errichtete am Deisterplatz einen Stahlskelettbau, dessen Fassade durch farbige Fliesen und Produktdarstellungen in Majolika verziert wurde. Für die bauplastische Dekoration mit Personifikationen von „Industrie" und „Arbeit" an den Gebäudeecken sorgten die hannoverschen Bildhauer Werner Hantelmann und Georg Herting. Im Frühjahr 1918 konnte die Produktion in der ‚Kanonenhalle' aufgenommen werden, im Herbst erreichte man die projektierte Stückzahl von 200 im Monat. Ter Meers Planung über das Kriegsende hinaus zeigt neben der patriotischen Gesinnung den Pragmatismus des Geschäftsmannes, der die politischen und wirtschaftlichen Zeitläufe souverän im Blick hat.

Die „Kanonenhalle" der Hanomag am Deisterplatz, errichtet im Rahmen des „Hindenburg-Programms". Postkarte, um 1920 (VM 54157)

Um den Anschluss an den Mittellandkanal zügig voranzutreiben, beteiligte sich die Hanomag auch am Ausbau des Lindener Hafens.[14] Die Firma Hanomag hat in den Kriegsjahren über 12 Millionen Mark in Grundstücke, sechs neue Produktionshallen, Maschinen und die Kraftwerkserweiterung investiert und damit die jährlichen Investitionen der Vorkriegsjahre weit überschritten.

Im Vergleich dazu kann man die Unterstützung der Produzenten dieses Erfolgs nach dem Krieg als eher zurückhaltend bezeichnen. Die Firma stellte die Erreichung runder Produktionsjubiläen gerne werbewirksam und wohltätig heraus, z.B. die Tausenderreihen von Lokomotiven. Am 1. Oktober 1919 verließ die 9000. Lokomotive die Werkshalle. Diese Gelegenheit „nahm die Firma zum Anlaß einer Stiftung, nach der jedem über 50 Jahre im Werk Tätigen 200 M und den über 25 Jahre Tätigen 100 M als Geschenk zugewiesen wurden. Außerdem wurden 50 000 M zur Verfügung gestellt, um hiervon bedürftigen Werksangehörigen, insbesondere Kriegsverletzten, Witwen und Waisen von den 254 gefallenen Werksangehörigen eine einmalige Unterstützung gewähren zu können."[15]

Für alle ehelichen Kinder gefallener Soldaten, die vor der Einberufung mindestens neun Monate bei der Hanomag beschäftigt waren, wurde eine „Kriegspatenschaft" übernommen. Die Auszahlung eines Geldgeschenkes von bis zu 200 M erfolgte zur Konfirmation oder Schulentlassung an die Mutter bzw. einen gesetzlichen Vertreter. Die Hanomag behielt sich vor, diese Jugendlichen bei der Vergabe von Lehrstellen zu bevorzugen, aber nur „bei tadelloser Führung und besonders guten Leistungen".[16] Hier wurde in die Zukunft des Facharbeiternachwuches investiert und die familiäre Loyalität sichergestellt.

Kriegspostkarten hannoverscher Firmen:
links:
1. *Pelikan (Archiv Pelikan GmbH)*
2. *Bahlsen (VM 50045)*
rechts:
3. *Excelsior (VM 59820)*
4. *Hackethal, Draht- u. Kabelwerke (VM62991)*

Die Hanomag hat wie viele andere Unternehmen auch Liebesgaben an ihre eingezogenen Mitarbeiter direkt verschickt oder an das Rote Kreuz für die Front gespendet, z.B. Kleidungsstücke wie Jacken, Unterwäsche, Strümpfe und Handschuhe, Gebrauchsgegenstände wie Zahnbürsten und Taschenmesser, Feuerzeuge und Seife, Genussmittel in Form von Zigaretten und Tabak, Schokolade und Alkohol, sowie Bücher, Feldpostkarten, Kalender und Zeitungen. Hanomag hat nach eigenen Angaben in den Kriegsjahren 4,5 Millionen Mark an Zuwendungen für die Kriegshilfe und Wohlfahrtseinrichtungen ausgegeben. Es ist jedoch nicht mehr festzustellen, ob ein Teil dieser Summe auf der hohen Spendenbereitschaft der Belegschaft beruhte. Bereits im September 1914 heißt es dazu in den Hanomag-Nachrichten sehr allgemein: „Erhebliche Beträge für Kriegsfürsorge und Zwecke des Roten Kreuzes sind von unseren Angestellten teils unmittelbar gestiftet, teils durch Sammlungen aufgebracht."[17]

Ab Oktober 1914 wurde die Kundenzeitschrift „Hanomag-Nachrichten" um die „Kriegs-Beilage der Hanomag-Nachrichten" ergänzt.[18] Die Kriegsbeilage war ausdrücklich für die Belegschaft gedacht und sollte „die Beziehungen zwischen Front und Heimat lebendig" erhalten.[19] Sie erschien in einer Auflage von monatlich 12.000 Exemplaren und wurde „sämtlichen Kriegsteilnehmern, Beamten und Arbeitern der Hanomag sowie einer großen Anzahl weiterer Freunde zugestellt".[20]

Sie druckte redaktionelle Beiträge über die Firma, über soziale Errungenschaften im Rahmen der Kriegsfürsorge und den Speiseplan der Kriegsküche, sowie Nachdrucke von patriotischen Zeitungsartikeln und politischen Reden, in denen kein Zweifel am Sieg aufkommen durfte. Ein Landtagsabgeordneter aus Essen referierte unmissverständlich über „Das deutsche Volk und die gegenwärtige Kriegslage": „Ohne Überschwenglichkeiten können wir heute die gewisse Zuversicht äußern, nicht nur, daß wir unbesiegbar sind – das haben wir stets gewusst –, nein, daß auch der wirkliche, der endgültige und der zerschmetternde Sieg unser sein wird."[21] Den größten Raum nahmen Gruppen- und Einzelfotos der Hanomag-Soldaten aus dem Feld und Feldpostbriefe unter der Rubrik „Liebesgabendank" ein. In einem solchen Brief vom 8. Dezember 1914 heißt es:

„Ich sage Ihnen hiermit besten Dank für die Hanomag-Nachrichten, die sie die Güte hatten, mir zu schicken. Ich war bis zum Ausbruch des Krieges auf dem Werk beschäftigt und hoffe, wenn ich wieder gesund nach der Heimat zurückkehre, einen Platz auf dem Werk bekommen werde. Meine Frau schreibt mir von der schönen Einrichtung der Kriegsküche, wo sie jeden Mittag das Essen holt. Für die Unterstützung meiner Familie sage ich Ihnen meinen besten Dank."[22]

Ein Feldpostbrief vom 16. Dezember 1916 endet mit den Worten: „Nach Beendigung des Krieges werde ich meine Dankbarkeit durch treue Arbeit der Firma beweisen."[23] Vergleichbare Formulierungen finden sich in vielen Feldpostbriefen. Mehr Bindung und Loyalität kann sich ein Unternehmen kaum wünschen.

Das Medium „Kriegs-Beilage" war für den wechselseitigen Einfluss auf die Stimmung an beiden Fronten eminent wichtig. Meist wird nur auf die zentrale Funktion für die Männer im Feld hingewiesen, die durch Wort und Bild über „ihre" Produkte, das soziale Engagement für die Familien und die unerschütterliche Siegeszuversicht der Heimat informiert und emotional eingebunden wurden. Generaldirektor Gustav ter Meer setzt in seinen Lebenserinnerungen einen anderen Akzent und betont die Funktion der Zeitschrift im Krieg für die Moral und den Durchhaltewillen der Rüstungsarbeiterinnen und -arbeiter an der Heimatfront. Der Abdruck der Feldpostbriefe erhielte „den Contact zwischen der Front und der Heimat aufrecht. Die meist gute, durch mancherlei Rückschläge nicht zu beeindruckende Stimmung der Frontsoldaten, welche bis beinahe zuletzt die Siegeshoffnung aufrecht erhielt, übertrug sich auch auf die Leser in der Heimat und hielt dort auch die Hoffnung und die Stimmung hoch."[24] Ter Meer hat vielleicht folgenden Brief gelesen:

„Herzlichen Dank für die Unterhosen, unseren Dank werden wir durch weitere Siege abstatten. (...) In Worten lässt sich unser Dank gar nicht ausdrücken. Grüße an alle Hannoveraner, die sich dieser Mühe unterzogen haben. Nach Paris!"[25]

Ein eindrucksvolles Beispiel dafür, dass die Siegeszuversicht zuletzt doch erheblich abnahm, liefert ein Feldpostbrief aus dem letzten Kriegsmonat:

„Hochverehrte Direktion! Stumpfsinnig im Hindenburggraben zusammen mit Käfern und Ratten hausend bringen uns soeben in der grauenden Dunkelheit die Essenträger das notwendige Essen und Trinken für den Magen und das Schönste, die liebe Post von daheim für den schlummernden Geist. Oh, wie freute ich mich diesmal, als meine Augen nach so sehr langer Zeit wieder etwas von Maschinen und dazu noch was von der „Hanomag" erblickten. Ja, Sie glauben es nicht, wie der Mensch sich freuen kann, wenn in ihm die Vergangenheit wachgerufen wird in einer Stunde, wo seine Seele durch das Trommeln der engl. Artillerie und Minenwerfer in große Not geraten ist und seine Nerven kaum zu beruhigen sind. Ich kann Ihnen darum für Ihre geistige Nahrung hier in öder Einsamkeit nicht genug danken und hoffe dereinst, wieder den Eingang Ihrer werten Firma betreten zu dürfen [...]."[26]

Die Soldaten äußerten in den Feldpostbriefen an die Hanomag immer wieder die Hoffnung, nach dem Krieg auf ihre Arbeitsplätze zurückkehren zu können. Das gelang den Heimkehrern in der Regel auch, wie in vielen Unternehmen auf Kosten der Frauen und der zwangsverpflichteten Hilfsarbeiter.[27] Nach Kriegsende durften alle Rüstungsaufträge, deren Material bereits eingekauft war, abgeschlossen werden. Die als Reparationsleistung abgegebenen Lokomotiven mussten ersetzt, viele aufgrund starker Abnutzung überholt und repariert werden. Mit lukrativen Aufträgen wie der Ausbesserung deutscher und englischer Panzer überbrückte die Firma die Zeit bis zur Aufnahme der zivilen Fabrikation u.a. von Raupenschleppern, wie sie Generaldirektor ter Meer 1916 bereits angekündigt hatte.[28]

„Der Krieg brachte der Hawa einen weiteren Aufschwung ihrer Leistungen"[29] – Die Hannoversche Waggonfabrik AG (HAWA)

Mit dem Zusammenschluss zweier benachbarter Betriebe in Linden, eines Sägewerks und einer Wagenfabrik, begann 1898 die Produktion von Eisenbahnfahrzeugen unter dem Namen „Hannoversche Holzbearbeitungs- und Waggonfabriken A.-G. vormals Max Menzel und Buschbaum & Holland". Bereits nach 10 Jahren machte die umbenannte „Hannoversche Waggonfabrik A.-G." mit 620 Mitarbeitern einen Umsatz von 4,5 Millionen Mark. Die Gewinne der ersten Jahre flossen vorwiegend in den Erwerb angrenzender Grundstücke, um Platz für Erweiterungsbauten zu schaffen.

Mit Kriegsbeginn – der 10.000 Eisenbahnwagen war gerade ausgeliefert – erfolgte die sofortige Umstellung auf Militärfahrzeuge. In den HAWA-Nachrichten heißt es dazu rückblickend: Es wurden „in enormem Umfange Proviant- und Munitionswagen, Feldküchen und Lazarettwagen geliefert, um die zahlreichen Reserveformationen,

Teil der Tageslieferung an Heeresfahrzeugen der Hannoverschen Waggonfabrik. Der Rauch stammt von einem Backofenwagen, der wohl versuchsweise in Betrieb gesetzt wurde. Foto, 1915 (aus VM 49303)

die im ersten Kriegsjahre aufgestellt wurden, ausrüsten zu können. Indessen musste schon im 2. Kriegsgeschäftsjahre die Fabrikation wieder auf den Waggonbau zurückgestellt werden und beide Umstellungen sind ohne Schwierigkeiten vor sich gegangen."[30] Inzwischen erzielten 1000 Arbeiter mit 15,7 Millionen Mark eine Verdreifachung des Umsatzes. Für die Familien aller im Krieg dienenden Werksangehörigen hatte die Firma eine Kriegsfürsorgestelle eingerichtet.

Ein neues Aufgabengebiet eröffnete sich der auf Holzverarbeitung spezialisierten HAWA mit der Herstellung von Flugzeugpropellern, der Wartung und Reparatur von Flugzeugen sowie später auch dem Flugzeugbau. Testflüge konnten auf einem eigenen Flugfeld neben dem Werk durchgeführt werden.[31] Der kriegsbedingte Facharbeitermangel war anfänglich das größte Problem.[32] Zunächst produzierte man in Lizenz für die Aviatik-, Halberstadt- und Rumplerwerke. Im Herbst

Briefverschlussmarke der Hawa, Entwurf: Ludwig Hohlwein. Farblithographie, 1918 (aus: Hawa-Nachrichten, November-Heft 1918, S. 46)

1916 trat der Flugzeugingenieur Hermann Dorner als neuer technischer Leiter in das Unternehmen ein. Dorner entwickelte im Auftrag des Militärs die „Hannover Cl II", ein leichtes, zweisitziges Flugzeug zum Einsatz als Begleitjäger und als Schlachtflugzeug im Bodenkampf, das im Sommer 1917 in Serie ging. Die HAWA baute bis Kriegsende rund 1100 Flugzeuge der Typen Cl II – Cl V. Die „schwarzen Hannoveraner" gehörten zu den leistungsfähigsten deutschen Maschinen in der sich rasant entwickelnden Militärluftfahrt.

Im letzten Kriegsjahr verließen 120 Flugzeuge monatlich das Werk in Linden. Die HAWA hat im Auftrag der Heeresverwaltung 2000 Militärflugzeuge an die Front geliefert. Um dieses Auftragsvolumen zu bewältigen, steigerte die HAWA bis 1918 die Mitarbeiterzahl auf 3000. Der Umsatz hatte sich seit Kriegsbeginn mit rund 50 Millionen Mark mehr als verzehnfacht. Die Aktionäre profitierten von 20% Dividende.[33] Das Unternehmen investierte die Einnahmen im Rahmen von mehreren großen Bauprogrammen. Nach einem Großbrand im August 1914 beauftragte die Firmenleitung den Architekten Peter Behrens mit dem Neubau einer Holzbearbeitungshalle, der Stellmacherei und der Personenwagenschlosserei.[34] Behrens hatte in Hannover gerade das Verwaltungsgebäude der Continental Gummiwerke an der Vahrenwalder Straße fertiggestellt. Die Auftragsvergabe an einen renommierten Architekten für Industriebau versprach Prestige und zeigte die HAWA auf Augenhöhe mit Continental – nicht nur bei den Umsätzen.

Ab 1915 entstanden neue Werkstätten und Montagehallen für den Flugzeugbau auf vor dem Krieg erworbenen Grundstücken. 1916 konnte die Aktienzuckerfabrik Linden-Hannover, die bisher die beiden Werkshälften getrennt und die Produktionsabläufe behindert hatte, angekauft werden. Dort entstanden ein Kesselhaus zur zentralen Beheizung der Hallen und ein Werksbahnhof. Außerdem rationalisierte man die innerbetrieblichen Transportsysteme durch Kräne, Dampfloks und

Schiebebühnen. Weiterhin investierte das Unternehmen in den Neubau einer Schmiede und in neue Montagehallen für den Güterwagenbau.

Der Firmenleitung der HAWA gelang es nach dem Krieg ohne große Produktionseinbrüche und Entlassungen auf zivile Produkte umzustellen. „Schon frühzeitig vor Kriegsende (zu Beginn des Jahres 1918, d.V.) hatte die HAWA es sich angelegen sein lassen, neue Arbeitsmöglichkeiten für den kommenden Ausfall an Flugzeugbauten zu suchen."[35] Den Übergang meisterte man durch Notstandsarbeiten. Mit Hilfe des Arbeiter- und Soldatenrates besorgte sich die HAWA Anfang

Neuerbaute Halle für Holzbearbeitung der Hawa. Foto, 1915 (aus VM 49303)

1919 200 Last- und Personenwagen, die repariert und weiterverkauft wurden. Damit konnten die ehemaligen Flugzeugbauer zunächst für 3 Monate beschäftigt werden. Die Flugzeugsparte blieb durch den Bau von Segelflugzeugen nur noch in geringem Umfang erhalten. Als neuen Geschäftszweig setzte das Unternehmen auf die Produktion von landwirtschaftlichen Maschinen. Die männlichen Flugzeugbauer wechselten nach der Autoreparatur in den Waggon- und Dreschmaschinenbau. Alle Hilfsdienstpflichtigen und Frauen wurden entlassen.

Ein kleiner Beitrag im August-Heft 1919 der HAWA-Nachrichten widmet sich den Verlierern des Krieges. Es ist nicht bekannt, wie viele Werksangehörige der HAWA im Krieg gefallen oder kriegsbeschädigt zurückgekehrt und wiedereingestellt worden sind. Die HAWA hat sich aber offenbar bereit erklärt, die Herstellung sogenannter „Kabis" für Kriegsbeschädigte zu übernehmen. Möglicherweise war der Erfinder Wilhelm E. Lange ein Mitarbeiter und konnte das Unternehmen zu diesem Schritt bewegen.

„Der Kabi ist ein fahrbarer Verkaufsstand, der zunächst nur an Kriegsbeschädigte geliefert werden soll. Da der Kabi in erster Linie für den Verkauf von Kaffee und Bier gedacht war, sind die beiden ersten Silben dieser Worte zusammengezogen und so entstand das Wort ‚Kabi', das, wie die Erfahrung lehrt, sich schnell einführt."

Der Verkaufswagen war funktional durchdacht und in zwei Größen erhältlich. Die kleinere Ausführung sollte in Innenräumen, z.B. Tanz- und Konzertsälen, Kinos und Theatern zum Einsatz kommen, die größere Variante war eher für den Außenverkauf in Parks und an Strandpromenaden

Der fahrbare Verkaufsstand „Kabi" (aus Hawa-Nachrichten, Jg. 1918/19, S. 206)

gedacht. Der Wagen verfügte im unteren Teil über einen Kühlraum für Getränke und Eis, einen verglasten Mittelteil zur Präsentation von offenen Lebensmitteln sowie einem oberen Teil mit hohen Wänden für den Verkauf von warmen Getränken und Würstchen. Die Praxistauglichkeit attestierte die hannoversche Ortsgruppe des Reichsbundes der Kriegsbeschädigten, die „den Kabi mit den denkbar besten Resultaten schon ausprobiert" hatte.[36] Die Vermarktung des Kabis lag offenbar beim Erfinder Lange, denn er warb mit einem kostenlosen Kabi-Katalog für Interessenten. Wie viele Kriegsbeschädigte tatsächlich mit „Kabis" durch Hannover zogen, konnte nicht ermittelt werden.

Keks im Krieg – Hermann Bahlsen Keksfabrik

Jetzt draußen wir im Schützengraben
Ein jeder schätzt die Liebensgaben
Und Schmäher aller süßen Speise
Vertilgen sie jetzt zentnerweise
In ihrer Packung TET genannt
Vor Staub geschützt und feinstem Sand.[37]

Neben den metallverarbeitenden Unternehmen, die kriegswichtige Güter produzierten oder auf Rüstungsgüter umstellten, kam der Nahrungsmittelindustrie eine große Bedeutung zu. Der Fabrikant Hermann Bahlsen gehörte im Kaiserreich zu den erfolgreichsten Unternehmern dieser Branche. Am Vorabend des Ersten Weltkriegs hatte er es nach gut 25 Jahren erfolgreicher Expansion zum weltweiten Marktführer gebracht. Der preisgekrönte Leibniz-Keks, seit 1891 im Sortiment, war der größte Verkaufsschlager. Hermann Bahlsen war ein Unternehmer alten Schlages, der die modernste Produktphilosophie seiner Zeit umsetzte: Qualität und ästhetische Form sowohl des Produkts als auch der Verpackung. 1904 führte er das Firmensignet „TET" ein, eine ägyptische Hieroglyphe mit der Bedeutung „dauernd, ewig".³⁸ Damit bewarb er seine luftdicht und stoßfest verpackten Kekse, die wesentlich haltbarer und transportabler als die bisher lose verkauften Produkte waren. Fließbänder sorgten bereits seit 1905 dafür, dass die vorwiegend weiblichen Packerinnen 12 Millionen Keksschachteln im Jahr füllen konnten.

Seinen Aufstieg krönte Bahlsen 1911 mit einem neuen Fabrikgebäude am Lister Platz, architektonischer Ausdruck seiner Firmenphilosophie. Die Belegschaft kam in den Genuss innovativer sozialer Einrichtungen wie Dusch- und Wannenbäder, einer Kantine und Pausenräume. Bahlsens Wohltaten sorgten für eine gewisse Ruhe in der Belegschaft. Streiks waren selten und wurden - wie noch zu zeigen sein wird - konsequent geahndet.

Die Maschinen der Firma Bahlsen liefen bis 1917 auf Hochtouren. „Die Geschäfte setzten in wenigen Tagen um, was sie früher nicht in einem Monat umgesetzt hatten [...]."³⁹ Das Firmeneinkommen stieg von 2 Millionen Mark 1913 auf 4,7 Millionen Mark 1917. Unter der Rubrik „Geschäftliches" in der Leibniz-Feldpost vom 1. März 1916 heißt es dazu: „Aufträge auf Keks, Biskuits und Künstlichen Früchten gehen dauernd umfangreich ein. Es ist immer

Der deutsche Soldat siegt mit Keksen von Bahlsen. Feldpostkarte, Entwurf: Aenne Koken, 1914 (VM 50005)

noch nicht möglich, allen Wünschen gerecht zu werden; es muss von Seiten der Kundschaft mit Teillieferungen und Verzögerungen gerechnet werden. Die Heeresbestellungen sind außerordentlich groß."

Bahlsens Erfolgsbilanz im Krieg hatte mit dem besonderen Charakter des Leibniz-Kekses zu tun. Der Absatz florierte, weil der Leibniz-Keks als Genuss- und Nahrungsmittel galt, aber nicht wie Brot der Zwangsbewirtschaftung mit Marken unterlag. Das Unternehmen profitierte auch im großen Stil von Aufträgen aus Heer und Marine, denn die nahrhaften Butterkekse taten u.a. in den Lazaretten gute Dienste.⁴⁰

Bei aller Geschäftstüchtigkeit hat Bahlsen seine kulinarischen Produkte auch im großen Stil gespendet. Insgesamt 35 Waggons Keks und 100 000 Feldpostpäckchen schickte die Firma als Liebesgaben an diverse Frontabschnitte. Zwei Waggons gingen anlässlich des 50. Militärjubiläums von Generalfeldmarschall von Hindenburg 1916 an den Generalstab. Die insgesamt 560 „Feldgrauen" von Bahlsen erhielten regelmäßig Liebesgabenpakete mit Keks, der hauseigenen Zeitung und Büchern. Den Familien zahlte eine eigens eingerichtete Fürsorgeabteilung der Firma finanzielle Un-

Anzeige aus der Illustrirten Zeitung Nr. 3725, November 1914

terstützung oder das Gehalt weiter. Hermann Bahlsen bilanzierte das Spendenaufkommen und die Unterstützungszahlungen im Ersten Weltkrieg auf über 2 Millionen Mark.

Der Produktionsrückgang begann mit dem Verbot von freiverkäuflichem Keks im April 1917. Sogar die Liebesgabenlieferungen an die Front mussten ausgesetzt werden, da Bahlsen keine Zuteilung an Rohmaterialien mehr erhielt. Ab 1918 durfte nur Zwieback nach Einheitsrezept produziert werden. Bahlsen aber machte seinem Ruf alle Ehre und kreierte aus den vorgeschriebenen Zutaten eine schmackhafte Keksvariation, die er auch verkaufen durfte. Kurz vor Kriegsende hielten noch 100 Mitarbeiter die Stellung, nur ein Ofen war noch in Betrieb.

Für einen Unternehmer ist es nicht ungewöhnlich, Firmengewinne in neue Produktionsanlagen zu investieren. Der Firmensitz am Lister Platz war längst zu beengt. 1916 kaufte Bahlsen ein ca. 100.000 qm großes Grundstück an der Podbielskistraße, das vom Mittellandkanal verkehrgünstig begrenzt wurde und im Süden bis fast zur Eilenriede reichte.

Auf dem Gelände sollten neben einer neuen Fabrikanlage auch die Wohn- und Kulturbauten für die Belegschaft errichtet werden, ein sozial innovatives Konzept in der Tradition englischer Gartenstädte. Mit dem Entwurf beauftragte er den Bildhauer Bernhard Hoetger.[41] Schon im Frühjahr 1917 konnte die hannoversche Öffentlichkeit ein riesiges Gipsmodell der TET-Stadt im Kunstverein bestaunen. Hoetgers Entwurf war sehr umstritten. Viele Besucher im Kunstverein lehnten die Mischung zwischen ägyptischer und expressionistischer Formensprache und die überladene bauplastische Dekoration ab. Die Fachleute kritisierten die Ausmaße und Proportionen als expansiv und gigantisch.

An seiner TET-Stadt hat Bahlsen aber bis zum bitteren Ende festgehalten. Während das architektonische Grundkonzept beibehalten wurde, reduzierte man den plastischen Schmuck und planerische Extravaganzen. „Die künstlerischen Bestrebungen einer Fabrik sind für die Folge fast ausgeschlossen, genau so wie mir die Arbeiter schon den Vorwurf machen, dass ich Reserven, die ihnen von rechts wegen zukommen sollten, für Kunst ausgegeben hätte. [...] Wir müssen uns beschränken, das Herrenzeitalter ist vorbei, die Arbeiter haben das Wort", so Bahlsen an Hoetger im April 1919.[42] Anfang November starb Hermann Bahlsen. Mit ihm wurde auch die TET-Stadt zu Grabe getragen.

Anzeige aus der Illustrirten Zeitung Nr. 3728, Dezember 1914

Der Soldat als Gourmet – Die Delikatessen der Firma H. W. Appel

„Jeder Deutsche hat einen Verwandten oder Freund vor dem Feind".[43] Mit diesem simplen Werbeslogan sprach die Firma Appel den meisten Hannoveranerinnen und Hannoveranern aus dem Herzen und vermarktete mit Beginn des Krieges den Absatz ihrer Delikatessen als lukrative Liebesgaben.

Die Geschäftsgrundlage des Firmengründers Heinrich Wilhelm Appel bestand in der Vermarktung von Rübenzucker aus dem Calenberger Land. Appel dehnte seinen Lebensmittelgroßhandel schon bald auf importierte Konserven mit Fleisch, Fisch und Gemüse aus. 1892 begann er in seiner „Dampf-Senf- und Fischkonserven-Fabrik" am Engelbosteler Damm mit einer eigenen Produktion. 1905 kam Appels berühmte Mayonnaise auf den Markt. Das Unternehmen beschäftigte kurz vor Kriegsbeginn in Hannover und einem Zweigwerk in Altona ca. 540 Mitarbeiterinnen und Mitarbeiter. Appels Delikatessen - Feinkost hieß es erst ab 1918 - waren inzwischen weit über den regionalen Markt bekannt. Ähnlich wie Hermann Bahlsen setzte auch Appel zur Verkaufsförderung auf einwandfreie Rohstoffe, von einem Firmenchemiker kontrolliert, und auf hygienische Arbeitsbedingungen in der Produktion. Deshalb gehörte das Dusch- und Wannenbad bei der Firma Appel „mit Rücksicht auf ihre Käufer [...] zur sorgfältig überwachten und bezahlten Pflichtarbeit"[44] der Mitarbeiterinnen und Mitarbeiter. Willy Appel beauftragte namhafte Künstler mit moderner Firmen-Reklame. Auf dem Entwurf von Aenne Koken nimmt ein roter Hummer ein schwarz-weißes Mayonnaise-Glas zwischen die Zangen. Chef und Belegschaft waren begeistert, weil das neue Firmenlogo neben

Hof der Firma Appel nach der Mobilmachung im August 1914, Foto: Illustrirte Zeitung Nr. 3714, September 1914

der gelungenen grafischen Gestaltung die Bandbreite der Produkte und der Zielgruppen repräsentierte: von der Luxusware Hummer bis zur Mayonnaise für jedermann. „Hier ist alles vorhanden, was der kleine Geldbeutel erschwingen und der große sich leisten kann, was den bürgerlichen Tisch ziert und dem fürstlichen noch zur Ehre gereicht, was die Frau des Lohnarbeiters mit gutem Gewissen für einen einfachen Haushalt erstehen, die anspruchsvolle Küche des erstklassigen Großstadthotels aber nicht entbehren kann", heißt es in einem Fotobuch aus dem Jahr 1914.[45]

Mit einer aktualisierten Preisliste von Oktober 1914 führte Appels Verkaufsstrategie für „nahrhafte Feldpostbriefe" direkt in den Schützengraben. Der Kunde ‚Soldat' war nun König: „Appels Delikatessen haben draußen bei unseren Truppen einen besonders guten Ruf. Es kommt eben beim Versenden von Liebesgaben, mit denen die Soldaten zeitweise überschwemmt werden, weniger auf das ‚Wieviel' als auf das ‚Was' an. Man soll daher vor allem nur Sachen hinausschicken, deren Güte man kennt, die man selbst gern ißt und die sich im Felde wirklich bewährt haben." Die „täglich eintreffenden freiwilligen Anerkennungen unserer Soldaten" bestätigen diese Ansicht, ist in einer Anzeige von 1915 zu lesen.[46]

Die Liste für Appels Feldpostbriefe ließ keine Wünsche offen und bot Appels Delikatessen in feldposttauglichen Tuben und Schlüsseldosen zum Wiederverschließen an: Sardellenbutter, Krebspaste (!), Anchovis-Paste, Kräuterkäse oder Gorgonzola, Sprotten in Öl und Fileteringe in Mayonnäse, Remuladen-Sosse, Sülzrippen, Kochschinken und Schweinebraten. Außerdem im Angebot: Feldbriefe mit Getränken in Reiseflaschen, z.B. Himbeersirup und Zitronen-Most mit Zucker, aber auch Hochprozentiges wie Kognak, Likör und Rum.[47]

Während den Soldaten, denen diese Köstlichkeiten zuteil wurden, sicher das Wasser im Munde zusammenlief, bleibt dem heutigen Leser sprichwörtlich die Spucke weg. Es stellt sich natürlich auch die Frage des Gebrauchswertes, denn die Briefe waren auf 275g beschränkt und hatten eher emotionalen als praktischen Nutzen. Leider war nicht zu klären, wie viele „Appelaner" in den Schützengräben saßen und ob sie auf Firmenkosten mit den „nahrhaften Liebesgaben" versorgt wurden.

In zwei erhaltenen Feldpostkarten bedankt sich ein junger Kontorist der Firma für ein „Weihnachtsgeschenk der lieben ‚Appelaner'" und ein geschenktes Feld-Abonnement des „Hannoverschen Kurier" durch seinen Vorgesetzten.[48]

Die Geschäftsidee konnte sich aufgrund der knappen Rohstoffe nicht lange halten. Appel hat im Krieg vor allem mit firmeneigenen Ersatzlebensmitteln, sog. Surrogaten, viel Geld verdient: Suppenwürze, eingedickte Würze und Fleischbrüh-Ersatzwürfel, die als „ergiebig und preiswert" beworben wurden. Die dafür neu eingerichtete Suppenabteilung konnte in der Nachkriegszeit wegen der anhaltenden Nachfrage erweitert werden. Der kleine Hinweis „auch für Massenverpflegung" in einer Werbe-Anzeige für Suppenwürze legt die Vermutung nahe, dass die Feldküchen des Heeres beliefert wurden. Außerdem hat Appel im Geschäftsjahr 1917/18 allein mit Suppenwürze einen Umsatz von 2 Millionen Mark erzielt. Während viele Unternehmen die Kriegslieferungen als patriotische Tat herausstellten, finden sich bei der Delikatessen-Firma keine schriftlichen Hinweise. „Wahrscheinlich fürchtete sie um den guten Ruf als hochwertiger Markenartikler, wenn bekannt würde, dass Appel auch Hersteller billiger Massenverpflegung war."[49] Auch finden sich keine Hinweise auf Lebensmittel- oder Geldspenden für die Front oder hannoversche Hilfsorganisationen.

Durch die englische Seeblockade und die kriegsbedingte Requirierung von Fangschiffen war der Fischfang in der Nordsee kaum noch möglich. Außerdem stellte der schnelle Transport von Frischfisch im Krieg ein logistisches Problem dar. Um Aale und Heringe aus der Ostsee-Fischerei frisch zu verarbeiten, kaufte Appel 1916 eine Fischräucherei auf Rügen. Aufgrund des Fleischmangels stieg der Absatz von Fisch und Fischprodukten erheblich. In dem Hungerwinter 1916/17 hat Appel sogar Fleisch von Wal, Robben und Tümmlern verarbeitet. Der Gesamtumsatz des Unternehmens stieg zwischen 1913 und 1917 von knapp 5 Millionen Mark auf rund 8,2 Millionen Mark. Das Familienunternehmen Appel gründete eine Wohlfahrtsstiftung und beteiligte 1916 die Mitarbeiter mit einer Gewinnausschüttung in unbekannter Höhe am wirtschaftlichen Gewinn.[50] Seit der Schließung der Fabrik am Engelbosteler Damm 1973 ist der Name Appel aus Hannover verschwunden. Die Appel Feinkost GmbH produziert heute in Cuxhaven.

„Max Küster baut für die ganze Welt..."[51] – Profitable Bauaufträge im Krieg

„Schaffen und Wirken in 40 Jahren", so betitelte der Architekt und Bauunternehmer Max Küster (1862-1941) sein „Jubelwerk", eine 1928 von ihm verfasste Bilanz seiner unternehmerischen Tätigkeit.[52] Nach dem Studium an der Technischen Hochschule bei Conrad Wilhelm Hase machte sich Max Küster in Hannover selbständig. Seit der Gründung seines Baugeschäftes 1888 hat Küster zunächst Wohn- und Geschäftshäuser im neugotischen Stil entworfen und ausführen lassen. Er profitierte vom Bauboom der expandierenden Haupt- und Residenzstadt Hannover und entwickelte ein gutes Gespür für lukrative Geschäftszweige im Kaiserreich. Dabei war sein Unternehmen schon breit aufgestellt. Neben Privathäusern, Villen und Industriebauten realisierte er die Ratsapotheke, das

Architekt, Bauunternehmer und Bürgervorsteher Max Küster (1862-1941). Foto, 1908 (aus VM 22361)

Nordstadtkrankenhaus, den Innenausbau des Kestner-Museums, das Restaurant Parkhaus an der Herrenhäuser Allee und die Ulanenkaserne in der Schackstraße. 1898 bewies Küster Weitblick und nahm den Eisenbahnbau hinzu. Den technisch schwierigen Kuppelbau des Neuen Rathauses meisterte Küster gemeinsam mit dem Bauunternehmer Heinrich Heeren ebenfalls erfolgreich, aber sein Geschäftsgebaren im Vorfeld löste erheblichen Unmut aus.

Küster war als Mitglied des Bürgervorsteher-Kollegiums für den 18. Distrikt (Oststadt, Celler Straße) von 1897 bis 1924 kommunalpolitisch tätig. Die Nähe zu politischen Entscheidungsträgern begünstigte seine Geschäftsentwicklung, denn sein Informationsvorsprung führte dazu, dass er bei kommunalen Ausschreibungen im Vorteil war und die Zuschläge für Bauaufgaben am Neuen Rathaus bekam. 1905/06 spitzte sich der sogenannte Submissionsskandal[53] um die Ausführung der Rathauskuppel zu. Die Verhandlung vor dem hannoverschen Schöffengericht bestätigte im Februar 1906 den Verdacht der Preisabsprache und finanzieller Transaktionen durch Max Küster. Seiner Reputation in der hannoverschen Bürgerschaft scheint dies nicht ernsthaft geschadet zu haben. Küster gehörte weiterhin zu den „einflussreichsten ‚Stadtvätern' jener Jahre".[54] Erst 1924 stellte er sich nicht mehr zur Wiederwahl mit der Begründung, dass „durch die Revolution die Arbeitsfreudigkeit im Rathause stark beeinträchtigt (sei), es mach(t)e wenig Freude, weiter die Geschicke der Stadt mit zu beraten."[55]

Küsters Geschäftsmodell, Bauplanung und -ausführung aus einer Hand anzubieten, löste in der hannoverschen Architektenschaft Kritik aus und hatte zur Folge, dass er nicht in den Bund Deutscher Architekten (BDA) aufgenommen wurde. 1910 war sein Baugeschäft mit 3500 Mitarbeitern ein Großunternehmen. Deshalb hat er sich in den folgenden Jahren auf die Geschäftsführung beschränkt und die Planungen für Militärbauten im Ersten Weltkrieg seinen Kollegen überlassen.

Die Errichtung militärischer Anlagen lag in den Händen der preußischen Heeresbauverwaltung, für die Küster bereits ab 1902 mit Erfolg militärische Großaufträge in Hannover, Hannoversch-Münden und Swinemünde an der Ostsee umgesetzt hatte. Zwischen 1905 und 1908 stellte er die gesamte Kasernenanlage des Ulanenregiments in der Schackstraße fertig. Diese Referenzen machten Küster zu einem gefragten Geschäftspartner. Während in den Städten ab 1914 aufgrund der Materialknappheit und fehlender Arbeitskräfte die zivile Bautätigkeit erheblich zurückging, konnte Küster in seiner Festschrift trotzdem ein sehr umfassendes Resümee seines Wirkens ziehen:

Neue Kaserne der Königsulanen an der Schackstraße, errichtet vom Bauunternehmen Max Küster. Postkarte, F. Astholz jr., um 1910 (VM 65122)

„Während des Weltkrieges wurde ich von der Heeresbauverwaltung dazu herangezogen, umfangreiche Bauten zur Unterbringung der Kriegsgefangenen auszuführen, unter anderem die Gefangenenanlagen Riesloh mit Lazarett, Wirtschaftgebäuden und Munitionsanstalt in Munster, die große Munitionsanstalt in Munster, die große Munitionsanstalt mit Gleisanlagen in Neuenkirchen-Land bei Rheine, Kriegsgefangenenlager Ohrdruf (Thüringen) und in Salzwedel, zwei Gefangenenlager in Quakenbrück, das Wagendepot in Magdeburg sowie das große Sammellager in Seelze und das Kriegslager Hannover."[56] Küster konnte Großprojekte aus einer Hand anbieten und bei seinen militärischen Aufträgen die verkehrstechnische Anbindung übernehmen, sicher ein Wettbewerbsvorteil.

Aufgrund der kriegswichtigen Bautätigkeit blieben die Mitarbeiter im Unternehmen beschäftigt und mussten nicht an die Front.[57]

Insgesamt hat der Unternehmer Max Küster in den 50 Jahren seiner Selbstständigkeit, die mit seinem Tod 1941 endete, über 2500 Bauaufträge abgewickelt.[58]

„Über den Tod Wilhelms kann ich nur mitteilen, dass er kurz und schmerzlos war." – ein Baugeschäft ohne Zukunft

„Er ist mit noch drei Kameraden unweit der Stelle, wo ihn die tödliche Kugel traf, in einem gemeinsamen Grabe zur Ruhe gebettet. Wegen der Gefährlichkeit war leider ein Rücktransport nicht möglich"[59], schrieb ein Kriegskamerad an die Witwe von Wilhelm Vorwald.

Im Unterschied zu Max Küster und seinen Mitarbeitern erhielt Wilhelm Vorwald, Inhaber eines kleinen Baugeschäfts, sofort nach Ausbruch des Krieges seine Einberufung. Vorwald, Jahrgang 1877, war gelernter Maurer, der sich im Arbeiter-Verein durch Kurse in Bauentwerfen weiterge-

"Parole Atwerpen". Wilhelm Vorwald (links) als Trommler im Landwehr-Infanterieregiment 73 in Belgien. Foto, 29. August 1914 (Privat)

bildet hatte. Ab 1903 baute er ein expandierendes Unternehmen mit 50 bis 100 Mitarbeitern auf, das vorwiegend Wohnhäuser in Herrenhausen und der List errichtete. Entweder erwarb er selbst Grundstücke, um sie zu bebauen oder führte Bauaufträge für seinen engen Geschäftspartner Georg Vespermann aus. Sein erfolgreichstes Jahr war 1912 mit insgesamt elf großen Mietshäusern, davon die Hälfte in der Edenstraße (List). Sein Material- und Maschinenlager befand sich am Lister Kirchweg, seine Wohnung in unmittelbarer Nähe in der Steinmetzstraße. Die Verwaltung des Unternehmens organisierte seine Schwägerin Ida Bolte, die nach Vorwalds Einberufung die Geschäfte weiterführte. Eine Feldpostkarte vom 27. Oktober 1914 an sie hat sich erhalten: „Liebe Ida! [...] Das Bombardieren ist hier furchtbar die ganze Nacht durch, der Feind will gerne durchbrechen, aber er wird zurückgedrängt. [...] Du wirst wohl jetzt alles so weit (in) Ordnung haben. Wie ist es mit dem Geld und kommt ihr aus?" Vorwald hatte die Geschäftsführung durch eine Vollmacht in weibliche Hände gelegt. Am 6. August 1914 erteilte er seiner Ehefrau Elisabeth „Auftrag und Vollmacht, mich in allen meinen Angelegenheiten zu vertreten". Handschriftlich ergänzt heißt es zum Schluss: „Diese Vollmacht soll mit meinem Tode nicht erlöschen." Mit Unterstützung ihrer Schwester Ida gelang es Elisabeth, ein großes Möbelhaus in der Herrenhäuser Straße für den Sattler August Freise fertig stellen zu lassen.

Ida Bolte und ihre Schwester Elisabeth Vorwald. Die Ehefrau von Wilhelm Vorwald führte ab August 1914 mit ihrer Schwester das Baugeschäft. Foto, o.J. (Privat)

Die letzte Feldpostkarte von Wilhelm Vorwald, datiert am 11. Februar 1915, war an seine älteste Tochter adressiert: „Meine liebe Elisabeth! Meinen besten Dank für deinen lieben Brief. Du hast diesmal viel besser geschrieben, habe mich sehr darüber gefreut. [...] Nun bleibe mir immer recht fleißig in der Schule. Herzliche Grüße und Küsse sendet dir dein Vater". Die verbreitete Angst der Väter, aufgrund ihrer Abwesenheit zu wenig Einfluss auf die Erziehung ihrer Kinder zu haben, klingt hier an, obwohl in der öffentlichen Meinung und der Presse vor allem eine Verwahrlosung der Jungen im Teenageralter diskutiert wurde. Den zukünftigen Lebensweg seiner Tochter hat Vorwald nicht begleiten können. Er fiel nach nur einem halben Jahr Fronteinsatz an ihrem 9. Geburtstag.

Nach Vorwalds Tod musste das Unternehmen geschlossen werden, denn Elisabeth fühlte sich den Aufgaben nicht gewachsen: „Da ich geschäftlich nicht geschult war und mich auch um meine 3 kleinen Kinder kümmern musste, war es mir bei den turbulenten Verhältnissen nach dem 1. Weltkrieg nicht möglich, den Besitz zu erhalten". Nur zwei von sieben Häusern blieben in Familienbesitz.

„Sohn, was hör ich nur für Sachen?" – Die verlorene Jugend

„Mein Sohn, was hör ich nur für Sachen?
Was schreibt mir Mutter da ins Feld?
Du willst die Schularbeit nicht machen,
du brauchst jetzt so viel Taschengeld?
Du sitzt jetzt manchmal schon beim Weine
(und warst doch sonst so brav und fromm!)
Mein Sohn, ich sag dir nur das eine:
Laß Vatern bloß nach Hause komm!"[60]

Was Kurt Tucholsky in seinem Gedicht „Wenn erst..." kritisch beleuchtet, ist eine häufig geäußerte Klage während des Ersten Weltkrieges. Den Jugendlichen fehle die Autorität der Väter und Lehrer. Der Krieg hatte erhebliche Auswirkungen auf das öffentliche Leben und den Alltag der Bevölkerung. Gerade die jungen Menschen bekamen das auf vielfältige Weise zu spüren. Als Orte der Bildung, aber auch der Aufsicht und Disziplin, funktionierten die schulischen Einrichtungen nur eingeschränkt. Durch den erheblichen Lehrermangel mussten Klassen auf die doppelte bis dreifache Stärke zusammengelegt werden. Der Unterricht fand in Vormittags- und Nachmittagsschichten statt. Grundsätzlich schulfrei waren der Geburtstag des Kaisers und der Tag der Sedanfeier.[61] Die zu Beginn des Krieges siegreichen Schlachten bescherten der hocherfreuten Schülerschaft weitere schulfreie (Feier-) Tage, bis das Provinzial-Schulkollegium regelnd eingriff.[62] In den Winterhalbjahren waren wegen der Brennstoffknappheit „Kohleferien" an der Tagesordnung, die allerdings unter Aufsicht von Lehrern mit Arbeitseinsätzen verbracht werden mussten. „Müßiggang als aller Laster Anfang" sollte auf jeden Fall unterbunden werden. Im Sommer wiederum beurlaubten die Schulen die höheren Schüler für den Ernteeinsatz. Einen wichtigen Kriegsbeitrag an der Heimatfront leisteten die Kinder und Jugendlichen Hannovers durch das Sammeln von Rohstoffen. Ganze Schulklassen durchstreiften die Eilenriede auf der Suche nach Bucheckern und Eicheln zur Ölgewinnung. Abfälle wurden nach wertvollen Rohstoffen getrennt und der Wiederverwertung zugeführt. Zwischen April 1916 und Dezember 1918 sammelte die Schülerschaft der hannoverschen Volks- und Mittelschulen beachtliche Mengen:

Blechdosen	30,6 t
Metall	11,7 t
Papier, Lumpen, Gummi	40,8 t
Knochen	23,4 t
Eicheln, Kerne	16,3 t
Früchte aus Wald und Feld	21,5 t

An regelmäßige Unterrichtszeiten war also nicht zu denken: Überleben statt Lernen.

Kriegsspiele im Krieg: die Jugendkompanien
Um die große Begeisterung der jungen, wegen ihres Alters zurückgewiesenen Kriegsfreiwilligen bei der Mobilmachung zu nutzen, reformierte man die militärische Ausbildung der Jugendlichen. „Die 16- bis 20jährigen sollten sich freiwillig in Kompanien zusammenschließen und regelmäßig exerzieren, marschieren, karten- und spurenlesen sowie Gelände- oder Horchübungen veranstalten, den Bau von Schützengräben usw. lernen."[63] Waffen kamen nicht zum Einsatz. Hannover bot bereits im Oktober 1914 19 Jugendkompanien mit rund 2 200 jungen Männern und 80 ehrenamtlichen Leitern auf. Vor allem die Lehrer mobilisierten schulübergreifende Kompanien mit 100 bis 120 Jugendlichen. Mitglieder aus Sportvereinen und Jugendclubs schlossen sich an. Die Stadt Hannover

Kinder im Kriegseinsatz in der Kaninchenzüchterei Linden. Foto, 1917 (VM 60888)

stellte das Übungsgelände zur Verfügung und bezahlte die Uniformierung in Form einer Mütze. An den Wehrübungen nahmen hauptsächlich Schüler teil, die zweimal nachmittags Zeit hatten. Lehrlinge und junge Arbeiter konnten sich nur abends oder sonntags treffen, was ihre Freizeit zusätzlich schmälerte.

„Bei den Jugend-Kompanien auf der großen Bult" titelte der „Hannoversche Anzeiger" am 14. September 1915 und berichtete von einer Groß-Veranstaltung aller hannoverschen Jugendkompanien gemeinsam mit den beiden Kompanien aus Linden anlässlich des Sedan-Tages. Die Ehrengäste waren hochrangig: der stellvertretende kommandierende General von Linde-Suden im Kreise weiterer Offiziere und Oberpräsident von Windheim in Begleitung u.a. von Regierungs- und Polizeipräsident. Ihr Hauptinteresse richtete sich auf ein von den Jugendkompanien inszeniertes Gefecht, das im Anschluss von Oberst von Oertzen kritisch analysiert wurde. Fazit: „Er bemängelte mancherlei. […] manches vortreffliche sei geleistet worden, aber es müsse noch weiter intensiver gearbeitet werden." Im Anschluss erinnerte von Linde-Suden an den Sieg über Napoleon III. in der Schlacht bei Sedan 1870 „und verwies dann auf die heutige Zeit, wo Deutschland im Verein mit seinen treuen Verbündeten sich gegen eine Welt übelwollender Feinde zu wehren habe. Die deutsche Jugend sei mitberufen, daß zu schützen und zu erhalten, was Väter und Brüder gewonnen haben."[64] Neben der praktischen Schulung ergänzte das ideologische Trommelfeuer in Verbindung mit den „ruhmreichen Taten der Väter" die vormilitärische Ausbildung der Jugend.

Die Wehrbegeisterung nahm im Laufe des Krieges erheblich ab, weil der Kriegsverlauf nicht motivierend wirkte und die Versorgungslage an der Heimatfront immer prekärer wurde. Die Militärbehörde erhöhte zwar den Druck auf Schulen, Eltern und Arbeitgeber, hat aber bis Ende des Krieges keine Verpflichtung zur Teilnahme durchgesetzt.

Vor allem die Zeit zwischen der Schulentlassung und der Militärdienstpflicht ab dem 20. Lebensjahr sollte strenger überwacht werden. Das stellvertretende Generalkommando versuchte im Dezember 1915 die Disziplinierung durch eine „Verordnung betreffend jugendlicher Personen" zu erzwingen, die im Wesentlichen Verbote und Einschränkungen für junge Menschen bis zum vollendeten 16. Lebensjahr vorsah: ein Rauch- und Alkoholverbot in der Öffentlichkeit, kein Besuch gastronomischer Einrichtungen ohne Begleitung der Eltern, Kinobesuche nur in Kinder- und Jugendvorstellungen und Polizeistunden in Hannover ab 20 Uhr (im Sommer 21 Uhr), in Linden sogar ab 18 Uhr. In Ergänzung dieser Verordnung wurde außerdem „das zweck- und ziellose Auf- und Abgehen und der zwecklose Aufenthalt der Jugendlichen" auf der Georgstraße und den angrenzenden Plätzen untersagt.[65]

Sparzwang ade – Jugendliche Arbeiter wehren sich

Die Einschränkung persönlicher Freiheit und Selbstbestimmung gipfelte im April 1916 in dem Versuch, den jugendlichen Verdienern die Verfügung über ihr Arbeitseinkommen zu beschränken. Da in der Industrie bzw. den kriegswichtigen Betrieben durch die Mobilmachung erheblicher Arbeitskräftemangel herrschte, schlossen Frauen und Jugendliche als ungelernte Arbeitskräfte die Lücken und erzielten verhältnismäßig hohe Einkommen. Um Geldausgaben für ungezügelten Konsum und Unterhaltung der jungen Leute zu verhindern, plante man eine drastische Erziehungsmaßnahme. Im April 1916 erließ das Stellvertretende Generalkommando des X. Armeekorps Hannover einen Sparzwangerlass, der die Arbeitgeber verpflichtete, einen bestimmten Lohnanteil aller Jugendlichen unter 21 Jahren als Sparguthaben ohne Verfügungsberechtigung der Jugendlichen fest anzulegen. Der Kontoinhaber konnte erst mit Volljährigkeit oder nach Kriegsende darüber verfügen. Bis dahin aber hätte die Regierung eine Kriegsanleihe durch die Hintertür gehabt.

Womit die Behörden nicht gerechnet hatten, war der Widerstand der Betroffenen. Zunächst streikten rund 2500 junge Arbeiterinnen und Arbeiter in Braunschweig und lieferten sich tagelange Straßenschlachten mit der Polizei. In Hannover liefen die Arbeitsniederlegungen und Protestmärsche ruhiger ab. Am 1. Mai zogen 1000 Jugendliche der Hanomag und anderer Betriebe von Linden zum Gewerkschaftshaus und forderten eine Reduzierung des Sparzwanges. Durch Vermittlung einer Gewerkschaftsdelegation, aber auch durch die Intervention betroffener Unternehmer, die wohl eine Zuspitzung des Streiks wie in Braunschweig befürchteten, stellte die Militärführung eine Abmilderung in Aussicht. Einen Tag später streikten 500 Jugendliche aus der Firma Bahlsen, weil sie von den Vorgängen des Vortages nichts wussten, nahmen aber noch am Nachmittag die Arbeit wie-

Kriegssparbuch der Sparkasse Hannover (VM 36545)

der auf. Hermann Bahlsen hatte für diese Art der Interessenvertretung kein Verständnis und entließ die „Rädelsführer".[66] Am 4. Mai traten in Hannover noch einmal Jugendliche in den Ausstand, um die Maximalforderung einer Rücknahme des Erlasses durchzusetzen, diesmal 50 Mitarbeiter von Hanomag und 35 von der Hannoverschen Waggonfabrik (HAWA). Wie aus einem Bericht des Polizeipräsidenten hervorgeht, handelte es sich bei den jungen Leuten der HAWA um die Spitzenverdiener aus einem der wichtigsten Betriebszweige, dem Flugzeugbau. Sie hätten auf einen hohen Lohnanteil verzichten müssen, obwohl sie „Angehörige zu unterhalten hatten, wie der Bericht ausdrücklich erwähnt."[67] Am 6. Mai 1916 nahm General von Linde-Suden den Erlass zurück, offiziell wegen der hohen Inflation und der behördlichen Mehrarbeit, die durch die Erteilung von Ausnahmegenehmigungen entstehen würde.

„Wo bleibt der Dank des Vaterlandes?" – Die „soziale Heilung" der Kriegsverstümmelten im Schullazarett Schwanenburg[68]

Die „Kabis" der HAWA konnten nur einer kleinen Gruppe von Kriegsversehrten ein Auskommen sichern. Kriegsbeschädigter zu sein, war aber im Ersten Weltkrieg ein Massenschicksal. Durch neue Waffentypen wie Maschinengewehre, Geschütze und Panzer haben die Soldaten Verstümmelungen und den Verlust von Körperteilen in bis dahin unbekanntem Ausmaß erlitten. Sie konnten zwar gesund gepflegt werden, blieben aber zunächst ihrem Schicksal überlassen. In den vier Kriegsjahren sind ca. 720 000 Verwundete dienstunfähig aus dem Militär entlassen worden.[69] Die militärische Führung registrierte diese Entwicklung mit großer Sorge. Der Generalarzt Prof. Dr. Geissler, Leiter des stellvertretenden Sanitätsamtes des X. Armeekorps, begründete eine Initiative zur Gründung eines Schullazaretts zur beruflichen Wiedereingliederung von invaliden Soldaten in Hannover: „Es bestand eine Volksgefahr, die dem deutschen Volke einen nie wieder gut zu machender Schaden drohte, mehr als durch verlorene Schlachten! Die Zahl der Verstümmelten ist zu groß, als das man sie verkommen lassen konnte ohne Gefahr für die Allgemeinheit."⁷⁰ Die Ausführungen bringen in sehr zeittypischer Dramatik den sozialen Sprengstoff zum Ausdruck, der neben finanziellen Erwägungen eine zentrale Rolle bei den Überlegungen Geisslers spielte. Wie umgehen mit den Vaterlandsverteidigern, den „gezeichneten" Helden?

„Es setzten tatkräftige Bestrebungen ein, dass die zahlreichen in den besten Jahren sich befindenden Kriegsverletzten nicht als Krüppel

Die Konzertsäle der Schwanenburg dienten im Ersten Weltkrieg als Schullazarett. Postkarte, Georg Alpers jun., um 1903 (VM 57801)

ihr Leben fristeten, der Rentensucht verfielen, sondern dass sie ihre ihnen noch verbliebene Arbeitskraft nutzbringend zu verwerten lernten".⁷¹ Motor dieser Entwicklung waren die Versicherungsträger und Berufsgenossenschaften, die natürlich die absehbar hohen finanziellen Aufwendungen durch eine berufliche Wiedereingliederung der Kriegsbeschädigten reduzieren wollten. Man begnügte sich nicht mehr mit der Heilung der Wunden, sondern richtete sein Augenmerk auf die Nachbehandlung, um die Funktionsfähigkeit verletzter Körperteile zu reaktivieren. Viele Verletzte sträubten sich gegen die neuen therapeutischen Behandlungsmethoden, weil sich damit zunächst keine Perspektive für die Zukunft verband und weil sie um ihren Anspruch auf Entschädigung fürchteten. Geissler griff diese Vorbehalte in seinem Vortrag auf und betonte, dass „die Militärrente bei der Löhnung nicht in Abzug gebracht werden (darf): eine Tatsache, die nicht oft genug den Leuten eingeprägt werden kann [...]."⁷²

Geissler beauftragte seinen Mitarbeiter, Sanitätsrat Dr. Kranold, mit der Ausführung und Organisation des Schullazaretts in Hannover. Der Unternehmer und Kunstsammler Herbert von Garvens unterstützte die Idee und vermittelte die Unterstützung des Vereins der Metallindustriellen der Provinz Hannover, der dem Lazarett viele Einrichtungsgegenstände und Maschinen leihweise überließ und durch großzügige Spenden das Betriebskapital sicherte. Für passende Räumlichkeiten sorgte der Unternehmer Max Rüdenberg, der die ehemaligen Konzertsäle der Schwanenburg und Teile seiner angrenzenden Bettfedernfabrik in Limmer zur Verfügung stellte und sie auf seine Kosten zu Werkstatträumen herrichteten ließ. Er stellte sich auch als kaufmännischer Berater für

Ausbildung kriegsversehrter Soldaten in der Tischlerei des Schullazaretts Schwanenburg. Foto, 1916 (aus: Kriegs-Beilage der Hanomag-Nachrichten 12/1916)

das Lazarett zur Verfügung.[73] Viele weitere hannoversche Fabrikanten stifteten Werkzeugmaschinen und garantierten die bevorzugte Einstellung von Kriegsbeschädigten. Die Kriegswirtschaft war auf die Rehabilitanten angewiesen, da im Rahmen des Hindenburg-Programms ab Herbst 1916 immer mehr Arbeitskräfte erforderlich waren.[74] Die Unterstützung der beruflichen Qualifizierung von Invaliden war auch privaten Interessenvertretungen wie dem „Fürsorge-Verein für Kriegsverstümmelte Hannover e.V." besonders wichtig. Die Invaliden hätten Anspruch auf fördernde Hilfe, nicht auf Mitleid. Deshalb beteiligte sich der Verein mit einer Geldspende für die Druckerei am Aufbau des Lazaretts.[75]

Im Schullazarett gab es 15 Werkstätten, in denen sowohl metallverarbeitende Berufe als auch Schneider, Tischler, Maler, Fotografen und Buchdrucker Berücksichtigung fanden. Als Werkführer und Ausbilder arbeiteten ältere Soldaten mit entsprechender Fachrichtung und Meisterprüfung, die für diese Tätigkeit abkommandiert waren und „als Vorgesetzte einen genügenden Einfluss auf die Invaliden ausüben konnten".[76] Geissler legte großen Wert darauf, dass „die Männer der praktischen Arbeit, die Ingenieure und Werkmeister die Invaliden bei ihrer Arbeit [...] beobachten und sich selbst ein Urteil bilden, welche Arbeit sie noch leisten können."[77]

Die (Um-)Schulung galt laut Kriegsministerium neben der Wundheilung als Teil der ärztlichen Behandlung dienstunfähiger Soldaten. Die Kriegsbeschädigten wechselten aber erst in das Schullazarett, wenn die medizinische Versorgung abgeschlossen war. Der beruflichen Qualifizierung ging eine ausführliche Berufsberatung voraus. Es war erklärtes Ziel, den Kriegsversehrten in seinem Beruf zu belassen und dort Einsatzmöglichkeiten zu trainieren.

Zum Schullazarett gehörte auch eine „orthopädische Werkstatt zur Herstellung künstlicher Glieder, bestehend aus mechanischer Werkstatt, Gipswerkstatt, Bandagistenwerkstatt", in der zwei Bandagisten und zwei Mechaniker Prothesen für die Kriegsbeschädigten herstellten.[78] Die beinamputierten Männer erhielten nach Begutachtung sofort eine Behelfsprothese, die innerhalb weniger Tage in der Werkstatt angefertigt werden konnte. „So kommen die Leute schnell frei von den hässlichen Krücken und können mit der Behelfsprothese ihre Arbeit beginnen."[79]

Eine besonders intensive Betreuung brauchten die Verletzten, die mit speziellen Arbeitsprothesen für fehlende Hände oder Arme Arbeitsabläufe lernen mussten[80] Die Trainingszeiten wurden vom Ausbilder in Rücksprache mit dem Chefarzt dem Grad der Behinderung angepasst und individuell gesteigert. Die 60 bis 80 Kriegsinvaliden, die zeitgleich die Werkstätten besuchten, wohnten in einem großen Gebäude mit Schlaf- und Baderäumen auf dem Gelände.

Begleitet wurde die praktische Schulung durch allgemeinbildenden und Fachunterricht vor Ort, geleitet von sechs Lehrkräften der Stadt Hannover. Am Ende der Schulung kümmerten sich Berufsberater und Lehrer um die Vermittlung, vorzugsweise beim früheren Arbeitgeber. Eine erste Bilanz nach 2 Jahren fiel positiv aus: Bis Dezember 1916 konnten von 637 entlassenen Invaliden 404 in ihrem bisherigen Beruf untergebracht werden. 78 Arbeitskräfte fanden im neuen Beruf eine Anstellung, nur 35 wurden ohne Anstellung entlassen. Eine dauerhafte Fortführung der Arbeit im Schullazarett Schwanenburg wurde dennoch nicht erreicht, da die Berufsgenossenschaften entsprechende Anregungen nicht aufgegriffen haben. Mit dem Rückzug des Militärs aus diesem Aufgabenbereich wurde das Schullazarett Schwanenburg im Mai 1920 geschlossen.

„Für das Volksganze bedeutet es eine soziale Förderung, wenn brachliegende Arbeitskräfte dem Wirtschaftbetriebe erhalten bleiben, und jeder Kriegsbeschädigte, der eine Erwerbsmöglichkeit gefunden hat, wird sich selber als nützliches Glied des deutschen Volkes fühlen."[81] Dennoch sah die Wirklichkeit in vielen Fällen leider anders aus. Ein Foto aus dem Besitz des „Schwerkriegsbeschädigten" Friedrich Leonhardt zeigt ihn im Kreis seiner Lazarettkollegen im Winter 1919 und rückt die soziale Lage zahlreicher Kriegsversehrter in den Blick. Die Männer halten anklagende Plakate in die Kamera: "Wir haben gekämpft für Heimat und Herd, nun seht Ihr, wie man uns Krieger ehrt" und „Wir sind gezwungen, eigene Kleidung zu tragen". Die Versorgung mit Lebensmitteln und Kleidung war auch im ersten Nachkriegsjahr extrem schlecht. Die Männer bemühten sich den ganzen Winter um die Zuteilung eines Mantels.[82] Die meisten Kriegsversehrten lebten am Rande des Existenzminimums und erinnerten in den Straßen Hannovers noch lange an den verlorenen Krieg.

Auch die Stadt Hannover sah sich deshalb in der Pflicht. Das Bezirksfürsorgeamt ließ in den zwanziger Jahren „Fliegende Unterstände für Fahrräder" der Fa. Carl Kuntze Eisenbau anschaffen. Das Unternehmen warb für ihre Fahrradständer damit, „den Aufbau eines neuen Gewerbzweiges für Arbeitslose sowie Kriegsbeschädigte, die in festen Betriebsstätten infolge der Art ihrer Beschädigung nicht mehr untergebracht werden können", zu bieten. „Das geringe (!) Gewicht der Fahrrad-Unterstände, sowie die dreh- und klappbaren Konstruktionsteile ermöglichen einem Einarmigen ein leichtes Transportieren, Auf- und Abbauen des Gestelles." Ein Vier-Meter-Stand für 10 Fahrräder wog immerhin 40kg. Abends mussten die Stände in Hannovers Innenstadt abgebaut werden. Immerhin vier einarmige Kriegsbeschädigte fanden dadurch zeitweilig ein gutes Auskommen. Mit den automatischen Fahrradwachen, die ab 1933 in der Innenstadt aufgestellt wurden, konnte dieses

Demonstration von Kriegsversehrten aus dem Schullazarett Schwanenburg. Foto, 1919 (Privat)

Geschäftsmodell langfristig aber nicht konkurrieren.[83]

War schon die Lage körperbehinderter Kriegsinvaliden schwierig, so war sie für zwei andere Gruppen, Hirngeschädigte und psychisch Kranke, fast hoffnungslos. In seltener Offenheit hat Prof. Dr. Geissler gegenüber den hannoverschen Fabrikanten auch den Umgang mit sogenannten „Gehirnkrüppeln" angesprochen. Gemeint sind hier Soldaten, die durch Granatsplitter oder Kopfschüsse verletzt und „durch die chirurgische Kunst [...] am Leben erhalten wurden". Die bleibenden Verletzungen waren naturgemäß sehr unterschiedlich und reichten von Lähmungen, Sprach- und Sehstörungen bis zu „geistigen Verstimmungen und Hemmungen". Geissler sah in der „Einübung zur Arbeit das beste Heilmittel", ergänzt um „besonderen Unterricht (in) sogenannten Hilfsklassen für Minderbegabte".[84] 75 Betten standen im Lazarett Schwanenburg dafür zur Verfügung. Wie lange die betroffenen Männer bleiben konnten, ist nicht bekannt. Eine Arbeitsvermittlung war aber nicht vorgesehen. Immerhin stand diesen Männern ein lebenslanger Versorgungsanspruch zu.

Psychische Leiden gehörten dagegen nicht zu den anerkannten Dienstbeschädigungen des Weltkrieges.[85] Für diese Männer blieb oft nur die Unterbringung in psychiatrischen Einrichtungen.

Über die Behandlung der Kranken gibt es einen sehr anschaulichen, fast drastischen Bericht. Darin beschreibt der Schriftsteller Werner Kraft seinen Militäreinsatz als 20jähriger Krankenwärter in den Wahrendorffschen Anstalten in Ilten bei Hannover von 1916 bis 1919 und lässt uns teilhaben an den psychischen Folgen des Ersten Weltkrieges: „An einem strahlenden Sommertage kam ich mit zwei anderen Krankenwärtern in Ilten bei Hannover an. Ich sah freundliche Häuser im Grünen, aber es war die städtische Irrenanstalt. Eines dieser Häuser war eingerichtet als Lazarett für Kriegshysteriker und Kriegsneurotiker. Das war meine Wirkungsstätte für die nächsten zwei Jahre. [...] Auf der Treppe sah ich durch ein Fenster auf einen vergitterten Platz, dort machten die Irren ihren täglichen Rundgang. Ich glaube, dass mit diesem Augenblick, mit diesem Blick der Augen meine befriedete Kindheit, meine befriedete Jugend endgültig zuende war. [...] Sie (die Kranken, d.V.) kamen aus dem Felde, um sich in frischer Luft von psychischen Schocks zu erholen, sie hatten die Sprache verloren, sie zitterten am ganzen Körper. Damals hatte Karl Kraus geschrieben: ‚Grüßen sie einander oder greifen sie sich an die Stirn? Andere wieder schütteln die Köpfe.' Das waren die, die an Schütteltremor litten. Diese Kranken wurden auf einen Krankentische gelegt, vier kräftige Männer, ich unter ihnen einer der schwächsten, hielten den Körper, und der Kranke wurde elektrisiert. Das schien barbarisch, aber es half. Der Schmerz war so groß, dass die Stimme wiederkam, dass das Schütteln nachließ. Ob die Wirkung von Dauer war, vermag ich nicht zu sagen."[86]

1	Kriegsgewinne hannoverscher Firmen, Volkswille vom 16.5.1918, zitiert nach: Stahl und Steckrüben, Beiträge und Quellen zur Geschichte Niedersachsens im Ersten Weltkrieg, Bd.?, Hameln 1993, S. 76.
2	Verhandlungs-Niederschrift der 30. ordentlichen Generalversammlung des Fabrikanten-Vereins für Hannover, Linden und benachbarte Kreise, 2. Mai 1918, S.2, in: STAH HR 23, Nr. 618.
3	Richtlinien des stellvertretenden Generalkommandos des X. Armeekorps Hannover für die Arbeit in den Rüstungsbetrieben, Schreiben vom 1.12.1916, wie Anmerkung 1, S. 63.
4	Kriegsgewinne hannoverscher Firmen. Aus: Die Entwicklung des Deutschen Metallarbeiterverbandes. In: Volkswille, Hannover vom 16. Mai 1918, wie Anmerkung 1, S. 76.
5	Däbritz, Walter/ Metzeltin, Erich (Hg.): Hundert Jahre Hanomag, Düsseldorf 1935, S. 125.
6	Der Krieg und unser Werk, in: Hanomag-Nachrichten, Jg.1, 1914, Heft 11, S.5.
7	Däbritz/ Metzeltin, wie Anmerkung 5, S. 127.
8	Zitiert nach: Tasch, Dieter, Halle 96, in: Hanomag in Wort und Bild, Das Jahrbuch 2014; Lemgo 2013, S. 12.
9	Vgl. Zingel, Bernhard: Lokomotiven, Kommißbrot, Kanonen, Hannover 1988, S.39-40.
10	Zingel, Bernhard: Hanomagarbeiter während des Ersten Weltkrieges, in: Mussmann, Olaf (Hg): Leben abseits der Front, Hannover 1992, S. 164.
11	„Kriegsfürsorge", in: Hanomag-Nachrichten, Heft 11/1914, S. 5-6 und Zingel, wie Anmerkung 10, S. 164.
12	„Zur Einweihung der Warteschule in der Zionsgemeinde Linden", in: Kriegs-Beilage der Hanomag-Nachrichten, November 1916, S. 179. Weitere Finanziers waren u.a. die Hannoversche Waggonfabrik, die Lindener Zündhütchen- und Thonwaren-Fabrik, die Lindner Eisen- und Stahlwerke und Fritz Ahrberg.
13	Tasch, wie Anmerkung 8, S. 10-11.
14	„Der Lindener Hafen", in: Volkswirtschaftliche Fragen, Beilage der Hanomag-Nachrichten, August 1919, S. 93-96.
15	„Die Hanomag in den letzten 25 Jahren", in: Hanomag-Nachrichten, Oktober 1919, S. 124.
16	„Kriegspatenschaft", in: Kriegs-Beilage der Hanomag-Nachrichten, März 1918, S. 29.
17	„Kriegsfürsorge", in: Hanomag-Nachrichten, Heft11/1914, S. 6.
18	Im Ersten Weltkrieg publizierten neben Hanomag die Unternehmen Hermann Bahlsens Keksfabrik, die Firma Günther Wagner, die Continental –Caoutchouc- und Gutta-Percha Compagnie, die Hannoverschen Gummiwerke Excelsior AG und die Druckerei Edler & Krische eine eigene Kriegszeitschrift, vgl. Heise, Joachim:Für Firma, Gott und Vaterland. Betriebliche Kriegszeitschriften im Ersten Weltkrieg, Hannover 2000, S. 23.
19	Däbritz/Metzeltin, wie Anmerkung 5, S. 133.
20	Kriegs-Beilage der Hanomag-Nachrichten, Mai 1916, S. 88.
21	Kriegs-Beilage der Hanomag-Nachrichten, Juli 1915, S. 66.
22	Kriegs-Beilage der Hanomag-Nachrichten, Januar 1915, S. 8. Die Feldpostbriefe wurden anonymisiert veröffentlicht. Vgl. Heise, 2000, S. 183.
23	Kriegs-Beilage der Hanomag-Nachrichten, Februar 1918, S. 19.
24	Zitiert nach Tasch, wie Anmerkung 8, S. 15.
25	Kriegs-Beilage der Hanomag-Nachrichten, November 1914, S.11.
26	Der Feldpostbrief ist am 5.9.1918 geschrieben und abgedruckt in: Kriegs-Beilage der Hanomag-Nachrichten, Oktober 1918, S. 119.
27	Zwangsverpflichtung aller Männer zu Tätigkeiten in der Rüstungsindustrie durch das „Gesetz über den vaterländischen Hilfsdienst" vom 5. Dezember 1916. „Jeder männliche Deutsche vom vollendeten siebzehnten bis zum vollendeten sechzigsten Lebensjahre ist, soweit er nicht zum Dienste in der bewaffneten Macht einberufen ist, zum vaterländischen Hilfsdienst während des Krieges verpflichtet." Einen Monat nach Friedensschluss trat das Gesetz außer Kraft.
28	Wie Anmerkung 5.
29	HAWA-Nachrichten, Jg. 1918/19, Juli-Heft, S.192.
30	HAWA-Nachrichten, Jg. 1919-20, Oktober-Heft, S. 3.
31	Ab 1919 war der Werksflughafen der Hannoverschen Waggonfabrik am Tönniesberg der erste zivile Flughafen Hannovers, bis er 1928 vom Flughafen Hannover-Vahrenwald abgelöst wurde.
32	Denkschrift zum 25jährigen Bestehen der HAWA, Hannover 1924, S. 55.
33	Wie Anmerkung 4.
34	HAWA-Nachrichten, Jg. 1919-20, Oktober-Heft, S. 3. Nur Fassadenreste der Behrens-Bauten sind erhalten.
35	HAWA-Nachrichten, Jg. 1919-20, Oktober-Heft, S. 3. Nach dem Versailler Friedensvertrag war es verboten, motorbetriebene Flugzeuge in Deutschland zu bauen.
36	HAWA-Nachrichten, Jg. 1918-19, August-Heft, S.206. Leider liegen über Stückzahl und Einsatz des Kabi keine

Informationen vor. Vgl. Falk, Wolfgang, Vom Reichsbund zum Sozialverband, Teil I, Berlin 2005, S. 23. Eine lokale Gruppe aus 170 Mitgliedern mit dem Namen „Vereinigung der Kriegsbeschädigten" bildete ab September 1917 die erste Ortsgruppe Hannover im Reichsbund der Kriegsbeschädigten. Bis heute vertritt der ‚Sozialverband Deutschland' benachteiligte soziale Gruppen.

37 Ernst Nötzel, An der Knusperhexe Bahlsen, in: Leibniz-Feldpost Nr. 38, 1.7:1916.
38 Die Idee hatte Museumsmitarbeiter Friedrich Tewes nach einer Ägyptenreise. Die graphische Umsetzung stammt von Heinrich Mittag.
39 Kessler, Hansi: Bahlsen 1889-1964, S. 20.
40 In einem Artikel des Hannoverschen Kurier, der im April 1917 in der Leibniz-Feldpost abgedruckt wurde, begegnete man der Kritik an frei verkäuflichem Keks mit dem Argument, dass der haltbare und nährstoffreiche Keks nicht „durch brotartige Gebäcksorten zu ersetzen (sei)." Außerdem betonte der Verfasser, „dass die Säuglingssterblichkeit trotz der verminderten Milchzufuhr so günstig abschneidet, (sei) nicht zum mindesten auf die Verwendung von Keks zurückzuführen." Der Firmenname wurde nicht explizit genannt. Möglicherweise hat die Firma den Artikel lanciert. Der freie Keksverkauf wurde trotzdem verboten.
41 Möglicherweise hat Stadtdirektor Tramm ihn empfohlen, denn Hoetger hatte in dessen Auftrag Olga Tramm porträtiert und das Waldersee-Denkmal entworfen (1915 eingeweiht).
42 Brief von Bahlsen an Hoetger vom 25.4.1919, zit.n.: Saal, 1989, S. 92-93.
43 Werbe-Slogan, zitiert nach Huttenlocher, Kristina: Appel Feinkost: ein Familienunternehmen im Wandel der Zeit, Springe 2013, S. 101.
44 Huttenlocher, wie Anmerkung 43, S. 87.
45 Huttenlocher, wie Anmerkung 43, S. 65.
46 Huttenlocher, wie Anmerkung 43, S. 101, Abb. 95.
47 Huttenlocher, wie Anmerkung 43, S. 100, Abb. 94. Mit Beginn des Krieges wurden alle fremdsprachigen Ausdrücke in den Preislisten und Anzeigen eingedeutscht.
48 Huttenlocher, wie Anmerkung 43, S. 101.
49 Huttenlocher, wie Anmerkung 43, S. 99.
50 Huttenlocher, wie Anmerkung 43, S. 113-114.
51 … Alfred Sasse für die halbe." In: Sasse, Alfred, Biographisches Lexikon, S. 308. Alfred Sasse (1870-1937) war planender Architekt, kein Bauunternehmer. Sasse und Küster kannten sich über die Mitgliedschaft in der von Küster gegründeten Bauhütte zum Weißen Blatt.
52 Vgl. Steinweg, Wolfgang: Das Rathaus in Hannover, Hannover 1988, S. 62.
53 Submission: Vergabe eines öffentlich ausgeschriebenen Auftrags an denjenigen, der das günstigste Angebot macht.
54 Steinweg, wie Anmerkung 52, S. 64.
55 Küster, Max: Schaffen und Wirken in 40 Jahren: 1888 - 1928, Hannover 1928, S. 150.
56 Küster, wie Anmerkung 55, S. 28. Als Munitionsanstalten wurden seit 1871 militärische Einrichtungen bezeichnet, die hauptsächlich zur Lagerung von Munition und zum gebrauchsfähigen Zusammenstellen von Sprengkörpern oder Granaten dienten.
57 Küster war als Leiter eines kriegswichtigen Unternehmens ohnehin vom Kriegsdienst freigestellt.
58 Vgl. Küster, Max, in: Hannoversches Biographisches Lexikon, S. 217.
59 Alle Zitate aus persönlichen Unterlagen von Wilhelm Vorwald, die sich in Privatbesitz befinden. Ich danke Herrn Wolfgang Behre, Hannover, für die Einsicht in die Dokumente.
60 Tucholsky, Kurt: Gesammelte Werke, Band 1, Hamburg 1985, S. 284.
61 Sedan-Tag: Sieg über die französische Armee und Gefangennahme Napoleons III. am 2.9.1870 in der Schlacht von Sedan. Der Sedantag wurde seit 1873 auf Anordnung des preußischen Kultusministeriums durch Festveranstaltungen an Schulen und Universitäten offiziell gefeiert.
62 Vgl. Grotjahn, Karl-Heinz: „Vaterlandsverteidiger bis zum Jüngsten hinab" – Die Hannoversche Jugend zwischen Kriegsdienst und Disziplinierung 1914-1918, in: Mussmann, Olaf (Hg): Leben abseits der Front, Hannover 1992, S. 31.
63 Grotjahn, wie Anmerkung 62, S.136.
64 Hannoverscher Anzeiger Nr. 215 vom 14.9.1915, S. 3.
65 „Für Jugendliche verbotene Straßen", Volkswille Nr. 17 vom 9.1.1916, S. 3.
66 Boll, Friedhelm: Massenbewegungen in Niedersachsen zwischen 1906 und 1920, Bonn 1981, S. 230. Boll weist darauf hin, dass entlassene „Rädelsführer", die das 18. Lebensjahr vollendet hatten, sofort einberufen wurden.

67 Boll, wie Anmerkung 66, S. 230, in Anmerkung 100.
68 Zitat aus: Leonhard, Wolfgang: Die List, 700 Jahre, Norderstedt 2003, S.62. Den Anspruch der „sozialen" Heilung formulierte der Gründer des Schullazarettes Prof. Geissler in einem Vortrag vor der Generalversammlung des Fabrikanten-Vereins. Verhandlungs-Niederschrift der 30. Generalversammlung des Fabrikanten-Vereins, Mai 1918, Vortrag Dr. Geissler, S.7, in: STAH HR 23, Nr. 618, 30.
69 Um als kriegsversehrt zu gelten, musste eine attestierte kriegsbedingte Minderung der Erwerbsfähigkeit um mindestens 25% vorliegen. Das traf 1920 landesweit auf ca. 720 000 Männer zu. Insgesamt gab es laut Statistik 1 537 000 rentenberechtigte Kriegsbeschädigte.
70 Verhandlungs-Niederschrift, S.6. Weitere Schullazarette befanden sich in Hildesheim, Braunschweig und Oldenburg.
71 Verhandlungs-Niederschrift, wie Anmerkung 68, S.6.
72 Verhandlungs-Niederschrift, wie Anmerkung 68, S.6.
73 1896 kaufte Max Rüdenberg den gesamten Komplex „Schwanenburg" und gründete die Bettfedernfabrik mit ca. 60 Mitarbeitern. 1915 erfuhr Rüdenberg eine besondere Ehrung durch Generalfeldmarschall Paul von Hindenburg. Frau und Tochter Hindenburgs besuchten zusammen mit Honoratioren der Stadt das Schullazarett. Das jüdische Ehepaar Rüdenberg wurde im Dritten Reich enteignet und starb im KZ Theresienstadt.
74 Zingel, wie Anmerkung 10, S. 164.
75 „Das Schullazarett Schwanenburg zu Hannover-Linden", in: Kriegs-Beilage der Hanomag-Nachrichten, Heft 11/1916, S.173; Manuskript von Gerhard Schneider, An der Heimatfront, Stimmungsberichte aus Hannover und Linden, S. 11.
76 Verhandlungs-Niederschrift, wie Anmerkung 68, S.7.
77 Verhandlungs-Niederschrift, wie Anmerkung 68, S.7.
78 Schullazarett, wie Anmerkung 75, S.175.
79 Schullazarett, wie Anmerkung 75, S.187.
80 Schullazarett, wie Anmerkung 75, S.188.
81 Almstedt, Fr., Die Verwendung der Kriegsbeschädigten in den verschiedenen Betrieben der Metallindustrie, in: Kriegs-Beilage Hanomag-Nachrichten, Heft 1/1918, S. 5.
82 Leonhard, wie Anmerkung 68, S.61. Friedrich Leonhard ist der Vater des Verfassers.
83 Katenhusen, Ines: Die Herzader der Stadt - Die Geschichte der Georgstraße, in: von Saldern, Adelheid; Auffarth, Sid (Hg.): Wochenend und schöner Schein, Freizeit und modernes Leben in den zwanziger Jahren, Berlin 1991, S. 140. Die doppelseitige Anzeige der Firma Cuntze S. 138-139.
84 Verhandlungs-Niederschrift, wie Anmerkung 68, S.8.
85 „Ein besonders düsteres Kapitel sind die nicht als Dienstbeschädigung anerkannten Nervenleiden, an denen viele litten, die tagelanges Trommelfeuer im Schützengraben nicht ertragen konnten." Falk, wie Anmerkung 36, S. 7.
86 Kraft, Werner: Spiegelung der Jugend, Frankfurt/M. 1973, S. 56.

„Kriegsgefangene an der Feuerstelle. Irlam, Manchester". Eindrucksvoll wird die gedrückte Stimmung der deutschen Gefangenen zum Ausdruck gebracht, die gerade eine Arbeitspause einlegen. Gouache von Ernst Thoms, 1917. (VM 63008)

Andreas Fahl

Das Schicksal der Kriegsgefangenen 1914-1922

Kriegsgefangenschaft war während des 1. Weltkrieges ein Massenphänomen, von dem wahrscheinlich 8-9 Millionen Soldaten aller Kriegsparteien betroffen waren.[1] Bereits zu Beginn des Krieges geriet eine große Anzahl von Soldaten beider Seiten in Kriegsgefangenschaft. Mit dem Übergang zum Stellungskrieg sanken dann die Gefangenenzahlen und schnellten nur im Rahmen von Offensivstößen wieder in die Höhe, wobei aufgrund der Besonderheiten des Grabenkrieges die angreifende Truppe das höhere Risiko trug.

Alle Kriegsparteien waren schlecht vorbereitet auf die großen Gefangenenzahlen, mit denen man bald nach Kriegsausbruch umgehen musste. Und noch weniger war man auf die Kriegsdauer vorbereitet, die die Unterbringung, Bewachung und Versorgung zahlloser Kriegsgefangener auf dem eigenen Territorium über einen langen Zeitraum erforderte. Gefangene Soldaten schwächten zwar den Gegner, sie verschlangen aber auch eigene Ressourcen, selbst wenn man in Rechnung stellt, dass kriegsgefangene Mannschafts- und Unteroffiziersdienstgrade im großen Umfang zur Zwangsarbeit herangezogen wurden.

Obwohl Kriegsgefangene unter dem Schutz der Genfer Konvention (1864/1906) und der Haager Landkriegsordnung (1907) standen, machten sich alle Seiten in zahlreichen Fällen schwerer Verstöße gegen die darin geforderte Behandlung der Gefangenen mit Menschlichkeit schuldig. Sei es, dass im Kampfgebiet wehrlose oder kapitulierende Soldaten getötet wurden, dass Kriegsgefangene Repressalien ausgesetzt waren und als Druckmittel benutzt wurden oder verbotenerweise zum Stellungsbau im frontnahen Bereich eingesetzt wurden. Gleichzeitig wurde das Thema Kriegsgefangenschaft propagandistisch ausgeschöpft, sowohl um die eigenen Soldaten zu

Arbeiten von Kriegsgefangenen: Ringe aus Aluminium und Spielzeug-Strohstühle, zu denen ursprünglich auch ein Tisch gehörte. Die Beschäftigung mit derartigen Arbeiten diente nicht nur dem Kampf gegen die Langeweile. Die Objekte wurden auch an die Bewacher und die deutsche Zivilbevölkerung verkauft.
(VM 46099, 1-2, VM 64687, VM 64686)

disziplinieren, um die Zivilbevölkerung in der Heimat zu mobilisieren und um in der Weltöffentlichkeit zu punkten. „Der Weltkrieg war auch in dieser Hinsicht ein totaler Krieg: dem jeweiligen Kriegsgegner wurde jede erdenkliche Barbarei an wehrlosen Gefangenen unterstellt."[2]

Das persönliche Schicksal der Kriegsgefangenen war aber auch unter normalen Bedingungen hart. Besonders in Deutschland, Österreich-Ungarn und Russland litten die Kriegsgefangenen unter der gleichen mangelhaften Versorgung mit Nahrungsmitteln, der auch die Zivilbevölkerung ausgesetzt war. Sofern sie nicht Arbeitskommandos zugeteilt waren, unterlagen die Gefangenen einem oft jahrelangen, eintönigen Lagerleben ohne jede Perspektive, was in vielen Fällen zur sogenannten „Stacheldrahtpsychose" führte. Zugleich mussten sie damit leben, dass ihnen zwar der Tod an der Front erspart geblieben (oder verwehrt worden?) war, ihnen von mancher Seite aber Feigheit oder Desertion unterstellt wurde.

Die Lage der Kriegsgefangenen im Raum Hannover

Die ersten Nachrichten vom Eintreffen einer größeren Anzahl von Kriegsgefangenen in der Provinz Hannover erhält man durch eine Zeitungsannonce. Ein hannoversches Unternehmen warb am 2. September 1914 für Autofahrten nach Munster zur „Besichtigung der Gefangenen" zum Preis von 15 Mark pro Person.[3] Die Unterbringung von Kriegsgefangenen auf Truppenübungsplätzen war in dieser frühen Phase typisch, da man keine Vorsorge getroffen hatte und nur an solchen Orten entsprechendes Gelände, Baracken usw. vorhanden waren. Selbst in einer Zeit, in der man es noch gewohnt war, fremde Menschen wie Indianer oder Eskimos ähnlich Zootieren in sogenannten Völkerschauen vorgeführt zu bekommen, stieß die Absicht der Gefangenenbesichtigung aber auf Widerstand. Bereits zwei Tage später wurde in einer weiteren Anzeige die Absage der Fahrten bekanntgegeben. Einige Tage danach erläuterte ein kleiner Artikel die Gründe. Darin ist von „unwürdiger Neugierde" die Rede, aber viel ausführlicher davon, dass man wegen weiträumiger Absperrungen gar nichts sehen könnte und nur den Wachmannschaften durch Massenausflüge die verdiente Freizeit an Sonntagen nehmen würde.[4] Vermutlich hatten neben Sicherheitsaspekten aber wohl doch auch Anstandsgefühle das Stellvertretende Generalkommando zum Einschreiten bewogen. Das Bedürfnis in der Bevölkerung, einen Blick auf die gefangenen Feinde zu werfen, konnte auch anders befriedigt werden. „Wer will die Gefangenen sehen! Belgier u. Franzosen in Munsterlager!" lautete die Werbung für einen Film, den der Besitzer von Schiller-Theater und Viktoria-Theater selbst hatte drehen lassen und nun tagelang erfolgreich dem hannoverschen Publikum präsentierte.[5]

Mit der Fortdauer des Krieges konnte die provisorische Unterbringung von Kriegsgefangenen, die zunächst teilweise in Zelten und Erdlöchern hausen mussten, nicht mehr fortgesetzt werden. Auch benötigte die Armee die Flächen auf den Truppenübungsplätzen für die Ausbildung der Ersatztruppen. Ab Oktober 1914 wurde daher Munsterlager geräumt und ein Standort in Soltau zum schließlich größten Mannschaftslager im Deutschen Reich ausgebaut. Ein weiteres großes Lager mit festen Unterkünften wurde auf dem Exerzierplatz in Hameln eingerichtet. Im Oktober

Inserat aus dem Hannoverschen Anzeiger, 6. September 1914

1918 waren in Soltau 73.807 und in Hameln 57.099 Kriegsgefangene registriert, allerdings umfasst diese Zahl auch die jeweils zugehörigen zahlreichen Zweiglager bzw. Arbeitskommandos. Aus diesen Lagern stammten auch die Kriegsgefangenen, die später in der Region Hannover als Arbeitskräfte eingesetzt wurden. Das größte Offizierslager in unserem Raum befand sich in Celle-Scheuen, dort saßen 3510 Gefangene.[6]

Eine Serie von Fotos aus dem Erinnerungsalbum eines aus Hannover stammenden Landsturmsoldaten vermittelt uns einen Einblick in das Lagerleben in Scheuen im Jahre 1915. Allerdings sollte man sich von der scheinbaren Idylle nicht täuschen lassen. Scheuen war ein Offizierslager, dort

Impressionen des Offizierslagers Scheuen bei Celle, 1915/16

1. Ansicht des Lagers

2. Gefangenen-Appell

3. Essen-Empfang

1-5: aus dem Fotoalbum des Landsturmmannes Hermann Stockhausen, Hannover (VM 58654,1), 6: Foto, 1917 (Privat)

4. Langeweile

5. Kunstmaler

6. Wachmannschaft

Heimatfront Hannover 271

waren die Lebensverhältnisse grundsätzlich besser als in den Mannschaftslagern. Zudem war es gerade erst errichtet, als die Fotos entstanden. Auch gab es noch keinen so ausgeprägten Mangel an Nahrungsmitteln in Deutschland wie 1916-1918. Aufgrund ihrer gehobenen sozialen Herkunft waren die Gefangenen eher in der Lage, sich durch den Kauf von zusätzlichen Nahrungsmitteln und durch Pakete aus der Heimat zu versorgen, als man dies bei Mannschaften und Unteroffizieren erwarten kann.

Nach den internationalen Normen sollte die Nahrungsmittelversorgung der Kriegsgefangenen am Stand der Verpflegung der eigenen Truppen orientiert sein. Tatsächlich lag sie aber an der unteren Grenze. Ergänzung durch Hilfspakete aus der Heimat erhielten in erster Linie Gefangene aus den westlichen Ländern. Die sich zunehmend verschlechternde Ernährungslage in Deutschland wirkte sich auf die Kriegsgefangenen aus, so dass Hunger zu einer „zentralen Erfahrung"[7] der Gefangenen wurde. Lediglich die Gefangenen, die in der Landwirtschaft und in der Industrie arbeiteten, wurden besser versorgt. Das mögen zwei Beispiele illustrieren. In dem im November 1914 eingerichteten Lager Lichtenhorst (damals zum Kreis Neustadt/R. gehörig), dessen Insassen zur Kultivierung des Lichtenmoors eingesetzt wurden, kam es innerhalb weniger Wochen zu zahlreichen Fällen von Unterernährung. Der mehrere Monate andauernde Zustand wurde erst durch Sonderrationen abgestellt, die der Kreisausschuss im Sommer 1915 bewilligte.[8] Auf der anderen Seite beklagte der Lindener Kreisarzt rückblickend, dass Gefangene auf Bauernhöfen „[...] sämtliche Nahrungsmittel, auch Fett, in derartig reichlicher Menge [bekamen], daß es mir unverständlich war, wie die betr. Bauern mehr für die gefangenen Feinde als die eigenen städtischen Volksgenossen übrighatten."[9]

Die Haager Landkriegsordnung sah vor, dass Mannschaften und Unteroffiziere zu Zwangsarbeiten herangezogen werden durften, die allerdings nicht übermäßig sein und nicht in Verbindung zu den Kriegsunternehmungen stehen durften. In der Region Hannover begann der Einsatz von Kriegsgefangenen erst Mitte 1915. Zu den ersten „Abnehmern" gehörten das Kalibergwerk „Friedrichshall" in Sehnde, die Gasanstalt Hannover, das Portland Cementwerk „Germania" in Misburg und das Alkaliwerk Ronnenberg.[10] Der Einsatz von Kriegsgefangenen in der Landwirtschaft erfolgte zumindest im Landkreis Linden

Ein Arbeitskommando russischer Kriegsgefangener aus dem Lager Scheuen mit zwei Landsturmsoldaten als Bewachung auf einem Bauernhof. Foto, 1915/16 (aus VM 58654,1)

erst mit der Ernte 1915, bis dahin war man der Ansicht, genügend Arbeitskräfte zur Verfügung zu haben und wollte im Zweifelsfall lieber (polnische) Saisonarbeiter beschäftigen, die man wohl als arbeitsamer und zuverlässiger einschätzte.[11] Aber schon kurz nach Beginn des Einsatzes von rund 1250 Kriegsgefangenen in den früheren Kreisen Hannover, Linden, Neustadt und Springe urteilte die Landwirtschaftskammer, dass deren Einsatz wertvoller sei als ursprünglich angenommen.[12]

Seit 1916 wandelte sich das Bild dann gänzlich. Der Mangel an Arbeitskräften, der auch durch Frauen und Jugendliche nicht ausgeglichen werden konnte, ließ sich nun nicht einmal mehr mit Kriegsgefangenen decken, obwohl zu diesem Zeitpunkt von den reichsweit 1,6 Millionen Kriegsgefangenen 90% beschäftigt waren.[13] Die Anträge aus Industrie und Landwirtschaft auf Überlassung von Kriegsgefangenen überstiegen auch im Bereich Hannover die Zahl der vorhandenen arbeitsfähigen Gefangenen. Von den ursprünglich befristeten Einsätzen ging man mehr und mehr zu Dauerstellungen für Kriegsgefangene über. Ebenso mussten die Kriegsgefangenen nun meist nicht mehr täglich von einem Lager zu ihrer Arbeitsstelle marschieren, sondern wurden beispielsweise auf den Bauernhöfen dauerhaft untergebracht. Sicherheitsbedenken der Militärbehörden mussten angesichts der wirtschaftlichen Probleme zurückstehen. Dabei kam es in Einzelfällen auch zu Misshandlungen von Gefangenen oder Einsatz unter unzumutbaren Arbeitsbedingungen, in solchen Fällen drohte den Arbeitgebern der Entzug der Kriegsgefangenen.[14]

Besorgter war man bei den Militärbehörden über eine zu gute Behandlung und zu enge Kontakte der Kriegsgefangenen mit der deutschen Bevölkerung. Das Kriegsministerium wies besonders darauf hin, dass für Kriegsgefangene in den Betrieben hinsichtlich Arbeitszeit, Überstunden etc. die gleichen Regeln galten wie für freie Arbeiter. „Irgend welche Abweichungen zugunsten der Kriegsgefangenen würden keinem deutschen Arbeiter verständlich sein."[15] Das Stellvertretende Generalkommando des X. Armeekorps verpflichtete die Bevölkerung, nur die notwendigsten Kontakte zu den Kriegsgefangenen zu unterhalten, wie sie sich etwa aus der gemeinsamen Arbeit ergaben.[16] Ein Schreiben des Stellvertretenden Generalkommandos des XI. Armeekorps (Kassel), das auch im hiesigen Korpsbereich verteilt wurde, beklagte eine nach Art und Maß unerlaubte Verpflegung der Kriegsgefangenen und dass die örtlichen Polizeibehörden (in kleineren Orten) gerne darüber hinwegsahen, wenn die Gefangenen den Ortsbereich verließen oder Schankwirtschaften aufsuchten.[17] Unter Strafe gestellt waren sexuelle Beziehungen zu Kriegsgefangenen, allerdings wurde dies Thema erst gegen Kriegsende auch öffentlich angesprochen, um die Soldaten an der Front nicht zu verunsichern und „das Ansehen der deutschen Frau im Ausland" nicht zu beschädigen.[18] Ein Massenphänomen war dies ohnehin nicht, sondern mehr Ausdruck männlicher Ängste.

Nach den überlieferten Auflistungen hatten die Arbeitskommandos in Industriebetrieben im Raum Hannover ganz unterschiedliche Größen. Die Spannweite reichte von einem Kriegsgefangenen beim „Hannoverschen Anzeiger" bis hin zu 1099 bei den Greiserwerken.[19] Die Masse der Betriebe in Hannover und dem Umland beschäftigte bis zu 50 Kriegsgefangene, nur wenige ragten

Kriegsgefangene Belgier, Franzosen und Russen bei der Hanomag, vor der Kriegsküche angetreten zur Essensausgabe. (aus: Kriegs-Beilage der Hanomag-Nachrichten, Heft 8/1917)

darüber hinaus. Diese Betriebe lassen sich alle im weiteren Sinne dem Heeresbedarf zuordnen, wie die Zementwerke Germania, Gebrüder Körting, das Eisenbahnausbesserungswerk Leinhausen, das Eisenwerk Wülfel oder die Hannoversche Waggonfabrik.[20] Wie im ganzen Deutschen Reich war in der Region Hannover der weitaus größte Teil der Gefangenen im Agrarsektor beschäftigt.[21] Ohne den Einsatz von Kriegsgefangenen hätte sich die Produktion von Nahrungsmitteln noch mehr verschlechtert, als es ohnehin der Fall war.

Wenn man nun fragt, warum der Arbeitseinsatz von Kriegsgefangenen offensichtlich effektiv war (man könnte ja auch anderes erwarten), so ist die Antwort vielschichtig. Sicherlich bedeutete der Arbeitseinsatz für viele Gefangene das Ende der unerträglichen Monotonie des Lagerlebens. Darüber hinaus wurden die Gefangenen für ihre Arbeit entlohnt, wenn auch in einer speziellen Gefangenenwährung, um ihnen etwaige Fluchtversuche zu erschweren. Im Bereich des X. Armeekorps erhielten sie ein Scheckheft, in das Wertmarken eingeklebt wurden, die sie in den Lagerkantinen und gleichgestellten Läden einlösen konnten. Überdies erhielten arbeitende Kriegsgefangene eine bessere Verpflegung, schließlich waren die Betriebe an der Erhaltung ihrer Arbeitskraft interessiert. In der Landwirtschaft, wo meist nur 1 – 2 Gefangene auf einem Hof arbeiteten, nahmen die Kriegsgefangenen oft die traditionelle Rolle der Knechte ein. Das bedeutete in den meisten Fällen Teilnahme am Essen der Bauernfamilie und eine größere Freiheit, da es faktisch kein Wachpersonal gab.[22] Besonders die russischen Kriegsgefangenen, die überwiegend vom Lande stammten, ließen sich gut in die hiesigen ländlichen Lebens- und Arbeitsverhältnisse integrieren.

Die Beendigung der Kriegsgefangenschaft erfolgte für die Soldaten aus den westlichen Ländern sehr schnell nach Kriegsende. Bereits Anfang 1919 waren im Landkreis Linden keine Kriegsgefangenen mehr aus diesen Staaten.[23] Anders sah es mit den russischen Gefangenen aus. Eigentlich hätte man erwarten müssen, dass die Russen bereits im Frühjahr 1918, nach dem Friedensschluss von Brest-Litowsk, in ihre Heimat entlassen worden wären. Dem hatte allerdings die Oberste Heeresleitung einen Riegel vorgeschoben. Die Rechnung, die Ludendorff aufmachte, war ganz einfach. In Deutschland gab es 1,2 Millionen russische Kriegsgefangene, die größtenteils in der Kriegswirtschaft arbeiteten. Demgegenüber befanden sich nur maximal 180.000 Deutsche in russischer Gefangenschaft. Ein Gefangenenaustausch hätte sie zwar befreit, aber zugleich die deutsche Kriegswirtschaft schwer beschädigt. Also verzögerte die OHL den Gefangenenaustausch mit Russland möglichst lange.[24] Auch nach Kriegsende verblieben noch zahlreiche russische Soldaten in Deutschland; nicht zuletzt als Folge der chaotischen Zustände nach der Oktoberrevolution in Russland. Überdies widerstrebte vielen Kriegsgefangenen die Rückkehr in ihre zerrüttete Heimat. Im Herbst 1919 forderte die Inspektion der Kriegsgefangenenlager des X. Armeekorps von den hiesigen Landwirten, sie

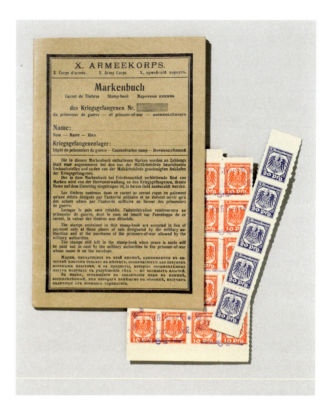

Als Bargeldersatz zur Entlohnung von Kriegsgefangenen wurden im Bereich des X. Armeekorps im April 1915 Scheckhefte für Wertmarken eingeführt. (VM 63431, 63433)

sollten die russischen Soldaten nach der Ernte nicht einfach sich selbst überlassen, sondern in den Stammlagern abliefern, anderenfalls würden diese sich neue Arbeit suchen.[25] Erst 1922 waren, bis auf wenige Männer, die nicht ihre Heimat zurückkehren wollten, alle russischen Kriegsgefangenen aus unserer Region zurückgeschickt worden.[26]

Deutsche Soldaten in Kriegsgefangenschaft

Der Bewegungskrieg der ersten Kriegsphase führte auch bei den deutschen Truppen zu bedeutenden Ausfällen durch Gefangennahme. Rund 1 Million deutsche Soldaten gerieten von 1914-1918 in Kriegsgefangenschaft.[27] Die meisten Soldaten büßte das Heer allerdings zum Ende des Krieges ein, mit den Frühjahrsoffensiven im Westen, infolge der alliierten Gegenstöße und durch zunehmende Erschöpfungs- und Zerfallserscheinungen der Truppe.

Die Lage der deutschen Kriegsgefangenen war sehr unterschiedlich, selbst innerhalb der ein-

Mitteilung eines deutschen Offiziers über seine Gefangennahme an die Ehefrau in Dannenberg. Vorgedruckte Postkarte (Rückseite), 1918 (VM 60558,1).

zelnen Staaten. In Russland wurden die Offiziere mit großen Privilegien ausgestattet, vergleichbar der Stellung ihrer russischen Standeskollegen. Bessere Versorgung, bessere Unterbringung (teils sogar Privatquartiere) und bisweilen eine gewisse Freizügigkeit charakterisierten ihre Lage. Die Mannschaften und Unteroffiziere waren wesentlich schlechter gestellt und besonders betroffen von der schlechten Ernährungslage in Russland. Auch forderten Epidemien unter ihnen große Opfer. Furchtbare Verluste erlitten sie beim Arbeitseinsatz an Projekten wie der Murmanbahn. Dagegen erlebten Gefangene, die in der Landwirtschaft eingesetzt wurden, eine ähnlich gute Aufnahme wie die Kriegsgefangenen in Deutschland. In den Wirren nach der Februar- und der Oktoberrevolution erlangten die Kriegsgefangenen zeitweilig größere Freiheiten, wurden örtlich aber auch ohne Versorgung völlig sich selbst überlassen.[28]

Großbritannien verbrachte sämtliche gefangenen Offiziere, aber nur einen Teil der Mannschaften, in Lager auf den britischen Inseln. Die Masse der von britischen Truppen gefangengenommenen Deutschen landete in Kriegsgefangenenlagern in Frankreich. Die Behandlung der Gefangenen gilt als eng an den internationalen Vorgaben orientiert. Die in Großbritannien internierten Kriegsgefangenen wurden erst ab Ende 1916 in größerer Zahl zum Arbeitseinsatz verpflichtet, während die Gefangenen in Frankreich bereits vorher von der britischen Militärverwaltung hinter der Front eingesetzt wurden. Die Rückführung aller deutschen Soldaten aus britischer Gefangenschaft war im April 1920 beendet.[29] Zu den (aus heutiger Sicht) prominenten Gefangenen in Großbritannien gehört der hannoversche Maler Ernst Thoms (1896–1983), der als siebzehnjähriger Kriegsfreiwilliger im Oktober 1914 in Flandern in englische Kriegsgefangenschaft geriet und erst im November 1919 in seine Heimat zurückkehren konnte. In frühen Werken vermittelt er einen beklemmenden Eindruck von der Eintönigkeit des Lagerlebens.

Zwischen Frankreich und Deutschland entwickelte sich die Kriegsgefangenfrage zu einem ganz besonderen Problem. In allen Ländern war die Behandlung der Kriegsgefangenen eng mit der öffentlichen Meinung verknüpft. In Frankreich, das durch die teilweise Besetzung und das damit verbundene rigide deutsche Besatzungssystem sowie die fortschreitende Verwüstung der Landstriche im Frontbereich vom Krieg besonders betroffen war, entstand eine Stimmung, die sich auf die Behandlung der Kriegsgefangenen auswirkte. Zwar war auch Frankreich grundsätzlich bemüht, die internationalen Normen einzuhalten, aber die Hemmschwelle, mit Repressalien gegen die Kriegsgefangenen auf Maßnahmen des Feindes zu reagieren, war geringer. Dies galt umgekehrt aber genauso: als Frankreich 1915 einen Teil der Kriegsgefangenen nach Dahomey und Marokko verlegte, antwortete das Deutsche Reich mit dem Einsatz von 23.000 Franzosen in der Moorkolonisation in Ostfriesland, wobei die Lebensbedingungen für die Gefangenen dort sehr schlecht waren. Das Prinzip der gegenseitigen Vergeltung bestimmte, trotz aller Bemühungen des Roten Kreuzes und neutraler Staaten, den Umgang mit den Kriegsgefangen aus Deutschland und Frankreich. Entsprechend hart war die französische Haltung auch nach Kriegsende. Man bestand darauf, die deutschen Gefangenen beim Wiederaufbau der kriegszerstörten Gebiete in Nordfrankreich einzusetzen. Die Repatriierung deutscher Kriegsgefangener wurde erst nach der Unterzeichnung des Versailler Friedensvertrages am 10.01.1920 eingeleitet, was in Deutschland große Verbitterung hervorrief.[30]

„Deutsche und türkische Waffenkameraden im Lager „Oddo"", im Hafen von Marseille. In der letzten Reihe, vierter von links, Feldwebel O. Bobbe vom Infanterieregiment 74, aus dessen Album das Bild stammt. Foto, 1915/16 (aus VM 60534)

Als Beispiel für das Schicksal der deutschen Kriegsgefangenen und ihrer Angehörigen mag der Wehrmann Alexander Kaiser vom Reserve-Infanterieregiment 74 dienen, ein Arbeiter aus Linden. Seit Anfang Februar 1915 wartete seine Frau Käthe mit ihren zwei Kindern auf Nachricht. In einem Brief vom 13. Februar brachte sie ihre Verzweiflung zum Ausdruck: „Ich warte nun schon 12 Tage mit Schmerzen auf ein paar liebe Zeilen von dir aber immer vergeblich l[ieber]. Alex ich weiß garnicht was ich denken soll das du mir nicht schreibst [...] ich bin ganz verzweifelt und krank ich kann nicht essen und nicht trinken vor Schmerz und Kummer und ich kann es dir sagen ich hab keine Lust zum leben mehr. Mein liebster ich schreibe dir diese Zeile im tiefen Schmerz und in der größten Eile den[n] ich muß jetz[t] für immer um 3 Uhr meinen Dienst antreten das kannst du dir denken wie ich mich oft ab rennen und jagen muß und die Kinder muß ich immer allein laßen [...]."[31] Käthe Kaiser hatte als „Kriegerfrau" eine Stelle als Straßenbahnschaffnerin annehmen müssen, um sich und die Kinder durchzubringen. Überdies musste sie ihren Mann unterstützen, sowohl im Felde wie auch in Kriegsgefangenschaft. Mehrere Anfragen von Käthe Kaiser bei den zuständigen Stellen,

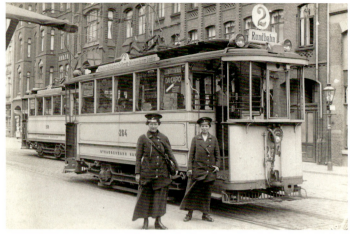

Der Versand von Fotopostkarten half, den Kontakt zwischen den Gefangenen und ihren Angehörigen aufrechtzuerhalten. Alexander Kaiser in französischer Kriegsgefangenschaft und seine Frau Käthe als Straßenbahnschaffnerin (links). Fotopostkarten, 1916 (Privat)

auch beim französischen Kriegsministerium, blieben zunächst erfolglos. Erst am 15. April erreichte sie eine Karte ihres Mannes aus dem Lager Maillot in Algerien: „Liebe Käthe, teile Dir zum 3 male mit daß ich mich in französischer Gefangenschaft befinde habe aber von Dir bis jetzt noch keine Nachricht erhalten mir geht es soweit ganz gut was ich von Euch auch hoffe. Ich möchte Dich nun herzlich bitten mir so schnell wie möglich Geld zu schicken Cigaretten und dicke Schokolade ev. auch kleine Pakete mit Fettigkeiten." Der weitere Briefwechsel ist gekennzeichnet vom Trennungsschmerz und von der gegenseitigen Sorge (auch um die Kinder). Hilflos erfährt der Gefangene, dass es Probleme mit der Wohnung gibt. Und natürlich werden auch Verstimmungen deutlich, etwa wenn Alexander Kaiser darauf drängt, seine Frau möge ihm nun endlich eine Uhr schicken, obwohl ihm ihre schwierige Lage bewusst war. Das Martyrium von Alexander und Käthe Kaiser endete mit seiner Freilassung im Februar 1920.

Geflüchtete oder ausgetauschte Soldaten dienten als Nachrichtenquelle, um die Bevölkerung und die Frontsoldaten über die Lage der deutschen Kriegsgefangenen zu informieren. Die Briefe, die aus den Lagern nach Deutschland kamen, waren schließlich zensiert. Aber auch die Erlebnisberichte wurden instrumentalisiert, etwa wenn im „Continental Kriegs-Echo" ein ausgetauschter Continental-Mitarbeiter über die barbarischen Strafen in einem nordafrikanischen Gefangenenlager berichtete.[32] Über die Zeitschrift, die von dem Unternehmen vierzehntägig an ihre eingezogenen Mitarbeiter an die Front verschickt wurde, gelangte die unmissverständliche Botschaft zu den

In amerikanischer Kriegsgefangenschaft: deutsche Soldaten beim Arbeitseinsatz in der Bretagne. Foto, Juli 1919. Zu dem Kommando gehörte auch der Hannoveraner Hermann Stockhausen, aus dessen Album das Bild stammt (VM 58654,3)

Soldaten: nur nie in Gefangenschaft geraten. Demgegenüber steht die Mitteilung eines Soldaten aus einem englischen Lager in Frankreich an seine Freundin: „Siehst Du, war es nicht gut den Talisman mitzunehmen? Er hat seine Wirkung getan. [...] Ich persönlich habe äußerst gutes Leben. Im Lager haben wir Kantine. Es gibt: Zigaretten, Taback + ich habe mir kurze Pfeife rauchen angewöhnt. Lachs, Sardinen, Milch etc."[33]

Die Kriegsgefangenenhilfe Hannover

Um das Leben der Kriegsgefangenen zu erleichtern, wurden mit Hilfe neutraler Staaten und des Internationalen Komitees vom Roten Kreuz (IKRK) Post, Pakete, Lebensmittel und viele andere Dinge wie Bücher, Spiele, Noten usw. verschickt. Immer wieder appellierten die Spendensammler an die Bevölkerung, die Kriegsgefangenen und ihr hartes Schicksal nicht zu vergessen. Die Tätigkeit der Hilfsorganisationen war vielfältig, wie sich am Beispiel der Kriegsgefangenenhilfe Hannover zeigen lässt. Aus einer von Mitgliedern der Deutsch-Hannoverschen Partei initiierten Spendensammlung zugunsten des Heeres (Hannoversche Kriegsspende) im Oktober 1914 entstanden, entwickelte sich die Kriegsgefangenenhilfe zu einem Verein, der dem Roten Kreuz angegliedert war. Die ursprünglich angestrebte selbstständige Rolle musste aufgegeben werden, da auf eine Zentralisierung der Hilfsorganisationen gedrängt wurde. Hannover unterstand daher bald der norddeutschen Zentrale in Hamburg, was allerdings Vorteile mit sich brachte, da man die vielfältigen internationalen Beziehungen Hamburger Kaufleute für die Kriegsgefangenenhilfe nutzte.[34]

Die hauptsächliche Zielgruppe des hiesigen Zweigvereins waren Soldaten aus der Provinz Hannover und deren Angehörige. Die selbst gestellte Aufgabe bestand in der Klärung des Schicksals vermisster Soldaten, in der Unterstützung der Angehörigen beim Briefwechsel mit den Kriegsgefangenen und durch den Versand von Liebesgaben an unterstützungsbedürftige Gefangene. Im Oktober 1915 beispielsweise organisierte die Kriegsgefangenenhilfe Hannover den Versand von 8.000 Paketen mit Winterausrüstung, die über das schwedische Rote Kreuz an Kriegsgefangene in Sibirien

Deutsches Hilfswerk für Kriegsgefangene. Aufruf zum Opfertag in Hannover, Plakat, 1919 (VM 17249)

verteilt werden sollten. An der erforderlichen Summe von 125.000 Mark beteiligte sich die Stadt Hannover mit einem Zuschuss von 20.000 Mark.[35]

Ortsgruppen der Kriegsgefangenenhilfe Hannover bildeten sich vielerorts. Die Zentrale, der Arbeitsplatz der meisten ehrenamtlichen Helfer, befand sich in Hannover in Räumen am Theaterplatz, die lange Zeit der Bankier Basse unentgeltlich zur Verfügung stellte. Hier wurden Suchanträge entgegengenommen und Angehörige erhielten Rat in „wirtschaftlichen Nöten".[36] Die Mitarbeiter halfen den oft keiner Fremdsprache mächtigen Menschen, die Briefe ins Ausland richtig zu adressieren und wenn notwendig, zu übersetzen, nichts Verbotenes zu verschicken oder auch ihren gefangenen Männern Geld, Nahrungsmittel (wenigstens solange wie die deutsche Versorgungslage dies ermöglichte), Kleidung usw. zukommen zu lassen.

Aus den Nachrichten, die sowohl bei der Kriegsgefangenenhilfe wie auch bei den Angehörigen eingingen, fertigte die Hamburger Zentrale Berichte über die Zustände in den verschiedenen Lagern an. „Sie waren streng vertraulich und nur für uns bestimmt, setzten uns aber in den Stand, besorgte Angehörige zu beruhigen, eingehende Klagen richtig zu bewerten und Bittgesuche von der ganzen Lage der Verhältnisse in dem betreffenden Lager aus zu beurteilen."[37] Über das IKRK wurde, vielfach erfolgreich, versucht, auf die Umstände vor Ort einzuwirken. Teilweise gab es auch direkte Korrespondenz mit den Lagerkommandanten. Der nach Kriegsende verfertigte Bericht über die Tätigkeit der hannoverschen Kriegsgefangenenhilfe vermittelt den Eindruck, dass es auch auf der Gegenseite vielfältige Bestrebungen gab, menschlich mit den Kriegsgefangenen umzugehen. Aber es wird ebenso deutlich, dass die bekannten Probleme, etwa der sibirischen Lagerhaft, auch hier spürbar waren. Besonders beklagt wurde, dass die Behandlung der Kriegsgefangenen in französischen Lagern sich nach dem Waffenstillstand drastisch verschlechterte. Nach der Freilassung der französischen Gefangenen aus Deutschland gab es für die französische Seite keinen Anlass mehr, Zurückhaltung zu üben. Nicht zuletzt die späte Rückkehr dieser Kriegsgefangenen war der Anlass, dass die Kriegsgefangenenhilfe Hannover bis in das Jahr 1920 hinein tätig blieb.

1 Oltmer, Jochen: Einführung. Funktion und Erfahrungen von Kriegsgefangenschaft im Europa des Ersten Weltkrieges. In: Oltmer, Jochen (Hg.): Kriegsgefangene im Europa des Ersten Weltkriegs, Paderborn, München, Wien, Zürich 2005, S. 11-23, hier S. 11.
2 Enzyklopädie Erster Weltkrieg, S. 642.
3 Hannoverscher Anzeiger vom 02.09.1914.
4 „Warum wir nicht in Massen nach Munster und Soltau fahren sollen", Hannoverscher Anzeiger vom 10.09.1914.
5 Hannoverscher Anzeiger vom 06.09.1914.
6 Zahlen nach Doege, W.: Kriegsgefangene Völker, 1921, zitiert nach: Oberschelp, Reinhard: Stahl und Steckrüben, Bd. 1, Hameln 1993, S. 50.
7 Oltmer, wie Anmerkung 1, S. 18. Dies gilt auch für die Kriegsgefangenen in Österreich-Ungarn und in Russland.
8 Rund, Jürgen: Ernährungswirtschaft und Zwangsarbeit im Raum Hannover 1914 bis 1923, Hannover 1992, S. 284-286.
9 Zitiert nach Rund, wie Anmerkung 9, S. 287, Anmerkung 182.
10 NHStA Hannover, Hann 122a, Nr. 7013, Liste der industriellen Kriegsgefangenenkommandos 1914-1918, erstellt für die Inspektion der Kriegsgefangenenlager des X. Armeekorps, 1919. Das bei Rund, wie Anmerkung 8, S. 261 schon für Juni 1915 als Arbeitgeber für Kriegsgefangene genannte Zementwerk Germania taucht in der Liste allerdings erst ab 1917 auf. Vermutlich war die Buchführung über die Kriegsgefangenen schon 1919 nicht mehr exakt nachvollziehbar.
11 Rund, wie Anmerkung 8, S. 261.
12 Rund, wie Anmerkung 8, S. 262f.
13 Oltmer, Jochen: Unentbehrliche Arbeitskräfte. Kriegsgefangene in Deutschland 1914-1918. In: Oltmer, Jochen (Hg.): Kriegsgefangene im Europa des Ersten Weltkriegs, Paderborn, München, Wien, Zürich 2005, S. 67-96, hier S. 70.
14 Oberschelp, wie Anmerkung 6, S. 53.
15 NHStA Hannover, Hann 122a, Nr. 7012, Verfügung des Kriegsministeriums vom 03.05.1917.
16 NHStA Hannover, Hann 122a, Nr. 7012, Bekanntmachung vom 22.08.1916.
17 NHStA Hannover, Hann 122a, Nr. 7012, Schreiben vom 07.06.1917.
18 Schreiben des Kriegsministeriums an das Ministerium des Inneren vom 25.06.1917, zitiert nach Rund, wie Anmerkung 8, S. 295.
19 Die Greiserwerke GmbH in der Angerstraße (Hannover-Oststadt) produzierten Industriedichtungen für Dampfmaschinen, Kompressoren etc. Möglicherweise beruht die enorm hohe Zahl an Kriegsgefangenen neben einer Art Monopolstellung in diesem Industriezweig auch auf Rüstungsaufträgen.
20 Liste der industriellen Kriegsgefangenenkommandos, wie Anmerkung 10.
21 Eine vergleichbare Liste wie zu den in der Industrie beschäftigten existiert nicht. Die Zahlen für das Deutsche Reich lauten: 1916. 1,45 Millionen beschäftigte Kriegsgefangene, davon Landwirtschaft über 750.000, Industrie 330.000; Ende 1918: 1,9 Millionen beschäftigte Kriegsgefangene, davon 936.000 in der Landwirtschaft.
22 Oltmer, wie Anmerkung 13, S. 85.
23 Rund, wie Anmerkung 8, S. 270.
24 Oltmer, wie Anmerkung 13, S. 95.
25 NHStA Hannover, Hann 122a, Nr. 7013, Schreiben vom 05.10.1919.
26 Rund, wie Anmerkung 8, S. 277.
27 Oltmer, wie Anmerkung 1, S. 13.
28 Wurzer, Georg: Die Erfahrung der Extreme. Kriegsgefangene in Russland 1914-1918, in: Oltmer, Jochen (Hg.): Kriegsgefangene im Europa des Ersten Weltkriegs, Paderborn, München, Wien, Zürich 2005, S. 97-125.
29 Panayi, Panikos: Normalität hinter Stacheldraht. Kriegsgefangene in Großbritannien 1914-1919, in: Oltmer, Jochen (Hg.): Kriegsgefangene im Europa des Ersten Weltkriegs, Paderborn, München, Wien, Zürich 2005, S. 126-146.
30 Delpal, Bernard: Zwischen Vergeltung und Humanisierung der Lebensverhältnisse. Kriegsgefangene in Frankreich 1914-1920, in: Oltmer, Jochen (Hg.): Kriegsgefangene im Europa des Ersten Weltkriegs, Paderborn, München, Wien, Zürich 2005, S. 147-164.
31 Für den Einblick in die Briefe von Alexander und Käthe Kaiser dankt der Verfasser Herrn Wolfgang Rost, Hannover.
32 Continental Kriegs-Echo, Heft 62, 15.08.1917, „Erlebnisse aus der französischen Kriegsgefangenschaft".
33 Brief des Unteroffiziers Alfred Griese vom 28.02.1918 aus einem englischen Kriegsgefangenenlager in Frankreich. Historisches Museum Hannover, VM 60631.
34 Ballauf, M.: Bericht über die Kriegsgefangenenhilfe Hannover 1914-1920, Hannover 1920, S. 6f.
35 Hannoverscher Anzeiger vom 03.10.1915, S. 3.
36 Ballauf, wie Anmerkung 33, S. 8.
37 Ballauf, wie Anmerkung 33, S. 17.

Extrablatt des Hannoverschen Kuriers, erschienen nach dem 13. November 1918 (VM 46897)

Werner Heine

Novemberrevolution in Hannover
Verlauf und Auswirkungen

Die Stimmung in der Bevölkerung hatte sich in der Stadt erstmals ab der Jahresmitte 1918 rapide verschlechtert. Polizeipräsident von Beckerath konstatierte in einem Bericht an den hannoverschen Regierungspräsidenten eine vermehrte Unruhe und Unzufriedenheit über den Lebensmittelmangel und die hoffnungslose militärische Situation, die „auch weit in den Mittelstand hineinreiche."[1]

Mit dem Eintritt sozialdemokratischer Politiker in das Kabinett Max von Badens im Oktober schien durch eine „Revolution von oben" eine „Revolution von unten" verhindert werden zu können.[1a] Emphatisch begrüßte die hannoversche Tageszeitung der MSPD, „Volkswille", die neue „Volksregierung", nicht ohne gleichzeitig vor „Unbesonnenheiten" zu warnen.[2]

Anlass hierzu waren offenbar Anfang November in der Stadt vereinzelt aufgetauchte Flugblätter, die die Regierung Max von Badens des Betruges beschuldigten und die Soldaten der Garnison zum „Ungehorsam" aufforderten.[3]

Jedoch ließen sich die inzwischen bekannt gewordenen Aufstände der Kieler Matrosen gegen die Admiralität und die Solidarisierung mit der Arbeiterschaft durch die Pressezensur nicht länger verschweigen.[4] Die Matrosenbewegung begann sich unaufhaltsam auf weitere Städte auszuweiten.[5]

„Am unheimlichsten sind die Meldungen aus Hannover", erinnert sich der Reichskanzler rückblickend: „...die Stadt ist von zugereisten Marinemannschaften überrumpelt worden."[6]

Lassen wir die Geschehnisse der ersten Revolutionstage Revue passieren.

„Veränderlich, mild, strichweise Nebel, vielerorts leichte Regenfälle" - mit diesen Worten beschreibt der Hannoversche Anzeiger die Wetterlage in Hannover am 6. November 1918.[7] Das Thermometer an der Kröpcke-Uhr zeigt erträglich milde 10 Grad. Die politische Wetterlage indes scheint sich weit stürmischer zu entwickeln.

In der Nacht vom 6. auf den 7. November passiert eine Gruppe von 60 Marinesoldaten, ausgerüstet mit Urlaubsscheinen, ausgestellt von den neu gebildeten Arbeiter- und Soldatenräten

Das Kabinett des Reichskanzlers Prinz Max von Baden. Plakat, 1918 (VM 41123)

verschiedener deutscher Küstenstädte den Eisenbahnknotenpunkt Hannover. Der Kommandant der Bahnhofswache erkennt diese Papiere nicht an, es kommt zu Verhaftungen. Doch der Zulauf wird immer größer. Vergeblich versucht die Bahnhofskommandantur, die Bahnsteige zu sperren. Am 7. November gegen 2 Uhr früh sprengen die Wartenden die Postenketten, entwaffnen die Bahnhofswache und übernehmen selbst das Kommando.[8]

Zielstrebig beginnen die Revolutionäre mit der Befreiung von Militärgefangenen, unterstützt von Soldaten aus den Kasernen des Infanterieregiments Nr. 74 am Welfenplatz, die sich den Matrosen angeschlossen haben. Waffen werden ausgeteilt, nachdem die Kasernenwachen entwaffnet sind. Der nun auf 600 Mann angewachsene Trupp marschiert unter roten Fahnen und dem Ruf „Hoch die Revolution - nieder mit der Monarchie" zum Militär-Arresthaus am Waterlooplatz. Arrestanten und internierte Matrosen werden freigelassen; Kleiderkammern ausgeräumt.[9] Inzwischen ist die Menge auf über 1000 Marschierende angewachsen. Die Aufständischen besetzen, ohne auf nennenswerten Widerstand zu stoßen im Handstreich sowohl das Bezirkskommando am Goetheplatz als auch das Generalkommando des X. Armeekorps in der Adolfstraße. Dadurch werden die Schaltzentralen der hannoverschen Garnison lahmgelegt. Wieder werden Waffen und aus den Magazinen konfiszierte Kleidungsstücke an befreite Festungsgefangene, die sich in dünner Anstaltskleidung am Protestmarsch beteiligt haben, ausgeteilt. Hier und da kommt es zwar noch zu Schießereien und kleinen Scharmützeln, doch ohne nennenswertes Blutvergießen.

Innerhalb einiger Stunden waren also die militärischen Spitzen der hannoverschen Garnison teils verschwunden, teils „von einer Lähmung befallen"[10] und den „Sturmvögeln der Revolution"[11] die militärische Macht nahezu kampflos zugefallen.

Noch am Vormittag des 7. November konstituierte sich aus den Reihen der Aufständischen ein provisorischer Soldatenrat, der - nachdem ein Versuch, die Arbeiter der HANOMAG in Linden zur Niederlegung der Arbeit zu bewegen, offenbar gescheitert war -[12] Kontakt zur örtlichen Führung der SPD aufnahm.

Die hannoversche Arbeiterschaft trat den revolutionären Matrosen somit in der Gestalt der sozialdemokratischen Reichstagsabgeordneten August Brey, Adolf Fischer und Friedrich Rau sowie durch den Arbeitersekretär und Journalisten Robert Leinert entgegen.

Diese erfahrenen „Berufspolitiker" mussten nun, um das Gesetz des Handelns nicht an eine politisch konzeptionslose Matrosenbewegung zu verlieren, schnell zu Entscheidungen gelangen. Da, wie schon erwähnt, die militärische Führung paralysiert oder verschwunden und

Das Bezirkskommando I am Goetheplatz als wichtiger Sitz der Militärverwaltung gehörte zu den ersten Zielen der Revolutionäre in Hannover. Foto, 8. April 1915 (VM 65231)

ebenso die städtische Verwaltungsspitze in Gestalt des Stadtdirektors Tramm „in so hochernster Stunde nicht zu erreichen war"[13] war offensichtlich ein Machtvakuum eingetreten, das es auszufüllen galt.[14]

Die erste Proklamation eines überstürzt konstituierten „Vorläufigen Arbeiter- und Soldatenrats, der sich aus vier Soldaten und den schon erwähnten hannoverschen SPD-Funktionären zusammensetzte, wurde als Flugblatt am Vormittag des 7. November verbreitet. Sie enthielt außer der Aufforderung, „...unter allen Umständen dafür Sorge zu tragen, dass ... Ruhe und Ordnung nirgends gestört werden...", keine politischen Forderungen oder Informationen über die Tragweite der sich anbahnenden politischen Veränderungen. Eine „Massenversammlung" der Soldaten wurde für 14 Uhr auf dem Klagesmarkt angesetzt, zu einer Zeit also, da man die Arbeiterinnen und Arbeiter in den Betrieben wusste und eine spontane Solidarisierung mit den Soldaten nicht zu befürchten war.

Dieser vorläufige „Arbeiter- und Soldatenrat" wandte sich nun wie selbstverständlich an die alten Mächte in Gestalt des inzwischen das Generalkommando befehligenden Garnisonsältesten und des Magistrats. Das Ergebnis war die Vereinbarung eines erneut nur aus Recht- und Ordnungsparolen bestehenden Forderungskataloges,[15] der nicht ohne politische Folgen bleiben sollte. Aus den für den Abend anberaumten Wahlen in den Kasernen ging ein „Unabhängiger Soldatenrat" hervor,

Robert Leinert (1873-1940), der gelernte Maler war seit 1906 Sekretär der SPD für die Provinz Hannover, ab 1908 Mitglied des preußischen Abgeordnetenhauses. Im November 1918 wurde er vom Bürgervorsteherkollegium zum Oberbürgermeister von Hannover gewählt. Foto, um 1924 (Stadtarchiv Hannover)

eine Art „Gegenrat", der mit den Forderungen nach Abschaffung militärischer Hierarchien und jeglicher Zensur und der Einführung von Versammlungs- und Redefreiheit weit radikalere Töne - vergleichbar der Programmatik der Kieler Matrosen - anschlug.[16]

Für den folgenden Nachmittag wurde zu einer Massenversammlung in der Stadthalle eingeladen, um eine Annäherung der unterschiedlichen Standpunkte zu erreichen. Der von den örtlichen SPD-Funktionären gesteuerte „Vorläufige Rat" erzielte noch vor Beginn dieser Sitzung einen taktischen Kompromiss mit den „Unabhängigen": danach blieben alle politischen Forderungen des „Unabhängigen Rates" nach Wegfall von Zensur und militärischer Bevormundung erhalten. In der Frage nach der Bewaffnung der Bahnhofswache, sicherlich eine der wichtigsten Schaltstellen der Macht in diesen Tagen des verstärkten Eisenbahnverkehrs in allen Himmelsrichtungen, gab es Vorbehalte. Eine klare Regelung unterblieb und führte zu eigenmächtigem Vorgehen radikaler Matrosenkommandos im Namen des um die Mitglieder der „Unabhängigen" erweiterten, nunmehr durch Mehrheitsbeschluß „vereinten" Arbeiter- und Soldatenrates. Dazu gleich mehr.

Aus der Sicht Robert Leinerts und der anderen SPD-Führer war dieses Ergebnis nur ein vorübergehendes, „zumal Befürchtungen, die Dinge könnten doch noch aus dem Ruder laufen, in den folgenden Tagen neue Nahrung erhielten."[17]

Am 10. November traf ein Trupp Soldaten, Angehörige der sogenannten „Bremer Fliegenden Division", unter der Führung des Sanitätsfeldwebels Oskar Friedrich Lünsmann auf dem Hauptbahnhof ein. Ob sie einer Bitte der örtlichen Aktivisten um Verstärkung folgten, bleibt unklar. Allerdings wurden sie von einem Mitglied des hannoverschen Arbeiter- und Soldatenrates, welches offenbar zu den „radikalen" Kräften gehörte, offiziell begrüßt.[18] Lünsmann und seine Leute fühlten sich berufen und legitimiert, nachdem sie ihr Hauptquartier im Wartesaal eingerichtet hatten, im Namen des Arbeiter- und Soldatenrates Wach- und Patrouillendienste am Bahnhof und im Stadtgebiet zu verrichten, Plünderer festzunehmen und diese ... „im Namen der Revolution und zur Befreiung des Volkes"... standrechtlich zu erschießen.[19] Robert Leinert, der im Begriff stand, Stadtoberhaupt von Hannover zu werden, gleichzeitig aber auch als Vertreter des Arbeiter- und Soldatenrates galt, mußte diese ungebetenen „Störenfriede", die auch in seinem Namen eine neue revolutionäre exekutive Gewalt praktizierte, kaltstellen und wieder loswerden. Lünsmann seinerseits wurde verhaftet. Ein militärisches Standgericht, unter dem Vorsitz eines Kriegsgerichtsrats (!) verurteilte Lünsmann am 16. November zum Tode. Er starb mit den Worten: „Es lebe die Freiheit, hoch die soziale Revolution!"[20]

Der hannoversche Arbeiter- und Soldatenrat. Foto, 7. Februar 1919 (VM 43438)

Von Anfang seines Bestehen an begriff sich der Arbeiter- und Soldatenrat nicht als selbständiges revolutionäres Exekutivgremium, sondern suchte in der Gestalt eines seiner einflußreichsten Sprecher Robert Leinert den Kontakt zu den Vertretern der alten städtischen Körperschaften. Diese ihrerseits waren durch das plötzliche Verschwinden des Stadtdirektors Heinrich Tramm und dessen aus Berlin erfolgte Rücktrittserklärung[21] ohne führende Persönlichkeit und zeigten sich gegenüber den neuen Mächten kooperationswillig.

Heinrich Tramm (1854-1932) bekleidete das Amt des Stadtdirektors seit 1891. Unter seiner Regentschaft entwickelte sich Hannover im deutschen Kaiserreich zu einer Militär- und Verwaltungsmetropole. Symbolhaft für die erfolgreiche bürgerliche „Ära Tramm" steht das 1913 durch Kaiser Wilhelm eingeweihte Neue Rathaus am Maschpark. Während des Krieges gehörte Tramm zum annexionistischen Flügel der deutschen Vaterlandspartei, vertrat einen offen antiparlamentarischen und autokratischen Kurs und eine rigorose Ausgrenzungspolitik gegenüber der Sozialdemokratie. Diese wiederum charakterisierte ihn als einen reformunwilligen, despotischen Stadtfürsten, „... dessen rücksichtslose Brutalität bei der Durchsetzung engherzigster Klassen- und Kastenauffassungen" der „Volkswille" schon während der Kriegsjahre – trotz Pressezensur – heftig kritisiert hatte.[22] Von Anfang an ließen Leinert und die zusammen mit ihm auftretenden SPD-Räteaktivisten keinen Zweifel daran, die bürgerlich-parlamentarische Stadtregierung in ihrer Existenz nicht anzutasten.

"Schon nach wenigen Tagen...". Plakat, Entwurf: Lucian Bernhard, 1918 (VM 62620)

Bezeichnenderweise blieben alle Magistratsmitglieder und auch die Bürgervorsteher im Amt. Bevor nun eine Neuwahl des Stadtoberhaupts stattfinden konnte, galt es, administrative Hürden zu beseitigen, die der Wahl eines sozialdemokratischen Repräsentanten in Gestalt der unverändert geltenden Hannoverschen Revidierten Städteordnung von 1858 noch entgegenstanden.[23] Diese Städteordnung hatte durch die Bindung des kommunalen aktiven und passiven Wahlrechts an das Bürgerrecht nicht nur die Teilnahme von Vertretern der organisierten Arbeiterbewegung am kommunalpolitischen Engagement verhindert, sondern nahezu neun Zehntel der Stadtgesellschaft vom kommunalpolitischen Leben insgesamt ausgeschlossen.

Der Wahl des Sozialdemokraten und nominell führenden Mitglieds des Arbeiter- und Soldatenrats Robert Leinert zum Stadtoberhaupt - er erhielt die neue Dienstbezeichnung „Oberbürgermeister" - erfolgte durch die Städtischen Kollegien (ein Zusammenschluß aus Magistrat und Bürgervorsteherkollegium) am 13. November 1918 ohne Gegenstimmen. Robert Leinert (1873-1940)[24], ein erfahrener, mehrheitssozialdemokratischer Politiker, der bereits vor und während des Krieges als Partei- und Arbeitersekretär und Redakteur des Parteiorgans „Volkswille" in Hannover tätig gewesen war, galt dem Bürgertum als Garant eines geordneten Übergangs der städtischen Verhältnisse nach den turbulenten Ereignissen der ersten Novembertage in eine bürgerlich-parlamentarische Zukunft. „Seit Beginn des Krieges haben Sie ... in hervorragender Weise der Allgemeinheit in der Kriegsfürsorge gedient, um die bittern Leiden, die der Krieg der Heimat schuf, zu [be]heben oder wenigstens zu lindern",[25] lobte der Sprecher der Bürgervorsteher die Verdienste des einstmals so geschmähten Widersachers seines Vorgängers, des „kommunalen Kaisers" Heinrich Tramm.

Leinert seinerseits ließ bei seiner Amtseinführung keinen Zweifel daran, auf welche Weise er den eingeschlagenen Weg der politischen Umgestaltung zu gehen beabsichtigte. „Mit aller Kraft werden wir darangehen, die Ruhe wiederherzustellen und alle Maßnahmen zu ergreifen, die erforderlich sind, um **jedem** die Sicherheit nicht nur seines Lebens sondern auch die Sicherheit des Eigentums zu garantieren" (Hervorhebung von mir, W.H.)[26]

Von nun an entwickelte sich der hannoversche Arbeiter- und Soldatenrat - eine spontane Gründung der „Umsturztage" - zu einer Schaltstelle zwischen Industrie- und Wirtschaftsverbänden in der Stadt und den traditionellen Vertretungsorganen der Arbeiterschaft. Eine politisch eigenständige Rolle als wirksame Kontrollinstanz für die durch die Novemberrevolution unangetastet gebliebenen Zivil- und Militärbehörden vermochte er nicht zu spielen.

Ganz im Gegensatz zu Braunschweig, Bremen und anderen norddeutschen Städten, in denen es -zumindest zeitweise- Ansätze zu einer revolutionären Umgestaltung örtlicher Verhältnisse im Sinne sozialistischer Ideen gab, blieb die Novemberrevolution in Hannover eine „Militärrevolte ohne Massenbasis in den Betrieben" (Klaus Mlynek). Die Arbeiter vertrauten ihren Führern.

Vorwärts, 9. November 1918 (VM 40211)

Als einer der Vorsitzenden des „Zentralrats der Arbeiter- und Soldatenräte", der sich im Dezember in Berlin konstituiert hatte, vertrat Robert Leinert dessen Abschaffung zugunsten einer parlamentarischen Repräsentativdemokratie auf Reichs-, preußischer und kommunaler Ebene. Die Wahlen zur verfassunggebenden Nationalversammlung waren für den 19. Januar 1919 angesetzt, am 23. Februar war vorgesehen, die kommunalen Parlamente neu zu wählen. Erstmals in der Geschichte der Stadt Hannover galt nun für alle Einwohner ein allgemeines, gleiches und geheimes Wahlrecht ohne Unterschied des Geschlechts, nachdem eine Änderung der Gemeindewahlrechtsverordnung für ganz Preußen vorausgegangen war.[27] Diese stärkte den politischen Einfluss der kommunalen Parlamentarier - weiterhin „Bürgervorsteher" genannt -, indem ihnen allein die Bestimmung der Senatoren, also der kommunalen Spitzenbeamten zufiel.

Zur Wahl stellten sich neben der SPD und der eher zahlenmäßig bedeutungslosen linksoppositionellen USPD[28] eine große Zahl bürgerlicher Parteien und Listenverbindungen, Abbild des das politische Leben der Weimarer Republik zukünftig prägenden Parteiengefüges. Besonders spektakulär gestaltete sich das politische Comeback des so überstürzt „desertierten" Erzfeindes der SPD, Heinrich Tramm. Er hatte sich als Einzelkandidat aufstellen lassen und erreichte auf Anhieb ein Bürgervorstehermandat.[29] „Tramm war wieder da."[30]

Die Wahlen vom 23. Februar brachten der SPD zwar die meisten Stimmen, sie verfehlte jedoch die absolute Mehrheit. In der durch Industriearbeit geprägten Nachbarstadt Linden erreichten die Sozialdemokraten hingegen den erwarteten großen Wahlerfolg. Die angestrebte und 1920 vollzogene Eingemeindung Lindens vergrößerte zwar den Bestand der sozialdemokratischen Bürgervorsteherfraktion anteilig, aber die Mehrheitsverhältnisse insgesamt blieben davon unberührt. Auch bei der Besetzung der Senatorenstellen triumphierte das Bürgertum mit seinen besseren Fachleuten. Im Magistrat waren von den 28 Senatoren im Laufe der Legislaturperiode nur 9 Sozialdemokraten vertreten.[31]

Rückblickend befand der Chronist der hannoverschen SPD-Geschichte Friedrich Feldmann, die Verantwortung an dieser Konstellation trüge die werktätige Bevölkerung, die es nicht verstanden habe, mit Hilfe des Stimmzettels die Errungenschaften der Revolution auch auf diesem Gebiete festzuhalten.[32]

Als Ergebnis der Ereignisse zwischen November 1918 und Februar 1919 können wir resümieren: eine auf rätedemokratische Umgestaltung von Stadt- und Gesamtgesellschaft gerichtete Politik war von Anfang an zum Scheitern verurteilt. Das große Verdienst der Akteure der Novemberrevolution bleibt aber die erfolgreiche Etablierung eines demokratischen Wahlrechts, auch und gerade auf kommunaler Ebene, das die Teilhabe aller Einwohner an der Gestaltung ihrer Lebensverhältnisse ermöglichte.

1	Zitiert nach: Heine, Werner: Die Novemberrevolution in Hannover, in: Hannoversche Geschichtsblätter NF 34 (1980), S. 64.
1a	Zur militärischen Lage Ende Oktober 1918 und der Rolle Max von Badens vgl. Münkler, Herfried: Der Große Krieg. Die Welt 1914-1918. Berlin 2013, S. 726-752.
2	Volkswille, 29. Jg. Nr. 262 (7.11.1918)
3	Volkswille, 29. Jg. Nr. 261 (6.11.1918)
4	Der Volkswille erwähnte die Kieler „Unruhen" erst drei Tage nach deren Ausbruch, ebenda, Nr. 261 (6.11.1918)
5	Einen Überblick über die deutsche Revolution von 1918 bietet Wehler, Hans-Ulrich: Deutsche Gesellschaftsgeschichte, Vierter Band, München 2003, S. 148-197.
6	V. Baden, Max: Erinnerungen und Dokumente, Leipzig 1928, S. 601.
7	Hannoverscher Anzeiger, 7.11.1918.
8	Anlauf, Karl: Die Revolution in Niedersachsen. Geschichtliche Darstellungen und Erlebnisse. Hannover 1919, S. 17. - Anlauf, Redakteur beim „Hannoverschen Kurier" und deutschnationaler Politiker, liefert mit diesem Buch trotz seiner antirevolutionären und antirepublikanischen Vorbehalte und Wertungen eine brauchbare Kompilation wichtiger, teils nicht mehr beschaffbarer Dokumente und Verlautbarungen des Arbeiter- und Soldatenrates Hannover bzw. eine Fülle dokumentarischer Schilderungen der Revolutionsgeschehnisse. Zu Anlauf vergleiche auch den Eintrag in Mlynek, Klaus/Röhrbein, Waldemar (Hg.): Stadtlexikon Hannover. Hannover 2009, S. 27
9	Günther, Ernst: Die Revolution 1918 in Hannover, in: Füsilier Bund 73. Monatsschrift für alle Angehörigen des ehemaligen Füsilierregiments...73. (...), 5. Jg. (1925), Heft 52, S. 88.
10	Von Baden, wie Anmerkung 6, S. 601.
11	Vgl. Lucas, Erhard: Frankfurt unter der Herrschaft des Arbeiter- und Soldatenrates 1918/1919. Frankfurt/M. 1969, desgl. Freyer, Paul Herbert: Sturmvögel. Rote Matrosen 1918/1919. Berlin (DDR) 1975.
12	Günter, wie Anmerkung 9, S. 88.
13	Zitiert nach Volkswille, 29. Jg. Nr. 264 (9. 11. 1918).
14	Der Wortlaut ist abgedruckt bei Heine, wie Anmerkung 1, S. 68.
15	Heine, wie Anmerkung 1, Seite 67f.
16	Mlynek, Klaus/Röhrbein, Waldemar (Hg): Geschichte der Stadt Hannover, Band 2, S. 417.
17	Wie Anmerkung 16, S. 418.
18	Heine, wie Anmerkung 1, S. 83.
19	Vgl. Heine, wie Anmerkung 1, S. 81-86, hierzu abweichend in der Bewertung der Ereignisse: Berlit-Schwigon, Anna: Robert Leinert. Ein Leben für die Demokratie, Hannover 2012 (Hannoversche Studien, Band 12), S. 45-51
20	Heine, wie Anmerkung 19.
21	Über den tatsächlichen Aufenthaltsort Tramms und das Prozedere des Rücktritts und der Pensionierungsfrage vgl. ausführlich Gerhard Schneider: Vom Attentat zum Rücktritt - Heinrich Tramm am Ende seiner Dienstzeit, in: Hannoversche Geschichtsblätter, NF 67 (2013), S. 129-147, bes. Seite 137 ff.
22	Zitiert nach Heine, wie Anmerkung 1, S. 78.
23	Der Wortlaut dieser zwischen Arbeiter- und Soldatenrat und den Städtischen Kollegien vereinbarten Neuregelung bei Mlynek/Röhrbein: wie Anmerkung 17, S. 419.
24	Vgl. den Eintrag im Stadtlexikon, wie Anmerkung 17, S. 397, ausführlich Berlit-Schwigon, wie Anmerkung 19.
25	Zitiert nach Schneider, wie Anmerkung 21, S. 146, vgl. auch Heine, wie Anmerkung 1, S. 76 ff.
26	Zitiert nach Mlynek/Röhrbein: Geschichte, wie Anmerkung 17, S. 420.
27	Vgl. Hannover im 20. Jahrhundert. Aspekte der neueren Stadtgeschichte. Hannover 1978, S. 77.
28	Die auch in Hannover im Januar 1919 neu gegründete KPD, die zeitweilig sogar eine lokale Ausgabe des Parteiorgans „Rote Fahne" herausgab, beteiligte sich nicht an den Wahlen. Exemplare dieser Zeitung befinden sich im Nachlaß Franz Haase, der im Stadtarchiv Hannover verwahrt wird.
29	Heine, Werner: Verlauf und Auswirkungen der Novemberrevolution 1918 in Hannover. Projekt Arbeiterbewegung in Hannover 1978, S. 97, auch Mlynek/Röhrbein: Geschichte der Stadt, wie Anmerkung 17, S. 422.
30	Schneider, wie Anmerkung 21, S. 147.
31	Esch, Volker: Grundlagen und Schwerpunkte der Sozialdemokratie in Hannover gegen Ende der Weimarer Republik 1930-1933. Masch. Manuskript (Staatsexamensarbeit) Hannover 1976, S. 19.
32	Feldmann, Friedrich: Geschichte des Ortsvereins Hannover der Sozialdemokratischen Partei Hannovers vom Gründungsjahr 1864 bis 1933, Hannover 1952, S. 113, vgl. auch Esch, wie Anmerkung S. 19.

„Trauernder Krieger" des Bildhauers Hans Dammann, im Jahr 1917 errichtet auf der Familiengrabstätte Werner, Stadtfriedhof Engesohde. (Fotoarchiv HMH)

Peter Schulze

Kriegergräber, Ehrenfriedhöfe, Denkmäler:
Weltkriegserinnerung zwischen privater Trauer und deutschnationaler Mobilisierung

Der Trompeter-Sergeant Heinrich Erbe war nicht der erste Tote des Weltkriegs aus Hannover, aber der am 9. August 1914 beim Eisenbahntransport nach Westen in Rheine tödlich Verunglückte war der erste auf einem hannoverschen Friedhof beigesetzte Kriegstote.

Der hannoversche Ehrenfriedhof in Stöcken
Nach der Beisetzung Erbes und weiterer Kriegstoter in Einzelgräbern beschloss der hannoversche Magistrat im September 1914 die Anlage eines „Ehrenfriedhofs für gefallene Krieger"[1] aus Hannover in der Parkabteilung des Stöckener Friedhofs. Da an die Überführung Kriegsgefallener von den Schlachtfeldern kaum zu denken war, nahm der Ehrenfriedhof vor allem verwundete und in Lazaretten gestorbene Soldaten auf, sowohl Offiziere und Unteroffiziere als auch Mannschaftsdienstgrade, bei deren Gräbern kein Unterschied gemacht wurde. Alle Grabstellen wurden von der Stadt unentgeltlich abgegeben.

Bereits am 2. Oktober 1914 fand die erste Beisetzung auf dem neuen Ehrenfriedhof statt: Bestattet wurde Arno Hugo Leuteritz, 27jähriger Kartonagenarbeiter aus Celle, Musketier in einem Infanterieregiment, mit Schussverletzung nach Han-

Abteilung des hannoverschen „Ehrenfriedhofs für gefallene Krieger", Stadtfriedhof Stöcken. Die Gräber waren einheitlich gestaltet und gekennzeichnet. (Foto: Lill, um 1930. FB Umwelt und Stadtgrün, Bereich Städtische Friedhöfe)

nover überführt und hier im Clementinenhaus gestorben. Wenige Tage später folgten die Beisetzungen des 22jährigen Füsiliers Willy Gent, Handlungsgehilfe aus der Kohlrauschstraße, gestorben im Lazarett Düsseldorf, und des Vizefeldwebels Wilhelm Bätge, 25jähriger Lehrer aus der Krausenstraße, während des Transports in ein Lazarett gestorben. Bis Jahresende 1914 wurden insgesamt neun Kriegstote auf dem Ehrenfriedhof bestattet.

Diese Beisetzungen erfolgten auf einer provisorisch abgesteckten Fläche, aber es stand außer Frage, dass die Kriegergräber „in würdigster Weise ausgestaltet" werden sollten und die Anlage „ein gartenkünstlerisches Gepräge"[2] erhalten würde. Unter der Leitung von Stadtbaurat Wolf und Stadtgartendirektor Kube arbeitete die Friedhofsverwaltung entsprechende Pläne aus: „Der Kriegerfriedhof bildet eine in sich geschlossene Anlage. Durch eine hohe Tannenhecke ist er gegen die umgebenden übrigen Gräberfelder geschieden. Durch einzelne Zwischenhecken werden eine Reihe von Unterabteilungen gebildet. Dadurch wird es möglich, den einzelnen Gräberfeldern jeweils eine intime und charakteristische Wirkung zu geben." Die einheitliche Kennzeichnung der Gräber war besonders wichtig und wurde abteilungsweise durch Holzkreuze, Eisenkreuze und Steinmale realisiert. „Die Herstellung der gesamten Anlage, einschließlich der Gedächtniszeichen und des gärtnerischen Schmuckes der Gräber, erfolgt ebenso wie die dauernde Unterhaltung auf Kosten der Stadt."[3] Abweichend war es bei einigen Grabstellen an einem Querweg sowie in einem Halbrund den Familien gestattet, aus eigenen Mitteln besondere Grabmale errichten zu lassen. Zwei Reihen waren für die Aufstellung von Denksteinen ohne Begräbnis vorgesehen.

Kriegsdauer und steigende Opferzahlen führten zu wiederholten Erweiterungen des Ehrenfriedhofs: Hatte man im Herbst 1914 mit 100 Gräbern gerechnet und 1916 zusätzliche 150 Gräber vorgesehen, mußte die Stätte 1917 und 1918 nochmals erweitert werden. Schließlich waren mehr als 630 Gräber für Kriegstote angelegt.

Die städtische Ehrenanlage wurde in den 1920er Jahren zu einem Anziehungspunkt für Besucher des Friedhofs Stöcken: „Und wie pietätvoll wird dieser Ehrenfriedhof gehalten. Frühlings-, Sommer- und Herbstblumen schmücken die Gräber, jede Abteilung mit andersfarbigen Blumen bepflanzt. Fast scheint es, als betrachtet die Gartendirektion dieses Fleckchen Erde als ein Kleinod und Vermächtnis, dem nicht genug Liebe entgegengebracht werden kann."[4] Tatsächlich brachte die Stadtverwaltung erhebliche Geldmittel für Anlage, Ausschmückung und Pflege des Ehrenfriedhofs auf und leistete ihren Beitrag zum Kriegstotenkult.

Der Ehrenfriedhof der Stadt Linden

Auch in der Stadt Linden wurde im Herbst 1914 ein Ehrenfriedhof für Kriegstote angelegt; hierfür stellte die Stadtverwaltung ein Areal auf dem neuen Hauptfriedhof, dem heutigen Stadtfriedhof Ricklingen, zur Verfügung, in bevorzugter Lage nahe am Haupteingang. Hier sollten aus Linden stammende Kriegstote eine Ruhestätte erhalten. Die Stadt Linden übernahm die Kosten für das Grab und seine Pflege.

Die erste Beisetzung erfolgte am 14. Oktober 1914. Hermann Looff, Oberlehrer an der Humboldtschule, der mit seiner Familie in der Haasemannstraße wohnte, war als Leutnant der Reserve bei Kriegsbeginn einberufen worden und nach wiederholter Verwundung in Frankreich gestorben. Die Humboldtschule widmete Looff einen ehrenvollen Nachruf: „Das Pflichtgefühl, das ihn hier in der bürgerlichen Berufsarbeit auszeichnete, ließ ihn kaum die völlige Heilung der ersten Verwundung, die er im September erlitten, abwarten und trieb ihn wieder an die Front, hier hat er gleich am ersten Tage die Verwundung erlitten, an deren Folge er nach schmerzhaftem Leiden im Garnisonlazarett in Hannover gestorben ist. Er ruht auf dem Ehrenfriedhof der Stadt Linden als erster der dort bestatteten Kämpfer für Deutschlands Ehre, ein Vorbild schlichter Treue in Denken und Handeln."[5] Zu Looffs Beisetzung versammelten sich Repräsentanten der Stadt sowie Lehrer und

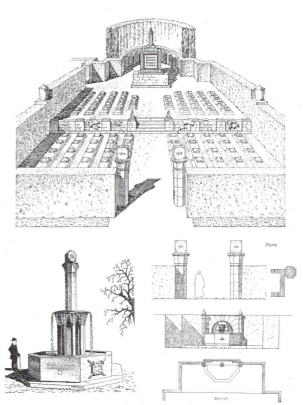

Ehrenfriedhof der Stadt Linden, Stadtfriedhof Ricklingen, im Mai 2014 (Fotoarchiv HMH) Beitrag des Architekten H. Lange zum „Wettbewerb Ehrenfriedhof Linden". Mit Gesamtansicht und Entwürfen für Torpfeiler und Brunnen. (Bauamt und Gemeindebau vom 21.5.1920)

Schüler Lindener Schulen, und eine militärische Abordnung schoß drei Salven am offenen Grab.

Der Lindener Ehrenfriedhof füllte sich rasch und musste mehrfach erweitert werden: Bis 1918 wurden mehr als 140 Gräber angelegt und zunächst provisorisch durch Feldkreuze oder Holzschilder gekennzeichnet; Grabsteine sollten nach Kriegsende aufgestellt werden. Im Jahr 1919 schrieb die Stadt Linden einen Wettbewerb zur künstlerischen Ausgestaltung des Ehrenfriedhofs aus. Geplant waren die einheitliche Kennzeichnung der Gräber, die Errichtung von Torpfeilern am Eingang, eines zentralen Denkmals, eines Brunnens und einer abschließenden Mauer für Tafeln mit den Namen der Kriegsgefallenen aus Linden. Der „Wettbewerb Ehrenfriedhof Linden" blieb jedoch folgenlos, da der Ausbau der Stätte wegen Geldmangels nicht realisiert werden konnte; lediglich die Grabzeichen entstanden.

Familiengrabstätten

Kriegstote wurden in Hannover nicht nur auf den Ehrenfriedhöfen Stöcken und Ricklingen beigesetzt, sondern auch in zahlreichen Familiengrabstätten auf den hannoverschen Friedhöfen, wie der Grabstätte der Familie Werner.

Am 17. September 1914 erwarb der hannoversche Kaufmann August Werner, Inhaber der Tuchgroßhandlung Dreyer & Grupen, ein Erbbegräbnis auf dem Stadtfriedhof Engesohde. Fünf Tage zuvor war Werners Sohn Rudolf, Offizier-Stellvertreter in einem Infanterie-Regiment, in einem Lazarett an „seinen im Dienste des Vaterlandes erlittenen schweren Verletzungen" gestorben, wie in der Traueranzeige mitgeteilt wurde[6]. Die Familie ließ den Leichnam nach Hannover überführen und auf der neuen Grabfläche beisetzen. Wenige Wochen später, am 26. Oktober 1914, fiel in Flandern auch Rudolfs älterer Bruder Albert, der auf einem Soldatenfriedhof bei Langemarck beigesetzt wurde.

Der Tod zweier Söhne in den ersten Wochen des Krieges traf die Familie Werner schwer und führte zu dem Entschluß, das auf der Familiengrabstätte zu errichtende Grabmal der Erinnerung an die Gefallenen zu widmen. Der Berliner Bildhauer Hans Dammann wurde beauftragt, „eine trauernde Kriegerfigur zu entwerfen", wie dieser dem Stadtfriedhofsamt bei Übersendung seiner Zeichnungen berichtete. Dammanns Grabmalsentwurf verknüpfte eine stilisierte Kriegerfigur mit Felsunterbau und Steinkreuz: „Das Ganze verspricht ein durchaus stimmungsvolles, schlichtes Kunstwerk zu werden."[7] Die Friedhofsverwaltung stimmte dem Projekt zu: „Der Grundgedanke ‚Ein Krieger hält am Grabe die Totenwache' ist an sich unter den gegebenen Verhältnissen verständlich"[8], machte jedoch Auflagen zum plastischen Entwurf, zur Materialwahl und Gestaltung der Inschriften und genehmigte das geplante Grabmal erst nach nochmaliger Überarbeitung durch den Künstler.

Noch vor der Errichtung des Grabmals wurde die Familie erneut vom Kriegstod betroffen: Im Juli 1917 kam Fritz Sauerwald, Leutnant in einem Artillerieregiment, der Schwiegersohn von August Werner, durch einen tödlichen Unfall ums Leben. Der Tote wurde nach Hannover überführt, jedoch musste die Familie, um die Beisetzung zu ermöglichen, das Erbbegräbnis durch Zukauf von Stellen vergrößern.

Kurze Zeit später dürfte das vom Bildhauer Dammann gestaltete Grabmal aufgerichtet worden sein: Auf einem Felsunterbau sitzt ein Soldat in Uniform und mit Pickelhaube, mit einem Eichenkranz in der Hand, dahinter ein hochaufragendes Kreuz. Dargestellt ist der Gestus des trauernden Kameraden, in Verbindung mit dem Kreuzzeichen ein Symbol für den Leidensweg des Kriegstods, zugleich für christliche Hoffnung auf Erlösung.

Im Familiengrab wurde 1926 der Kaufmann August Werner, Erwerber der Grabstätte, bestattet, 1933 dessen Ehefrau Mathilde Werner; später folgten weitere Beisetzungen. Seit 1959 gibt es eine Steintafel zum Gedenken an Klaus Werner, als Soldat des Zweiten Weltkriegs vermisst in Stalingrad. Bis heute prägt der steinerne Soldat, der die Totenwache hält, das Erscheinungsbild der Stätte auf dem Engesohder Friedhof.

Während das Erbbegräbnis Werner aus Anlass des Kriegstods angelegt und entsprechend gestaltet wurde, wurden andere, bei Kriegsbeginn bereits bestehende Familiengrabstätten um zusätzliche Stelen ergänzt, wie das 1900 auf dem Stadtfriedhof Stöcken angelegte Erbbegräbnis für die

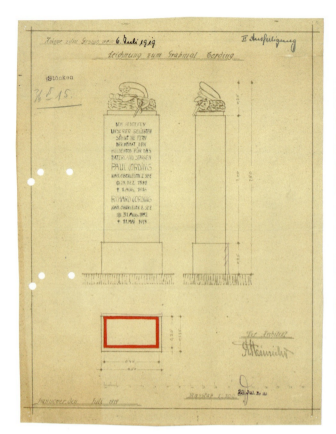

„Zeichnung zum Grabmal Cording" - Entwurf des Architekten Arthur Heinrichs, 1919. (Stadtfriedhof Stöcken, Grabakte Abt. 36 D Nr. 15)
Denkstein mit Marineemblemen: Offiziersmütze, Koppel, Dolch und Fernglas. (Fotoarchiv HMH)

Familie des Kaufmanns Ferdinand Cording, Inhaber eines Großhandels für Wagenbauartikel.

Im Jahr 1919 wandte sich Cordings Witwe Elly an das Stadtfriedhofsamt: „Da im Kriege meine beiden Söhne fern der Heimat als Seeoffiziere gefallen sind, möchte ich für sie als bleibende Erinnerung einen Denkstein auf meiner Grabstelle errichten lassen."⁹ Innerhalb der Grabstätte sollte eine schlichte Stele errichtet werden, gewidmet „Dem Gedenken / unserer geliebten / Söhne die fern / der Heimat den / Heldentod für das / Vaterland starben / Paul Cording / Kais. Oberleutnant z. See / 28. Dez. 1889 / 1. Aug. 1916 / Richard Cording / Kais. Oberleutnant z. See / 31. Aug. 1892 / 11. Mai 1918"¹⁰. Der Stelenabschluß sollte bildhauerisch gestaltet werden und Embleme der Marineoffiziere zeigen: Offiziersmütze, Koppel, Dolch und Fernglas auf einem Lorbeerkranz. Der Antrag wurde genehmigt, und die Stele nach dem Entwurf von Architekt Arthur Heinrichs unter Mitarbeit von Bildhauer Paul Brasack konnte ausgeführt werden. Ein Denkstein ohne Gräber: Paul Cording, der nach einer Tropenkrankheit in den Heeresdienst versetzt und 1916 bei Verdun gefallen war, wurde auf einem Soldatenfriedhof beigesetzt. Richard Cording, seit 1917 Wachoffizier auf einem U-Boot, blieb nach der Versenkung seines Schiffes ohne Grab.

Der Raum neben dem Denkstein von 1919 wurde noch in den 1960er Jahren für Beisetzungen von Familienangehörigen genutzt. Der dortige Grabstein erinnert an einen Kriegstoten der Familie aus der nächsten Generation, an Hans Cording, Neffe von Paul und Richard Cording, dessen Schicksal als Soldat im Zweiten Weltkrieg aus dem lapidaren Schriftzug „gef. 21.12.1944 bei Budapest" hervorgeht.

Bei Aufstellung dieses Grabsteins wurde die Inschrift des alten Denksteins verändert. Der Text von 1919 wurde entfernt und ersetzt durch knappe Nennung von Namen und Lebensdaten, nunmehr auch der Eltern Ferdinand und Elisabeth Cording. Auf die Bekundung des „fern der Heimat" erlittenen „Heldentods für das Vaterland" wurde 1964 verzichtet, wohl auch aus Platzgründen. Das in der ursprünglichen Gestaltung des Denksteins ausgedrückte Gefühl stolzer Trauer - Stolz auf die Berufswahl der Söhne, ihren Eintritt in das Offizierskorps der kaiserlichen Marine - erschließt sich noch in den erhaltenen Emblemen der Marine. Die politische Botschaft des Steins, Bejahung der Marine als Instrument deutscher Weltpolitik, zugleich Rechtfertigung persönlicher Opfer als Heldentat, scheint verstummt.

Kriegergräber finden sich auch auf dem jüdischen Friedhof An der Strangriede, wo die Synagogengemeinde den Kriegstoten aus jüdischen Familien eine Ehrenreihe widmete. 1915 wurde hier als erster der Wehrmann Emil Grawi bestattet, 1924 als letzter der an den Folgen einer Kriegsverletzung gestorbene Bruno Schoenfeld.

Kaum jeder zehnte der etwa 11.300 Kriegsgefallene aus Hannover und Linden hat ein Grab in seiner Heimatstadt, die meisten Kriegstoten wurden auf Soldatenfriedhöfen im Kriegsgebiet beigesetzt

Häusliche Erinnerung: Porträt des Sanitätssoldaten Emil Löding, gefallen 1915. (VM 43039)

oder blieben ohne Grab. Daher bildeten sich noch während des Kriegs vielfältige Formen familiärer Erinnerung und häuslichen Gedenkens heraus, vom Soldatenfoto mit Trauerflor zum Gedenkbild, von der Schachtel mit den letzten Feldpostbriefen zur Ordenssammlung.

Nach Kriegsende wurde die Trauer der vom Kriegstod betroffenen Familien in zunehmendem Maß überlagert von den sich herausbildenden, widersprüchlichen Formen öffentlicher „Weltkriegserinnerung"[11]. Dabei setzte sich die während des Krieges hervorgetretene Spaltung der Gesellschaft zwischen den in der „Vaterlandspartei" organisierten Kriegsbefürwortern auf der einen Seite und den Anhängern eines Verständigungsfriedens auf der anderen Seite fort. Anstelle einer kritischen Auseinandersetzung um den Krieg und seine Ursachen und die Anerkennung der durch den Krieg hervorgerufenen Leiden traten der Streit um den Versailler Vertrag und die darin enthaltene Zuweisung der Kriegsschuld an die Deutschen in den Vordergrund: Die nationale Rechte empörte sich über den „Schandfrieden", lehnte die „Kriegsschuldlüge" ab und behauptete, der Sieg der deutschen Waffen sei durch Verrat der Linken sabotiert worden; die republikanische Linke wehrte sich gegen die „Dolchstoßlegende", war aber ohne eigene Position zur Kriegsschuld und beschränkte sich auf den Appell „Nie wieder Krieg".

Gedenkveranstaltungen in Hannover anläßlich des 10. Jahrestags des Kriegsbeginns im August 1924 belegen die gesellschaftliche Spaltung. An einem offiziellen Gedenkgottesdienst auf dem Waterlooplatz nahmen außer den Vertretern von Reichs-, Staats- und Kommunalbehörden vor allem Angehörige republikanischer Verbände teil. In den Ansprachen wurde die „Kriegsschuldlüge" zurückgewiesen und Deutschlands Recht auf „Notwehr" beschworen, wozu der „Volkswille", die sozialdemokratische Tageszeitung, notierte: „Man hätte getrost etwas mehr wahres Friedensstreben bemerken dürfen."[12]

Dagegen versammelten sich die Kriegervereine und „vaterländischen Verbände" an der Bismarcksäule in der Masch zur „Heldenehrung". Ein Militärpfarrer erklärte, es sei die „Pflicht des ganzen deutschen Volkes, seine gefallenen Helden zu ehren." Und forderte: „Nicht nur mit dem Wort, sondern mit der Tat müsse ihnen besonders auch die deutsche Jugend danken im Andenken an das Bismarckwort ‚Wir Deutsche fürchten Gott, sonst nichts in der Welt', das uns ein Fingerzeig sein solle." Die Feier endete mit dem militärischen Ritual des Zapfenstreichs[13].

Seit 1925 wurde in Hannover der „Volkstrauertag" begangen, getragen von der Ortsgruppe des Volksbunds Deutsche Kriegsgräberfürsorge, gefördert durch städtische Zuschüsse. Der erste Volkstrauertag am 1. März 1925 begann mit einem Gottesdienst in der Garnisonskirche, dann wurden auf dem Militärfriedhof und den Ehrenfriedhöfen in Stöcken und Ricklingen Kränze niedergelegt, gefolgt von einem Geläut aller Kirchen der Stadt. Am Abend fanden Gedenkfeiern in der Stadthalle sowie in der benachbarten Ausstellungshalle statt, inszeniert nach Vorbild der Kriegervereine: Einzug der Fahnen, Musik und Rezitation, Ansprache, Auszug der Fahnen[14]. Das Publikum erhob sich beim Lied vom guten Kameraden, blieb jedoch sitzen, als der am Vortag gestorbene Reichspräsident

Volkstrauertag 1925: Aufmarsch auf dem Stöckener Friedhof und Kranzniederlegung durch Vertreter des Volksbunds, der Deutschnationalen Volkspartei, des Nationalverbands deutscher Offiziere und des „Stahlhelms" (Illustrierte Zeitung zum Hannoverschen Anzeiger vom 8. März 1925)

Ebert erwähnt wurde, was ein Schlaglicht auf die politische Orientierung der Anwesenden wirft. Der „Volkswille" schrieb von einer „Schaustellung des Nationalismus"[15]; Arbeiterorganisationen und „Reichsbanner" waren der Veranstaltung ferngeblieben.

Der Volkstrauertag wurde in den folgenden Jahren in gleicher Weise begangen. Zwar rief der Volksbund stets zur Einigkeit auf, beharrte aber auf seiner politisch-ideologischen Perspektive; seine Veranstaltungen blieben „schwarzweißrote Kriegervereinsfeier"[16], wie der „Volkswille" urteilte.

Vor dem Hintergrund einer gespaltenen Weltkriegserinnerung, auf der Rechten heroischer Gefallenenkult, auf der Linken Appell zum Völkerfrieden, entstanden in Hannover zahlreiche Kriegerdenkmäler.

Mehr als 170 Kriegerdenkmäler

Das 1911 als Generalsdenkmal initiierte, aber erst 1915 an der Hohenzollernstraße errichtete Waldersee-Denkmal kann als das erste Kriegsdenkmal angesehen werden: Gewidmet einem führenden Vertreter des preussischen Militäradels, ehemaligen Generalquartiermeister und Generalstabschef, Oberbefehlshaber internationaler Interventionstruppen in China im Jahr 1900, betonte das Denkmal den Anspruch Deutschlands, „an den Weltgeschicken teilzunehmen und auch in fernsten Landen seine Würde und sein Interesse zu wahren"[17], die Inschriften „Mit Gott für Kaiser und Reich" und „für die Größe Deutschlands" lesen sich wie eine Tagesparole aus dem Krieg.

War das Waldersee-Denkmal ein persönliches Projekt des Stadtdirektors Tramm und somit auch ein städtisches Vorhaben gewesen, so verfolgte auch die republikanische Stadtverwaltung unter Oberbürgermeister Leinert ein besonderes Denkmalprojekt: den Bau einer zentralen Kriegergedächtnisanlage in der Eilenriede zwischen Zoo und Stadthalle. Dort sollte an alle Kriegstoten aus Hannover erinnert und zugleich ein zentraler Ort für Gedenkfeiern geschaffen werden, anstelle der Errichtung einer Vielzahl von Einzeldenkmälern in der Stadt. Das Projekt einer zentralen Kriegergedächtnisanlage für Hannover scheiterte jedoch, vordergründig wegen finanzieller Schwierigkeiten. Allerdings war auch die Bereitschaft der Kriegervereine und anderer Interessenten, auf eigene Denkzeichen zu verzichten, gering. Es fehlte ein gesellschaftlicher Konsens über die Erinnerung an die Kriegstoten - schließlich geriet die zentrale Kriegergedächtnisanlage in Vergessenheit.

Dagegen gelang den Stadtverwaltungen in Hannover und Linden die Zusammenstellung örtlicher Gedenkbücher. Das Gedenkbuch der Stadt Linden mit den Namen von 2.500 Kriegsgefallenen lag in einem kunstvollen Schrein und wurde im Küchengartenpavillon, der vor dem Krieg auf den Lindener Bergfriedhof versetzt worden war, aufbewahrt. Bis in die 1950er Jahre bestand die Lindener Gedenkstätte im Pavillon; dann ging das Gedenkbuch verloren.

In Hannover wurden nach 1918 mehr als 170 Kriegerdenkmäler errichtet, in Kirchen, Behörden, Schulen, Betrieben, bei Vereinen und im öffentlichen Raum[18]. In evangelischen Kirchengemeinden wurden Gedenkbücher angelegt, Gedenkfenster gestaltet und vor allem Gedenktafeln im Kirchenraum angebracht. Die katholische Kirchengemeinde St. Benno richtete einen Ehrenaltar für Kriegsgefallene ein. Die Synagogengemeinde schuf eine Kriegergedenkstätte in der Alten Predigthalle, „zu Ehren ihrer im Weltkriege gefallenen Söhne", mit den Namen von 124 Kriegstoten.

Die evangelische Markuskirchengemeinde im Stadtteil List plante bereits im Frühjahr 1916 die Anbringung einer „Kriegsgedenktafel" im Kircheninnern und bat den Architekten der Markuskirche, Otto Lüer, um einen Entwurf. Lüer schlug eine 4 m hohe und 1,30 m breite Tafel aus Marmor vor, mit einem Flachbildnis und einer Schrifttafel, darauf das Eiserne Kreuz, eine Hauptinschrift und die Namen von 150 Kriegsgefallenen. Das Bildnis

Erinnerungstafel des Katholischen Gesellenvereins, gewidmet „dem Andenken seiner im Weltkriege 1914-18 gefallenen Mitglieder" (VM 57582)

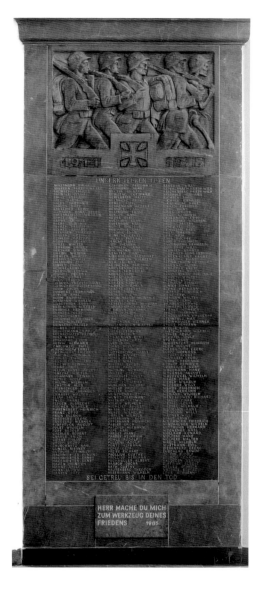

Kriegerdenkmal im Altarraum der Markuskirche, nach Entwurf des Architekten Otto Lüer, mit Bildwerk von Georg Herting. 1985 ergänzt durch eine Tafel mit den Worten „Herr mache du mich zum Werkzeug deines Friedens" (Fotoarchiv HMH)

sollte „den Auszug unserer jungen Krieger" darstellen, deren „Uniformen und Waffen peinlichst genau nach der Natur dargestellt werden müßten."[19]

Lüers „Kriegsgedenktafel" für die Markuskirche wurde erst nach Kriegsende realisiert. Mit der Ausführung des Bildwerks beauftragt wurde der Bildhauer Georg Herting, während der Kirchenvorstand zu Spenden aufrief und eine Geldsammlung unter den Gemeindemitgliedern organisierte.

Die Enthüllung der Kriegerdenkmals im Altarraum der Kirche fand im Hauptgottesdienst am Ostermontag 1921 statt, vor überfüllter Kirche. Die auf der Tafel genannten Namen von 297 Gefallenen wurden verlesen und Kränze niedergelegt, während die Orgel „Ich hatt' einen Kameraden" spielte[20].

Bemerkenswert ist das von Herting geschaffene Relief, das angelehnt an Lüers Vorschlag „ausziehende Soldaten mit dem Tod als Kameraden in ernster Haltung, mit Sturmhaube und voller Marschausrüstung"[21] zeigt. Die Soldaten marschieren trutzig in den Kampf, angeführt vom Tod, dargestellt als Skelett mit Stahlhelm. Ein Sinnspruch fordert: „Sei getreu bis in den Tod"[22]. Diese Worte stehen unter den Namen der Gefallenen, das Vermächtnis der Toten an die Lebenden. Der Spruch aus der Bibel stellt den Kriegstod in den Zusammenhang christlicher Überlieferung und spendet Trost mit Blick auf die Auferstehung; die christliche Treue ist freilich weltlich gedeutet, als deutschnationale Verpflichtung für die Lebenden, es den Toten gleichzutun. Das Opfer Christi am Kreuz wird entwertet, wenn es zum Vorbild wird für den Soldaten bei dessen Opfer für das Vaterland; andererseits wird das Opfer der Soldaten verklärt. Die Kirche stellt ihre Botschaft in den Dienst der Politik. So gesehen war die Wahl des Osterfestes für die Denkmalsenthüllung nur konsequent.

Kriegerdenkmäler wurden auch in den Hochschulen und Verbindungshäusern sowie in vielen hannoverschen Schulen errichtet, zumeist als Gedenk- und Namenstafeln, mit Widmungsspruch.

Kriegerdenkmal der Humboldtschule, 1920. Entwurf und Ausführung durch den Bildhauer Ludwig Vierthaler. Postkarte (VM 19219)

Dreiecksbekrönung mit antikisierendem Relief. Die Nacktheit des gefallenen Kriegers symbolisiert die Aufrichtigkeit seines Kampfs. Seit 1968 im Historischen Museum (VM 30885)

Die Humboldtschule in Linden hatte die Abiturienten der realgymnasialen Abteilung im August 1914 vorzeitig entlassen. Bei der nach Kriegsbeginn angeordneten Notreifeprüfung lautete die Aufgabe im Fach Deutsch „Nichtswürdig ist die Nation, die nicht ihr Alles freudig setzt an ihre Ehre."[23] Die meisten Abiturienten meldeten sich als Kriegsfreiwillige. Am Ende des Kriegs hatten 6 Lehrer, darunter der 1914 gefallene Oberlehrer Hermann Looff, und 117 Schüler ihr Leben verloren.

Ihre Namen wurden auf dem im August 1920 in der Aula der Humboldtschule aufgestellten „Ehrendenkmal" dokumentiert. Die Einweihung des von der Schulelternschaft gestifteten Denkmals führte die Schulgemeinde in einer feierlichen Zeremonie zusammen, mit Musik, Rezitationen und einer Ansprache des Direktors Prof. Dr. Wolf[24]. Dieser erklärte nur 21 Monate nach der militärischen Niederlage und dem Ende allen Weltmachtstrebens Deutschlands: „Nicht nach dem Erfolg, nach der Absicht muß eine Tat, muß ein Geschehen beurteilt werden. Der Erfolg hat gar keinen sittlichen Wert. Aber das reine Wollen, das unentwegte Festhalten an Eid und Pflicht, die Treue bis zum Tod, das ist das einzige Band, das die Welt im Innersten zusammenhält." Und er kündigte an: „Ich weiß es gewiß, wenn auch jetzt niemand vom Kriege hören will, in wenigen Jahren wird alle Welt, und die deutsche Welt voran, von den Taten unserer deutschen Helden singen und sagen. Eine edle Saat ist in den Boden gesenkt, sie geht so gewiß eines Tages auf, wie es gewiß ist, daß im großen Haushalte Gottes nichts verlorengeht, geschweige denn so Köstliches wie Selbstaufgabe und Selbstaufopferung." Derartige Reden hielten damals die meisten Direktoren hannoverscher Gymnasien. Und beschrieben den Auftrag der Jugend wie Dr. Wolf: „Nicht ewig darf Deutschland in Schmach und Schande bleiben. Ihr dürft nicht ruhen und rasten, ihr müßt Geist und Körper stählen in nimmermüder Arbeit." Und er rief aus: „Gedenket der Toten, die auf euch hoffen als Vollstrecker ihres Willens!" Mit seiner Rede hatte Direktor Wolf die beabsichtigte erzieherische Wirkung des Schuldenkmals verdeutlicht, eine Zukunftsperspektive, die im Widmungsspruch auf den Punkt gebracht wurde: „Euer Liebstes zu erretten, fallt freudig, wie wir euch ein Beispiel gaben."

Behörden wie die Stadtverwaltungen in Hannover und Linden, die Regierung, die Reichsbahndirektion, die Justiz- und die Zollverwaltung ebenso wie hannoversche Firmen errichteten ihre eigenen Kriegerdenkmäler.

Die Firma Continental weihte ihr Denkmal am 1. März 1925 in der Eingangshalle des Verwaltungsgebäudes an der Vahrenwalder Straße ein. In der Firmengeschichte heißt es: „Die Opfer, die der Krieg von der Arbeiter- und Angestelltenschaft der Continental forderte, waren groß – 774 Werksangehörige fielen für ihr Vaterland auf den Schlachtfeldern des Weltkrieges. Ihrem Gedenken hat die Continental ein würdiges Zeichen gesetzt. Hinter einer großen Bronzetafel im Hauptportal des Verwaltungsgebäudes ist eine Schatulle eingemauert, in der auf Pergament die Namen der gefallenen Vaterlandsverteidiger für alle Zeiten niedergelegt sind."[25]

Kriegerdenkmal der Firma Continental im Verwaltungsgebäude an der Vahrenwalderstraße (Firmenarchiv)

Bei der Untersuchung aller in Hannover errichteten Kriegerdenkmäler kommt der Historiker Gerhard Schneider zu dem Schluss, dass es „kein Kriegerdenkmal, keine Gedenktafel, keinen Schrein oder andere Formen der Gefallenenehrung (gibt), die entschieden pazifizierend und versöhnend hätten wirken wollen."[26] Es spreche aus den meisten Denkmälern „ein Aufbäumen gegen die Realität des verlorenen Krieges, nicht aber gegen den Krieg als zwischenstaatliche Konfliktregelung."[27]

Mit anderen Worten: Bei den hannoverschen Kriegerdenkmälern aus den 1920er Jahren handelt es sich durchweg um Zeugnisse deutschnationalen Gefallenenkults. Die Initiatoren errichteten Erinnerungsmale, die als politische Zeichen die Gegenwart in ihrem Sinne beeinflussen und die Zukunft nach ihrer Vision prägen sollten. Republikanische Kriegerdenkmäler entstanden nicht. SPD und Gewerkschaften, die die deutsche Kriegspolitik bis zum bitteren Ende gestützt hatten, waren außerstande, ihre Sprachlosigkeit angesichts der gesellschaftliche Katastrophe des Weltkriegs zu überwinden.

Aufmarsch der „vaterländischen Verbände"

Viele Kriegerdenkmäler wurden zu öffentlichen Stätten: Am Tag der Einweihung und bei nachfolgenden Gedenkfeiern versammelten sich Tausende von Menschen. Die Enthüllung der Regimentsdenkmäler führte nicht nur Veteranen und Angehörige der Gefallenen zusammen, sondern auch Repräsentanten des öffentlichen Lebens und vor allem aktive Einheiten der Reichswehr, die sogenannten Traditionskompagnien, weiterhin die Mitglieder „vaterländischer Verbände" sowie studentischer Korporationen neben zahllosen neugierigen Zuschauern.

Das auf dem Welfenplatz errichtete Denkmal des Infanterieregiments 74 wurde am 21. Juni 1925 eingeweiht, dem neunten Jahrestag der Schlacht von Kisielin-Leonowka, die das Regiment erfolgreich, wenn auch unter hohen Verlusten, beendet hatte. Am Vorabend der Denkmaleinweihung hatte das Treffen, der „2. Regimentsappell", mit einem Kommers in den Neuen Festsälen begonnen. Unter schwarzweißroten Bannern erklärte der letzte Kommandeur des Regiments, Oberstleutnant a. D. Funck: „Nie habe ein Volk so große Taten vollführt, wie das deutsche Volk im Weltkriege. Das Regiment 74, das im Westen und Osten siegreich gekämpft habe, dürfe sich wohl mit Recht zu den besten und erfolgreichen Truppenteilen der deutschen Armee zählen."[28]

Am folgenden Morgen „marschierten die Krieger- und Regimentsvereine und die vaterländischen Verbände unter ihren Fahnen zum Welfenplatz, während sich die Vereine ehemaliger 74er am ‚Neuen Haus' versammelten, um von hier aus geschlossen mit der Traditionskompagnie (6.) des Reichswehr-Infanterie-Regiments 16 bei klingendem Spiel nach dem Welfenplatz zu ziehen, wo sich lange vor 10 Uhr eine nach Tausenden zählende Menschenmenge in großem Kreise um das vor der Uhrkaserne errichtete Denkmal versammelt hatte", berichtete der Hannoversche Anzeiger. „Die an der Feier teilnehmenden Vereine und Verbände stellten sich neben und im rechten Winkel zu dem Denkmal auf, während sich die Fahnen und Ehrengäste vor dem Denkmal versammelten."[29]

Unter den Ehrengästen waren die Witwe des 1914 gefallenen Regimentskommandeurs, Prinzessin Gisela zur Lippe, Generaloberst a. D. v. Linsingen, Generalleutnant Freiherr v. Forstner als Vertreter der Reichswehr, mehrere Generale und Obersten als ehemalige Angehörige des Regiments, zahlreiche Offiziere früherer Regimenter sowie der Reichswehr, Vertreter der Staatsbehörden, Hochschulen, des Magistrats sowie des Bürgervorsteherkollegiums, des Deutschen Kriegerbundes, des Deutschen Offiziers-Bundes, von Kriegervereinen, dem Stahlhelm, dem Schlageter-Bund und dem Jungdeutschen Orden.

Nach den Ansprachen eines evangelischen und eines katholischen Geistlichen wurde ein Telegramm des Reichspräsidenten von Hindenburg verlesen: „Den alten 74ern, die heute um das Ehrenmal ihrer gefallenen Kameraden versammelt sind, übermittele ich den Ausdruck meines herzlichen Gedenkens und kameradschaftliche Grüße."

In seiner Weiherede rief Oberstleutnant a. D. Funck aus: „Unsere 74er Helden, die am 1. August 1914 mit klingendem Spiel von hier auszogen, sollen uns das Vorbild sein: Treu dem Fahneneide, durchglüht von heißem patriotischen Empfinden waren sie bereit, alles hinzugeben, und sei es ihr Leben, für das deutsche Vaterland!" und der Redner forderte, dieser Geist möge in der Reichswehr weiterleben.[30] Sodann wurde das Denkmal enthüllt, während das Lied vom guten Kameraden erklang, und mit zahlreichen Kränzen geschmückt. Den Abschluß der Zeremonie bildete ein Vorbeimarsch von Reichswehr, Verbänden und Vereinen vor Generaloberst a. D. v. Linsingen.

Das neue Denkmal war, wie in allen Reden betont wurde, den Toten des Regiments gewidmet, das im Weltkrieg insgesamt 3.095 Gefallene gezählt hatte. Allerdings wurde von deren Leiden nicht gesprochen, auch nicht von der Trauer der Angehörigen. Stattdessen wurde der Tod der 3.095 politisch instrumentalisiert: „Deutschland wandelt am Abgrunde, niemand weiß, was die Zukunft bringt. Es wird nicht besser werden bis zu dem Zeitpunkt, an dem wir uns die 3.095 Gefallenen zum Vorbild gesetzt haben. Wenn wir ihnen nacheifern in der Liebe zum Vaterland, in Kameradschaft und Disziplin, in Pflichterfüllung und Gottvertrauen, dann werden sie nicht umsonst gestorben sein," hatte der evangelische Geistliche ausgerufen, und sein katholischer Amtsbruder hatte hinzugefügt: „Aus dem Andenken an unsere Gefallenen soll groß und stark des Vaterlandes Zukunft erwachsen."[31] Die Botschaft war unmissverständlich: Deutschland muß deutschnational geführt werden. Der Aufmarsch am Denkmal belegte, man war auf dem Weg.

Deutschnationale Mobilisierung

Drei Jahre später, im Juni 1928, wurde das Denkmal des Füsilierregiments 73 eingeweiht, in der Eilenriede nahe am Lister Turm. Im Weltkrieg war dieses Regiment an der Westfront eingesetzt, als Teil einer Sturmdivision. Die Verluste des Regiments waren besonders hoch: 127 Offiziere sowie 3.629 Unteroffiziere und Mannschaften wurden getötet.

Bemerkenswert war der Umgang der Überlebenden mit dieser Katastrophe: Die verschiedenen Traditionsvereine der 73er, der „Prinz-Albrecht-Füsiliere", betonten ihren Stolz auf die militärischen Leistungen ihres Regiments und bekannten sich ungebrochen „zum alten harten Pflichtgedanken, zu scharnhorstischer Ehrliebe, zu strammer Wehrhaftigkeit"[32], wie Friedrich Seeßelberg, ein ehemaliger Bataillonskommandeur des Regiments, schrieb.

Das Denkmal, ein hochaufragender steinerner Block von symbolhafter Unverrückbarkeit, ist von diesem Selbstverständnis geprägt. In den Inschriften wird Klartext gesprochen: Die Schlachten des Regiments werden benannt, die „Ruhmestage" von „Lüttich" im August 1914 bis „Valenciennes" im November 1918, die Verlustzahlen nicht verschwiegen, sondern in Stein geschlagen und offen angesagt.

Seeßelberg, Professor für Baugeschichte in Berlin, hatte das Denkmal nach klaren politischen Vorstellungen entworfen: „Die dem Gedenksteine eingemeißelten Inschriften sollen besagen, daß wir unsere Ruhmestage nicht vergaßen, daß wir allen Kränkungen und Ehrabschneidungen zum Trotz noch hocherhobenen Hauptes in dem Bewußtsein beharren, immer nur getan zu haben, was

Einweihung des Denkmals des Infanterieregiments 74 auf dem Welfenplatz: Fahnenabordnungen der Kriegervereine und „vaterländischen Verbände" (oben), Oberstleutnant a. D. Funck bei der Weiherede (links), Enthüllung des Denkmals (VM 50585, 1, 2 und 8)

Ehrung der Gefallenen (oben links), Oberstleutnant a. D. Funck und Generaloberst v. Linsingen lesen das Grußtelegramm des Reichspräsidenten Hindenburg (oben rechts), Vorbeimarsch der Reichswehr vor Generaloberst v. Linsingen (unten). (VM 50585, 6, 11 und 12)

im Zwange der Verhältnisse mit den Waffen in der Hand getan werden mußte; daß wir nichts bereuen und nichts zu bereuen haben." Das Mal soll das „Bekenntnis zur Ungebrochenheit und zu innerlicher Hoheit des freigeborenen Staatsbürgers in einer Zeit tiefster Schmach und Tributlast zum Ausdruck bringen." Und: „Mögen uns die Feinde einst durch allerlei List und Betrug physisch entwaffnet haben - moralisch soll man uns nimmer entwaffnen!"[33]

Das von Seeßelberg formulierte Denkmalsprogramm wurde nicht nur in der Festschrift veröffentlicht, sondern auch in einer hannoverschen Tageszeitung, im „Kurier", vorabgedruckt.[34]

Bei der Einweihung des Denkmals erklärte Seeßelberg in öffentlicher Rede die Details, keine Kunstbetrachtung, sondern eine politische Ansprache! Zum blanken Schwert auf dem Kreuz: „Will heißen, daß wir dieses Schwert nur in christlicher Gesittung führten, nicht aus Eroberermutwillen, nicht aus Neidgefühlen oder aus Gelüsten der Welthegemonie; daß wir die Hand nie anders an den Schwertgriff legten, als wo es zur Wahrung unserer Ehre und Freiheit unumgänglich war."[35] Zum Dornenkranz: „Im Hinblick auf das Unwürdige des Kriegesendes. Unwürdig nicht wegen des schließlichen Mißerfolges. Unwürdig aber, weil man in Compiègne zum Abschluß des Waffenstillstandes nicht aufrecht, sondern winselnd und Erbarmen heischend vor den raub- und rachsüchtigen Feind hintrat; unwürdig, weil man dem nicht umfaßten Heere durch rückwärtige verräterische Umtriebe in den Arm fiel und sein über die Maßen heldisches Kämpfen nicht heldisch endigen ließ bis zur Sicherung eines erträglichen Friedens."[36]

Seeßelbergs politische Vision und die seiner Kameraden war das Bekenntnis zur ideologischen und militärischen Wiederaufrüstung Deutschlands: „Wenn schon das Blutopfer von 1815 und 1870 erhebend und würdeschaffend auf die folgenden Geschlechter wirkte, um wieviel nachhaltiger wird sich - nach der gegenwärtigen buchstäblichen Betäubungspause - allen Hemmungsbemühungen zum Trotz das Riesenfrontenleben von 1914 bis 1918 auswachsen zu einer psychischen - alle Parteizerrissenheit einst überwindenden - Macht ohne Gleichen. Hier ruhen ungeahnte aufwärtsreißende Kräfte. Sie wecken helfen: das will unser Ehrenmal!"[37]

Andere Redner bei der Denkmalseinweihung schlugen in die gleiche Kerbe. Pastor Weißenborn rief aus: „Wir protestieren gegen die gewaltige Lüge von der deutschen Haupt- und Alleinschuld am Kriege. Sie sind gestorben, weil sie Ja sagten zu dem Recht ihres Volkes auf Leben und einen Platz an der Sonne."

Zum Selbstverständnis deutschnationaler Agitation gehörte die erklärte Ablehnung von Parteipolitik. In diesem Sinne konnte Seeßelberg behaupten, die Feier am neuen Denkmal sei „frei von jeder politischen Propaganda"[38]. Tatsächlich ging es um deutschnationale Mobilisierung: „Wir glauben, daß wir gerade die vorwärts Schauenden sind, indem wir den Tatgeist als oberstes Gesetz für ein wiederaufstrebendes Volk erachten. Die Erziehung im alten Volksheere ist immer auf Tatgeist, auf nimmer rastenden, nimmer verzagenden Tatgeist gerichtet gewesen."[39]

Die Feier am Denkmal der Prinz-Albrecht-Füsiliere versammelte die nationale Opposition. Die

Einweihung des Denkmals der "Prinz-Albrecht-Füsiliere": Friedrich Seeßelberg, ehemaliger Bataillonskommandeur des Regiments, erklärt und deutet die Details des von ihm entworfenen Denkmals. (Hannoverscher Anzeiger vom 5.6.1928)

Anhänger der späteren „Harzburger Front", einem Bündnis von Deutsch-Nationalen, Nationalsozialisten, Stahlhelm, Reichslandbund und anderen Gruppen waren überzeugt, die Niederlage im Weltkrieg sei durch Verschwörung verursacht und von Sozialdemokraten und Juden zu verantworten; sie lehnten die parlamentarisch-demokratisch verfasste Republik ab und traten gegen jede Verständigung mit den Kriegsgegnern auf. Ihr politisches Programm lautete: Beseitigung der parlamentarischen Demokratie, autoritäre Regierung, Unterdrückung der Arbeiterbewegung, Ausgrenzung der Juden, Aufrüstung und gewaltsame Revision des Versailler Vertrags. Uneinigkeit bestand nur in der Frage, wer die nationale Opposition anführen solle. Die Deutsch-Nationalen unter Hugenberg glaubten, sie bestimmten die Richtlinien der rechten Politik. Aber schon beim Treffen in Harzburg 1931 wurde deutlich: Hitler und die Nationalsozialisten übernahmen das Erbe der deutschnationalen Mobilisierung.

Deutschnationale Weltkriegserinnerung statt Friedenspolitik

Die Erinnerung an die Kriegstoten trat in der Öffentlichkeit der 1920er Jahre als unpolitisches und überparteiliches Gedenken auf. Tatsächlich spaltete die Weltkriegserinnerung die Gesellschaft. Zahllose Veteranentreffen, Gedenkveranstaltungen wie der Volkstrauertag, Denkmalseinweihungen waren Teil der deutschnationalen Mobilisierung gegen die Weimarer Demokratie. Die öffentliche Erinnerung an die Kriegstoten berief sich zwar auf millionenfache familiäre Trauer, konnte aber wahrhaftigen Trost nicht vermitteln. Die Voraussetzung dafür wäre die Entwicklung einer Politik der Völkerverständigung ohne Hintertür zur Wiederaufrüstung gewesen, eine Politik der Anerkennung der Grenzen nicht nur im Westen, sondern auch gegenüber Polen, kurz: eine Politik, die sich erklärtermaßen vom deutschen Weltmachtanspruch als einer der Ursachen des Weltkriegs verabschiedet hätte. Eine solche Politik zu betreiben, hätte im deutschen Interesse gelegen, allerdings fehlte den Regierungen der Weimarer Koalition hierzu die politische Kraft, während die Bürgerblock-Regierungen sich taktisch verhielten und langfristig den Wiederaufstieg des Deutschen Reichs anstrebten.

Es blieb der politischen Rechten überlassen, das Feld öffentlicher Weltkriegserinnerung zu bestellen. Ihre Aufmärsche und Appelle bildeten einen wichtigen Trittstein auf dem Weg der Deutsch-Nationalen, später auch der Nationalsozialisten, bei der Mobilisierung gegen die Weimarer Demokratie: Durch den Weltkrieg hervorgerufenes tausendfaches Leiden und Trauergefühle wurden politisch instrumentalisiert.

1. Hannoverscher Kurier vom 28.9.1914, Abendausgabe.
2. A.a.O.
3. Deutsche Bauzeitung, 52. Jg., Nr. 57 vom 17.7.1918.
4. Hann. Garten- und Obstbau-Ztg., 41. Jg., 1932, S. 76.
5. 12. Jahresbericht der städtischen Humboldtschule, Realgymnasium und Realschule nach dem Frankfurter Lehrplane, zu Linden, Linden 1915, S. 12.
6. Hannoverscher Kurier vom 17.9.1914, Morgenausgabe.
7. Stadtfriedhof Engesohde, Grabakte Abt. 13 Nr. 92. Schreiben von Hans Dammann vom 4.2.1917.
8. A.a.O. Schreiben des Stadtfriedhofsamts vom 9.2.1917.
9. Stadtfriedhof Stöcken, Grabakte Abt. 36D Nr. 15. Schreiben von Elly Cording vom 6.7.1919.
10. A.a.O. Zeichnung zum Grabmal Cording.
11. Vgl. Gerd Krumeich, Konjunkturen der Weltkriegserinnerung, in: Der Weltkrieg 1914-1918. Ereignis und Erinnerung, hrsg. von Rainer Rother im Auftrag des Deutschen Historischen Museums, Berlin 2004, S. 68-73.
12. Zitiert nach Gerhard Schneider, „...nicht umsonst gefallen"? Kriegerdenkmäler und Kriegstotenkult in Hannover (= HGblttr., Sonderband), Hannover 1991, S. 174.
13. Hannoverscher Kurier vom 11.8.1924.
14. Alexandra Kaiser, Von Helden und Opfern. Eine Geschichte des Volkstrauertags, Frankfurt und New York 2010, S. 136 ff.
15. Volkswille vom 3.3.1925.
16. Volkswille vom 26.2.1929.
17. Hannoverscher Anzeiger vom 23.5.1915.
18. Die umfassende Studie von Gerhard Schneider, „...nicht umsonst gefallen"? Kriegerdenkmäler und Kriegstotenkult in Hannover (= HGblttr., Sonderband), Hannover 1991, enthält ein Verzeichnis der in Hannover errichteten Kriegerdenkmäler.
19. Archiv der Markuskirchengemeinde, Akte 513-5.2. Erläuterung zum Entwurf vom 15.3.1916.
20. Hannoverscher Kurier vom 4.4.1921, Morgenausgabe.
21. A.a.O.
22. Nach Offenbarung des Johannes, 2, X.
23. 12. Jahresbericht der städtischen Humboldtschule, Realgymnasium und Realschule nach dem Frankfurter Lehrplane, zu Linden, Linden 1915, S. 8.
24. Zitiert nach Gerhard Schneider, Kriegerdenkmäler in Hannover, in: Uni Hannover, 13. Jg. 1986, Heft 1, S. 28-31.
25. Geschichte des Gummis und der Continental, hrsg. von der Continental-Caoutchuc- und Gutta-Percha-Compagnie, Hannover (o. J.), S. 21.
26. Gerhard Schneider, „...nicht umsonst gefallen"? Kriegerdenkmäler und Kriegstotenkult in Hannover (= HGblttr., Sonderband), Hannover 1991, S. 204.
27. A.a.O.
28. Hannoverscher Kurier vom 22.6.1925, Abendausgabe.
29. Hannoverscher Anzeiger vom 22.6.1925.
30. Hannoverscher Kurier vom 22.6.1925, Abendausgabe.
31. Hannoverscher Anzeiger vom 22.6.1925.
32. Friedrich Seeßelberg, Der Sinn des Ehrenmals, in: Festschrift zur Einweihung des Regiments-Ehrenmals, Hannover 1928, S. 11.
33. A.a.O., S. 12.
34. Hannoverscher Kurier vom 2.6.1928.
35. Ebda.
36. A.a.O., S. 13.
37. Ebda.
38. Hannoverscher Anzeiger vom 3.6.1928.
39. Ebda.

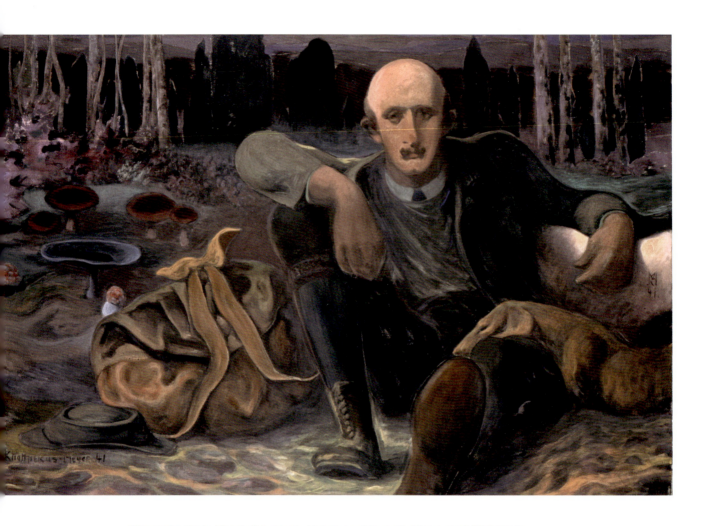

Die verbreitete Vorstellung von Hermann Löns als Jäger und Dichter in Wald und Heide ist in diesem Gemälde auf eigenwillige Weise auf den Punkt gebracht. Der Künstler war ein enger Freund von Löns. Gemälde von Hermann Knottnerus-Meyer, 1941 (VM 53338)

Andreas Fahl

Hermann Löns – ein missbrauchter Toter

Der Schriftsteller und Journalist Hermann Löns (1866 – 1914) erreichte in Deutschland eine enorme Popularität als Verfasser von volksliedhaften Dichtungen und Jagd- und Naturschilderungen. Besonders nach seinem Tod als Kriegsfreiwilliger an der Westfront wurde Löns zu einem Mythos.

Er war Heimatdichter, gilt als der Dichter der Lüneburger Heide und wird dort auch heute noch entsprechend vermarktet. „Grün ist die Heide" (mehrfach als Filmtitel genutzt) und die überaus populäre Vertonung des Gedichtes „Auf der Lüneburger Heide" sind untrennbar mit seinem Namen verknüpft. Später wollte man in ihm einen frühen Vorkämpfer des Umweltschutzes erkennen. Seine nationalistische Haltung und der immer wieder in seinem Werk auftauchende Rassegedanke machten seine Arbeiten auch in der Zeit des Nationalsozialismus nutzbar. Nicht zuletzt deshalb ist Löns umstritten, aber das war er schon zu Lebzeiten.

Hermann Löns kam als Sohn eines Lehrers in Kulm in Westpreußen zur Welt.[1] Er litt unter dem autoritären, launenhaften Vater, der seine Kinder mit strengen Regeln und Schlägen erzog. Einen Ausgleich fand Löns, der in der Schule als Einzelgänger galt, in Streifzügen durch die Natur. Hier entwickelte sich sein Interesse für Tierbeobachtung, aber auch seine Jagdleidenschaft.

Als Student zeichnete Hermann Löns sich durch seine Neigung zu Händeln und zum übermäßigen Alkoholgenuss aus. 1890 brach Löns sein Studium ab. Er stand da ohne Abschluss, mit zweifelhaftem Ruf und mit dem Vater hatte er endgültig gebrochen. Erste Tätigkeiten bei Zeitungen endeten schnell, weil er seine Unzuverlässigkeit und Trunksucht nicht in den Griff bekam. 1892 übersiedelte Löns nach Hannover, in die Heimatstadt seiner Verlobten Elisabeth Erbeck. Trotz der unsicheren Lage heirateten die beiden im Januar 1893 und seiner Frau gelang es, Löns als freien Mitarbeiter beim „Hannoverschen Anzeiger" unterzubringen und seinen Lebenswandel in geordnete Bahnen zu lenken.

Es begann Löns' Aufstieg zu einem bekannten und beliebten Lokaljournalisten. Besonders seine ab 1894 unter dem Pseudonym „Fritz von der Leine" erscheinenden lokalpolitischen Glossen wurden vom Publikum begeistert aufgenommen. Löns hatte nun eine feste Stellung. 1901 kam es zur Scheidung von seiner Frau Elisabeth. Im gleichen Jahr erschienen seine beiden ersten Gedichtbände „Mein goldenes Buch" und „Mein grünes Buch", noch mit bescheidenem Erfolg.

1902 heiratete Löns seine zweite Frau Lisa, die als Redaktionsassistentin beim „Anzeiger" arbeitete, später wechselte er zur neugegründeten „Hannoverschen Allgemeinen Zeitung", die allerdings Anfang 1904 wieder eingestellt wurde. Löns ging daraufhin zum „Hannoverschen Tageblatt". 1907 wurde er Chefredakteur der „Schaumburg-Lippischen Landes-Zeitung" in Bückeburg. Unterschiedliche Auffassungen über die Zeitungsarbeit, aber auch sein unmäßiger Alkoholkonsum führten 1909 zur Beendigung dieser Anstellung. Löns kehrte zurück zum „Tageblatt". In diesem Jahr war Löns in einer ungeheuer produktiven Phase. Seine ersten Romane schrieb er jeweils in wenigen Wochen, teils in wahnhaften Zuständen. Nervenzusammenbrüche, vergebliche Enthaltsamkeitsversprechen und ein längerer Sanatoriumsaufenthalt kennzeichnen diese Zeit. 1911 verließ ihn seine Ehefrau Lisa und nahm den gemeinsamen Sohn mit. Löns flüchtete vor den Unterhaltsansprüchen aus Hannover, wohin er erst im Juni 1912 zurückkehrte. Er lebte jetzt mit Ernestine Sassenberg zusammen, die bereits in Bückeburg im Löns'schen Haushalt gearbeitet hatte. In der hannoverschen Gesellschaft ließ man das Paar spüren, dass eine

Als Journalist und Großstädter achtete Löns peinlich auf seine äußere Erscheinung. Foto, um 1910 (VM 28100,6).

wilde Ehe nicht den Konventionen entsprach.

Im August 1914 schließlich meldete sich Löns als Kriegsfreiwilliger. Obwohl ungedient und mit 48 Jahren viel zu alt, gelang es ihm, seine Aufnahme in das Ersatzbataillon des Füsilierregiments 73 zu erreichen. Am 24. August trat er den Dienst an, am 3. September rückte er mit dem Ersatz ins Feld. Hier erlebte er, dass der Krieg wenig mit seinen romantischen Vorstellungen zu tun hatte. Von den zahlreichen Eintragungen in seinem Kriegstagebuch, die deutlich die Erschöp-

Plakat, 1909 (VM 62843)

fung, den Hunger und das Schwinden aller Illusionen widerspiegeln, seien hier nur zwei Beispiele genannt. In seinen Notizen vom 15. September, die Löns in einem Schützengraben niederschrieb, heißt es: „Haben über zwei Stunden Granatfeuer gehabt. Beine steif vom krummen Stillsitzen. [...] Mein Mittag ist ein verschimmeltes Stück Brod und ein Schluck warmes Wasser, dazu der Geruch des Kotes, den eben ein Mann absetzt." Und am 17. September notiert Löns „Nun seit gerade acht Tagen nicht mehr gewaschen, keinen Stiefel ausgezogen, nicht gekämmt, keine Wäsche gewechselt. Die Hände von schwarzer Borke bedeckt, Nase voll Dreck innen, Hemd schmierig und schwarz."[2] Bei einem Vorstoß, an dem Löns eigentlich nicht teilnehmen sollte, fiel er am 26. September bei Loivre in der Nähe von Reims.

Wie bereits einleitend festgestellt, ist Löns' Leben und Werk schillernd. In seiner Hinwendung zur Natur und der Verklärung des Bauernstandes und des vorindustriellen Landlebens stand er gegen die Moderne, die Deutschland gerade veränderte. In seinem wohl bekanntesten Jagdbuch „Kraut und Lot" hielt Löns fest, wie er die Entwicklung einschätzte: „Noch niemals gab es eine Zeit, in der das Leben so verwickelt und infolgedessen so anstrengend war wie heute; selbst auf das Land dringt schon die Nervosität, die Krankheit der Zeit, denn Eisenbahn, Telegraph und Telephon und Tagespresse tragen Hast und Unrast in Handel und Wandel, Klassenkampf und Parteigetriebe bis in den stillsten Winkel, erfüllen das ganze Volk mit nervöser Erwerbssucht, einem ungesunden Genußfieber, einer krankhaften Sucht nach Veränderung, einer Überschätzung der geistigen und Geringschätzung der körperlichen Tätigkeit."[3]

Er bekämpfte das Großstadtleben und lebte doch gleichzeitig erfolgreich und angesehen in Hannover. Er war nicht nur Heimatdichter, sondern galt als ein professioneller, moderner Zeitungsmann. Trotz aller anti-modernen Attitüde war Löns ein Mensch, der moderne Technik gerne nutzte, was sich u.a. in seiner Begeisterung für das Radfahren äußerte. Löns schrieb Naturgeschichten, aber auch Werbetexte für Industrieunternehmen wie „Pelikan". Er ist insofern prototypisch für Millionen Deutsche, die in diesen Jahrzehnten um 1900 den rapiden technischen und gesellschaftlichen Wandel als Fortschritt, aber auch als Bedrohung erlebten.

Ungeachtet aller Widersprüche trafen die Löns'schen Texte bei vielen Menschen einen Nerv. Die größten Erfolge stellten sich allerdings erst nach seinem Tode ein. Besonders in den 1920er Jahren entwickelte sich ein richtiger Löns-Boom. Der Tod des Dichters als Kriegsfreiwilliger förderte seinen Ruhm gerade in konservativen und nationalistischen Kreisen. Diese Verehrung führte schließlich zum wohl makabersten Kapitel der Geschichte um Leben, Sterben und Vermarktung von Hermann Löns.

Das „Matrosenlied", von Hermann Löns bereits 1910 verfasst, war fester Bestandteil der anti-britischen Propaganda des Ersten und Zweiten Weltkrieges. Druckblatt mit Löns-Porträt des Malers Wilhelm Kricheldorff, 1940 (VM 39526)

Als Löns 1914 fiel, konnte sein Leichnam nicht geborgen werden. Erst nach Tagen wurde der Tote unter Gefechtsbedingungen verscharrt. Zuvor waren ihm Taschenuhr, Tagebuch und wohl auch die Erkennungsmarke abgenommen worden.[4] Nach Erkenntnissen des Volksbundes Deutsche Kriegsgräberfürsorge aus dem Jahre 1933 waren Löns' sterbliche Reste später in einem Massengrab auf dem Militärfriedhof Loivre beigesetzt worden. Umso überraschender war es, als bekannt wurde, ein Bauer habe die Leiche von Löns auf seinem Acker gefunden. Als Beleg dafür galt die bei diesem Toten gefundene Erkennungsmarke. Der Tote wurde auf den Kriegsgräberfriedhof Loivre umgebettet, der daraufhin zu einem Wallfahrtsort der Löns-Anhänger wurde.

Obwohl es Zweifel an der Identifizierung gab, so war beispielsweise die gefundene Erkennungsmarke teils schlecht leserlich und wich von der üblichen Form ab, entstand so Druck, den

Toten in die Heimat zu überführen. Dies nutzte der Löns-Herausgeber Friedrich Castelle und erreichte, dass die Beisetzung des Toten in der Lüneburger Heide durch Adolf Hitler angeordnet wurde.[5] Der für das Grab anvisierte Ort bei den Sieben Steinhäusern musste aber wieder aufgegeben werden, da bereits geheime Pläne existierten, dort einen Truppenübungsplatz einzurichten. Kurzfristig fand sich keine Ersatzfläche und so landete der Sarg mit den Gebeinen schließlich in der Friedhofskapelle von Fallingbostel. Da die Überführung nicht geheim geblieben war, weckte das Ausbleiben der Bestattung Gerüchte hinsichtlich der Identität des Toten, aber auch um eine angebliche jüdische Abstammung des Heidedichters.

Auf höhere Weisung entführte am 30. November 1934 ein SA-Trupp den Sarg aus der Friedhofskapelle und bestattete ihn in aller Stille in der Nähe des Dorfes Barrl. Offiziell hieß dazu, dies sei eine vorbeugende Aktion gewesen, um Geschäftemacherei mit dem Toten vorzubeugen. Letztlich heizte man aber nur die Gerüchteküche weiter an. Lisa Löns, die Witwe, erreichte schließlich

Die angeblichen Überreste von Hermann Löns wurden zunächst auf dem Militärfriedhof Loivre beigesetzt und die Grabstelle mit diesem Holzkreuz bezeichnet. Die Kranzschleife stammt von der Bestattung bei Tietlingen. (VM 30761, VM 30771,3).

bei Reichswehrminister von Blomberg, dass die Reichswehr den heimgekehrten Soldaten erneut ausgrub und am 2. August 1935 in einer militärischen Feier am Tietlinger Wacholderhain beisetzte.

Die Frage, ob es sich bei dem dort bestatteten Toten wirklich um Hermann Löns handelt, wurde nie abschließend geklärt. Eine Untersuchung des Skelettes, die man bereits vorbereitet hatte, wurde auf Intervention der Familie und örtlicher Parteistellen nicht durchgeführt.[6] In den folgenden Jahrzehnten flammte die Diskussion deshalb immer wieder auf. Auch wenn der letzte Beweis fehlt, deutet vieles darauf hin, dass Hermann Löns noch immer in einem Massengrab auf dem Soldatenfriedhof von Loivre ruht.

Für die Trauerfeier war die Identitätsklärung wohl auch nicht von zentraler Bedeutung. Denn die Reichswehr gedachte nicht nur der Person Hermann Löns. Der Tote, der hier begraben wurde,

Das sogenannte Löns-Grab befindet sich unter dem Findling im Tietlinger Wacholderhain. Foto: Hans Pusen, 1948 (Fotoarchiv HMH)

stand stellvertretend für alle deutschen Gefallenen des Ersten Weltkrieges. Zu ihnen und ihrem angeblichen „Vermächtnis" wurde der Bogen geschlagen. Und dieses Vermächtnis hieß Revision des Versailler Vertrages, auch mit militärischen Mitteln. Die Vorbereitungen dazu liefen bereits, nur wenige Kilometer vom Tietlinger Wacholderhain entfernt, wo der neue Truppenübungsplatz Bergen eingerichtet wurde.

1 Die folgenden Ausführungen stützen sich wesentlich auf: Dupke, Thomas: Hermann Löns. Mythos und Wirklichkeit, Hildesheim 1994.
2 Janssen, Karl-Heinz/ Stein, Georg (Hg.): Hermann Löns, Leben ist Sterben, Werden, Verderben. Das verschollene Kriegstagebuch. Kiel 1986, hier S. 29, 37.
3 Zitiert nach Dupke, wie Anmerkung 1, S. 93
4 Zum Tod von Hermann Löns siehe auch Anger, Martin: Hermann Löns. Schicksal und Werk aus heutiger Sicht, Kürten 1978, S. 53-55. Insgesamt liegen unterschiedliche, sich teils widersprechende Berichte über Tod und Bestattung von H. Löns vor. Anger glaubt daran, dass die in Tietlingen beerdigte Leich Löns sei und suggeriert, dass das Beerdigungskommando keine Zeit hatte, dem Leichnam die Erkennungsmarke abzunehmen (wie es Vorschrift war). Dagegen spricht, dass Uhr und Tagebuch geborgen wurden. Verlässlicher scheint die Darstellung bei Janssen/Stein, wie Anmerkung 2, S. 79-85.
5 Dupke, Thomas: Mythos Löns. Heimat, Volk und Natur im Werk von Hermann Löns. Wiesbaden 1993, S. 25.
6 Dupke, wie Anmerkung 5, S. 30.

Der „Stahlhelm - Bund der Frontsoldaten" gehörte zu den zahlreichen paramilitärischen Organisationen in der Zeit der Weimarer Republik. Der Verband stand der Deutschnationalen Volkspartei nahe. Zu seinen Zielen gehörte der Kampf gegen die Demokratie und die Vorbereitung eines Revanchekrieges. Plakat, nach 1924, Entwurf: Ludwig Hohlwein (VM 035386)

Andreas Fahl

Auf dem Weg zum nächsten Weltkrieg

Die Niederlage im Ersten Weltkrieg hatte nicht nur den Wechsel von der Monarchie zur Demokratie bewirkt. Sie führte im Friedensvertrag auch zu Gebietsverlusten und zu Beschränkung der Wehrhoheit. Die Wehrpflicht war abgeschafft und Deutschland durfte nur noch eine Armee von 100.000 Mann unterhalten, deren Bewaffnung durch strikte Auflagen beschränkt war. Neben vielen anderen Regelungen des Vertrages wurde dies in großen Teilen der Bevölkerung als zutiefst demütigend empfunden.

Die nationalsozialistische Machtübernahme am 30. Januar 1933 bedeutete in der Wahrnehmung breiter Kreise, besonders der bürgerlichen und militärischen Eliten, einen Schritt hin zu einer Revision des Versailler Vertrages. Tatsächlich gab die neue Regierung unter Hitler öffentlich Friedensbeteuerungen ab und strebte scheinbar nur nach einer Gleichberechtigung bei der Rüstung.[1]

Die Realität sah allerdings anders aus. Bereits am 3. Februar 1933 erläuterte Reichskanzler Adolf Hitler vor den Befehlshabern des Heeres seine eigentlichen Ziele, so wie er sie auch schon in „Mein Kampf" formuliert hatte. Deutschlands Lebensraum sei begrenzt und die einzige Möglichkeit dies zu ändern, bestünde in der Eroberung und Germanisierung von neuem Lebensraum im Osten. Daher gehöre der Aufbau einer unbeschränkten Wehrmacht zu den ersten Aufgaben der neuen Regierung.[2]

Aufrüstung und Militarisierung der Gesellschaft mit dem Ziel, innerhalb weniger Jahre einen neuen Krieg zu führen, gehörten also vom ersten Tag an zum Programm der nationalsozialistischen Machthaber. Die deutsche Öffentlichkeit und das Ausland wurden darüber weiter im Unklaren gelassen, während gleichzeitig die

Truppenparade durch die Friedrichstraße, Foto: Willy Bartmer, 20. April 1937 (Fotoarchiv HMH)

Aufrüstung vorangetrieben wurde. In Hannover lässt sich dies unter anderem an der städtebaulichen Entwicklung verfolgen. Innerhalb weniger Jahre entstanden zahlreiche neue Kasernen und militärische Einrichtungen, die sich vordergründig natürlich mit der Wiedereinführung der Wehrpflicht (1935) und der damit verbundenen Vergrößerung der Armee rechtfertigen ließen.

Die Liste der Militärbauten, die in Hannover neu errichtet wurden, ist stattlich. Sie dokumentiert auch, das Hannover seinen Rang als bedeutende Garnison beibehielt. Markant und noch heute im Stadtbild besonders präsent ist der Neubau des Generalkommandos des XI. Armeekorps (1936/37) an der heutigen Hans-Böckler-Allee. Zuvor war bereits mit der Kriegsschule (1936) neben

Kaserne der Panzerabwehrabteilung 19, Fliegerstraße. Postkarte, um 1937 (VM 63488)

Der 1936/37 errichtete Gebäudekomplex des Generalkommandos des XI. Armeekorps war ein unübersehbares Zeichen der Aufrüstung. Foto, August 1943 (Fotoarchiv HMH)

Einstimmung der Bevölkerung auf die Wiederaufrüstung beim Tag der offenen Tür in der Bothfelder Kaserne. Foto, um 1938 (Fotoarchiv HMH)

der Emmich-Cambrai-Kaserne an der Kugelfangtrift eine wichtige Einrichtung der Offiziersausbildung hier angesiedelt worden. An reinen Kasernenbauten sind u.a. die Prinz-Albrecht-Kaserne in Bothfeld sowie die Kaserne in der Fliegerstraße (1937) zu nennen.

Für Hannover zog die Stadtverwaltung bereits 1937 in ihrem Tätigkeitsbericht „Neues Schaffen" die Bilanz, dass zivile Projekte in den letzten Jahren nur in geringerem Umfang hatten realisiert werden können, „weil der Ausbau und die Erneuerung großer Industriewerke, vor allem aber der Ausbau der Wehrmacht, so starke Anforderungen an das Baugewerbe und den Kapitalmarkt stellten, daß andere große Aufgaben, darunter auch der Wohnungsbau, zurücktreten mußten."[3]

Die Aufrüstung beschränkte sich nicht auf das Militär, sie umfasste notwendigerweise auch Teile der Wirtschaft. Zu den Betrieben, die in Hannover von der Aufrüstung profitierten, gehörten u.a. Continental und Hanomag. Als eines der ersten Unternehmen verwendete die Continental ab 1936 den synthetischen Kautschuk „Buna" bei der Reifenherstellung, ein erster Schritt, um sich im Kriegsfall von Rohstoffimporten unabhängig zu machen. Die Errichtung des neuen Continental-

Blick vom Bahnhof Fischerhof auf das Werksgelände der Hanomag. Im Hintergrund aufragend der „Schrumpfturm" zur Produktion großkalibriger Geschütze. Foto, um 1941 (Fotoarchiv HMH)

Werkes in Stöcken (1938) erfolgte, um die Produktion mit Buna zu erhöhen und weil man sich dort besseren Schutz gegen Luftangriffe versprach.[4] Allerdings gab es im Unternehmen auch Bedenken, da mit Buna nicht die gewohnte Qualität erreicht werden konnte.

Im Fall der Hanomag signalisierte der das Werksgelände überragende „Schrumpfturm", dass die Produktion von Rüstungsgütern mehr und mehr an Bedeutung für das Unternehmen gewonnen hatte. Ausgangspunkt der Umstrukturierung zu einem Rüstungsunternehmen war ein streng geheimes Treffen zwischen Hitler und dem Generaldirektor der Hanomag im Herbst 1934.[5] Zwei Jahre später betrug der Anteil von Rüstungsgütern (u.a. Granaten, Geschütze, Zugmaschinen, später auch Halbkettenfahrzeuge) an der Gesamtproduktion der Hanomag rund 60 %. Gleichzeitig stieg der

Umsatz des Unternehmens von rund 10 Millionen auf 120 Millionen Reichsmark und die Hanomag vervierfachte die Zahl ihrer Beschäftigten auf über 10.000.[6]

Diese Entwicklung entsprach genau der Zielsetzung der nationalsozilistischen Führung. In einer Denkschrift zum „Vierjahresplan" für die Wirtschaft forderte Hitler 1936 „1. die deutsche Armee muß in vier Jahren einsatzfähig sein; 2. die deutsche Wirtschaft muß in vier Jahren kriegsfähig sein."[7] Am Ende des gleichen Jahres äußerte sich Hermann Göring vor etwa 100 führenden Vertretern der deutschen Industrie und Wirtschaft noch deutlicher: „Die Auseinandersetzung, der wir entgegengehen, verlangt ein riesiges Ausmaß von Leistungsfähigkeit. Es ist kein Ende der Aufrüstung abzusehen. Allein entscheidend ist hier der Sieg oder Untergang." Und er schloss seine Rede mit den Worten: „Wir stehen bereits in der Mobilmachung, es wird nur noch nicht geschossen."[8]

Im August 1939 verlegten dann auch Wehrmachtseinheiten aus Hannover in ihre Bereitstellungsräume und am 1. September begann der Zweite Weltkrieg. Nur 25 Jahre nach Ausbruch des Ersten Weltkrieges marschierte man in die nächste Katastrophe.

1   Deren grundsätzliche Anerkennung hatte allerdings schon die Regierung am 11. Dezember 1932 erreicht.
2   Gebhardt, Handbuch der deutschen Geschichte, Bd. 20, München 1980, S. 216.
3   Zitiert nach Klaus Mlynek/Waldemar R. Röhrbein (Hg.): Geschichte der Stadt Hannover, Bd. 2, Hannover 1994, S. 516.
4   Wie Anmerkung 3, S. 521.
5   Görg, Horst-Dieter (Hg.): Pulsschlag eines Werkes. 160 Jahre Hanomag. Hildesheim 1998, S. 32.
6   Wie Anmerkung 3, S. 520.
7   Wie Anmerkung 2, S. 138.
8   Wie Anmerkung 2, S. 139.

Der Zweite Weltkrieg führte endgültig in die Katastrophe. Städte wie Hannover wurden in einem ganz neuen Sinn zur Heimatfront. Die technischen und militärischen Grundlagen dafür waren im Ersten Weltkrieg gelegt worden. Blick auf Kröpcke und Georgstraße nach einem Bombenangriff. Foto: Wilhelm Hauschild, um 1943.

Literatur (Auswahl)

Anlauf, Karl: Die Revolution in Niedersachsen. Geschichtliche Darstellung und Erlebnisse, Hannover 1919.

Ballauf, M.: Bericht über die Kriegsgefangenenhilfe Hannover 1914 – 1920, Hannover 1920.

Blom, Philipp: Der taumelnde Kontinent. Europa 1900 – 1914, München 2009.

Dahlmann, Friedrich Wilhelm: Denkschrift zum 25jährigen Bestehen der HAWA, Hannover 1923.

Die Weltkriegssammlung des Vaterländischen Museums, in: HGBl XIX/1916, S. 406-411.

Engelke, Gerrit; Rhythmus des neuen Europa, Hannover 1979.

Feldman, Gerald D.: Armee, Industrie und Arbeiterschaft in Deutschland 1914-1918, Berlin/Bonn 1985.

Feldmann, Friedrich: Geschichte des Ortsvereins Hannover der Sozialdemokratischen Partei Deutschlands vom Gründungsjahr 1864 bis 1933, Hannover 1952.

Grotjahn, Karl-Heinz: „Vaterlandsverteidiger bis zum Jüngsten hinab" – Die Hannoversche Jugend zwischen Kriegsdienst und Disziplinierung 1914-1918, in: Mussmann, Olaf (Hg): Leben abseits der Front, Hannover 1992, S. 127-158.

Heine, Werner: Die Novemberrevolution 1918 in Hannover, in: HGBl NF 34/1980, S. 59-92.

Heise, Joachim S.: Der Kampf um die Kanzel der großen Öffentlichkeit. Pressekontrolle und –lenkung im 1. Weltkrieg. Das Beispiel Hannover, in: HGBl NF 52 (1998), S. 229-260.

Heise, Joachim S.: Für Firma, Gott und Vaterland: betriebliche Kriegszeitschriften im Ersten Weltkrieg; das Beispiel Hannover. Hannover 2000.

Hirschfeld, Gerhard: Enzyklopädie Erster Weltkrieg, Paderborn 2003.

Jünger, Ernst: Kriegstagebuch 1914- 1918, Stuttgart 2010.

Jünger, Ernst: In Stahlgewittern – ein Kriegstagebuch, Hamburg 1926.

Jünger, Friedrich Georg: Grüne Zweige. Ein Erinnerungsbuch, München 1951.

Kraft, Werner: Spiegelung der Jugend, Frankfurt/M. 1973.

Löns, Hermann: Leben ist Sterben, Werden, Verderben: das verschollene Kriegstagebuch. Kiel 1986.

Mielke, Heinz-Peter: Kriegsgefangenenarbeiten aus zwei Jahrhunderten, Viersen 1987.

Müller, Andreas: Die groß-hannoversche Sozialdemokratie vom Vorabend des 1. Weltkriegs bis zur Novemberrevolution, in HGBl NF 33/1979, S. 143-186.

Oberschelp. Reinhard: Stahl und Steckrüben. Einblicke in die Geschichte Niedersachsens im Ersten Weltkrieg. Hannover 1993 (Katalog zur Ausstellung).

Plath, Helmut: Hindenburg und Ludendorff – das Doppelporträt von Hugo Vogel, in: Niederdt. Beiträge zur Kunstgeschichte 11/1972, S. 275 – 283.

Pyta, Wolfram: Hindenburg – Herrschaft zwischen Hohenzollern und Hitler. München 2009.

Rund, Jürgen: Alltag im Raum Hannover 1914 bis 1923, in: Mussmann, Olaf (Hg): Leben abseits der Front, Hannover 1992, S. 169-190.

Rund, Jürgen: Ernährungswirtschaft und Zwangsarbeit im Raum Hannover 1914 bis 1923, Hannover 1992.

Salewski, Michael: Der Erste Weltkrieg, Paderborn 2004.

Schickenberg, Wilhelm: Das Kriegsfürsorgeamt der Stadt Hannover (1914-1919), Hannover 1914-1925.

Schneider, Gerhard: Vom Attentat zum Rücktritt - Heinrich Tramm am Ende seiner Dienstzeit, in: Hannoversche Geschichtblätter NF 67/2014, S. 129-147.

Schneider, Gerhard: Der Brotkrawall in Hannover 1917 und der Zusammenbruch der „Volksgemeinschaft" im Krieg, in: HGBl NF 63 (2009), S. 5-37.

Schneider, Gerhard: Die Heeresgedenkstätte im Leineschloß zu Hannover. Zugleich ein Beitrag zu Militaria-Sammlungen in den Museen Hannovers, in: HGBl NF 41/1987, S. 139-191.

Schneider, Gerhard. Militarisierung des Bewusstseins und nationale Konsensstiftung – Kriegerdenkmäler in Hannover 1919 bis 1933, in. HGBl NF 43 (1989), S. 85-118.

Schneider, Gerhard: „... nicht umsonst gefallen"? Kriegsdenkmäler und Kriegstotenkult in Hannover, Hannover 1991 (Sonderband HGBl).

Schneider, Gerhard: Über hannoversche Nagelfiguren im 1. Weltkrieg, in: HGBl NF 50 (1996), S. 207-258.

Schneider, Gerhard: Ein Photofund über die Arbeit der „Freiwilligen Kriegshilfe Hannover und Linden" im 1. Weltkrieg, in: HGBl NF 53 (1999), S. 201-212.

Schneider, Gerhard: Das Vaterländische Museum Hannover im Ersten Weltkrieg. In: Historisches Museum Hannover (Hg.): Deutungen, Bedeutungen. Beiträge zu Hannovers Stadt- und Landesgeschichte. Hannover, 2010, S. 124-173.

Stahl und Steckrüben. Beiträge und Quellen zur Geschichte Niedersachsens im Ersten Weltkrieg. Bd 1: Reinhard Oberschelp, Bd. 2: Karl-Heinz Grotjahn, Hameln 1993.

Thiele, Mathilde/ Schickenberg, Wilhelm: Die Verhältnisse von 534 stadthannoverschen kinderreichen Kriegerfamilien. Hannover 1920.

Ziemann, Benjamin: Gewalt im Ersten Weltkrieg. Töten-Überleben-Verweigern. Essen 2013.

Zingel, Bernhard: Hanomagarbeiter während des Ersten Weltkrieges, in: Mussmann, Olaf (Hg): Leben abseits der Front, Hannover 1992, S. 159-168.

Abkürzungen:
Fotoarchiv HMH = Fotoarchiv des Historischen Museums Hannover
HGBl = Hannoversche Geschichtsblätter
VM... = Inventarnummer des Historischen Museums Hannover